Franz Kurowski

DER DEUTSCHE ORDEN

800 Jahre ritterliche Gemeinschaft

Nikol

Nikol Verlagsgesellschaft mbH & Co. KG
Hamburg

Der Deutsche Orden

Sonderausgabe 2000 für Nikol Verlagsgesellschaft mbH & Co. KG
Hamburg
Mit freundlicher Genehmigung des Autors

Umschlaggestaltung: Callena Creativ GmbH, Jülchendorf
Gemälde auf der Umschlagvorderseite:
Archivfoto des Autors
Satz: VerlagsService Dr. Helmut Neuberger &
Karl Schaumann GmbH, Heimstetten
Gesetzt aus der 11/14 Punkt Stempel-Garamond
Druck: Graphischer Großbetrieb Pößneck
Printed in Germany

ISBN 3-933203-27-9

Karte
sen
tschen Ordens
DIE OSTSEE
CURLAND
SAMAITEN
SCHALAUEN
NADRAUEN
SAMLAND
NATANGEN
BARTEN
ERMLAND
POGESANIEN
HOCKERLAND
SASSEN
LOEBAU
GALINDEN
SUDAUEN
PODLACHIEN
MASOVIEN
MICHELAU
Das Curische Haff (Mumel, Rusa)
Das Frische Haff
Bischöfliche Eintheilung
Bisthum Culm I. dazu die Landestheile II und III.
dº Pomesanien IV dazu die Landes theile V. und VI.
dº Ermland VII dazu die Landes theile VIII, IX, X, XI, XII, XIII, und XIV.
dº Samland XV dazu die Landes theile XVI, XVII, und XVIII.
Grenzen der Bisthümer.
Erklärung der Zeichen
Heiden Burgen
Christlicher Herren u. Fürsten Burgen
Bischöfliche Burgen
Ordens Burgen
Städte
Iagd Buden
bestimte
unbestimte
Grenze der heidni-schen Landschaften
Sitz eines Gebietigers
Compthurei
Ritterburg, die früher Herrnburg war
Ritterburg, die sonst Heidenburg war
Hof des Dt: Ordens
Burg christl: Herrn die sonst Heidenburg war
Maasstab von 10 Preuss: Meilen, zu 2000 Preuss: Ruthen.
In Stein gravirt v. C.G. Herwig, in Berlin.
38.
39.
40.
55.
54.
53.
Königsberg
Elbing
Memel
Tilsit
Rastenburg
Allenstein
Heilsberg
Bartenstein
Neidenburg
Soldau
Lötzen
Johannisburg

Franz Kurowski

DER DEUTSCHE ORDEN

Nikol

Inhalt

Die islamische Expansion 11

»Beschützer des Heiligen Grabes« 11
»Hospital zu Sankt Marien der Deutschen zu Jerusalem« . 18
Die Organisation des Deutschen Ordens 21
Hermann von Salza (1209–1239) 23
Der Feldzug im Burzenland 24
Im Kreuzritter-Königreich (1219–1230) 26
Griechisches Zwischenspiel (1209–1216) 27
Das Ende mit Schrecken 28

Der Ordensstaat Preußen 33

Hermann von Salza und der Ruf nach Masowien
(1226–1230) 33
Das Herzogtum Masowien und seine Geschichte 36
Hilfe für Livland – Hermann Balk 40
Hermann Balk in Preußen 41
Ein starker Hochmeister – Neue Kreuzfahrten 47
Herzog Suantepolk: Kampf bis aufs Messer 51
Der Kampf ist noch nicht zu Ende 55
Königsberg entsteht 57

Menschen, Städte und Verwaltung in Preußen 65

Das Samland und seine Bewohner: Withinge und Preußen 65
Bauern und Hintersassen in Preußen 67

Siedler und Einzöglinge: Der deutsche Bauernstand in Preußen ... 69
Die Städte in Preußen ... 70
Die Verwaltung in Preußen ... 73
Die Einkünfte des Ordens ... 76
Kirchen und Schulen im Ordensstaat ... 77
Die Städte – Beispiel Königsberg ... 79

Litauen und Polen – Gegner des Ordensstaates ... 85

Kurzübersicht: Der Hochmeister in Preußen ... 85
Die Verlegung des Hochmeistersitzes (1302) ... 89
Karl von Trier (1311–1324) ... 92
Allgemeine Übersicht über die Conservatoren des Ordens ... 96
Neue Kreuzzüge – Die Erwerbung Pommerns ... 98
Luter von Braunschweig (1331–1335) ... 100

Zwischen Litauen und Tannenberg (1344–1410) ... 105

Ereignisse im Lande Preußen ... 105
Die Pest in Preußen – Sturm und Wetter – Reformierung des Ordensstaates ... 107
Der Orden und Kasimir von Polen ... 110
Die Hanse in Preußen – Handel und Wandel ... 112
Die Hanse und der Deutsche Orden auf Gotland ... 115
Heilige und Schutzpatrone des Deutschen Ordens ... 121
Dorothea von Montau – Patronin des Deutschen Ordens in Preußen ... 123
Die große Entscheidung: Krieg mit Polen ... 128
Die Schlacht bei Tannenberg im Jahre 1410 ... 130
Vergebliche Hilferufe ... 133
Michael Küchmeister und die innere Lage des Ordensstaates ... 134

Der Städtebund gegen Preußen (1439–1454) 138
Die Rebellenstädte 140
Niedergang des Städtebundes bis zu dessen Auflösung ... 142
Das Generalkapitel zu Marienburg 146
Der Bund wird gebannt 148
Der 13jährige Krieg gegen den Orden (1454–1466) 150
Bis zum bitteren Ende 154
Albrecht von Brandenburg (1511–1525) 163
Hinter den Kulissen – Marschall Georg von Eltz.
Der Orden in Preußen und im Reich 164
Karl V. und der Deutsche Orden 171
Friedensvertrag zu Thorn und Auflösung des Ordensstaates 174
Die politische Lage in Livland 179

Die Deutschmeister 183

Friedrich II., Hermann von Salza und die Commendatores in Alemannia 183
Spurensuche: Magister und Präceptor 190
Die Deutschmeister seit Gebhard Graf von Hirschberg (1272–1330) 194
Zeit der Konsolidierung im Reich 200
Von Philipp von Bickenbach bis Johann von Ketze (1361–1396) 203
Tatkraft in schwerer Zeit: Konrad von Egloffstein (1396–1416) 208
Von Eberhard von Seinsheim bis Johann Adelmann von Adelmannsfelden (1420–1515) 212
Erste industrielle Versuche 218
Von Dietrich von Cleen zu Walter von Cronberg (1515–1543) 226
Walter von Cronberg: Hoch- und Deutschmeister 230
Die Kämpfe um die Konsolidierung des Ordens 235
Der Prozeß, der nicht stattfand 237

Wolfgang Schutzbar, genannt »Milchling« (1543–1566) ... 246
Der Deutschmeister und seine Berater ... 248
Die Kanzlei des Deutschmeisters ... 248
Grundlage des Besitzstandes des Ordens im Reich ... 252
Die Kammerhäuser und Kommenden im Reich ... 255

Gundelsheim, die erste Residenz in Deutschland ... 261

Gundelsheim, die Burg Horneck und der Deutsche Orden ... 261
Der Bauernkrieg in der Kommende Horneck ... 264
Gundelsheims Ende als Ordensresidenz ... 266

Mergentheim – Vom Marktflecken zur Residenz des Ordens (1526–1809) ... 269

Die Kommende Mergentheim – Schenkungen und Zukäufe ... 269
Der Orden im Bauernkrieg ... 279
Die drei Deutschmeister aus Franken (1543–1590) ... 283
Georg Hund von Wenkheim ... 286
Die vertane Chance ... 291
Maximilian »der Deutschmeister« (1590–1618) ... 293
Zwischenlösungen im Dreißigjährigen Krieg ... 295
Hexenverfolgung in Mergentheim ... 299
Die Habsburger als Ordensmeister ... 301
Der Kampf um Kreta ... 304
Der Kampf um Wien ... 305
Dienstältestes Oberhaupt des Ordens – Franz Ludwig von Pfalz-Neuburg (1694–1732) ... 306
Das Königreich Preußen und die Konsequenzen für den Orden (1701–1809) ... 309
Karl Alexander von Lothringen (1761–1780) ... 313

Maximilian Franz – Reformer des Rechts- und Schulwesens (1780–1801) ... 315
Hochmeister Karl Ludwig als Truppenführer (1801–1804) ... 320
Hochmeister Anton Victor von Österreich (1804–1835) ... 321

Die Beute der »Sieger« ... 325

Von der Französischen Revolution zu Napoleon ... 325
Zeit der Hoffnung und des Wartens ... 327
Das Ende des Deutschen Ordens ... 330

Der Deutsche Ritterorden ... 335

Ein Neubeginn in Österreich ... 335
Die neuen Aufgaben des Ordens ... 336
Kein Ende des Deutschen Ritterordens ... 338
Der Deutsche Orden nach 1945 ... 345
Neuanfang nach 140 Jahren ... 346
Familiare und Deutschherren ... 348

»Ordo Equester Theutonicorum« – Der Souveräne Deutschritterorden e.V. ... 355

Eine neue ritterliche Gemeinschaft ... 356

Anhang ... 359

Die Hochmeister des Deutschen Ordens bis 1400 ... 359
Die Großgebietiger bis um 1400 ... 360
Die Landmeister des DO bis um 1400 ... 363

Die Hochmeister des Deutschen Ordens 366
Die Balleien des Deutschen Ordens 368
Die Entstehung der Kammerballeien 368
Die Kommenden der einzelnen Balleien 369
Quellen- und Literaturverzeichnis 370

Danksagung 377

Die islamische Expansion

»Beschützer des Heiligen Grabes«

Der Deutsche Orden ist ebenso wie die beiden anderen geistlichen Ritterorden während der Kreuzzüge in Palästina entstanden. Kreuzzüge wurden nach offizieller Lesart im Mittelalter zur Ausbreitung oder Wiederherstellung des Christentums und des christlichen Glaubens ins Leben gerufen und von der christlichen Kirche gefördert.

Vom 11. bis zum 13. Jahrhundert wurden solche Kreuzzüge vor allem im Nahen Osten, zur Rückgewinnung Palästinas und zur Befreiung der heiligen Stätten der Christenheit geführt. Der Feind in dieser Region waren die arabisch-islamischen Herrscher, die seit Ausrufung der Hedschra – im Jahre 622 – ihr Hauptaugenmerk auf den Nahen und Fernen Osten gerichtet hatten.

Von besonderem Interesse ist dabei die Tatsache, daß Palästina bereits vorher in arabischem Besitz war. Die arabische Invasion des Nahen Ostens, sodann auch des Fernen Ostens und Nordostafrikas hatte im Jahre 637 zur Eroberung Palästinas und dem Fall von Jerusalem geführt.

Das byzantinische Reich, das sich diesem Expansionsdrang entgegenwarf, konnte einen Teil Anatoliens, in welchem sich auch das Reich der Armenier befand, zeitweise halten, verlor es wieder, um es erneut zurückzugewinnen.

Zu Beginn des 11. Jahrhunderts aber waren es zum Islam übergetretene Turkvölker, die ab 1035 aus Innerasien nach Südwesten und Westen vordrangen und binnen kurzer Zeit Persien, Mesopotamien und Syrien überrannten. Auch Jerusalem wurde zeitweise von ihnen in Besitz genommen.

Als sich diese Völker 1071 auch gegen Byzanz wandten und in der sich daraus entwickelnden Schlacht bei Mantzikert am Vansee das byzantinische Heer vernichtend schlugen, überrannte dieses Reiterheer unter ihrem Anführer Seldschuk, nach dem es benannt wurde, auch das übrige Anatolien, erstürmte die armenischen Befestigungen und stand wenig später am Bosporus.
Kaiser Michael II. von Byzanz wandte sich hilfesuchend an Papst Gregor VII. Dieser stellte eine Hilfstruppe im Aussicht, zu deren Entsendung es jedoch nicht kam. Erst im Jahre 1091 – die Seldschuken hatten sich in Anatolien festgesetzt und versuchten alles, um Byzanz zu Fall zu bringen – bat Kaiser Alexios I. Papst Urban II., den Nachfolger Gregors VII., abermals um rasche Hilfe. Alexios tat dies nicht als Kaiser und für Byzanz – denn zwischen dem Reich und dem Papst stand es nicht zum Besten –, sondern bat um Hilfe für Jerusalem und alle anderen heiligen Stätten der Christenheit in diesem Großraum.
Dies war für Urban II. Anlaß, noch im November 1091 das Konzil in Clermont einzuberufen. In einer wirkungsvollen Rede forderte der Papst die dort versammelten Ritter und Edlen auf, die heiligen Stätten aus der Hand der Ungläubigen zu befreien.
Wie keine andere Rede zuvor fand diese einen überwältigenden Widerhall. Die Ritter meldeten sich in Scharen zum Feldzug gegen die Heiden. Damit war die Idee der Kreuzzüge geboren.
Viele Ritter sahen in diesem großen geschichtlichen Auftrag des Papstes auch für sich selbst die Erfüllung ihres christlichen Lebens. Daß auch andere darunter waren, die für Ruhm, Ehre und reiche Beute zur christlichen Fahne eilten, ist erwiesen, war aber nicht zu ändern.
Die Vorbereitungen zu diesem ersten Waffengang gegen die Heiden dauerten Jahre. Als sich schließlich im Oktober 1096 die Ritter in Frankreich, Lothringen und Flandern sammelten und »das Kreuz nahmen«, ging es zunächst nur bis Konstantinopel. Hier stieß eine Reihe normannischer Ritter aus Sizilien zu ihnen.
Zu Beginn des Jahres 1097 setzte man über den Bosporus. Die westanatolische Ebene wurde passiert, und als das Ritterheer das

Hochland Anatoliens erreichte, stieß es erstmals auf einen seldschukischen Truppenverband. Die Ritter in ihren Rüstungen machten die auf schnellen Pferden anreitenden Seldschuken fast restlos nieder. Nach diesem Sieg war die Seldschukengefahr zunächst abgewehrt, denn diese zogen sich aus dem westlichen Anatolien zurück.

Das Kreuzfahrerheer zog weiter durch das Hochland, auf Paßstraßen, die bereits Alexander der Große mit seinem Heer überwunden hatte. Antiochia wurde erreicht. Diese Stadt an der Mündung des Orontes ins Mittelmeer war von einer starken seldschukischen Truppe besetzt. Die Belagerung Antiochias dauerte annähernd ein Jahr, ehe dieses entscheidende Hindernis auf dem Wege nach Jerusalem erstürmt werden konnte.

Während der Zeit der Belagerung waren einige der Ritter, die das größte Gefolge hatten, durch das Land gezogen und hatten sich eine Reihe von Fürstentümern und andere Gebiete angeeignet. Darunter auch Armenien, Edessa und Tripolis. Erst im Jahre 1099 trat man zum weiteren Vorstoß an, der zum Ziel hatte, die Heilige Stadt der Christenheit zurückzugewinnen. Am 14. Juli 1099 wurde Jerusalem von den Kreuzrittern erobert. Damit war ein großes Gebiet Westanatoliens und Syrien-Palästinas in ihrem Besitz, zugleich auch die Gefährdung von Byzanz beseitigt.

Der erste König von Jerusalem wurde der fromme Ritter des Kreuzfahrerheeres Gottfried von Bouillon, der einen Besitz im Raume Sedan hatte. Zwar war er nicht einer der Führer der Kreuzfahrer, doch seine Frömmigkeit und Tugendhaftigkeit ließen ihn für die Herrschaft über die heilige Stätte prädestiniert erscheinen. Immerhin war er zudem noch Herzog von Lothringen und hatte sich im Kampf um Antiochia und Jerusalem besonders bewährt. Hinzu kam auch, daß die Führer des Heeres nicht in Jerusalem bleiben, sondern mit ihren Truppen in die Heimat zurückkehren wollten.

Am 22. Juli 1099 wurde Gottfried zum König gewählt. Er nahm diese Wahl an und wurde damit zum Begründer der Dynastie der Könige von Jerusalem. Als man ihn in der Grabeskirche krönen wollte, lehnte er dies ab, weil er nach seinen Worten lediglich der

»Advocatus Sancti Sepulcri« (Beschützer des Heiligen Grabes) sein wollte.

Zum Patriarchen von Jerusalem ernannte der Papst Erzbischof Dagobert von Pisa. Dieser wiederum belehnte Gottfried von Bouillon mit dem Königreich von Jerusalem, das also der Form nach päpstliches Lehen wurde.

Als Gottfried am 8. Juli 1100 starb, erkor man am 11. November seinen jüngeren Bruder Balduin I. zu seinem Nachfolger.

Da die einheimische Bevölkerung – größtenteils aus Moslems bestehend – nicht mit den Christen zusammenleben wollte und konnte, versuchte man zunächst, sie zum Christentum zu bekehren. Dies war ein vergebliches Unterfangen. Ebenso unmöglich war der Versuch, sie nach und nach zu vertreiben. Dieses Vorhaben in die Tat umzusetzen, hätte es größerer Truppenkontingente bedurft.

Ein immer stärker werdender Pilgerstrom reiste bereits vor diesen Ereignissen nach Jerusalem und nach den anderen heiligen Stätten in Palästina. Diese Pilgerfahrten wurden sowohl vom Kaiser als auch vom Papst gefördert. Für die Betreuung derselben kamen Mönche und Ordensschwestern aus den Orden der Benediktiner und Augustiner ins Land. Sie firmierten bald unter der Bezeichnung Hospitaliter. Aus diesen Gruppen Helfender entstand im Jahre 1071, nachdem der Antrag durch den Papst Alexander II. genehmigt worden war, der »Fratres hospitales Sancti Johanni«.

Soweit in einer knappen Übersicht die Vorgeschichte der Entstehung des Johanniterordens. Als Namensgeber wurde Johannes der Täufer gewählt. Damit wurden die Johanniter die erste Hilfstruppe des Königreichs Jerusalem.

Um seine Macht zu festigen, mußte Balduin I. versuchen, die in Jerusalem ansässigen Angehörigen des Johanniterordens um sich zu scharen. Dieser war zunächst kein Ritterorden, sondern widmete sich caritativen Aufgaben. Zur Pflege der erkrankten Pilger unterhielten die Johanniter mehrere Hospitäler im Land, das größte in Jerusalem. Diesem Orden traten in der Folgezeit eine Reihe im Lande gebliebene Ritter bei. Dadurch änderte sich die

Zielsetzung, und man entwickelte sich zu einem geistlichen Ritterorden, auf den Balduin in Gefahrensituationen zurückgreifen konnte.
Mit dieser Aufgabenerweiterung wurde die Vereinigung schließlich zum Ritterlichen Orden St. Johanni vom Hospital Jerusalem.
In der Heimat, dem Abendland, erhielt dieser Orden zahlreiche Schenkungen, vor allem Liegenschaften. Ordenshäuser wurden errichtet, in die auch weltliche Ritter und Brüder eintreten konnten, von denen ein großer Teil zum Ordensdienst nach Palästina ging.
Diese Ritter trugen einen roten Mantel mit einem achtzackigen weißen Kreuz auf der rechten Seite. Ihr erster Meister wurde Gerhard, ein aus Amalfi stammender Dominikanermönch. In seiner neuen Form wurde der Johanniterorden im Jahre 1113 von Papst Paschalis II. anerkannt.
Nach dem Tode Ritter Gerhards im Jahre 1120 wurde Raimond du Puy sein Nachfolger. Als Großmeister gab er diesem Orden die endgültige Form.
Man schrieb das Jahr 1119, als kurz nach dem Regierungsantritt von König Balduin II. sieben französische Ritter unter der Führung von Hugo de Payens einen neuen Orden gründeten, der zunächst als Palastwache fungieren sollte. König Balduin II. war damit einverstanden und wies diesem neuen Orden einen Flügel des Jerusalemer Königspalastes als Residenz zu. Ihr offizieller Name war »Milites Christi und des Tempels Salomon«, nach dem ersten Platz ihrer Unterkunft in der früheren El-Aksa-Moschee des Königspalastes, wo der Überlieferung nach der Tempel König Salomons gestanden haben soll. Daraus entstand die Kurzformel »Tempelritter«. Der Orden wurde zum Templerorden.
König Balduin bat Abt Bernhard von Clairvaux eine Ordensregel auszuarbeiten. Diese wurde von ihm auf der Kirchenversammlung von Troyes 1128 verkündet und von Papst Honorius II. bestätigt, womit der Orden offiziell anerkannt war.
Der Templerorden wurde vor allem in Frankreich populär. Kurze Zeit nach seiner Gründung waren über 300 Ritter in ihm vereinigt. Hinzu kam deren Gefolge. Diese Schar zog schließlich nach

Jerusalem und wurde zur Hauptkampftruppe des Königreichs, wenngleich sie dem Papst direkt unterstand.
Eine Reihe weiterer Ritterorden wurden im Abendland ins Leben gerufen. Allein in Spanien existierten um die Mitte des 12. Jahrhunderts nicht weniger als sieben.
Nach dem Tode König Balduins II. kam es zu Zerwürfnissen, die Führung und Ritter spalteten. Ihnen gegenüber stand auf arabischer Seite Salahed-Din Jusuj Ibn Ajub, eine herausragende Führergestalt. »Saladin«, wie er genannt wurde, ein Fürst kurdischer Abstammung, hatte Ägypten für sich gewonnen und sodann auch Syrien in Besitz genommen. Von dort aus gelang es ihm, die Stadt Damaskus zu erobern und sich selbst zum Sultan zu erheben. Mit seinen Eroberungen hatte er das christliche Königreich Jerusalem eingekreist. 1177 versuchte er Jerusalem im Handstreich zu erobern. Dieses Unternehmen schlug fehl. Es war der junge König Balduin IV., der ihm mit seinen ausgesuchten Rittern eine Schlappe beibrachte. Als Saladin 1182 Beirut angriff, wurde er abermals von den Kreuzrittern unter Balduin IV. gestoppt.
Ein Jahr später eroberte Saladin Aleppo. Nach Balduins IV. Tod im Jahre 1185 kam es mit der Thronbesteigung von Guido von Lusignan, dem Gatten von Balduins Schwester Sybille, zu inneren Kämpfen, die zu einer Schwächung im Kreuzritter-Reich führten.
Dies war eine Chance, die Saladin nicht ungenutzt verstreichen ließ. Er stieß mit einem großen Heer in Richtung Tiberias am See Genezareth vor und eröffnete am 3. Juli 1187 bei Hittim die Schlacht gegen die Kreuzritter. Saladin errang einen überwältigenden Sieg und stürmte sofort gen Jerusalem weiter, um die heiligen Stätten der Christenheit am 30. September nach nur geringem Widerstand in Besitz zu nehmen. Damit verblieb dem Königreich der Kreuzritter nur ein schmaler Streifen Land direkt an der Küste des Mittelmeeres.
In diesem Kriegszug gelang Saladin auch noch die Eroberung der wichtigen Hafenstadt Akkon. Ein Versuch der Kreuzritter, die Stadt zurückzugewinnen, scheiterte.

Jetzt wurde ein neuer Kreuzzug von Papst Gregor ausgerufen. Neben König Heinrich II. von England waren auch Philip II. August von Frankreich und Kaiser Friedrich Barbarossa dabei. Anstelle Heinrichs, der während der Vorbereitungen gestorben war, übernahm dessen Sohn, Richard I., »Löwenherz«, die Führung des von der See aus angreifenden Teiles des Kreuzfahrerheeres, während Friedrich I. die Landtruppen führte. Friedrich, genannt Barbarossa, hatte bereits am 2. Kreuzzug teilgenommen und galt als Kenner des Landes.
Insgesamt waren es 100 000 Kreuzfahrer, die in Richtung Heiliges Land aufbrachen. Doch trotz dieser Riesenstreitmacht war diesem Kreuzzug kein Erfolg beschieden. Entscheidend trug dazu der Tod Friedrichs I. bei, der am 10. Juli 1190 im Saleph-Fluß (heute Gök-Su) ertrank. Das führerlose Heer geriet in Panik und konnte nur mit Mühe durch Herzog Friedrich von Schwaben, dem Sohn Friedrichs I. zusammengehalten werden. Unter seiner Führung konnte mit dem im Mai bis Juni 1191 landenden Heer unter Richard Löwenherz und Philipp II. August gemeinsam die Belagerung von Akkon durchgeführt werden, die ihnen im gleichen Jahr befohlen wurde.
Der halbherzige Versuch, nun auch Jerusalem zu befreien, schlug fehl, und am 2. September 1192 kam es zu einem Vertrag zwischen den Kreuzfahrern unter Richard Löwenherz und Sultan Saladin, in dem ein dreijähriger Waffenstillstand vereinbart wurde.
Der Kampf um das zäh verteidigte Akkon kostete eine Vielzahl an Toten und Verwundeten. Die Stadt fiel.
In diesen Kämpfen kam es zu einem Ereignis, um dessentwillen der Einsatz der Kreuzfahrer hier geschildert werden mußte. Bei der Pflege der Verwundeten und der Betreuung der Sterbenden kam es zur Gründung eines dritten Ritterordens im Heiligen Land, dem Deutschen Orden.

»Hospital zu Sankt Marien der Deutschen zu Jerusalem«

Nach der mündlichen Überlieferung lebte zur Zeit des 1. Kreuzzuges in Jerusalem ein wohlhabendes Kaufmannsehepaar aus Lübeck, das die Eroberung der Stadt durch die Kreuzfahrer 1099 erlebte. Sie fanden auf der Straße vor ihrem Hause einen verwundeten Ritter, den sie in ihr Heim nahmen und pflegten. Weitere verwundete Ritter kamen hinzu. Das Ehepaar gründete mit einigen weiteren Helfern ein Hospital, zu dessen Einweihung der Patriarch von Jerusalem seine Zustimmung gab, außerdem den Bau eines Bethauses direkt am Hospital genehmigte. Dieses Bethaus wurde unter den Schutz der heiligen Jungfrau gestellt.

Einige Brüder, die inzwischen eingetroffen waren, betreuten nunmehr das Hospital, das sich von diesem Zeitpunkt an Hospital zu Sankt Marien der Deutschen in Jerusalem nannte. Es war dem Johanniterorden unterstellt, der nach einem Erlaß des Papstes Cölestins II. vom 9. Dezember 1143 einen deutschen Prior zu stellen hatte. Diese Überlieferung, zu der es nicht einmal die Urkunde des Papstes gibt, wurde erst im Jahre 1229 insofern verifiziert, als man während des 5. Kreuzzuges bei der Rückeroberung von Jerusalem dazu Nachforschungen anstellte. Man grub die Überreste und Grundmauern eines größeren Gebäudekomplexes aus, der zum vorher genannten Hospital gehört haben konnte.

Im Frühjahr 1190 waren mit dem Kreuzfahrer-Heer auch Kaufleute aus Lübeck und Bremen aufgebrochen und zur Jahresmitte in Akkon eingetroffen. Dort – so die Nachforschungen – nahmen sie mit den unter Graf Adolf von Braunschweig kämpfenden Rittern Kontakt auf. Um die Verwundeten vor der herabbrennenden Sonne zu schützen, hätten sie die Segel ihrer Schiffe abgenommen und diese zu einem großen Zelt zusammengefügt, das Feldlazarett der Ritter von Akkon. Der Name des Kaufmanns soll Sibrand gewesen sein, wie in der Narratio, einer mittelalterlichen Schilderung des Geschehens vor Akkon, zu lesen ist.

Friedrich von Schwaben, der im Oktober 1190 vor Akkon eintraf, übernahm dieses Feldspital. Er ließ sich nach der Eroberung der Stadt vom König von Jerusalem ein Grundstück zuweisen und überschreiben, um dort das Spital zu errichten. Dazu erteilten ihm Kaiser Heinrich VI., sein Bruder und Nachfolger von Friedrich Barbarossa, sowie Papst Klemens die Zustimmung nicht nur zum Bau eines Hospitals, sondern auch zur Gründung eines neuen Ordens. Nach dem alten Hospital wurde die Neugründung »Orden des Hospitals zu Sankt Marien der Deutschen in Jerusalem« genannt. Als erster Prior wurde Kaplan Konrad eingesetzt.

Im Jahre 1191 bezog der Orden das ihm vom König zugeteilte Haus. Ab dem Jahre 1193 wurde Heinrich Walpot aus Passenheim, der mit dem Ritterheer nach Palästina gekommen war, Prior. Der ehemalige Johanniter-Ritter schien, nachdem man den Hospitalorden zum Ritterorden umwandeln wollte, der richtige Mann mit der nötigen Erfahrung zur Führung des neuen Ordens zu sein.

Im Jahre 1198 erhielt dieser Deutsche Orden seine Bestätigung durch Papst Innozenz III. und galt von diesem Jahr an als geistlicher Ritterorden. Die Ordensregeln wurden nach jenen des Johanniterordens gestaltet. Für die Ritter selbst aber waren die Regeln des Templerordens maßgebend. Insgesamt gliederten sich die Ordensbrüder auf in Ritter, dienende Brüder und Priesterbrüder. Alle waren an die Gelübde der geistlichen Orden »Armut, Keuschheit und Gehorsam« gebunden.

Im Jahre 1220 bestimmte eine Bulle des Papstes: »Priester und Klerikerbrüder müssen in Ehren gehalten und mit dem Notwendigen *vor* den anderen versorgt werden«, womit diese den Ritterbrüdern zwar gleichgestellt waren, aber keine Stellungen der hohen Ordensgebieter erlangen konnten. Zu diesen Brüdern kam noch eine größere Gruppe der Halbbrüder. Sie gehörten ebenfalls dem Orden an, ohne an dessen Gelübde gebunden zu sein. Auch verheiratete Männer konnten so dem Orden beitreten.

Das Ordenskleid der Ritter des Deutschen Ordens war – nach dem Vorbild der Templer – ein weißer Mantel mit einem einfachen schwarzen Kreuz auf der linken Seite.

An der Spitze des Ordens stand als Oberster Gebieter der Magister oder Meister. Während dieses Amt bei den Johannitern Großmeister und bei den Templern Herrenmeister genannt wurde, bürgerte sich beim Deutschen Orden der Name *Hochmeister* ein.

Der Hochmeister war der absolute Herrscher, selbst wenn ihm eine Beratungs- und Überwachungsinstanz, das *Ordenskapitel*, an die Seite gestellt wurde. Dem Hochmeister oblag die Aufnahme von Rittern und Priestern in den Orden ebenso, wie die Absetzung der gegen den Orden verstoßenden Ritter. Das Ordenskapitel, das sich aus führenden Persönlichkeiten zusammensetzte, war mit weitreichenden Befugnissen ausgestattet. Darunter befand sich auch die Kontrolle der Amtsführung des Hochmeisters und die Wahl eines neuen Hochmeisters. Darüber hinaus ging die Aufnahme von Rittern und Priestern in den Orden über das Kapitel.

Neben dem Hochmeister standen fünf weitere *Gebietiger* dem Orden vor. Gleich nach ihm stand der *Großkomtur* an der Spitze dieser ritterlichen Hierarchie. Er war der Magnus Commendatur, der Präceptor. Bei Abwesenheit des Hochmeisters vertrat er ihn in allen Belangen des Ordens.

Der Ordensmarschall oder, wie er seinerzeit in der mittelhochdeutschen Sprache genannt wurde, *Mareskalk* (Marschall), führte das Ritterheer des Ordens, war also dessen Oberbefehlshaber.

Der *Spitler* spielte zunächst während der Zeit der überwiegend caritativen Tätigkeit des Ordens ebenfalls eine große Rolle. Ihm unterstand das gesamte Hospitalwesen des Ordens.

Der *Trapier* – abgeleitet von Traparius (Tuchmacher) – hatte die Bekleidung aller Ordensangehörigen, später auch die gesamte innere Verwaltung zu übernehmen.

Blieb noch der *Treßler* – von Tressel, Schatz -, dem die Ordensschätze und Finanzen unterstanden. Er hatte alle Ausgaben und Einnahmen des Ordens zu verwalten. Kein leichtes Amt, vor allem nicht in Kriegszeiten, wenn es galt, viel Geld für die Rüstungen und auch für die Anwerbung und Besoldung der Söldner zur Verfügung zu stellen.

Die Organisation des Deutschen Ordens

Im Anfangsstadium des Deutschen Ordens wurde das Gebiet des Königreiches Jerusalem in verschiedene Bezirke eingeteilt und in jedem ein Ordenshaus errichtet. Da diese Ordenshäuser zugleich auch Verteidigungszwecken dienten, waren sie allesamt als Burgen angelegt. An der Spitze einer jeden Burg stand der *Komtur* bzw. die *Kommandantur* mit zwölf Rittern und entsprechendem Personal.

Das erste Haupthaus des Ordens entstand in Akkon, wenige Wochen, nachdem die Stadt 1191 vom Ritterheer erobert worden war. Bis zum Jahre 1196 entstanden fünf weitere Ordenseinrichtungen im Heiligen Land. Es waren die Häuser zu Gaza, Jaffa, Ascalon, Rama und Zamsi. Im Jahr darauf richteten die Ordensritter jeweils ein Haus in den wichtigen Kreuzfahrerhäfen Süditaliens und auf Sizilien, Barletta und Palermo ein.

Als dem Orden wenig später nördlich von Akkon ein größerer Besitz als Schenkung übergeben wurde, entstand dort in zwei Jahren eine gewaltige und stark befestigte Burg. Sie nannte sich Montfort – die Starkenburg. Nach Fertigstellung derselben wurde sie 1224 das Haupthaus des Ordens, der bis dahin in Jerusalem residiert hatte, und zugleich Sitz des Hochmeisters.

Dieser Deutsche Orden breitete sich sehr rasch aus. Sowohl im Heiligen Land als auch in Europa entstanden von 1200 bis 1300 300 *Kommenden*, wie die Ordenshäuser genannt wurden – von der Düna im Norden bis hinunter nach Palästina im Süden und zum Atlantik.

Sehr bald zeigte es sich, daß neben einer guten Organisation in Palästina auch eine solche in der Heimat unerläßlich war, um allen Anforderungen gerecht zu werden und aus der Heimat den nötigen Nachschub – vor allem an Rittern – zu sichern. Zur Verwaltung und Führung dieser Heimatorganisation mußte eine neue Meisterstelle geschaffen werden. Hinzu kamen Komture, welche die *Balleien*, Verwaltungsbezirke in der Heimat, zu führen hatten. Außerdem wurden noch zwei übergeordnete Stellungen geschaffen: Der *Landmeister* in Preußen und jener in Livland.

Daß die anderen Orden, vor allem die Templer, dieses Aufblühen eines neuen – möglicherweise in der Gunst der Menschen und Fürstenhäuser zu ihnen rivalisierenden – Ordens nicht gerne sahen, versteht sich. Die Templer erreichten sogar im Jahre 1210, daß Papst Innozenz III. dem jungen Deutschen Orden das Tragen des weißen Mantels verbot. Schon bald wurde dieses Verbot wieder aufgehoben, wenngleich die Templer auch immer wieder versuchten, dieses Verbot erneut durchzusetzen. Schließlich bestätigte Papst Honorius III. im Jahre 1220 ausdrücklich, daß der Deutsche Orden zum Tragen des weißen Mantels berechtigt sei, und erteilte den Templern zwei Jahre darauf, als sie mit der gleichen Forderung an ihn herantraten, eine endgültige Absage.

Die ältesten Kommenden waren Stiftungen hochgestellter reicher Kreuzfahrer; später standen Kaiser, Päpste, weltliche Fürsten und Bischöfe obenan auf der Spenderliste.

Die ersten Vorsteher der Hospitalbruderschaft mit Sitz in Akkon waren nach dem bereits genannten Sigebrand um 1190 ein gewisser Rerard aus dem Jahre 1192; ein 1193 genannter Prior Heinrich, der Prior Ulrich, dessen Name 1195 erstmals erscheint, und der Präzeptor Heinrich Walpot, der 1196 die Führung übernahm. Mit ihm ging die Zeit der Hospitalbruderschaft zu Ende und jene des Ritterordens begann, in dem ebenfalls Heinrich Walpot von 1198 bis zum Jahr 1200 wirkte. Ihm folgte Otto von Kerpen nach, der die Ritterschaft bis zum Jahre 1208 führte, ehe mit Heinrich von Tunna, genannt Barth, dessen Nachfolger für ein Jahr dieses Amt übernahm.

Als Hermann von Salza im Jahre 1209 zum Hochmeister des Deutschen Ordens ernannt wurde, begann eine Zeit des steilen Aufstiegs. Dreißig Jahre lang sollte er die Geschicke des Ordens lenken.

Hermann von Salza (1209–1239)

Hermann von Salza führte und prägte den Orden entscheidend und verhalf ihm zu großem Ansehen bei Kaiser und Reich. Neben seiner Tätigkeit als Hochmeister des Deutschen Ordens war er einer der führenden Diplomaten seiner Zeit. Er gehörte zu den wenigen Männern, die von Papst Gregor IX. ebenso geachtet wurden wie von dessen Widersacher Friedrich II. Beide vertrauten ihm rückhaltlos.
Er stammte aus Thüringen und war der Sohn eines in Langensalza nordostwärts von Eisenach ansässigen Geschlechts. Sein Geburtsjahr ist nicht bekannt – man nimmt 1170 an. Wie man weiß, kam er bereits in ganz jungen Jahren an den Hof des Landgrafen von Thüringen und Hessen und diente diesem auf der Wartburg. Im Jahre 1207 soll in der Residenz des hochangesehenen Fürstengeschlechts der berühmte »Sängerkrieg auf der Wartburg« stattgefunden haben. Hier also erhielt Hermann seine ritterliche Erziehung und seine Unterweisung in politischer Kunst. Sehr bald erkannte man seine Begabung als Redner und Unterhändler. Die Landgrafen von Thüringen waren von Beginn an großzügige Helfer und Förderer des Ordens. Landgraf Hermann I., der von 1190 bis 1217 regierte, hatte am 3. Kreuzzug teilgenommen und 1190 in Akkon an der Gründung des Deutschen Ordens mitgewirkt. Mehrere Angehörige dieses Landgrafenhauses waren bereits zu dieser Anfangszeit dem Orden beigetreten, andere folgten nach. Sie waren es auch sehr wahrscheinlich, die Hermann von Salza aufforderten, dem Orden beizutreten und für ihn zu wirken. Im Jahre 1196 wird er zum erstenmal als Ritter dieses Ordens genannt. Schon während seines Aufenthaltes in Jerusalem und Palästina, von dem nur noch ein schmaler Streifen am Mittelmeer übriggeblieben war, hatte er erkannt, daß das Königreich Jerusalem auf Dauer nicht Bestand haben konnte.
Der Ordensobere Hermann von Salza sah sich nach neuen Betätigungsfeldern um und zugleich nach einer neuen Heimstätte für seinen Orden, anstelle jener, die bald verlorengehen sollte.

Der Feldzug im Burzenland

König Andreas II. von Ungarn, Teilnehmer des 5. Kreuzzuges im Jahre 1217, hatte von dem jungen Orden und dessen Hochmeister Hermann von Salza gehört, als er seine Tochter Elisabeth an den Hof des Landgrafen von Thüringen auf die Wartburg schickte – sie war zur Gattin für den Erben der Landgrafschaft, Ludwig, bestimmt. Dort erfuhren seine Gesandten davon, daß Hermann von Salza eine neue Heimstätte für seinen Orden suchte. Für den ungarischen König kam die Meldung wie gerufen: Das »Burzenland«, eine Beckenlandschaft im Südosten von Siebenbürgen, im inneren Karpatenwinkel zwischen Rumänien und Ungarn, konnte der neue Standort sein. Ungarn stand vor einem der schwersten Überlebenskämpfe seiner an Kriegen reichen Geschichte. Es sah sich außerstande, allein mit seinen Feinden fertig zu werden. Bei den Burzen handelte es sich überwiegend noch um Heiden, bei den Kumanen um ein Turkvolk, das bereits einmal, im Jahre 1071, nach Ungarn eingedrungen war.
Diese brachen von Süden aus der Walachei ins Burzenland ein, um gemeinsame Sache mit den Burzen zu machen und den Ungarn dieses Land zu entreißen.
Hermann von Salza erhielt zum Eingreifen die Zustimmung von Papst Innozenz III. und entsandte sofort ein starkes Ordensaufgebot ins Burzenland. In einem kurzen, mit großer Erbitterung geführten Kampf wurde der Feind geschlagen. Nachdem Ruhe und Ordnung wiederhergestellt waren, ging der Orden daran, die Grenzgebiete durch starke Burgen zu sichern. Deutsche Siedler wurden ins Land gerufen und siedelten in diesem später »Burgenland« genannten Gebiet. Die Stadt Kronstadt wurde gegründet, dreizehn deutsche Dörfer angelegt. Sehr bald war dieses Land ein blühender Garten mit Landwirtschaft und Viehzucht. Wichtige Handelsstraßen führten durch das Burzenland über Predal nach Bukarest.
König Andreas II. entschloß sich, »das Land an der Burza« dem

Deutschen Orden zu schenken – als Dank dafür, daß dieser es vor der drohenden Gefahr befreit hatte.

Hermann von Salza ließ sich dennoch, nachdem die Siedlungsarbeit vollendet war, das gesamte Gebiet im Jahre 1222 noch einmal als Schenkung des Königs bestätigen. Andreas II. verlieh dem Deutschen Orden dieses Land abermals als »ihm zu eigen« und bestätigte dies durch ein Dokument. Nunmehr konnte der Orden anstelle der hölzernen Burgen solche aus Stein errichten.

Papst Honorius III., der neue Oberhirte der Christenheit, genehmigte ebenfalls diese erneute Schenkung durch eine Urkunde. Darin heißt es: »Ihr batet mich, das Burzenland in Recht und Eigen des Apostolischen Stuhles zu nehmen, mit der Versicherung, daß die Gläubigen dann lieber in Euere Kolonie kommen würden. Dieser Bitte komme ich nach.«

Ein eigener Ordensstaat unter der Lehnshoheit des Papstes war entstanden.

Das aber konnte der König von Ungarn nicht dulden. Er machte die Schenkung rückgängig und vertrieb den Orden mit militärischer Gewalt. Andreas II. regierte bis 1235.

Zu schwach, um Widerstand zu leisten, mußte der Orden im Jahre 1225 das Land räumen. Hermann von Salza unternahm zwar eine Reihe von Vorstößen und machte sich persönlich auf den Weg nach Ungarn, um die Rückgabe des Landes an seine Ritter zu erwirken, doch vergeblich.

Es war dies die Zeit, da Hermann von Salza sich als Diplomat Kaiser Friedrich II. anschloß, den er bei dessen Königskrönung 1215 in Aachen kennengelernt hatte und dem er ein treuer Freund wurde. Vor geraumer Zeit war er in Friedrichs Hofrat aufgenommen worden und galt seit langem als Vermittler Friedrichs gegenüber der römischen Kurie. Im Jahre 1230 war er der einzige, der nach dem Friedensschluß als Zeuge bei der Unterredung von Papst Gregor IX. und Friedrich II. zugegen war. Ihm schrieb der Papst: »Wir gebieten dir, bei der Pflicht des Gehorsams in hohem Ernste, daß du, so lieb dir Gott und unsere Huld sind, ohne Verzug zu uns kommest, um für die Ehre der Kirche und für des Reiches Frieden und Ruhe zu wirken.«

Im Kreuzritter-Königreich (1219–1230)

Der Kampf um Jerusalem und das Heilige Land war, wie von Hermann von Salza befürchtet, in der Zwischenzeit in eine kritische Phase getreten. Im Jahre 1219 begann der Endkampf. Zu aller Überraschung gelang es dem Deutschen Orden und seinen Rittern, das im Niltal liegende Damiette zu erobern.

Friedrich II. hatte bei seiner Krönung zum Römischen Kaiser am 22. November 1220 in Rom durch den Papst gelobt, im folgenden Jahr einen Kreuzzug zur Rettung des Heiligen Landes zu unternehmen. Dieser sollte jedoch erst im Jahre 1227 stattfinden. Als sich das Heer im Sommer dieses Jahres in Apulien versammelte, brach eine Seuche im Lager aus. Landgraf Ludwig IV. von Thüringen fiel ihr ebenso zum Opfer wie dessen ältester Sohn Hermann und eine Reihe anderer Anführer. Friedrich II., der ebenfalls erkrankt war, hatte sich mit den Rittern seiner Umgebung eingeschifft. Kurz nach der Ausfahrt aus dem Hafen von Brindisi starb Ludwig IV., Stellvertreter des Kaisers, auf See. Friedrich brach den Kreuzzug ab – und wurde vom Papst mit dem Kirchenbann belegt. Am 28. Juni 1228 unternahm der Kaiser den nächsten Kreuzzug nach Palästina, ohne daß der Bann aufgehoben wurde.

Im September 1228 traf das Heer in Akkon ein. Allerdings verweigerten der Patriarch von Jerusalem, die Templer und die Johanniter dem Kaiser als »Gebannten des Papstes« den Bruderkuß. Allein die Deutschritter hielten ihrem Kaiser die Treue.

Kaiser Friedrich II. versuchte als erster das Ziel der Kreuzzüge mit diplomatischen Mitteln zu erreichen. Am 18. Februar 1229 schloß er, dank der genialen Unterstützung Hermann von Salzas, mit dem Sultan einen Vertrag, der festlegte, daß Bethlehem, Nazareth, das westliche Galiläa, das Gebiet von Sidon und vor allem die Stadt Jerusalem – mit Ausnahme einiger heiliger Stätten der Moslems – an das Königreich Jerusalem zurückgegeben wurden. Damit hatte Friedrich II. in diesem unblutigen 5. Kreuzzug ohne einen einzigen Schwertstreich mehr erreicht, als alle Kreuzzüge vorher.

Patriarch Gerold von Jerusalem allerdings hetzte gegen den Feind des Papstes, der sich mit den Heiden eingelassen hatte, und verbot dem Kaiser, Jerusalem zu betreten. Vergeblich versuchte Hermann von Salza eine Versöhnung herbeizuführen. Aber der Patriarch gab nicht nach. Als der Kadi Schams ed-Din die Schlüssel der Stadt übergab, zog Friedrich am 17. März 1229 in Jerusalem ein, an seiner Seite der Deutschritterorden mit Hermann von Salza sowie Ordensbrüder und Schwestern, letztere für den Hospitaldienst.

Am Sonntag, dem 18. März 1229, betrat Friedrich II. die Grabeskirche. Kein Templer und Johanniter war zugegen, als er sich im Beisein der ihm ergebenen Erzbischöfe, Würdenträger und des Deutschen Ritterordens die auf dem Altar liegende Krone des Königreichs Jerusalem selbst aufsetzte. Hermann von Salza übersetzte des Kaisers lateinische Rede ins Deutsche und Französische.

Nachdem Friedrich II. zuverlässige Verwalter und Trupenkommandeure in Jerusalem eingesetzt hatte, segelte er Anfang Mai von Akkon nach Brindisi zurück. Dem Papst blieb nunmehr nichts anderes übrig als den Bann zu lösen und das Verhalten des Patriarchen von Jerusalem zu tadeln. Am 28. August 1230 wurde Friedrich II. offiziell und feierlich vom Bann losgesprochen.

Griechisches Zwischenspiel (1209–1216)

Nachdem im Rahmen des 4. Kreuzzugs Konstantinopel im Jahre 1204 durch die Kreuzritter unter dem venezianischen Dogen Enrico Dandolo erobert worden war, wurde Griechenland von den Venezianern und den »Franken« genannten Kreuzrittern unterworfen. So entwickelte sich eine Reihe kleinerer Herrschaften. Die »Staaten der Kreuzfahrer« waren nach dem Lehnssystem aufgeteilt. Die lateinischen Fürsten konnten sich gegen die von ih-

nen unterworfenen Griechen nur dadurch behaupten, daß sie abendländische Ritter ins Land holten und ansiedelten. So verlieh Gottfried I., Fürst von Achaia, dessen Reich Romanien genannt wurde, entsprechende Lehen auch an die Templer, die Johanniter und die »Brüder des Deutschen Hauses«, die Deutschritter.
Dadurch gelangte der Deutsche Orden bereits im Jahre 1209 nach Kalamata, an der Südspitze des Peleponnes gelegen, danach ins nahe gelegene Methone. Von hier aus wurde die Errichtung einer Reihe von Kommenden betrieben, so in Mostenzia, Villafort und Andravida. In Villafort mußte der Deutsche Orden ständig sieben Kaplane einsetzen und in Andravida ein Spital und zwei Filialspitale einrichten und unterhalten.
Das Haus Villehardouin übernahm mit der Hauptstadt Andravida den ganzen Peloponnes, und der Fürst von Achaia war es, der insbesondere die Ritter des Deutschen Ordens in sein Fürstentum bat. Die Spitäler sollten noch lange Zeit durch den Deutschen Orden erhalten werden.

Das Ende mit Schrecken

Im Heiligen Land war Hermann von Salza, obwohl er an dem Bestehen des Reiches Jerusalem seine Zweifel hatte, immer noch mit besonderem Engagement tätig. 1220 gewann der Orden das Hinterland von Akkon hinzu, wo wenig später die Burg Montfort errichtet wurde. Hinter Tyrus wurde ein beträchtliches Gebiet hinzugewonnen und ein weiteres in Armenien, wo 1212 die Burg Amuda entstand und vierundzwanzig Jahre später die Stadt Harunia gegründet wurde, in der es vier Abteien gab. Dort wurden neunzehn große Landgüter von den Rittern des Deutschen Ordens mit größtem Erfolg bewirtschaftet. Der Ordensbesitz hinter Tyrus bestand aus zweiundvierzig Dörfern, jener bei Montfort aus fünfzig großen Landgütern.
Nachdem 1229 Jerusalem dank der klugen Politik Friedrichs II.

an die Christenheit zurückgegeben worden war, erhielten die Brüder des Deutschen Ordens das alte Deutsche Hospital geschenkt. Aber sie mußten es schon im Jahre 1244 wieder aufgeben, als die Stadt für immer verlorenging.

Mit dem Fall von Jerusalem waren jedoch die Aktivitäten des Deutschen Ordens im Heiligen Land und damit im Königreich Jerusalem noch nicht zu Ende, auch wenn die Eroberer der Stadt nicht weiterzogen, weil ihnen zu Ohren gekommen war, daß ein neuer Kreuzzug bevorstehe. In der Tat war König Ludwig IX. von Frankreich, später Ludwig der Heilige, im Jahre 1248 aufgebrochen und landete mit seinen Kreuzrittern in Ägypten. Er wollte den Sultan von Ägypten in dessen eigenem Land besiegen und damit die Bedrohung für das Heilige Land an der Wurzel beseitigen.

Nach einigen Anfangserfolgen erlitt das Kreuzfahrerheer jedoch 1249 eine schwere Niederlage. König Ludwig IX. wurde gefangengenommen und erst 1250 nach Zahlung eines gewaltigen Lösegeldes wieder freigelassen. Mit dem Rest seiner Flotte segelte Ludwig IX. anschließend nach Akkon weiter. Hier blieb das Kreuzritterheer mit dem König bis zum Jahre 1254. Damit war der 6. Kreuzzug ohne besonderes Ergebnis verlaufen und ohne die Position des Königreiches Jerusalem zu verbessern.

Zu dieser Zeit – damit eilen wir den Ereignissen im Hauptteil des Ordens voraus – war Günter von Wüllersleben Hochmeister des Ordens. Ihm folgte nach seinem Tode Popo von Osterna. Dieser Hochmeister, aus dem Raume Nürnberg stammend, war bereits 1228 in den Orden eingetreten, 1233 nach Preußen gegangen und hatte dort von 1244 bis 1246 das Amt des Landmeisters bekleidet. Als Hochmeister hielt er sich wenig in Palästina auf, sondern häufig in Thüringen oder im großen Haupthaus des Ordens zu Venedig. Dort hatte der Deutsche Orden die Kirche Trinitatis, an der Einfahrt des Canale Grande, errichten lassen. An dieser Stelle befindet sich heute die schöne Kuppelkirche Santa Maria della Salute.

Die Lage im Königreich Jerusalem war zu dieser Zeit katastrophal. In Gestalt von Rukn ed-Din Baibars Dundukdari – kurz

Baibars genannt – war dem Kreuzfahrerstaat ein neuer Gegner erwachsen. Vom Soldaten in der Leibwache des Mamelukensultans war dieser zum Führer und schließlich zum Befehlshaber des Mamelukenheeres aufgestiegen.
Im Jahre 1260, eben zum Sultan ausgerufen, hatte Baibars die zurückweichenden Mongolen, die Bagdad, Aleppo und Damaskus erobert hatten, bei Ein Galud in Galiläa an der Goliathquelle vernichtend geschlagen. An die Stelle der Mongolengefahr trat nun die Mamelukengefahr: Baibars gab sich mit diesem Sieg nicht zufrieden, sondern eroberte binnen eines weiteren Monats Damaskus und Aleppo. Danach kehrte er nach Ägypten zurück und ermordete persönlich Sultan Kotus in Damaskus, indem er ihm das Schwert in den Rücken stieß. Er machte sich zum neuen Herrn, zog unter dem Schutz des Heeres in Kairo ein und wurde in seiner Hauptstadt öffentlich zum Sultan ausgerufen.
Drei Jahre später trat er mit einer starken Streitmacht an, um den Kreuzfahrerstaat für immer zu vernichten. Sein Angriff auf Akkon schlug fehl. Die Ritter verteidigten sich mit dem Mute der Verzweiflung. Danach wandte sich Baibars I. den übrigen Städten des Kreuzfahrerstaates zu und eroberte nacheinander Caesarea, Haifa und Toron. Dann stellte er sich auf die Ankunft des nächsten Kreuzfahrerheeres ein. Doch dieser 7. Kreuzzug hatte zunächst Tunis zum Ziel; man hoffte den Emir von Tunis zum Feldzug gegen Baibars I. gewinnen zu können, doch König Ludwig erkrankte und starb. Damit war der 7. Kreuzzug zu Ende, noch ehe er richtig begonnen hatte.
Für Sultan Baibars war damit das Signal zur weiteren Eroberung des Kreuzfahrerstaates gegeben. 1268 eroberte er zunächst Antiochia und Jaffa. Danach marschierte er gegen Montfort, der festen Burg des Deutschen Ordens, wo sich das Haupthaus des Ordens befunden hatte. Die Burg wurde nach schweren Kämpfen erobert und Akkon zum neuen Haupthaus des Ordens bestimmt.
Als 1272 Prinz Eduard, Sohn König Heinrichs III. von England, mit 1000 Rittern und Soldaten in Akkon eintraf, schloß Baibars I. zunächst einen Waffenstillstand. Als Baibars im Jahre 1277 starb,

existierte der Kreuzritterstaat im Heiligen Land noch immer. Allerdings war sein Gebiet auf die Städte Akkon, Tyros, Sidon, Tripolis und zwei weitere Burgen im Lande zusammengeschmolzen. Das christliche Königreich Jerusalem lag bereits in Agonie, der nächste größere Angriff der Mameluken mußte ihm den endgültigen Todesstoß versetzen.

Im Jahre 1288 begab sich der damalige Hochmeister Burchard von Schwanden nach Deutschland, wo er den Deutschmeister Konrad von Feuchtwangen aufsuchte und um dessen Unterstützung bat. Der Deutschmeister erklärte sich sofort dazu bereit und ließ aus einigen Balleien im Reich Ritter und Hilfsmannschaften zusammenziehen. Es soll ein Heer von 6000 Kämpfern gewesen sein, das mit dem Deutschmeister und dem Hochmeister von Venedig nach Akkon segelte.

Als das Heer in Akkon eintraf, war das Mamelukenheer unter Baibars Nachfolger Kalawan bereits auf dem Marsch gegen die Überreste des Kreuzfahrer-Königreichs. Nach zeitgenössischen Berichten sollen es insgesamt 240 000 Mann gewesen sein. Daß dies gewaltig übertrieben war, liegt nach Kenntnis der Bevölkerungszahlen auf der Hand, dennoch: Das Mamelukenheer war dem Kreuzritterheer um ein Vielfaches überlegen. Da starb auf dem Weg nach Akkon Sultan Kalawan. Sein Sohn, El-Aschraf-Kalil, übernahm jetzt die Führung und setzte den Marsch fort.

Hochmeister von Schwanden fühlte sich der Aufgabe, die Kreuzritterstreitkräfte zu führen, nicht gewachsen und trat zurück. An seine Stelle trat der Statthalter des Hochmeisters Heinrich von Bouland, der im Kampf gegen die anrennenden Mameluken fiel. Jetzt übernahm Deutschmeister Konrad von Feuchtwangen die Führung.

Der Sturm auf Akkon begann am 18. Mai 1291. Nach erbitterter Gegenwehr drangen die Mameluken in die Stadt ein. Sie ergossen sich wie eine Springflut durch die Straßen und erschlugen jeden, der sich ihnen entgegenstellte. Am Abend war Akkon in ihrer Hand.

Das Gros der Verteidiger lag erschlagen in der Stadt. Einige wenige konnten auf die Schiffe entkommen. Konrad von Feuchtwangen gelang es, mit einer kleinen Schar fechtender Ritter den engen Einschließungsring zu durchbrechen, das Schiff zu erreichen und zu entkommen.

Das Königreich Jerusalem war untergegangen. Die fliehenden Ritter der Templer und Johanniter segelten nach Zypern, wo sie bleiben sollten. Die Ritter des Deutschen Ordens entschlossen sich, von Zypern nach Venedig weiterzusegeln, wo sich das große Ordenshaus befand. Darüber hinaus besaß der Orden eine Reihe von Besitzungen in ganz Venetien. Kurz darauf trat in Venedig das Ordenskapitel zusammen und wählte noch im Jahre 1291 Konrad von Feuchtwangen zum neuen Hochmeister.

Der Ordensstaat Preußen

Hermann von Salza und der Ruf nach Masowien (1226–1230)

Bereits im Jahre 1225 bahnte sich für den Deutschen Ritterorden eine andere Aufgabe an, die ihm ein neues Betätigungsfeld zuwies. Allerdings war die Ordensführung nach dem Debakel im Burzenland gewarnt, sich nicht allzusehr auf Versprechungen aus königlichem Munde zu verlassen.

Als zu Beginn des Jahres 1226 Herzog Konrad von Masowien unter dem Druck der in sein Land einfallenden prussischen Plünderer, die sein Herzogtum berannten, den Deutschen Orden um Hilfe bat, waren sowohl Kaiser Friedrich II. als auch Papst Honorius III. fest entschlossen, diese Hilfe zu gewähren. Wer war in diesem Falle besser geeignet als der Deutsche Orden?

Immerhin war Hermann von Salza, dessen oberster Gebieter, sowohl dem Papst als auch dem Kaiser eine vertraute Erscheinung. Friedrich hatte während der Anwesenheit in seinem sizilianischen Königreich die Tüchtigkeit der Ordensritter erlebt, von denen neben Salza, der als Familienmitglied des Kaisers galt, zwei Ritter ständig am Hofe weilten. Darüber hinaus hatte Friedrich neben seinem Freund und Berater Hermann von Salza noch den Ordensritter und späteren Deutschmeister Bertold von Tannenrode in seiner Residenz Hagenau im Elsaß zum Chef der Verwaltung seiner elsässischen Besitzungen ernannt. In diesem Zusammenhang kam schließlich das Wort auf, daß das Reich von einer Handvoll Deutschordensritter regiert werde.

Hermann von Salza, durch die Burzenland-Vorkommnisse gewarnt, lehnte das etwas zu vage formulierte Versprechen von

Herzog Konrad in dieser Form ab. Er bestand darauf, daß der Herzog sicherstellte, daß das dem Orden angediente Land auch mit hieb- und stichfesten Dokumenten an den Orden überschrieben würde.

Zunächst war also der Herzog von Masowien dazu gezwungen, die Anstürme der Prussen selbst abzuwehren. Um dies tun zu können, stiftete er offiziell im Jahre 1228 den Ritterorden von Dobrin, mit dessen Hilfe es ihm auch gelang, die Prussen einige Zeit in Schach zu halten.

Es waren allerdings der Bischof von Modena, Wilhelm von Savoien, und Bischof Christian, die bereits im Jahre 1225 die Stiftung dieses neuen Ritterordens ins Auge faßten. Dies ging völlig reibungslos vonstatten, da zum einen Konrad von Masowien sofort einverstanden war, und weil zum anderen der päpstliche Legat die Erlaubnis seines Papstes bereits unterzeichnet und gesiegelt mitführte. So entstanden die »Brüder des Ritterdienstes Christi«. Die Regeln des Templerordens wurden auch für diesen neuen Ritterbund verbindlich.

Es galt, so viele Ritter wie möglich zu finden. Und diesem Ziele widmeten sich Bischof Christian und Herzog Konrad von Masowien mit allem Eifer. Binnen kürzester Zeit hatten sie 14 Ritter versammelt, die von Bischof Christian mit dem neuen Ordensgewand bekleidet wurden. Einer aus ihrer Mitte, der Ritter Bruno, wurde zum Meister ernannt. Der offizielle Name lautete: »Orden der Ritter Christi«. Seine Angehörigen wurden Ritter Christi und schließlich »Brüder des Ritterdienstes Christi in Livland« genannt. Erst im Jahre 1226 erhielten sie ihren endgültigen Namen »Ritterbrüder von Dobrin«.

Diese Ritter trugen auf dem weißen Mantel ein rotes Schwert und einen Stern. Dadurch unterschieden sie sich von den Ordensrittern in Livland, die anstatt des Sterns das Kreuz trugen.

Bei der offiziellen Ordensstiftung wurde zwischen dem Orden und Herzog Konrad ein Vertrag geschlossen, in dem der Herzog ihnen den Bau der Burg Dobrin an der Grenze Masowiens zum Kulmer Land zusagte. Das den Ungläubigen abgenommene Land sollte zwischen dem Herzog und dem neuen Orden geteilt werden. Für den Anfang überließ Herzog Konrad den Rittern das Gut Cedlitz im kujawischen Land. Damit stand, noch vor Einrücken des Deutschen Ordens, im Nordosten ein zweiter Ritterorden zur Abwehr feindlicher Angriffe – aber auch zur Gewinnung heidnischen Landes – bereit.

Die nach Norden ins Prussenland vordringenden Ritter wurden bei dem ersten Zusammentreffen von den Prussen so vernichtend geschlagen, daß nur fünf von ihnen lebend nach Dobrin zurückkehrten. Anschließend belagerten die Prussen die Burg, die sich aber mit masowischer Hilfe halten konnte.

Es war Bischof Christian, der Konrad von Masowien vom Deutschen Orden und von dessen Verdiensten berichtete. Er gab schließlich den Rat, der Herzog möge den Deutschen Orden zum Schutz des Bistums und zur Sicherung der Grenzen seines Landes rufen.

Bei den Edlen seines Landes fand Konrad – nach dem Ausbleiben jeglicher polnischer Hilfe – schnell Zustimmung. Die Versammlung beschloß, Meister Hermann von Salza eine Gesandtschaft zu schicken und ihm für seine Hilfeleistung einen Teil des Kulmer Landes als Schenkung anzubieten. Damit sollte nach der Katastrophe der Ritterbrüder von Dobrin ein schlagkräftiger Orden ins Land geholt werden.

Nun setzten die ersten Verhandlungen ein. Das Desaster des Deutschen Ordens vom Jahr 1225 war für Hermann von Salza eine Warnung. Er forderte Sicherheiten, bevor er sich in ein so ungewisses Unternehmen stürzte.

Erst nachdem Herzog Konrad im Jahre 1230 alle Anrechte über das Kulmer Land und das von den Rittern noch zu erobernde Land der Prussen an den Deutschen Orden abgetreten hatte, war Hermann von Salza bereit, so schnell wie möglich einzugreifen.

Das Herzogtum Masowien und seine Geschichte

Unter dem ersten Piastenfürst Míeczko, der 966 mit seinem gesamten Volk zum Christentum übertrat und Kaiser Otto III. als »seinem König und Herrn« huldigte, war Polen entstanden, ohne daß Polen oder gar Böhmen Lehen des Reiches wurden.

Der westliche Teil jenes Gebietes, das sich in Míeczkos Herrschaftsbereich befand, das Land zwischen Weichsel und Memel, war das Land der Prussen. Dieses Gebiet, das noch heidnisch war, sollte christianisiert und dann dem jungen polnischen Staat eingegliedert werden. Míeczko konnte den Bischof von Prag, Adalbert, für die Missionierung gewinnen, der allerdings in die Hände der Prussen fiel und am 23. April 997 von diesen ermordet wurde. Ihm folgte der aus dem Hause der Welfen stammende Brun von Querfurt. Er erlitt im Jahre 1009 das Schicksal seines Vorgängers. Erst als norddeutsche Missionare, an der Spitze Meinhard aus dem Kloster Segeberg, 1184 nach Livland kamen und dort 1186 das Bistum Livland gründeten, konnte unter den Heiden missioniert werden. Nach seinem Tode wurde Bertold von Lokkum zum Bischof geweiht, der bei dem Aufstand im Jahre 1198 ums Leben kam.

Albert Appeldern (1199–1229), der dritte Bischof in Livland, war eine besonders starke Persönlichkeit. In seiner dreißig Jahre währenden Amtszeit sicherte er sich sofort starke Kreuzfahrerhilfe. Während seiner Regierungszeit wurde 1201 Riga gegründet. Er stiftete 1202 einen eigenen Orden, der sich »Schwertritterorden« nannte. Im Jahre 1207 erhielt er aus der Hand von König Philipp von Schwaben Livland als Reichslehen überantwortet und war damit zum Reichsfürsten aufgestiegen. Mit dem Orden mußte sich Bischof Albert seit 1210 aufgrund eines Schiedsspruches des Papstes die Landesherrschaft teilen. Dem Bischof wurden zwei Drittel, dem Orden ein Drittel von Livland zugewiesen. Durch diese Entwicklung sah sich Christian, Abt des Zisterzienserklosters Lekno veranlaßt, die seit 1206 begonnene Baltenmis-

sion energisch voranzutreiben. Er war es, der Herzog Konrad von Masowien dazu brachte, das Prussenland mit militärischen Mitteln zu besetzen. Masowien, ein Gebiet an der mittleren Weichsel mit dem Hauptort Plock, dem späteren Warschau, war südlicher christlicher Nachbar der heidnischen Prussen.
Nach Abschluß der Verhandlungen beschlossen beide, zunächst im Kulmer Land vorzugehen. Bei diesem Gebiet, nach seinem Hauptort Kulm benannt, handelte es sich um den Südwesten des alten Prussenlandes, das im Weichselknie lag. Hier macht die aus Osten kommende Weichsel eine scharfe Wendung nach Norden und bildet die Süd- und Westgrenze des Gebietes. Die östliche Grenze wurde von der Drewenz, einem rechten Nebenfluß der Weichsel, markiert. Nach Norden ging das Kulmer Land ins Prussengebiet über.
Herzog Konrad von Masowien fiel 1222 in das prussische Gebiet ein. Mit ihm zog auch Abt Christian, der sogleich seine Missionstätigkeit begann. Nach der Eroberung des Landes erreichte Abt Christian, daß Papst Honorius III. der Gründung eines Bistums Preußen zustimmte. Christian wurde zum ersten Bischof dieses neuen Bistums ernannt. Um dieses Vorhaben nicht, wie die beiden Baltenmissionsversuche vorher, wieder scheitern zu lasen, setzte der Papst den Bischof Wilhelm von Modena als Legaten ein.
Unter Bischof Christian wurde die Missionierung weiter vorangetrieben. Das eroberte Kulmer Land wurde dem Besitz von Herzog Konrad von Masowien zugeschlagen. Damit war dieser Raum zum polnischen Landgebiet gemacht, in dem allerdings eine rein baltische Bevölkerung lebte.
Jetzt geriet das gesamte Prussenland in Aufruhr. Die Prussen traten zum Generalangriff an und warfen die Eindringlinge aus ihrem Stammesgebiet hinaus. Danach rückten sie über die »Grenzen« nach Masowien vor und verwüsteten das gesamte Grenzgebiet. Auch der masowische Hauptort Plock mit seinem Bischofssitz wurde angegriffen, konnte aber verteidigt werden.
Für ihren Verwandten Konrad von Masowien regte sich unter den Piastenfürsten keine Hand. Eigentlich wäre es für den Herrscher

von Polen eine Gelegenheit gewesen, das abtrünnige, selbständige Masowien wieder in seine Hand zu bekommen. Aber nichts dergleichen geschah.

Das Land hatte durch diesen prussischen Einfall viele Dörfer und etwa 250 Pfarrkirchen verloren; an die 20 000 Menschen sollen getötet und weitere 5000 als Sklaven von den Prussen verschleppt worden sein. Auch wenn die Zahlen vielleicht übertrieben sein mögen – die Prussen waren ein kampfstarker Gegner, und die Existenz von Masowien stand auf wackligen Füßen.

Das war die Situation, als sich Konrad von Masowien – wie bereits erwähnt – an den Deutschen Orden wandte. Die Verhandlungen begannen.

Dem Papst, der das Bistum Preußen geschaffen und Christian zum Bischof desselben bestimmt hatte, schwebte, falls der Orden das Land befrieden konnte, der Besitz von Zweidritteln des Landes für Christian vor, während der helfende Ritterorden ein Drittel erhalten sollte. Dies war für Hermann von Salza indiskutabel, denn damit hätte er praktisch dem Bischof unterstanden.

Friedrich II., der nicht daran zweifelte, daß ihm das Recht zustand, den Einsatz des Ordens in Preußen zu garantieren – immerhin war er ja der Kaiser und »Herr der Welt« –, ließ durch Hermann von Salza das Ordenskapitel des Jahres 1226 nach Rimini einberufen, wo er sich gerade aufhielt. Hier faßte das Kapitel den Beschluß, den Einsatz des Ordens in Preußen zu befehlen und Kaiser Friedrich II. zu bitten, dieses Vorhaben zu garantieren. In Friedrichs II. Urkunde, die als »Goldbulle von Rimini« in die Geschichte einging, heißt es u. a.:

> »Dazu hat Gott unser Imperium über die Könige des Erdkreises erhöht und die Grenzen unserer Macht durch die verschiedenen Weltzonen erweitert, damit sich unsere Fürsorge auf die Mehrung seines Namens in der Welt und die Verbreitung des Glaubens unter den Heiden richte, wie er das Heilige Römische Reich zur Predigt des Evangeliums bereitet hat, damit wir nicht minder die Unterwerfung wie die Bekehrung der Heiden erstreben.«

In diesem Erlaß war dem Orden außerdem die Errichtung von Märkten und Handelsplätzen, die Teufe von Bergwerken, die Einsetzung von Richtern sowie das Münzrecht übertragen worden. Als Kernsatz dazu hieß es:

> »Niemand von allen Reichsgroßen soll jemals meine kaiserliche Verleihung und Bestätigung beeinträchtigen. Wer dies dennoch tut, soll eine Strafe von 1000 Mark Goldes zahlen.«

Zu den Großen des Reiches zählten alle Herren bis hinunter zu den Grafen und Markgrafen.
Damit hatte Friedrich II. die Schenkung des zu erobernden Ordenslandes mit völliger Lehnshoheit bestätigt und es dem Orden als Eigentum überantwortet. Preußen gehörte damit zum Herrschaftsbereich des Deutschen Ordens.
Dies war Hermann von Salza noch nicht genug. Mit Einwilligung des Papstes Honorius III. schickte er noch 1226 die beiden Ordensritter Konrad von Landsberg und Otto von Saleiden mit achtzehn Gewappneten zum Herzog von Masowien, um zu prüfen, ob sich das Land, das dem Orden gehören sollte, auch zur Ansiedlung eignete. Gregor IX., der Nachfolger Honorius' III., genehmigte die Schenkung des Herzogs von Masowien und erließ eine neue Bulle:

> »Gürtet die Schwerter um! Seid stark zum Kampf bereit gegen die Völker, welche uns und unser Heiligstes zu vernichten trachten!
> Es ist besser für uns, im Kampf zu sterben, als über unser Volk und unser Heiligstes Unheil gebracht zu sehen.«

Die Bulle endet mit den Worten:

> »Wenn du ausziehst in den Streit wider Deine Feinde, und du siehst ihre Zahl stärker als die Deinige, so fürchte sie nicht, denn der Herr, dein Gott, ist mit dir.«

Hilfe für Livland – Hermann Balk

Der 1202 durch Albert von Bekeshovede, den dritten Bischof von Livland, gestiftete Orden der Schwertbrüder hatte großen Anteil daran, daß Livland, Estland und Teile Kurlands nach Bischof Alberts Tod im Jahre 1229 erobert und für das Christentum gewonnen waren. Trotz dieser Erfolge war die kleine Schar der Schwertbrüder zu der Erkenntnis gelangt, daß nur eine Aufnahme in den großen Deutschen Orden ihr Überleben sichern könne.

Es war ihr Meister Volkwin, der zwei Verhandlungsführer zum Orden entsandte, um eine Vereinigung vorzuschlagen. Hermann von Salza schickte daraufhin Boten nach Reval, die ihm jedoch meldeten, daß die Schwertbrüder »die Regeln nicht halten und meinen, ganz nach ihrem Willen leben zu können. Ganz davon abgesehen, daß sie auch nach einer Vereinigung ihre Eigenständigkeit behalten wollen«.

Dies bedeutete im Klartext: Den Schwertbrüdern ging es allein um militärische Unterstützung für ihren Weiterbestand. Es lag auf der Hand, daß der Hochmeister dafür nicht zu gewinnen war. Doch nachdem sich die Nachricht verbreitete, das livländische Heer sei am 22. September 1236 bei Saulen von den Litauern schwer geschlagen worden, und daher Gefahr bestand, diese »Wacht im Nordosten« könne vernichtet werden, entsprach der Papst dem Wunsch der Schwertbrüder und gliederte sie dem Deutschen Orden an.

Hermann von Salza, zum Gehorsam gegenüber dem Papst verpflichtet, fügte sich und gab dem Deutschmeister Hermann Balk Weisung, mit sechzig Ordensrittern und einer großen Zahl erfahrener Kämpfer den Schwertbrüdern zur Hilfe zu eilen.

Hermann Balk in Preußen

Hermann Balk aus Westfalen, ein tapferer und umsichtiger Ritter, der seit 1219 den Ordensbesitzungen in Deutschland vorgestanden hatte und als erster »Verweser des Landes Preußen« dienen sollte, machte sich mit einigen der vornehmsten Ritter auf den Weg nach Masowien. So Ritter Konrad von Tutelen, der als erster Komtur vorgesehen war, und sein Vertreter Heinrich von Berka, der die Stellung eines Hauskomturs wahrnehmen sollte. Heinrich von Zeitz aus Sachsen sollte als Spittler dienen. Eine kleine Schar weiterer Ritter, unter ihnen Bernhard von Landsberg, der kriegserfahrene Berengard von Ellenbogen und Otto von Querfurt waren als Führer der Ritterschaft vorgesehen. Hinzu kam ein »großer Haufen **riesigen** Kriegsvolks« mit Roß und Rüstung. Die Gesamtzahl schwankt in den einzelnen Urkunden zwischen 100 und 400 Mann.

Im Frühjahr 1230 traf die Ritterschar in Masowien ein, und Hermann Balk wurde erster Landmeister des Deutschen Ordens in Preußen. Er stellte am 23. April 1230 jene Urkunde aus, in welcher Herzog Konrad dem Deutschen Orden in Preußen das Kulmer Land überschrieb.

Der Bau der ersten Burg, Nessau, wurde mit Hilfe Herzog Konrads auf dem linken Weichselufer begonnen. Binnen weniger Monate konnte sie bezogen werden. Sie erhob sich auf einer steilen Anhöhe und war durch Sümpfe und Brüche geschützt.

Die Prussen, von jetzt an als Preußen bezeichnet, fielen nunmehr ins Kulmer Land ein, vereinigten sich mit der Besatzung der Burg Rogow in der Nähe des späteren Thorn und verheerten den grenznahen Raum. Sie standen bald darauf das erstemal den Rittern gegenüber, zogen sich aber nach leichten Geplänkeln zurück. Noch im Jahre 1230 stellte Konrad von Masowien den Rittern eine neue Schenkungsurkunde aus, in der ihnen die Burg Nessau und vier umliegende Dörfer unter der Bedingung übergeben wurden, daß der Orden den Herzog im Kampf gegen die Heiden unterstütze.

Nachdem die Ordensführung eine Vervollständigung dieses Schenkungsbriefes gefordert hatte, ließ Herzog Konrad einen neuen ausstellen, der dann auch von seiner Gemahlin Agapia und seinen Söhnen Boleslaw, Kasimir, Semovit und Semilisl unterschrieben wurde. Der etwas schwammige Begriff »Kulmer Land« wurde exakt umrissen, dem Orden »das immerwährende Besitzrecht an diesem Land« zugesprochen und ihm dort »alle Rechte und Freiheiten« zugestanden. Herzog Konrad sicherte zu, die Ordensritter gegen jeden Anspruch Dritter zu verteidigen.

Im Gegenzug waren die Ritter bereit, der Kirche und dem Herzog jederzeit im Kampf zur Seite zu stehen. Damit war das Besitzrecht des Ordens auf das Kulmer Land völlig gesichert.

Am 13. September1230 erließ Papst Gregor IX. einen ersten Aufruf zum Kreuzzug nach Preußen:

> »Bei Gott dem Allmächtigen ermahnen und ermuntern wir euch und empfehlen euch, zur Vergebung der Sünden hinzublicken auf die Liebe, mit welcher Christus euch geliebt hat und noch liebt, und ihm etwas wieder zu leisten für alles, was er euch geleistet.
>
> Umgürtet euch mächtig und männlich mit dem Schwerte, im Eifer für Gottes Sache die Unbill seines Namens zu rächen und eure Mitchristen aus den Händen der Heiden zu befreien, indem ihr hinzieht und handelt mit dem Rate der Ordensbrüder, auf daß euch selber ewiger Lohn werde, die Ungläubigen sich aber nicht ferner rühmen können, ungestraft den Namen Gottes zu befeinden.«

Einige Burgen, die von den Preußen in Besitz genommen worden waren, wie die von Rogow am ostwärtigen Weichselufer und jene von Nessau und Chelmo, sollten noch vor Eintreffen des Kreuzfahrerheeres erobert werden. Die Truppen des Ordens gingen in der Begleitung des Herzogs Konrad von Masowien im Frühjahr 1231 zum Angriff über, indem sie zunächst über die Weichsel setzten. Sie erreichten die halb verfallene Burg Turn, die neu errichtet und damit die erste Burg des Ordens am Ostufer der Weichsel wurde. Aus Turn sollte wenig später Thorn werden. Damit hatte der Orden einen ersten befestigten Ort ostwärts der Weichsel gewonnen.

Die Burg des pomesanischen Edlen Pipin wurde zunächst nicht angegriffen. Als jedoch die Preußen von dort aus immer wieder ausfielen und die nahe der Grenze gelegenen christlichen Siedlungen verheerten, wurde Pipin in eine Falle gelockt und gefangengenommen. An den Schweif seines Pferdes gebunden, wurde er zur Burg Thorn geschleift und dort an einem Baum aufgehängt. Das Kulmer Land war feindfrei.

Papst Gregor IX. erließ 1232 einen Brief zum Kreuzzug nach Preußen, um, wie er schrieb, »den gedeihlichen Aufwuchs des Evangeliums in Kurland, Semgallen, Estland und anderen Ländern des Ostens wahrzunehmen und des Römischen Stuhles Herrschaftsgebiet weiter auszudehnen«. Daß »über 5000 Christen bei den Preußen in schmählicher Gefangenschaft schmachten« sollten, war aber eine ebenso unfromme Mär, wie die Behauptung, daß mehr als 10 000 Dörfer, Klöster und Kirchen in Preußens Nachbarlanden verbrannt und 20 000 Christen »im Verlaufe der Zeit von den Heiden dem schmachvollen Tode geopfert« worden seien.

1232 marschierten 5000 waffenfähige »Pilger« unter der Führung von Burchard, dem Burggrafen und Bischof von Magdeburg, ins Kulmer Land ein. In seinem Gefolge befanden sich einige Hundert »Einzöglinge«, wie man die Siedler nannte, die hier eine neue Heimat suchten. Sie siedelten sich in der Gegend der Burgen Nessau und Thorn an und gründeten bei der Burg Thorn die gleichnamige Stadt. Dies war die erste Stadt, die ihr Dasein dem Deutschen Ritterorden verdankte. Die hier errichtete Kirche wurde dem Apostel Johannes geweiht. Von Thorn aus zogen die Kreuzritter zur alten Burg von Kulm, die dem Ritter Berlewin als erstem Verweser zur Verteidigung übergeben wurde.

Gemeinsam mit Bischof Burchard von Magdeburg schuf Hermann Balk zu Beginn des Jahres 1233 die Verfassung der Städte Thorn und Kulm, in der die Rechte und Verpflichtungen, die für diese Städte »auf ewig« gelten sollten, als »Kulmer Handfeste« niedergelegt wurden. Diese gab den Bürgern jener Städte, die damit belehnt wurden, das Recht, jedes Jahr ihre Richter selbst zu wählen. Alle anderen Dinge, welche die Stadt selbst – die Überfahrt über die Weichsel oder etwa den Biberfang – betrafen, waren darin genau geregelt. Die kulmische Münze erhielt als Geltungsbereich das gesamte Land der Ordensritter. Sie durfte nur aus reinem Silber und mit exaktem Gewicht geschlagen werden.

In den folgenden Jahren trafen immer mehr Kreuzfahrerheere aus Deutschland, den Niederlanden, Frankreich und England ein. Zunächst ging es vor allem gegen den Göttersitz und den heiligen Wald der Pomesanier, jenseits der Sigurne, die später Sorge genannt wurde. Auf dem Berge Grawese befand sich der Sitz des »Landes-Griwe« – des heiligen Priesters, der von einem starken pomesanischen Heer verteidigt wurde. Mit Hilfe des pommerschen Herzogs Suantepolk (auch Swantepolk) gelang es, die Pomesanier zum Rückzug zu zwingen. Auf beiden Seiten waren die Verluste groß. Die Pomesanier hatten 5000 Tote, das Ritterheer eine kaum geringere Anzahl zu beklagen.

Damit war jedoch diese Gefahr noch nicht gebannt. Um die Einfälle aus dem Kulmer Land ins Ordensgebiet zu stoppen, wurde aus den Ruinen einer prussischen Burg 1234 die Burg Rheden errichtet. Unter ihrem Schutz siedelten eine Anzahl Landnehmer. Der Orden übergab ihnen neben der persönlichen Übereignung weitere 100 Morgen zur Gründung der Stadt Rheden, die noch im Verlaufe des Jahres 1234 entstand.

Nach der Vereinigung der Ritterbrüder von Dobrin mit dem Deutschen Orden mußte Herzog Konrad von Masowien ein an diese Ritterbrüder verliehenes Gebiet von zwölf bis vierzehn Meilen Breite und fünfundzwanzig Meilen Länge zwischen der Weichsel und dem Fluß Mnien abtreten. Papst Gregor IX. entschied, daß auch dieses Gebiet »rechtmäßiges Eigentum des Apostel Petrus« sei und nie mehr von anderen Herren beansprucht werden könne. Er gab es dem Deutschen Orden zurück und entschied, daß alle Erwerbungen desselben ebenfalls dem Orden ge-

schenkt seien, wenn dort »Kirchen errichtet, Bischöfe und Prälaten eingesetzt« würden.
Damit war einerseits der Orden für alle Zeiten in seinem Besitzstand gesichert, andererseits aber wurde er damit zugleich zum Vasall des Heiligen Stuhles.
In schneller Abfolge wurde nun das gesamte Kulmer Land erobert. Der Landmeister von Preußen nahm sein Hauptquartier zunächst in Kulm. Von hier aus wurden die weiteren Besitznahmen – fast immer durch Kampf, selten durch Kauf – durchgeführt. Die Räume Pomesanien und Pogesanien waren verhältnismäßig rasch erobert. Die Eroberung des gesamten rechten Weichselufers war dem Markgrafen Heinrich von Meißen zuzuschreiben, dessen Heerfahrt 1236 erfolgreich endete. In der Nähe des Elbingflusses wurde 1237 die Burg Elbing errichtet. Es waren Lübecker Auswanderer und Händler, die sich hier niederließen und der Stadt Lübisches Recht gaben.
1237 mußte Landmeister Hermann Balk aus den eroberten preußischen Räumen nach Livland ziehen, um die Vereinigung der beiden Orden auch in der Praxis zu vollziehen. Nachdem er als neuer Landmeister von Livland offiziell anerkannt worden war, bekleidete er die livländischen Brüder mit dem Deutschen Ordensmantel, womit sie auch in der Praxis in den Deutschen Ritterorden aufgenommen waren.
Hier galt es auch, die Differenzen zwischen den Dänen und dem Ritterorden zu beenden. Zu diesem Zweck war erneut der Legat Wilhelm von Modena mitgereist. Er vereinbarte ein Treffen mit König Waldemar von Dänemark und Landmeister Hermann Balk. Dänemark wurde die Burg Reval zugesprochen, der Orden erhielt das Landgebiet von Jerwen. Alles Land, das den Heiden entrissen werde, sollte zu zwei Teilen an König Waldemar und zu einem Teil an den Orden gehen.
König Waldemar verpflichtete sich seinerseits, dem Orden »zum Heile des Friedens« jede Hilfeleistung zukommen zu lassen und ihn nicht »durch falschen Rat oder böse Tat« zu schädigen.
Die zu dieser Zeit in Reval versammelten Ritter und ein dänischer Truppenverband, geführt von den beiden Söhnen des Königs,

Abel und Kanut, verstärkt durch soeben eingetroffene Kreuzfahrer unter Adolph Graf von Holstein und Truppen des Bischofs Hermann von Dorpat, unternahmen einen Vorstoß nach Rußland. Iseburg, die erste feindliche Festung, wurde erobert und der Angriff nach Pleskau weiter vorgetragen. Fürst Gerpold bat um Frieden und übergab Pleskau mit deren Burg.
Danach kehrte Hermann Balk über Livland nach Preußen zurück, wo während seiner Abwesenheit Hermann von Altenburg das Amt des Stellvertreters innehatte. Dieser hatte – auf des Landmeisters Befehl hin – einen Einfall nach Warmien unternommen und die preußische Burg Balga angegriffen, war aber abgeschlagen worden. Mit wenigen Rittern gelang ihm die Flucht. Zur gleichen Zeit hatte Herzog Suantepolk, der bisher den Ritterorden unterstützt hatte, einen Aufstand angezettelt. Dies insbesondere hatte Hermann Balk 1238 bewogen, den vorzeitigen Rückzug aus Livland anzutreten.
Suantepolk fiel in Kujawien ein, ließ Leslau niederbrennen und eroberte die Burg Nakel. Bald darauf traf er zu einem Friedensgespräch auf der Burg Schwetz an der Weichsel ein, wo er »reumütig dem Orden in Ehren zu dienen« gelobte. Das waren, wie sich zeigen sollte, leere Versprechungen; Suantepolk blieb bis an sein Lebensende ein erbitterter Feind des Ordens.
Mit Hermann von Altenburg machte sich Hermann Balk auf den Weg nach Deutschland, wohin er zu einer wichtigen Beratung mit seinem obersten Herrn, Reichsfürst und Hochmeister Hermann von Salza, gebeten worden war. Dieser war Anfang 1238 von Kaiser Friedrich II. nach Deutschland geschickt worden, wo er bald darauf schwer erkrankte. Hermann von Salza wartete die Ankunft des Landmeisters nicht ab, sondern reiste zur Wiederherstellung seiner Gesundheit nach Italien, wo er in Verona mit seinem Freund und Kaiser zusammentraf. Im August begab er sich nach Salerno, wo zur damaligen Zeit die besten Ärzte praktiziert haben sollen. Aber es gab für ihn keine Heilung mehr.
Hermann von Salza starb am 20. März 1239 in Salerno und wurde in Barletta an der apulischen Küste beigesetzt. Als Reichsfürst

und Freund des Kaisers, zugleich auch als Berater einiger Päpste war er eine der herausragendsten Erscheinungen des 13. Jahrhunderts.
Hermann Balk, der seinen Herrn nicht mehr in Marburg hatte antreffen können, erkrankte bald danach ebenfalls und starb am 5. März 1239, genau fünfzehn Tage vor Hermann von Salza. Damit hatte der Deutsche Ritterorden binnen zweier Wochen seine beiden höchsten Führer verloren.

Ein starker Hochmeister – Neue Kreuzfahrten

Jetzt versuchte Bischof Christian von Preußen seine Ansprüche zu verwirklichen, die der Hochmeister nicht akzeptiert hatte. Um sie durchzusetzen, erhob er beim Heiligen Stuhl schwere Vorwürfe gegen den Orden und seine Ritter:

> »Die deutschen Ordensritter gestatten nicht, daß solche Preußen, die sich zur Annahme des Christentums bereit erklären, zum Empfang der Taufe zugelassen werden. Als Grund dieses schnöden Verfahrens geben sie vor, daß zur Gefahr der im Lande lebenden Christen die Herren der ungläubigen Preußen zu mächtig werden könnten.
> Die Neubekehrten, welche dem Bischof des Landes den Treueid geschworen haben und solchen auch zu halten wünschen, werden nicht selten, sofern sie nicht den Ordensrittern vollen Gehorsam leisten, von diesen mit vielerlei Plagen und Qualen bedrängt, so daß nicht wenige aus Furcht vor ihren Qualen zum Heidentum zurückkehren.
> Die Ordensritter hindern die Pilger an der Errichtung von Kirchen. Ihre schnöde List weiß es zu veranlassen, daß manche dieser Kirchen, durch den Einfall der Heiden zerstört, wieder verlassen werden müssen.«

Das war ein ungeheuerlicher Vorwurf. Bischof Christian ging aber noch weiter, als er in seinem Brief auf seine Gefangennahme durch die ›Heiden‹ zu sprechen kam:

> »Der Orden hat mich bei meiner Gefangenschaft in den Händen der Heiden nicht nur keineswegs in Schutz genommen, sondern auch – ungeachtet des päpstlichen Befehls zu meiner Auslösung – sich in keiner Weise um meine Befreiung bemüht. Vielmehr hat er einige edle Preußen, die durch Hilfe der Kreuzritter in die Gefangenschaft des Ordens gekommen waren, für Lösegeld freigelassen, anstatt sie zum Austausch für den Bischof zu verwenden.« Man habe sogar, führte er fort, »einen bekehrten Preußen, der dem Bischof den eigenen Sohn zum Pfande dafür überließ, daß er im rechten Glauben beharren werde, umbringen lassen«.

Das Tüpfelchen auf dem i seines »Rachefeldzuges« lieferte Christian im letzten Absatz seines Briefes:

> »Die Ordensherren haben während der Zeit meiner Gefangenschaft meine bischöfliche Kirche, das bischöfliche Land, die Stadt und Burg Kulm mit den dort wohnenden Neubekehrten feindlich überfallen, mich allen Eigentums beraubt und sich aller bischöflicher Einkünfte bemächtigt, die sie auch jetzt noch in Besitz halten. Sie haben sich zum Nachteil und Verderben der Kirche bischöfliche Rechte angemaßt. Damit lastet auf dem Orden nicht allein das Mal des Undanks, sondern auch der Frevel des Eidbruches.«

Bischof Christian schloß seine massive Anklage mit der Bitte an den Papst, »ihn aus dieser Bedrängnis und seine Kirche vor dem drohenden Verderben zu bewahren«.
Der Papst, der sich nicht in der Lage sah, die Wahrheit von der Lüge zu unterscheiden, trug dem Bischof von Meißen und dem Abt des Meißener Klosters St. Afra auf, diese ungeheuerlichen Anklagepunkt peinlichst genau zu untersuchen, den Zwist so

rasch wie möglich zu beenden, um den Schaden zu begrenzen, und die Ordensritter zu ermahnen, den Bischof nicht länger zu belästigen. Ob der Orden diese Schuld tatsächlich auf sich geladen hatte oder aber der Bischof womöglich »von altem Groll getrieben, gelästert hat«, das vermochte der Papst nicht zu entscheiden.

In dieser Situation war ganz entscheidend die Wahl des neuen Hochmeisters, zu der Deutschmeister Heinrich von Hohenlohe alle Landmeister nach Marburg berief. Auf dieser Zusammenkunft stimmten alle für Landgraf Konrad von Thüringen, der seit fünf Jahren Ordensritter war. Konrad hatte nach dem Tode von Ludwig dem Frommen, dem Gatten der heiligen Elisabeth, im Jahre 1228 auf einer Pilgerfahrt in Italien zusammen mit seinem Bruder, Heinrich Raspe, die Vormundschaft über Ludwigs vierjährigen Sohn Hermann übernommen.

Konrad war kein unbeschriebenes Blatt mehr. Er hatte mehrfach im Streit gegen seine Gegner zu rüden, ja unbarmherzigen Mitteln gegriffen und war von Reue geplagt, gemeinsam mit seinen Freunden Hartmann von Heldrungen und Dietrich von Grüningen zur Kirche des heiligen Nikolaus nach Gladbach in Hessen gewandert. Der Priester, der ihnen die Beichte abnahm, empfahl den Dreien, als Brüder im Deutschen Ritterorden die Schuld ihrer Jugendsünden abzubüßen. So waren also Konrad und seine Freunde 1234 in den Deutschen Orden eingetreten. Nun wurde er als Nachfolger von Hermann von Salza zum Hochmeister des Ordens ernannt. Ritter Heinrich von Wida wurde zum Landmeister von Preußen gewählt, während Konrads Freund Dietrich von Grüningen Landmeister von Livland blieb.

Zur Zeit dieser Wahlen in Marburg belagerte die Streitmacht des Ordens um den Marschall Dietrich von Bernheim die Burg von Balga zu Lande und zu Wasser. Dietrich, durch die erlittene Niederlage klüger geworden, stellte diesmal zum Schutz der Belagerungstruppe Schützengruppen auf, die aus guter Deckung heraus jeden angreifenden Feindtrupp stoppen konnten.

Die Verteidigung der Burg leitete Kodrune, einer der preußischen Anführer. Als die Sturmtruppen der Ordensritter den Angriff auf die Mauern begonnen hatten, versuchte dieser mit seiner Truppe den Ausfall. In dem entbrennenden Kampf behielten die Ordensritter schließlich die Oberhand. Als sich die überlebenden Preußen in die Burg zurückzogen, drangen die nachfolgenden Ritter in die Burg Balga ein, wo sie alle von den Preußen erschlagen wurden. Balga fiel nicht!

Als nach langer Belagerung erneut der Angriff erfolgte, gelangten die Ritter über die Mauern in die Burg. Mann für Mann wurden die Verteidiger niedergemacht. Der Ordensmarschall ließ eine starke Besatzung in der Burg zurück, als er den Rückmarsch antrat. Ein weiterer wichtiger Schritt zur Befriedung des Landes war damit geglückt. Seit dieser Zeit war Balga eine Ritterburg des Ordens und der Sitz eines bedeutenden Konvents. Balga sollte zum Ausgangspunkt für weitere Einsätze werden.

Am 20. März 1239 war Kaiser Friedrich II. durch den Papst Gregor IX. mit dem Kirchenbann belegt worden. Der Machtkampf zwischen Papst und Kaisertum hatte damit erneut einen Höhepunkt erreicht. Gregor hatte gleichzeitig damit dem Deutschen Ritterorden das Gebot auferlegt, alle Verbindungen zum Kaiser abzubrechen. Falls dieses Gebot nicht befolgt werde, verliere der Orden alle Freiheiten, Vorrechte und Begünstigungen – der Orden hielt sich nicht daran.

Kaiser Friedrich II. konnte die Könige Wenzeslaw von Böhmen und Bela von Ungarn zur Unterstützung des Ordens überreden, Otto von Braunschweig war natürlich auf der Seite seines Verwandten, des Kaisers.

Im Winter 1239 wurde ein neuer Kreuzzug angetreten. 700 Ritter und eine Vielzahl an Pilgern zogen nach Preußen. Dort fand Otto von Braunschweig die Burg Balga eingeschlossen. Balga wurde freigekämpft. Am nächsten Morgen griff das Kreuzfahrerheer Schrandenburg und die Burg Partegal an. Beide wurden erobert und eingeäschert.

In dem eroberten Land wurden einige neue Burgen angelegt, so auch Kreuzburg am Einfluß der Kauxte in den Pasmarfluß. Auch im Barterland wurden Burgen errichtet, so Bartenstein in der Ostbiegung der Alle. Die eroberte preußische Burg Waistotepil

wurde ausgebaut und erhielt den neuen Namen Weisenburg, aus dem nach einigen Namensänderungen schließlich Schippenbeil werden sollte.
Tief im Barterland wurde an der Stelle einer niedergebrannten prussischen Burg die Feste Rössel errichtet.
Erst im Herbst 1240 kehrte Otto von Braunschweig – unter Zurücklassung von Waffen, Pferden, Jagdzeug und einer Menge Proviant – in die Heimat zurück. Ein Teil der Pilger, die mit ihm gekommen waren, ließ sich im Nahbereich der Burgen des Ordens nieder.

Herzog Suantepolk: Kampf bis aufs Messer

Es war einmal mehr Herzog Suantepolk von Pommern, der nach der Verstärkung seiner beiden an der Weichsel gelegenen Burgen Schwetz und Zartowitz ins Ordensland einfiel. Landmeister von Wida erfuhr durch seine Agenten, daß die, um mit Peter Dusburg zu sprechen, »Vereinigung der Preußen gegen uns« losgeschlagen hatten. Die Prussen verheerten einen Teil des neugewonnenen Ordenslandes. In diesen Kämpfen fand auch einer der tapfersten Ritter des Ordens, Konrad von Dortmund, mit seiner ganzen Familie den Tod. Die neu errichteten Burgen des Ordens mit Ausnahmen von Balga und Elbing wurden erstürmt und Ordensritter wie Neubekehrte, die darin Schutz gesucht hatten, erschlagen. Als Suantepolks Vorausabteilungen bereits an der Weichsel standen, nahte Rettung, indem der päpstliche Legat all jene mit dem Bannfluch belegte, die nicht von der Verfolgung der Christen ablassen wollten. Suantepolk erklärte hierzu, daß er lediglich die Freiheit der neu bekehrten Preußen verteidigt habe und ließ seine Truppen weiter plündernd durch das Land ziehen. Städte, Burgen und Dörfer des Ordens wurden niedergebrannt, wobei etwa 4000 Einzöglinge den Tod fanden. Nur die Burgen Kulm, Thorn und Rheden konnten sich halten.

Die Früchte vieler Jahre Arbeit schienen für den Orden verloren. Unter dem alten Marschall Dietrich von Bernheim, der noch mit Hermann Balk nach Preußen gekommen war, kämpften die Ordensritter mit dem Mute der Verzweiflung in der Burg zu Kulm, die völlig eingeschlossen war. Der Ordensmarschall beschloß in dieser Situation, in einer der dunklen Nächte mit einem Trupp Freiwilliger Suantepolks Burg am westlichen Weichselufer im Handstreich zu erobern. In der Nacht zum 3. Dezember 1242 gelang es ihm, mit vier Ordensbrüdern und zwanzig Freiwilligen, diese nach einem kurzen Handgemenge zu nehmen.

Hier fanden sie in einem Schrein einen silbernen Behälter mit dem Haupt der heiligen Barbara, das Suantepolk bei einem Kriegszug gegen die Sachsen erbeutet hatte. Es wurde später nach Kulm geführt, wo es über 200 Jahre bleiben sollte.

Suantepolk belagerte seine Burg, in die inzwischen unter Konrad von Reineck über 200 Verteidiger eingezogen waren, mehrere Monate lang.

Da erhielten die Ordenstruppen Hilfstruppen, die von dem päpstlichen Legaten Wilhelm zusammengetrommelt worden waren. In Neu-Leslau wurde ein Beistandsabkommen gegen Suantepolk getroffen, das neben dem Landmeister von Preußen, Heinrich von Wida, auch Herzog Kasimir von Kujawien sowie Sambor und Ratibor von Pommern unterzeichneten. Das war die Rettung.

1243 erhielt Herzog Suantepolk sein von den Ordensrittern besetztes Land zurück. Er überließ diesen die Burg Zartowitz als Pfand für den Frieden und stellte eine Reihe hochrangiger Geiseln, darunter auch seinen Sohn Mistwin.

In Thorn wurden am 10. April 1244 die höchsten kirchlichen Würdenträger in Preußen zusammengerufen, um die Bistümer des Landes und ihre Bischöfe zu benennen. Es ging um das Kulmer und pomesanische, das ermländische und um ein viertes Bistum, das aus jenen Gebieten gebildet werden sollte, die noch nicht für das Christentum gewonnen werden konnten. Es wurde im Westen von der Ostsee, im Norden durch die Memel, im Süden durch den Pregel und nach Osten hin durch die Grenze Litauens umfaßt. Da es sich um das Samland handelte, wurde das Bistum das samländische genannt.

Diese vier Bistümer sollten jeweils in drei Teile geteilt werden, von denen der Bischof jeweils einen Teil für sich und seine Diözese wählen durfte. Damit war der Auftrag Papst Gregors IX. an den Legaten Wilhelm von Modena erfüllt.

Bischof von Kulm wurde der Predigermönch Heidenreich, ein Gehilfe des verstorbenen Christian. In Pomesanien wurde ein Freund Heidenreichs, der Predigermönch Ernst von Torgau, zum Bischof ernannt. Das Bistum Ermland wurde von dem Mönch Heinrich übernommen, und der Verweser des Bischofs von Lübeck, Albert, wurde vom Papst zum Erzbischof von Preußen, Livland und Estland ernannt. Die Wahl wurde in den genannten Ländern 1245 bekanntgegeben.

Noch im Jahr 1244 hatte Herzog Suantepolk wieder zu einem neuen Schlag gegen den Orden ausgeholt. Er stand vor der Burg und seine Truppen verheerten das Kulmer Land. Nach dem Motto, daß es »besser ist, ehrenvoll den Tod zu erleiden, als jammervoll täglich mehr dahinzuschmachten«, wagten in einer der folgenden Nächte Ritter und Bürger von Kulm den Ausbruch. Es gelang ihnen, die lagernden Truppen Suantepolks an der Weichsel im Schlaf zu überraschen und sie niederzumachen. Herzog Suantepolk und einige seiner Männer konnten entkommen. Um einem neuerlichen Angriff vorzubeugen, wurde für den nach Marburg zum dortigen Konvent beorderte Landmeister der Ordensritter Poppo von Osternau zum neuen Landmeister gewählt, der noch im Herbst 1244 mit zehn Rittern den Marsch nach Preußen antrat. Mit dabei war eine große Anzahl Kreuzfahrer, darunter dreißig ausgebildete Bogenschützen zu Pferde.

Suantepolks Truppen drangen trotzdem immer wieder nach Kujawien oder ins Ritterland ein. Auf der Weichselinsel Zantir, am Zusammenfluß der Weichsel mit der Nogat, hatte er die gleichnamige Burg errichten lassen. Unmittelbar vor dem nach seinem Ermessen entscheidenden Waffengang mit dem Orden erklärte Suantepolk im Januar 1246: »Am morgigen Tage werden wir er-

reichen, daß Pommern und Preußen für immer vom Joch der Deutschen erlöst werden.«
In diesem Kampf war der Ritterorden siegreich. Einige seiner engsten Kampfgefährten bewahrten Suantepolk vor einer Gefangennahme. Seinem Friedensangebot traute man nicht.
Der nach Preußen gekommene Hochmeister Heinrich von Hohenlohe überschrieb am 10. April 1246 der Stadt Elbing ein Gebiet von mehreren Meilen Ausdehnung, auf dem die Bürger der Stadt Äcker, Wiesen und Weiden anlegen durften. Sie erhielten die Fischereirechte in der Elbing, im Frischen Haff und im Drausen-See sowie freie Fahrt für ihre Handelsschiffahrt. Darüber hinaus erhielt die Stadt das Lübische Recht – im Besitz des Münzrechts war sie bereits – und wurde von allen Abgaben und Zöllen an den Orden für ewige Zeit freigesprochen, jedoch unter der Bedingung, »daß die Bürger in Zeiten der Not bereit sind, das Vaterland zu verteidigen«.
Der eigentliche Zweck der Preußenreise von Heinrich von Hohenlohe war die Sicherung des Besitzes von Livland für den Heiligen Stuhl. Dort war es in den vergangenen Jahren zu einigen schweren Kämpfen gekommen. Die livländischen Ritter hatten 1242 in der Schlacht am Peipus-See gegen die Russen unter Fürst Alexander Newskij von Nowgorod eine schwere Niederlage erlitten.
Mit dem Landmeister von Livland, Dietrich von Grüningen, hatte der Hochmeister eine lange Unterredung, in deren Verlauf er diesen in seinem Amt bestätigte. Von Grüningen drang 1246 befehlsgemäß ins Land der Kuren ein, die Fürst Mindowe von Litauen als Verbündeten gewonnen hatten, indem sie ihm die Herrschaft über ganz Kurland abtraten. Er eroberte Goldingen und ließ hier eine mächtige Ritterburg errichten.
Um das Land besser verteidigen zu können, vereinigte Heinrich von Hohenlohe die westlichen mit den östlichen Teilen Preußens und ernannte Heinrich von Grüningen zusätzlich auch noch zum Landmeister von Preußen. Poppo von Osternau kehrte anschließend mit dem Hochmeister nach Deutschland zurück, um dort ein großes Kreuzfahrerheer zu einem neuen Heerzug aufzustellen.

Herzog Suantepolk, der alte Störenfried, mußte sich am 12. September 1248 nach einer empfindlichen Niederlage geschlagen geben und »für jetzt und immerdar« Frieden schwören, nachdem er zehn Jahre lang dem Ordensheer härtesten Widerstand entgegengesetzt hatte.
Nach einem letzten Kampf gegen die natangischen Aufrührer, bei dem der Hauskomtur von Balga und 54 weitere Ritter ums Leben kamen, waren alle Kriegszüge des Ordens durch Pomesanien, Warmien und Natangen siegreich beendet. Auf der Burg von Balga wurde am 7. Februar 1249 ein Friedensvertrag zwischen allen Kontrahenten geschlossen, und Landmeister Heinrich von Wida gab in seinem und aller Mitbrüder Namen das ritterliche Wort, daß alle Punkte desselben eingehalten würden.

Der Kampf ist noch nicht zu Ende

Zu Beginn des Jahres 1250 verließ der stellvertretende Landmeister Heinrich von Wida Preußen. An seine Stelle trat Ludwig von Queden, der seinen Namen nach der Burg Queden in Pomesanien erhalten hatte, auf der er seit 1233 das Regiment führte.
Suantepolk, der ewigen Frieden geschworen hatte, trat im Jahre 1252 wieder auf den Plan, als sein Bruder Sambor dem Orden die Burg Zantir verkaufte. Um seinem Angriff zuvorzukommen, stieß das Ritterheer am 25. Januar 1252 nach Pommern hinein. Sechs Monate dauerte der Kampf, der auf beiden Seiten hohe Opfer forderte.
Gleichzeitig kam es auch in Livland wieder zu Auseinandersetzungen, als Landmeister von Grüningen abdankte und sein Nachfolger Andreas von Stuckland die Führung übernahm. In Preußen leitete Ordensmarschall Heinrich Botel die Geschicke, während Ludwig von Queden in Deutschland weilte.
Nach seiner Niederlage gegen das Ordensheer unter Andreas von Stuckland ließ sich Fürst Mindowe von Litauen taufen und si-

cherte den Ordensrittern zu, was sein Neffe Theopol diesen bereits geschenkt hatte: Kurland und die Weizischen Lande.

Papst Innozenz empfing den Litauerfürsten als Sohn der Kirche und seinen Besitz Litauen als Eigentum des römischen Stuhles, und während der Landmeister von Litauen Fürst Mindowe und seine Gattin Martha mit den Kronen schmückte und sie salbte, ließen sich gleichzeitig eine große Zahl Litauer taufen. Damit war Litauen christliches Königreich geworden, ohne daß das Land dem Christentum erschlossen wäre.

Noch einmal wurde Herzog Suantepolk von Papst Innozenz ermahnt und aufgefordert, allen Schaden gutzumachen, den er dem Orden zugefügt habe. Andernfalls werde der Bischof von Pomesanien den Bannfluch gegen ihn aussprechen. Am 30. Juli 1253 kam es auf der Schmiedsinsel zum Frieden, den Suantepolk und sein Sohn Místwin mit einem Eid bekräftigten.

Nach dem Tode des Hochmeisters Günther von Wüllersleben wurde Poppo von Osternau zum neuen Hochmeister des Ordens gewählt. Er schloß sich dem Kreuzfahrerheer an, das gegen Ende 1253 in Preußen eintraf, um die Landesteile Barten, Groß-Barten und Galindien zurückzuerobern. Unter Landmeister Dietrich von Grüningen, dem Oberbefehlshaber aller Streitkräfte, gelang es, die genannten Gebiete kampflos zurückzugewinnen.

Nunmehr galt es nur noch, das Samland, das ebenfalls verlorengegangen war, erneut in Besitz zu nehmen. Im März 1254 war Burchard von Hornhausen zum Komtur des Samlandes ernannt worden, ohne es unter Kontrolle zu haben. Während Teile der Bevölkerung und ihre Edlen sich zum Christentum bekehren ließen, blieb der Häuptling Aleman ein erbitterter Gegner des Ordens. In Alnpecks Reimchronik wird er mit folgenden Versen beschrieben:

»Zu Sameiten was ein man,
Bie der zit hies Aleman.
Der was ein vil vromer helt,
Von Sameiten us erwelt.«

Es gelang ihm, gemeinsam mit den heidnischen Priestern, das Volk zum Kampf aufzurufen. Die Krieger wurden vom Oberpriester der Heiden, dem Blutkirl (Blutkerl), mit dem Versprechen in den Kampf geschickt, daß sie als Sieger daraus hervorgehen würden.
Memelburg konnte ihnen widerstehen. Hier waren kurz zuvor Bauern und Edle aus Westfalen und Dortmund eingetroffen, welche diese Stadt errichteten. Der Anteil der Dortmunder an der Bevölkerung und am Aufbau von Memelburg war so groß, daß man ihr den Namen Neu-Dortmund geben wollte. Der Stadt wurde sogar die Übernahme des Dortmunder Rechts empfohlen. Die Dortmunder konnten sich jedoch nicht durchsetzen, obgleich sie die Stadt errichtet und bevölkert hatten. Sie wurde später Memel genannt.
Dazu heißt es in einer Urkunde der Stadt Corvey an Bischof Heinrich von Kurland und an den livländischen Landmeister Anno von Sangershausen:
»Der Name dieser unserer Stadt soll *novam Tremoniam* – Neu-Dortmund heißen.«
Memel erhielt schließlich das Lübische Recht. Es ist nicht überraschend, daß sich Bürger aus Dortmund und Umgebung gern in den Städten des Deutschen Ordens niederließen, vor allem in Elbing und Memel.

Königsberg entsteht

Es war König Ottokar II. von Böhmen, der den Ordensrittern zu Hilfe eilte, als er davon erfuhr, daß diese das Samland zurückerobern wollten. Unter seiner Führung brach das Kreuzfahrerheer am 14. Dezember 1254 auf. Es ging in einem mehrwöchigen Marsch über Breslau nach Elbing. Hier wurde Ottokar II. von Hochmeister Poppo von Osternau, und vom Markgrafen »Heinrich dem Erlauchten« von Meißen empfangen.

Mit 60 000 Kämpfern marschierte man in Richtung Balga weiter, von wo der Angriff ins Samland hineingetragen wurde. Als man das samländische Hauptheiligtum Romowe erreicht hatte, wurde die dort in einem heiligen Hain stehende uralte Eiche mit den eingeschnitzten Götterbildern verbrannt.
Hier hatte Bischof Adalbert 250 Jahre vorher den Tod gefunden. Danach zog man in Richtung Rudau. Die angreifenden Samländer wurden in die Flucht geschlagen und zogen sich zum Teil auf die Burg Nogympten zurück. Als diese erstürmt wurde, ergaben sich die Samländer. Sie wurden getauft, und der erste Edle des Landes erhielt nach seinem Taufpaten Ottokar II. den Namen Ottokar.
In einem weiteren Zug über Quedenau nach Waldau und Caymen, wo ein anderes samländisches Heiligtum vernichtet wurde, konnte über Tapiau der Wald von Twangste erreicht werden. Alle heidnischen Heiligtümer, die man unterwegs fand, wurden ebenfalls niedergebrannt. Im Wald von Twangste ließ Ottokar II. einen Burgbau in Angriff nehmen, der zu Ehren seines Erbauers den Namen »Königsberg« erhielt.
Südwestlich Nadrauen, bei der Vereinigung der Alle mit dem Pregel, ließen die Führer des abziehenden Heeres eine weitere Festung errichten. Sie erhielt den Namen Wehlau und diente vor allem der Flußüberwachung.
In den folgenden Jahren wurden die Kriegszüge von der Burg Königsberg aus ins östliche Natangen fortgesetzt. 1256 versuchten die Krieger aus Nadrauen die Burg Wehlau zu erobern – vergeblich. Auch der Angriff auf die Burg von Memel wurde abgewehrt. Im Frühjahr 1257 wurde Landmeister Burchard von Hornhausen durch Hochmeister Poppo von Osternau zum Landmeister von Livland ernannt. Damit war Anno von Sangershausen abgelöst. Im Sommer 1257 legte Poppo von Osternau wegen Krankheit das Hochmeisteramt nieder, und Anno von Sangershausen wurde vom Ordenskapitel zum neuen Hochmeister gekürt. Dieser hielt sich nach seiner Wahl überwiegend in Deutschland auf. Sein Stellvertreter in Preußen war Gerhard von Hirzberg, ohne daß er jemals offiziell Landmeister von Preußen geworden wäre.

Im Frühjahr 1259 zogen abermals Scharen von Kreuzrittern nach Preußen, um die Streitmacht der Ordensritter zu verstärken. Der Zug ging geschlossen nach Kurland weiter. Der livländische Landmeister Burchard von Hornhausen führte den Verband bis auf die Höhe von Karsau, wo von den Teilnehmern des Kreuzzuges die Georgsburg errichtet wurde.
Ein neuer Aufruf zum Kreuzzug durch Papst Alexander IV. setzte 1260 weitere Pilgerscharen nach Preußen in Marsch. Nachdem diese 1261 dort eingetroffen waren, vertrieben sie erst einmal die samaitischen Krieger, die die Georgsburg belagerten, und machten sich dann daran, jene 4000 Litauer, die Kurland mit Raub und Brand überzogen, zu vertreiben bzw. zu vernichten.
Bei den heftigen Kämpfen fielen der Führer, Ordensmarschall Heinrich Botel, und Landmeister von Hornhausen mit einem Teil seiner Leibwache. Als sich die damit führerlos gewordenen Ordensritter zur Flucht wandten, fielen 150 von ihnen in die Hände ihrer Verfolger. An diesem 13. Juli 1261 fand auch Herzog Karl von Schweden, der mit dänischen Hilfstruppen aus Reval zum Ritterheer gestoßen war, den Tod.
Der Gegner drang nun auch ins Samland ein und belagerte Königsberg, das sich aber halten konnte. Bei diesen Kämpfen kam es zu einem Verrat zweier Ordensritter, die dem Feind die Burg Balga in die Hände spielen wollten. Er wurde entdeckt, und Hartmut von Grumbach verurteilte die Verräter – mit Zustimmung des Hochmeisters – zum Feuertod. Sie wurden zur Abschreckung in Elbing öffentlich verbrannt.
Damit hatte der Orden seine eigene eiserne Regel verletzt, keinen Bruder des Ordens mit dem Tode zu bestrafen. Der Hochmeister mußte im Herbst 1261 aufgrund päpstlichen Beschlusses entlassen werden, er blieb dennoch im Amt.
Anfang 1262 traf ein neues Kreuzfahrerheer in Preußen ein. Es besiegte die Aufrührer der Pokarwen, wurde dann aber, nachdem sich das Heer geteilt hatte, seinerseits im Kampf geschlagen und mußte fliehen. Der andere Teil des Heeres drehte um und befreite die in tödlicher Gefahr schwebenden Ritter. Natangen konnte aber nicht zurückgewonnen werden.

Das war für Papst Urban IV. der Anlaß, zu einem neuen Kreuzzug aufzurufen. Diesem Aufruf folgten die Grafen Wilhelm von Kleve und Jülich und Engelbert von der Mark mit ihren Rittern. Der Heer wurde von Hochmeister Anno von Sangershausen begleitet. Ein deutliches Zeichen also, daß er dem Befehl des Papstes, abzudanken, nicht Folge geleistet hatte.
Am Abend des 21. Januar 1263 traf das Heer im belagerten Königsberg ein. Der Feind zog sich in der folgenden Nacht zurück. Graf Wilhelm von Kleve brach zur Verfolgung auf. Er sollte in einen Hinterhalt gelockt werden, der jedoch von einem der Withinge mit Namen Stantike verraten wurde. Graf Engelbert von der Mark ließ sofort aufbrechen und erreichte Wilhelm von Kleve noch rechtzeitig. Im Galopp stürmte er dann mit seiner Reiterei in den samländischen Hinterhalt hinein und schlug die Feinde zurück. Erst bei Caligen – dem heutigen Kalgen – stellte sich der Feind zum Kampf, in dem etwa 3000 Samländer den Tod fanden. Königsberg war wieder frei.
Weitere Kämpfe brachten Siege und Niederlagen. Um den Besitz der Burg Bartenstein kam es zu einem blutigen Gemetzel. 400 Krieger des Ordens verteidigten sie gegen 1300 Belagerer. Eines Tages unternahmen 150 Ritter noch vor Morgengrauen einen Ausfall aus der Burg. Der in die Flucht geschlagene Feind kehrte aber bald wieder zurück.
Nachdem sich die überlebenden Ritter aus der Burg zurückgezogen hatten, war ein weiterer wichtiger Stützpunkt aus dem Verteidigungsriegel des Ordens herausgebrochen. Wehlau allerdings konnte sich gegen alle Angriffe der vereinigten Prussen, Sudauer und Litauer halten.
Dennoch war die Lage mehr als kritisch, und so reiste Hochmeister Anno von Sangershausen im Sommer 1264 nach Rom, um dem Papst die Situation Preußens und des Ordens darzulegen und vor allem rasche Hilfe zu erbitten. Der Hochmeister kehrte mit einer Hilfszusage nach Deutschland zurück und versuchte, nunmehr auch die deutschen Fürsten für einen neuen Kreuzzug zu gewinnen.
Anfang 1266 traf Markgraf Otto von Brandenburg mit seinem

Sohn und seinem Bruder, Markgraf Johann, in Preußen ein, wo ihn der Hochmeister bat, auf der Mitte der Linie zwischen den Burgen Balga und Königsberg eine weitere Burg zu errichten. Markgraf Otto von Brandenburg machte sich ans Werk, und zu seinen Ehren wurde die Festung »Brandenburg« genannt.

1266 war für Preußen ein friedliches Jahr. Einer der erbittertsten Gegner des Ordens, Herzog Suantepolk, hatte seinen Untergebenen befohlen: »Stellt euch den Rittern nicht mehr entgegen. Ehret sie mit aller Achtung. Haltet den Frieden mit ihnen.« Am 11. Januar 1266 starb dieser alte Haudegen im Alter von 97 Jahren.

Die neuen Kämpfe in Natangen und Pomesanien, an denen auch König Ottokar II. von Böhmen wieder teilnahm, begannen 1267 und endeten erst im Jahre 1270. Bereits im Herbst 1269 hatte Landmeister Ludwig von Baldersheim sein Amt niedergelegt und den Weg für seinen Nachfolger Dietrich von Gatersleben freigemacht, der nach einer Zwischenregierung Konrads von Thierburg Anfang 1271 gewählt wurde. Ihm standen eine Reihe kampferprobter Komture und Ritter zur Verfügung.

Zum nächsten Kreuzzug wurde 1272 durch Papst Gregor X. aufgerufen. Hochmeister Anno von Sangershausen verdoppelte seine Anstrengungen, in Franken und am Rhein neue Ritter zu finden. Es galt, nach den Hungersnöten der Jahre 1268 und 1271, den Seuchen und damit dem Massensterben in Preußen, neue Kreuzfahrer und Ritter zum Dienst in Preußen heranzuziehen sowie vor allem Einzöglinge zur Landbebauung zu gewinnen.

Erst Ende Herbst 1272 zog ein neues Kreuzfahrerheer gen Preußen und erreichte im Winter Pomesanien. Hier, an der Grenze zum Heidenland, wurde nach hartem Kampf eine Wehrburg erobert. Bei Christburg überschritt man die Grenze nach Pogesanien. Als sich das pogesanische Heer, im ersten Anlauf geschlagen, bei Braunsberg erneut zur Schlacht stellte, wurde es endgültig vernichtet.

Die feindlichen Burgen in Natangen wurden erobert und besetzt. Als letzte Station dieses Heerzuges wurde Heilsberg – Stadt und Burg – eingenommen, die Besatzung erschlagen.

Seitdem herrschte, um mit Peter Dusburg zu sprechen, »im Preußenland Ruhe und Frieden«.
Die Thronbesteigung Rudolfs von Habsburg nach der kaiserlosen Zeit im Jahre 1273 festigte die Lage des Ordens auch nach außen hin. Der Kaiser bestätigte ihm alle Vorrechte und Freiheiten.
Desgleichen bestätigte Papst Gregor X. »den Brüdern in Preußen alle Vorrechte, welche die Oberhäupter der Christenheit vor mir dem Orden gewährt haben«.
Nach dem Tode Annos von Sangershausen am 8. Juli 1273 fand an seinem Begräbnisort in Marburg die Zusammenkunft aller Gebietiger des Ordens statt. Gerhard von Hirzberg als Deutschmeister und Konrad von Thierberg als Landmeister von Preußen wählten mit dem Kapitel Hartmann von Heldrungen zum Hochmeister, der unter Hermann von Salza noch die Anfänge des Ordens erlebt hatte.
Unter seiner Ägide wurde die Marienburg mit dem Zweck errichtet, die Nogat zu decken und die Verbindung mit Elbing und – durch das Frische Haff – auch jene mit Balga, Brandenburg, Königsberg und dem Samland zu sichern. Mit der Marienburg erhielt die Nogat ihre erste Burg. Der Chronist Matthaeus schrieb dazu: »Dies Haus sey so genannt nae onser liever Vrouwen, die Matronesse ende Hoifvrouwe von der Oirden ist.«
Weitere Gefechte gegen die Reyks von Nadrauen und gegen Sudauen folgten. Ordensmarschall Konrad von Thierberg war diesmal auf sich allein gestellt. Es kam zu beiderseitigen Raubzügen. Erst nach dem Tode Konrads von Thierberg im Januar 1279 und dem Tode des Landmeisters von Livland, Ernst von Ratzeburg, ließ Hochmeister von Heldrungen in Marburg die Wahl der beiden Nachfolger eröffnen. Konrad von Feuchtwangen wurde Landmeister von Preußen *und* Livland. Er traf, von einer großen Ritterschaft begleitet, im Sommer 1279 in Preußen ein. Im Jahre 1280 dankte er ab und kehrte nach Deutschland zurück.
Bis August 1283 dauerten die Kämpfe an. Nach dem Tode des Hochmeisters am 19. August 1283 in Akkon wurde Burchard von Schwenden zum neuen Hochmeister gewählt. Er ernannte

Mangold von Sternberg zum neuen Landmeister von Preußen. Dieser hatte bereits als Ordensmarschall Erfahrungen im Kampf gegen die Heiden gewonnen und ging als erste Amtshandlung gegen die Sudauer vor.
Nach dem Prinzip der »verbrannten Erde« verheerten die Sudauer ihr eigenes Land und setzten sich nach schweren Niederlagen nach Litauen ab.
»Seit dieser Zeit herrschte in Sudauen auf lange Zeit die Stille der Wüste und die Ruhe des Grabes.« (Siehe: Voigt, Johannes, Geschichte Preußens, Königsberg 1836.) Die Prussen waren endgültig besiegt. Nach einem Kampf ohnegleichen war ein ganzes Volk untergegangen und vernichtet.

Menschen, Städte und Verwaltung in Preußen

Das Samland und seine Bewohner: Withinge und Preußen

Die im 13. Jahrhundert im Samland lebenden Withinge – reiche Edelleute, die als Grundbesitzer eigentlich die Herren des Landes waren, besaßen im »Großen Recht« verankerte Privilegien gegenüber allen anderen Landesbewohnern. Das »Große Recht« war an die Geschlechterfolge gebunden, und nur Nachkommen aus Withingsblut konnten sich darauf berufen. Erst später wurde weiteren »Edelingen« niederen Standes die Berufung auf dieses Recht zugestanden.

Auf ihren Edelhöfen lebend, verfügten die Withinge über ihren angestammten Allodialbesitz, der ihnen »ganz zu eigen« war. Dazu kam nach dem Einzug der Ordensritter und der Übernahme der Herrschaft durch sie – falls sie sich rasch den neuen Herren unterordneten – ein zusätzlicher, ihnen durch den Orden zugewiesener Besitz. Damit verfügten die Withinge einmal über einen Allod und zum anderen über einen Lehensbesitz.

Auf das Allod brauchte kein Zehnt entrichtet zu werden. Die Withinge waren trotz der Herrschaft des Ordens auf ihren Edelhöfen freie Landbesitzer und konnten auch über die Landarbeiter der Edelhöfe frei verfügen.

Über alle Familien, die zum Edelhof eines Withings gehörten, hatte der Withing die niedere, oftmals auch die hohe Gerichtsbarkeit. Das bedeutete, daß diese Familien Leibeigene und dem Recht des Withings unterworfen waren.

In bezug auf das Lehen jedoch war jeder Withing ein dem Orden verpflichteter Lehnsmann geworden.

Mit seinem Aufgebot mußte er dem Orden bei Heerfahrten dienen, mit seinen Leibeigenen den Burgenbau durchführen und die Stadtumwallungen errichten helfen. Die dem Orden »getreuen« Withinge erhielten eine Anzahl Familien zu ihrer Verfügung, höchstens aber fünfundzwanzig.

Damit stimmte der Orden also einer weiteren Leibeigenschaft zu, was auch in Deutschland damals üblich war.

Das Lehen des Ordens ging nur auf die Withingssöhne über. Wenn kein Erbe da war, fiel es an den Orden zurück. Ab 1296 jedoch wurden auch weibliche Erben oder einer der nächsten Verwandten akzeptiert, so Brüder, Neffen oder Onkel des verstorbenen Withings. Alle Freiheiten und Rechte der Withinge über ihre und die ihnen zugeteilten Familien waren in dem alten Withingrecht, dem »Ius et mo santiquorum et primorum Witingorum« festgeschrieben.

Daß diese Withinge für den Deutschen Orden von besonderer Wichtigkeit waren, ist nach den hier angerissenen Dienstleistungen – vor allem dem Dienst bei Heerfahrten – verständlich.

Neben dieser Gruppe von Gutsbesitzern lebten auch die landeingesessenen Preußen auf ihren Freigütern. Ihr Privileg beschränkte sich allerdings auf die Befreiung von der Zehntleistung, womit diese Sitze den Charakter von Freilehen erhielten. Sie wurden mit dauerndem Erbrecht in der männlichen Linie ausgegeben.

Es sei darauf hingewiesen, daß der Deutsche Orden hier die Rolle des Lehensgebers mit dem Schwert errungen hatte, und dies Vorgehen zunächst keine gesetzliche Handhabe hatte, womit der Gewaltcharakter einwandfrei gekennzeichnet ist.

Diese Erblehen waren nicht teilbar. Zwar waren sie frei von der Leistung bäuerlicher Arbeit, dennoch manchmal zehntpflichtig. Durch besondere Verdienste der Besitzer gegenüber dem Orden konnten diese Besitzungen in die Gruppe der Freilehen erhoben werden, wenn der Orden den Zehnten und den Scharwerkdienst aufhob. Alle übrigen unbebauten, wüsten und unkultivierten Wald- und Heidegebiete, die der Orden erkämpft hatte und als Freilehen ausgab, die also erst von den damit

Belehnten urbar gemacht werden mußten, waren von sämtlichen Lasten frei – allerdings mit einer Einschränkung: Zur Kriegs- und Heerdienstleistung waren auch sie verpflichtet und mußten sich nach Aufforderung am Burgen- und Stadtmauerbau beteiligen.
Diese »Kölmer« wie die preußischen Gutsbesitzer genannt wurden, hatten in den Vergabebriefen ihren Besitz nach Kulmischem Recht erhalten. Sie waren nicht nur Einzöglinge – für die ja das Kulmische Recht verbindlich war -, sondern auch solche preußischer Abstammung oder gar Bauern, die sich besonders verdient gemacht hatten und auf diese Weise belohnt wurden.
Damit wandelte sich die »Kulmische Handfeste«, ursprünglich den Bürgern von Kulm und Thorn als Gesetz gegeben, vom Stadt- zum Landrecht.
Durch solche Verleihungen auch an eingesessene Preußen wurden diese für den Orden gewonnen. Die auf Kulmischem Recht basierende Verleihung schloß allerdings die Verpflichtung zur Leistung des Zehnten ein. Die Zehntpflichtigkeit war ein besonderes Charakteristikum des Kulmischen Gutes und der Kölmer.

Bauern und Hintersassen in Preußen

Bauern und Dorfbewohner als Angehörige einer Dorfgemeinschaft unterstanden dem Dorfrecht. Sie wurden von einem Landvogt, Schultheißen oder – im Kulmer Land – von einem Starosten geführt. Diese wurden wiederum von den Dorfältesten unterstützt, welche die Ordnung in den Dörfern aufrechterhielten. Darüber hinaus überwachten sie die korrekte Lieferung des Zehnten.
Die Bewohner der Dörfer – meistenteils Hinter- oder Untersassen der Gutsbesitzer – waren derem unteren Gericht unterworfen. Ebenso erging es den Bauern.

In diese Gruppe wurden auch alle vornehmen Preußen hinuntergestuft, die sich entweder nicht dem Orden unterwarfen oder als seine Feinde bekannt waren.
Die Bauern hingegen, die vor Einzug des Ordens in ihr Land über eigenen Besitz verfügt hatten, wurden in diesem Besitz belassen, oder er wurde ihnen vom Orden verliehen, ohne daß dies urkundlich festgelegt wurde. Es handelte sich meistenteils nur um wenige »Haken« Landes, woraus sich der Begriff »Hakengebure – Hakenbauern« ableitete. (Mit »Haken« wurde der Pflug bezeichnet, und jeder Haken bedeutete gerade ein so großes Stück Land, das an einem Tage mit dem Pflug bearbeitet werden konnte.) Starb eine Bauernfamilie aus, so fielen deren »Haken« an den Orden. Falls diese Bauern aber einem Gutsherren »gehörig« waren, ging deren Besitz auf Erbrecht an diesen über.
Die Hintersassen wiederum mußten dem Gutsherren den Zehnten entrichten und zwar von jedem Haken Landes einen Scheffel Weizen.
Außerdem lastete auf ihnen das Scharwerk, die Fronarbeit, sowie Wach- und Kriegsdienste, wenn der Gutsherr zu diesen gerufen wurde. Alle Bauern mußten sich beim Kriegsaufruf dem Orden zum Dienst melden, um im Ordensheer das Fußvolk zu stellen. Beim Burgenbau war Frondienst zu leisten.
Jeder Bewohner Preußens aber stand unter dem Ordensgesetz. Nur der Orden konnte die niedere und höhere Gerichtsbarkeit an den Gutsbesitzer delegieren.
Dies alles entsprach im weitesten Sinne auch den Gegebenheiten in Deutschland. Auch dort gab es die Klassen der Hörigen und Leibeigenen, deren Schicksal jenem der unterworfenen Preußen gleichkam. Dieses Faktum konnte allerdings nicht verhindern, daß die unterworfenen Preußen ihr Los als Demütigung, Enteignung und Gefangenschaft betrachteten, und so versuchten sie immer wieder, der aufgezwungenen Knechtschaft zu entrinnen.

Siedler und Einzöglinge: Der deutsche Bauernstand in Preußen

Einzöglinge aus Deutschland ließen sich zuerst im Kulmer Land, sodann in Pomesanien und Pogesanien nieder. Sie bezogen die Besitzungen der vertriebenen oder erschlagenen Preußen. Für sie galt das in der Kulmischen Handfeste erlassene Gesetz.

Die erste offizielle Landverleihung in Pomesanien an den Deutschen Dietrich von Tiefenau wurde 1236 dokumentiert. Es waren 300 flämische Huben (Hufen) Landes. Dazu erhielt er freies Fischereirecht auf der Nogat sowie den Hakenzehnten von drei Dörfern. Dies alles »auf Erbrecht zu beiden Geschlechtern«.

Dafür hatte er dem Orden zwei Markpfund Wachs und einen Kölnischen Pfennig, ferner als Zehnten von jedem deutschen Pflug jährlich einen Scheffel Weizen und einen Scheffel Roggen zu entrichten.

Dem Deutschen Dietrich von Brandis wurde – nach der Kulmischen Rechtsordnung – für den Besitz des Dorfes Hohendorf und einiger weiterer Güter südlich des Drausensees vom Orden die Entrichtung eines Kaufschillings abverlangt.

Ein großer Teil der Einzöglinge entstammte deutschen Adelsgeschlechtern. Sie errichteten auf ihren Besitzungen für sich und ihre Lehnsleute und Bauern zum Schutz vor preußischen Überfällen mehr oder weniger wehrhafte Burgen.

Daß die Einzöglinge bei den Überfällen der Preußen stets die ersten Opfer waren, ist verständlich, da ihr Besitz ja kurz zuvor noch den Preußen gehört hatte.

Auf der anderen Seite waren auch in Preußen Hunderte von Dörfern völlig zerstört worden; so konnte nur durch die Gründung neuer Dörfer und eine starke Förderung des Bauernstandes ein gemeinschaftliches Leben entstehen.

Aus der Gruppe der Einzöglinge wurden Schultheißen ausgewählt, die diese Dörfer zu gründen hatten und deren eigener Name meist zur Benennung des Dorfes verwandt wurde. So wurde das Dorf, das der Schultheiß Dietrich 1289 gründete, Diet-

richswalde genannt. Der Schultheiß Walther gründete Waltersdorf, während der Schultheiß Burchard mit seinen Bauern das Dorf Burchardsdorf ins Leben rief.
Die Schultheißen teilten den einzögigen Bauern zunächst die »Zinshuben« zu. Wenn diese ihre Höfe gut bewirtschafteten, kamen im Laufe der Zeit auch Handwerker und Kleinkaufleute und begannen mit ihren Brot-, Schuh- und Fleischbänken. Auch sie zahlten Zins, der dem Schultheißen zugute kam.
Die Schultheißen hatten dem Dorfrecht Geltung zu verschaffen. Sie überwachten die Ablieferung des Zinses und des Zehnten und schlichteten den Streit der Bauern untereinander.
Es gab sowohl Dörfer mit ausschließlich deutschen Bauern als auch rein preußische Siedlungen. Auch die gemischte Form erwies sich als durchaus praktikabel, wobei anzumerken ist, daß die deutschen Bauern frei von den Verpflichtungen zum Scharwerk und Kriegsdienst waren. Sofern sie jährlich ihren Zins und Zehnten ablieferten und sich in die allgemeine Landordnung einfügten, durfte kein Ordensherr ihre Freiheiten antasten.

Die Städte in Preußen

Vor dem Einzug des Ordens in Preußen gab es in diesem weiten Land keine Städte. Erst die frühen Ordensburgen dienten als Keimzellen zu Städtegründungen. Hinzu kamen Klöster und Bistümer, um die sich bald reges Leben entwickelte.
Zwei Bedingungen waren zur Errichtung einer Stadt notwendig: erstens ihre Befestigung mit einer Mauer, die sie vor Überfällen schützte, zweitens verbriefte Verhaltensmaßregeln, die Verfassung, Ordnung und Sicherheit der Städte gewährleisteten. In der Befestigung einer Burg oder eines Klosters lag also im allgemeinen der erste Schritt zur Stadtgründung.
Die Bewohner dieser Ortschaften erhielten auch nur dann ein Aufenthaltsrecht, wenn sie die Burg bei Gefahr zu verteidigen

versprachen – schließlich nannte man sie Burgleute oder Bürger. Es waren folgerichtig in Preußen die »Burgenses – Bürger«, die eine Stadt schufen und zugleich den Wartlohn und das Wartkorn an die Burgherren zu entrichten hatten.

Auch in der Stadt stand der Schultheiß oder Meister an der Spitze. Jede Stadt hatte sich sodann eine Justiz- und Polizeiverfassung zu geben und über eine besondere Gesetzgebung zu verfügen. So erhielten die meisten Städte unmittelbar nach ihrer Gründung ein eigenes Stadtrecht; eine Reihe dieser jungen Städte, zum Beispiel Bartenstein, Fischhausen, Königsberg, Kreuzburg, Preußisch-Holland und Rheden erhielten das Kulmische Stadtrecht, Christburg und Memel hingegen das magdeburgische. Elbing, Frauenburg und Braunsberg wurden mit dem Lübischen Stadtrecht versehen.

Die Justiz- und Polizeibehörde bestanden in den ersten preußischen Städten aus Consuln, Meister der Consuln, Ältesten und Schöffen. Es gab Stadt-, Erb- und allgemeine Richter. Das Amt des Stadtrichters war älter als jenes der Schöffen, aber beide Ämter waren in etwa gleichgestellt.

Aus dem Rat der Gemeinde wählte der Schultheiß seine Schöffen. In Elbing gab es beispielsweise vier Schöffenbänke. Falls ein Stadtgericht in irgendeinem Fall zu keinem Richterspruch kam, mußte dieser nach Kulm weitergeleitet werden, von wo aus dann das Urteil erging.

Die Mehrzahl der Bürger in diesen Städten war deutsch. Durch schnelle Zuzüge wurden die eng umgrenzten Städte bald übervölkert, so daß jenseits der Stadtmauern Neustädte entstanden. Jeder Stadtbürger konnte über sein Haus und seinen Hof frei verfügen. Niemand aber durfte auf seinem Grund und Boden Bauwerke oder Türme errichten, die dem Land oder gar der nahegelegenen Ordensburg gefährlich werden konnten.

Jede dieser Städte erhielt nach dem Beispiel von Thorn ein öffentliches »Kaufhaus«, in dem alle Verkäufe nach genau bestimmten Maßen getätigt wurden und städtische Beamte die Aufsicht führten.

Neben den genannten Fleisch-, Brot-, Schuh- und Fischbänken

gab es bereits öffentliche Tuchläden und eine öffentliche Badestube. Hinzu kamen Wochenmärkte und große Jahrmärkte.

Der Handel mit dem Ausland belebte sich, weil die aus Deutschland kommenden Einzöglinge mit ihren Heimatstädten in Verbindung blieben. Die Kreuzfahrer aus allen Teilen des westlichen Europa taten ihr übriges, um den Handel mit neuen Gütern anzukurbeln.

Kauffahrer aus Flandern, Deutschland und England segelten trotz der im Baltischen Meer gefürchteten Seeräuberei oftmals zu den ersten preußischen Handels- und Hansestädten Elbing, Thorn und Memel. Der Aufbau von Memel beispielsweise vollzog sich vor allem unter Beachtung des Seehandels. Elbing wurde sehr bald zur Tochterstadt von Lübeck und als erste Stadt Preußens in die Hanse aufgenommen

Jene fünfzehn deutschen Städte, die von 1280 an mit Groß-Nowgorod Handel trieben, hatten sich durch einen gemeinsamen Vertrag verpflichtet, alle Unstimmigkeiten und Rechtsstreitigkeiten ihrer dortigen Faktoreien im Oberhof zu Elbing entscheiden zu lassen.

Der Geschäftsverkehr Elbings mit Groß-Nowgorod und später auch mit anderen russischen Städten wurde durch die Verstärkung des Handels mit Bernstein nach dem Orient bedeutend ausgeweitet. Dieser wurde an der Ostseeküste, überwiegend an der Westküste des Samlandes gesammelt; sein Reingewinn fiel dem Orden und dem samländischen Bischof zu. Insbesondere die Herstellung der »Vaterunser-Schnüre« und der Gebetsschnüre der Moslems aus Bernstein ließ eine ganze Industrie entstehen.

Im Ostseehandel spielte vor allem die Stadt Wisby auf Gotland eine Schlüsselrolle. Sie wurde später zum Hauptsitz der Viktualienbrüder, wie man Seeräuber auf der Ostsee nannte.

Wisby hatte Verbindungen mit allen Handelsstädten an der Ostseeküste, insbesondere mit Riga, das ebenfalls in voller Blüte stand.

Um den Handel zu fördern, verlieh der Deutsche Ritterorden den wichtigsten Städten die Münzgerechtsame, so Thorn, Kulm, El-

bing und Preußisch-Holland. Wenig später kam Königsberg hinzu. Für ganz Kurland diente Memel als Münzstätte.
Elbing beispielsweise ließ eine Münze schlagen, die an Form und Gewicht der kulmischen Münze gleich war und auch den gleichen Wert hatte.
Später gab es im ganzen Deutsch-Ordensland und darüber hinaus nur eine gültige Münze, die Kulmische bzw. jene, die nach dem kulmischen Münzfuß geprägt worden waren.

Die Verwaltung in Preußen

Daß ein Verband ritterlicher Mönche als Landesherr eines Gebietes auftrat, ist in der Geschichte nicht einmalig, doch im Falle des Deutschen Ritterordens in Preußen mußte ein riesiges Gebiet von 200 000 Quadratkilometern von diesem erkämpft und geordnet werden. Jede Art von Infrastruktur fehlte. Um dieser einmaligen Aufgabe gewachsen zu sein, brauchte der Orden nicht nur viele Kämpfer, sondern auch eine Heerschar von Verwaltern, Handwerkern, Kaufleuten, Seefahrern und Fischern.
Als »ewiges Besitztum des Deutschen Ordens von den Gnaden der Kirche« war Preußen dem Hochmeister des Deutschen Ordens als dem obersten Herren des Landes zugeschrieben worden. Dieser erhielt den päpstlichen Ring als Symbol der Belehnung mit Preußen. Dafür hatte der Orden der Kirche einen Lehnszins abzuführen und war somit ein Vasall der Kirche.
In der Landverwaltung des Ordens stand der Landmeister, auch Meister von Preußen genannt, an der Spitze. Damit war er der vom Hochmeister des Ordens ernannte »oberste Gebietiger Preußens«.
Der Landmeister hatte zunächst keinen festen Sitz in einer der Ordensburgen. Er befand sich also weder für immer in Kulm, noch in Elbing oder auf der Marienburg, auch wenn diese später als Sitz des Landmeisters galt.

Er erschien überall dort auf der Ordensburg, wo seine Anwesenheit erforderlich war. In seiner Begleitung befanden sich stets ein Kaplan und ein Ordensritter, der »Kompan« genannt wurde und meistenteils als Sekretär diente.

Allein und aus eigener Machtbefugnis konnte der Landmeister nicht über wichtige Dinge entscheiden. Dazu war die Zustimmung des Beirates und der übrigen Landesbeamten notwendig. Was der Landmeister befahl oder in Gesetzesform vorschrieb, mußte von den beteiligten Ordensgebietigern unterschrieben werden. Nur so galt es als »vom Orden verfügt«.

Der Landmeister erteilte den städtischen Willküren die Genehmigung, hatte die Oberaufsicht über das gesamte Münzwesen des Landes und übte mit anderen Ordensbeamten die Hohe Gerichtsbarkeit aus.

Die Richterämter in den Städten mußten vom Landmeister bestätigt werden. Ferner bedurften Besitztumsveränderungen im ganzen Ordensgebiet der landmeisterlichen Zustimmung.

Eine seiner wichtigsten Verpflichtungen war die alljährliche Einberufung des Generalkapitels der Komture und aller übrigen Ordensbeamten, die jeweils zum Tage der Kreuzerhöhung in Elbing zusammentraten.

Fragen der Landwirtschaft, beispielsweise die Kultivierung der Sumpfgebiete oder das Eindämmen und Eindeichen der Flüsse, waren ebenfalls dem Landmeister vorbehalten. Über sämtliche getroffenen Maßnahmen hatte er den Rittern alljährlich den Rechenschaftsbericht vorzulegen. Den gegengezeichneten Bericht mußte er daraufhin nach Akkon schicken.

Daß er zur Bewältigung dieser vielschichtigen Aufgaben nicht nur entsprechende Fachleute, sondern auch eine effizient arbeitende Verwaltung benötigte, versteht sich von selbst und deutet bereits die einmalige Leistung des Deutschen Ordens an. Bezeichnend ist die Tatsache, daß die Mitarbeiter des Deutschmeisters in der Regel nach Preußen reisten, um hier Kenntnisse für ihre Verwaltungsarbeit in der Heimat zu erlangen.

Im Falle kriegerischer Auseinandersetzungen berief der Landmeister das Heer ein und führte es. Im Bedarfsfall trat der Ordensmarschall an seine Stelle. Darüber hinaus standen alle ins Land kommenden Pilgerheere unter des Landmeisters Kommando. Er bestimmte über Art und Umfang der Burgbefestigungen und Wehrschanzen.

Alle diese Tätigkeiten waren allgemeiner Art, denn der Kriegseinsatz selbst wurde einem kampferfahrenen obersten Ritter übertragen. Der »Marschalkus Prusie«, wie der Marschall von Preußen genannt wurde, war der ranghöchste Ordensritter nach dem Landmeister. Auch er hatte keinen festen Sitz.

Die Komture des Ordens wiederum waren Verwalter jener Burgen, aus denen Preußens Verteidigungslinie bestand. Ihr Rang erklärte sich nach der Größe und Bedeutung der Burg, die sie verwalteten. Hinzu kamen Landkomture. Der wichtigste aus dieser Gruppe von Verwaltungsbeamten war ohne Zweifel der Komtur von Kulm, der zugleich Komtur des gesamten Kulmer Landes war.

Im übrigen waren auch die anderen Burgkomture und der Landkreis, der zu den Burgen gehörte, zur Verteidigung angewiesen. Im gesamten Komturgebiet hatte der Komtur die Polizeigewalt. Er traf alle Sicherheitsmaßnahmen und übte die Gerichtsbarkeit über Preußen und Polen aus, wann auch immer zwischen ihnen Streitigkeiten ausbrachen. Seine Entscheidungen beendeten Grenzstreitigkeiten in seinem Komturbezirk. Die Aufsicht über die Zehnt- und Zinsentrichtung lag in seiner Hand. Er führte darüber genau Buch und stellte alle Rechnungen aus. Die vom Landmeister geschickten, alljährlich erscheinenden Visitoren hatten diese Belege zu überprüfen.

Eine der wichtigsten Aufgaben der Komture war die zweckmäßige Bestellung der Landgüter, bei denen es nicht nur um die Selbstversorgung Preußens, sondern auch um erwirtschaftete Überschüsse ging, die ausgeführt wurden und Geld einbrachten. Zu diesen Einnahmequellen gehörten das Jagd- und Fischereiwesen.

In den Städten hatten sie für die Aufrechterhaltung von Ruhe und Ordnung sowie das Vorankommen der städtischen Gewerbe zu sorgen. Zu allen Treffen, die der Landmeister anberaumte, mußten auch die Komture erscheinen. Im Kriegsfall hatten sie mit ihren Konventsbrüdern und der gesamten Wehrmannschaft ihres Gebietes am Versammlungsort zu erscheinen, wo sie vom Landmeister weitere Weisungen erhielten. Darüber hinaus durfte der Komtur aber auch nach freiem Ermessen Kriegszüge unternehmen, wenn er davon überzeugt war, daß diese in Glaubenssachen oder zur Sicherung der Grenzen seines Gebietes notwendig waren.

Der Komtur wurde im allgemeinen für die Dauer eines Jahres gewählt, und seine Wiederwahl erfolgte nur dann, wenn er gut gewirtschaftet hatte.

Die Vögte des Ordens wiederum galten zunächst als Landvögte, wie dies auch in Deutschland der Fall war. So gab es zunächst nur Vögte über das Samland, Natangen, Ermland und Barterland. Sie führten verschiedentlich auch den Titel eines Komturs, denen sie – mit Ausnahme des Komturs des Kulmer Landes – übergeordnet waren.

Diese Vögte übten die Hohe und Mittlere Gerichtsbarkeit aus. Als Heerführer traten sie anfangs an die Spitze der Truppen. Als ein solcher erfolgreicher Befehlshaber wurde Dietrich von Liedelau, der Vogt des Samlandes, bekannt.

Einer der wohl bekanntesten Vögte war außerdem Volrad Mirabilis, Vogt von Natangen. Er stammte aus Hamm in Westfalen.

Die Einkünfte des Ordens

Daß eine so erfolgreiche Organisation wie jene des Deutschen Ordens in Preußen mit ihren vielfältigen Aufgaben über große Kapitalmengen verfügen mußte, leuchtet ein. Woher diese kamen, sei im folgenden Textteil in einer allgemeinen Übersicht dargelegt.

Der bereits genannte Zins und Zehnte seines Landes war für den Orden in Friedenszeiten ausreichend, um seine Aufgaben zu erfüllen. Die landwirtschaftlichen Erzeugnisse, Forstbau, Fisch-

fang und Bienenzucht, brachten genügende finanzielle Mittel ein. Erst in Kriegszeiten war ein erheblicher Mehrbedarf zu decken. Diese Ausgaben wurden aus weiteren Steuern bestritten, so der Hof- und Haussteuer in den Städten, der Gewerbesteuer in Städten und Dörfern, der Krug- und Mühlzins, der Gewinne der Bernsteinfischerei und der Erträge aus den Münzpachten. Wasserzölle, Abgaben aus dem Fährverkehr bei Thorn und Kulm über die Weichsel und solche jeder Art von Waren, die über den zugefrorenen Fluß transportiert wurden, gehörten ebenfalls dazu. Außerdem die Erträge aus den Seen, Gerichtsgebühren und der sogenannte Kaufschilling für Güter und Lehen, die der Orden ausgab. Erträge aus dem Biberfang und anderen Gewerben sicherten guten Gewinn, der allerdings in Kriegszeiten für Rüstung und – nicht zuletzt! – für die Anwerbung von Söldnern, Geschenke an Päpste, den Kaiser und den Hochmeister aufgezehrt wurden.
Denn eines war in dieser Zeit sicher: ohne kostbare Geschenke an die Kardinäle des Heiligen Stuhles, war vom Papst nichts zu erhoffen, weil man erst gar nicht an ihn herankam. Beliebte Geschenke waren ostpreußische Pferde und die im Osten gezüchteten Jagdfalken, die in alle Welt geschickt wurden.

Kirchen und Schulen im Ordensstaat

Auf die bischöflichen Landesteile hatte der Landmeister von Preußen keinen Einfluß. Sie wurden von den Bischöfen verwaltet. Diese wiederum waren durch päpstliche Bullen in ihrem selbständigen Handeln derart eingeschränkt, daß die Kirchenhierarchie in Preußen sich nicht so wie im Reich auswirken konnte. Es war den Bischöfen zum Beispiel nicht erlaubt, gegenüber Ordensbrüdern oder deren Anhang den Bann auszusprechen. Dem Deutschen Orden gelang es in der Folgezeit mehr und mehr, die Bischofsstühle mit eigenen Leuten zu besetzen. So waren bereits in früher Zeit die Bischöfe von Kulm, Pomesanien, Ermland und Samland Mitglieder des Ordens. Es kam sogar oftmals vor, daß der Papst bei freigewordenen Bischofssitzen in Preußen die Bedingung stellte, daß der neue Bischof ein Ordensbruder war. Falls die Domherren einmal keine Ordensbrüder waren, wurden sie sehr bald für den Orden gewonnen.

Der älteste Bischofssitz in Preußen war jener von Kulm. Sein erster Oberhirte, Bischof Friedrich, war Ordensbruder. Auch Bischof Anselm von Samland, der 1264 eingesetzt wurde, gehörte dem Orden an. Allerdings kam es nach ihm zu keinem Nachfolger aus dem Orden mehr, weil seine sechzehn Domherren nicht gut auf diesen zu sprechen waren. Dies war die Ursache dafür, daß das Samland im Ordensstaat Preußen eine Sonderstellung einnahm, die später zu schweren Differenzen führte.

In Pomesanien war Bischof Albert Ordensbruder gewesen und blieb dem Orden auf Dauer ergeben. Nachdem der Hochmeister ihn im Jahre 1284 ermächtigt hatte, in Preußen ein Domstift zu errichten »und dessen Mitglieder durchweg aus dem Orden auszuwählen« und damit »Männer zu nehmen, die sich schon seit langen Jahren für die Sache Gottes der Gefahr des Todes preisgegeben haben«, wurden alle Mitglieder des Domkapitels nach Bischof Alberts Willen nur mit Zustimmung des Landmeisters gewählt. (Siehe: Schulze-Dirschau, Hermann, Der Deutsche Osten: Vom Ordensstaat Preußen zum Kernland des Deutschen Reiches.)

Der Ordensbruder Christian führte das Domkapitel des Samlandes. Die ersten sechs Domherrenstellen besetzte er mit Ordensbrüdern, wobei Landmeister Konrad von Thierberg Hilfestellung leistete.

Das Volk der Preußen hätte nun, da es mit dem Schwert besiegt worden war, nach ihrem durch die Taufe verbrieften Eintritt in die Kirche weiterer Unterweisung bedurft, um auf friedlichem Wege tiefer ins Christentum hineingeführt zu werden, als dies mit der Formalie der Taufe allein geschehen war. Dies unterblieb aber weitgehend, da für das weite Land nicht genügend Priester und Helfer zur Verfügung standen.

Zwar wurden bereits unter den Päpsten Innozenz III. und Honorius III. von 1198 bis 1227 die ersten Schulen und andere Bildungsanstalten in Livland für Kinder und Jugendliche ins Leben gerufen – Papst Honorius III. forderte kurz darauf sogar durch eine Bulle, alle Mittel aufzubringen, die zur Errichtung und Unterhaltung von Knabenschulen in Preußen notwendig waren –, doch diese Mittel flossen spärlich und waren völlig unzureichend. Der päpstliche Legat für Preußen, Wilhelm von Modena, setzte sich vehement für die Bildungsvermittlung in Preußen ein. Er veranlaßte, daß der »Donat« – die beiden lateinischen Grammatiken von Aelius Donatus, dem Lehrer des heiligen Hieronymus – in die altpreußische Sprache übersetzt wurde.

In Ermland gab es bereits 1241 die ersten Landschulen, über die auch Elbing nur wenige Jahre nach seiner Gründung verfügte. Allerdings reichten diese wenigen Schulen nicht aus, um ganz Preußen zu alphabetisieren. Zum einen sprachen weder Bischöfe noch Domherren die altpreußische Sprache, so daß sie sich an die Neubekehrten nicht in deren eigener Sprache richten konnten. Hinzu kam die Weite des Landes, in der es oftmals einiger Tagesmärsche bedurfte, um zu einer Schule zu gelangen.

So erhielten zwar Zehntausende Preußen christliche Namen und wurden mit geweihtem Wasser getauft, ohne daß ihnen aber die Grundzüge christlicher Gesinnung hätte beigebracht werden können. Es ist vor allem zu bedenken, daß der Deutsche Orden keine Massenvereinigung war. Zu keiner Zeit verfügte er in allen Kommenden über mehr als 600 bis 700 Köpfe.

Die Städte – Beispiel Königsberg

Nach den Erklärungen über Städtegründungen ist es notwendig, das gesamte Gefüge einer solchen Stadt in Preußen einmal detailliert aufzuzeigen. Dies soll am Beispiel Königsberg geschehen.

Es waren zunächst Lübecker Handelsschiffe, die Kaufleute zu jener Handelsniederlassung brachten, die sich nahe der Einmündung des Pregel in das Haff für einen solchen Handelsort eignete. Mit dem Pregel verfügte er über eine Wasserstraße zur Ostsee. Über diesen ersten »Portus lipcze« verständigten sich die Lübecker mit Landmeister von Wida. Dieser reiste 1242 nach Lübeck und regte dort offiziell die Gründung einer Stadt an der Pregelmündung mit der Begründung an, dort läge der reiche Bernsteinvorrat des Samlandes direkt vor der Tür und könne Handelsartikel Nummer eins werden.

Ende des Jahres 1254 sammelte sich in Elbing das Kreuzfahrerheer unter Otto von Brandenburg als Kriegsmarschall und Ottokar II. von Böhmen. Hochmeister Poppo von Osternau hatte Ottokar II. die Gesamtführung dieses Kreuzzuges übertragen.

Nach Ottokar II. Sieg über die Heiden wurde – wie bereits dargelegt – auf einem Felsplateau am Ufer des Pregel eine Burg errichtet und zu Ehren des Königs Königsberg genannt. Die Samländer nannten diesen Felsen »Twangste« (Schwellung).

Das älteste Dokument über diese Stadt ist das Komtursiegel aus dem Jahre 1262, das einen auf dem Thron sitzenden König mit Krone, Zepter und Reichsapfel zeigt. Das älteste Siegel aus der Altstadt wiederum, das im Jahre 1360 in Gebrauch war, zeigt einen Ritter im Harnisch, mit Krone und Lilienzepter. Die Lilie ist ein altes germanisches und indogermanisches Lebenssymbol. Der Schild dieses Ritters ist mit Adler und Kreuz bemalt, was auf Ottokars II. Kreuzfahrten hinweist.

Auf der niedrigsten Ostflanke des Felsens entstanden die Erdmauern der Burg, deren Ostteil durch den Beydritter Bach gesichert wurde. Der Bach sollte außerdem die Burgmühle antreiben und die Versorgung mit Mehl sicherstellen.

Ab 1256 wird der Name Königsberg urkundlich erwähnt und auch der Name des Komturs, Burchard von Hornhausen, genannt.

Bei der Dreiteilung des gesamten Plateaus, von dem der Orden zwei Drittel und der Bischof ein Drittel erhielt, wurde die alte Burg dem Bischof zugesprochen, während die Vorburg und das westliche Plateau dem Orden zugeschlagen wurde. Hier setzte

1256 der Bau einer neuen festen Burg ein, der zwei Jahre später beendet wurde. Mit Beginn des Aufstandes der Samländer wurde die Burg drei Jahre lang belagert, aber auch ohne die doppelte Mauer und ihre neun Türme, die erst 1275 und 1280 errichtet wurden, war sie uneinnehmbar.

Im Schutz der Burg entstand eine Ansiedlung gleichen Namens. Seit 1258 hatte diese frühe Ansiedlung ihre eigene Kirche. Die ersten Siedler kamen aus Deutschland, und in der ersten Handfeste Königsbergs aus dem Jahre 1286 wurden die Namen dieser »Pioniere« genannt. So jener des Schulzen von Dobrin, Gerko, Wernherus aus Bremen, Hildebrandus aus Warendorf und Henricus aus Tremonia (Dortmund).

In den folgenden 150 Jahren siedelten überwiegend Niedersachsen und Westfalen in Königsberg. Als einzige Frau unter den ersten einhundertfünfzig im Jahre 1400 bekannten Familien wurde die »Gidantsche«, eine Altpreußin, genannt.

Mit der Handfeste der Altstadt von 1286 wurde Königsberg zur Stadt erhoben und erhielt das Kulmer Recht. Die Domschule wurde vom Domkapitel zwischen 1297 und 1302 errichtet. Der Orden baute zur gleichen Zeit das Hospital zum Heiligen Geist. Am Markt, dem Zentrum der Altstadt, wohnten die reichen Patrizier, Bürger und Kaufleute, deren Häuser aus Stein errichtet wurden. In den engen Gassen lebten die Handwerker: die Gerber und Bader nahe am Wasser, die Reifenschläger vor den Toren der Stadt.

Jedes Grundstück in Königsberg war zwei »Ruten« breit und vier »Ruten« tief. Mit jeder Besitzung war ein »Los« Gartenland und eine Holzstätte verbunden. Alle Hausgiebel standen mit ihrer Front zur Straße. Die Fachwerkhäuser der Handwerker waren mit lehmgetränkten Stroh- oder Schilfbündeln gedeckt.

Die Hauptstraßen mußten »zwei Wagen breit« sein und befestigt werden. Nur die Mitte derselben wurde gepflastert. Man nannte diese Mittelstreifen die Steinbrücke.

Entlang des Pregel wurden Steindämme errichtet, die als Verkehrswege dienten und zugleich Schutz gegen Überschwemmungsgefahr boten.

Um 1400 betrug die Einwohnerzahl von Königsberg in allen drei Teilstädten zehntausend.

Als erster Schultheiß der Stadt gilt Gerko von Dobrin. Der erste namentlich bekannte Bürgermeister, hier noch Proconsul genannt, hieß Johannes Selandus. Die »Ankerherren« führten die Aufsicht über die im Pregel liegende Insel Anker.

Die »Kur«, wie man die alljährlichen Neuwahlen nannte, wurde am Tage Petri Stuhlfeier vom Komtur eröffnet. Ratsherren, die würdig waren, wurden für ein weiteres Jahr gewählt.

Die Handwerker in Königsberg schlossen sich sehr früh, wie auch in den anderen Städten des Ordens, zu Gewerken zusammen.

Nach dem Kulmer Recht setzte sich das Gericht der Stadt aus einem Kollegium von zwölf Schöffen zusammen, die vom Rat auf Lebenszeit gewählt wurden. Die Schöffen wählten aus ihrer Mitte den Schöffenmeister. Ansonsten war in der Schöffenordnung strenge Amtsverschwiegenheit vorgeschrieben.

Dreimal im Jahr fand der »gehegte Thing« – ein festgeschriebener Gerichtstag – statt, der durch den Schulzen eröffnet wurde. Die einzelnen rechtsprechenden Instanzen waren: der Rat, der Hauskomtur und schließlich der Hochmeister des Ordens. In strittigen Fällen entschied der Oberhof in Kulm.

Es gab Ehrenstrafen, Schimpfstrafen und Leibesstrafen. Die Ahndungen geschahen nach den »Willküren« der Stadt. Diesen zufolge wurde jedem, der das Grundstück eines anderen unrechtmäßig an sich bringen wollte, die rechte Hand abgehackt. Jeder Anwalt, der gegen die Artikel der »Willküren« auftrat, verlor seine Zunge.

Bei Totschlag wurde gerädert, Entführer von Frauen enthauptet – ebenso wie Männer und Frauen, die mehr als einen Ehegatten hatten.

In der Hanse, jener kaufmannschaftlich orientierten Städtebruderschaft des Welthandels, bildete Königsberg mit den fünf anderen Städten des Ostens, die diesem Bund angehörten, die Gruppe der preußischen Städte, die zunächst mit den westfälischen Städten verbunden waren. Daraus resultierte auch die An-

wesenheit vieler Dortmunder Familien in Elbing, Danzig und Königsberg. Neben diesen dreien waren noch Kulm, Thorn und Braunsberg Hansestädte.
Elbing war überwiegend Versammlungsort der Hanse, aber auch auf der für alle anderen fünf Städte günstig gelegenen Marienburg wurden Ratstage der Hanse abgehalten.
Die Kirche in Königsberg schloß alle Menschen der Stadt zu einer Gemeinde zusammen. Es waren zunächst die Domkirche, die Altstädter Pfarrkirche, die Nikolauskirche und eine Reihe weiterer Gotteshäuser. Der Bau des Doms ist mit dem Jahre 1333 urkundlich dokumentiert. Jene Kirche aber, welche die höchste Verehrung genoß, war St. Elisabeth. (Siehe dazu auch den Abschnitt: Die Heiligen und Schutzpatrone des Deutschen Ordens.) Dort wurden auch die verstorbenen Land- und Hochmeister beigesetzt, wie z.B. Konrad von Thüringen, der Schwager der heiligen Elisabeth.
Die Schulen waren in drei Gruppen gegliedert: Domschulen, Klosterschulen und Stadtschulen. Die meisten Kinder erhielten jedoch Erziehung und Bildung im Elternhaus.
Die Kathedralschule Königsbergs war der Führung des Scholasticus anvertraut. Sie wurde ebenfalls 1333 zum erstenmal genannt. Ab Ende des 14. Jahrhunderts entstanden in den drei Einzelstädten die Stadtschulen.
Nach 1283, als die Preußen endgültig besiegt waren, wurde Königsberg zum Sammelpunkt der Ordensritter. 1320 verlegte auch der Ordensmarschall seinen Sitz dorthin, weil diese Stadt Ausgangspunkt zu Kreuzzügen gegen die Litauer geworden war.
Wie an dieser Stelle in knapper Skizzierung Leben und Treiben, Handel und Gewerbe, Rechte und Freiheiten von Königsberg dargestellt wurden, so verlief, von kleinen Unterschieden abgesehen, auch das Leben in allen anderen Städten des Deutschen Ordens in Preußen.
Wer die Geschichte des Deutschen Ordens in Preußen nur als eine Kette von Eroberungsfeldzügen ansieht, der läßt außer acht, daß dieser Ritterorden es war, der das Land kultiviert, seine Städte gegründet und das Leben der Menschen verbessert hat.

Einstiges Ödland bildete nun die Grundlagen in der Ernährung für die stetig wachsende Bevölkerung; aus rechtlosen Räumen entstanden Orte mit Gesetz und Ordnung; aus durch Kriege, Plünderungen und Gewalttaten gebeutelten Ländern entwickelten sich Stätten des Friedens und der wachsenden Wohlfahrt. Dies ist die zweite Seite der Medaille und zugleich auch die glänzende, selbst wenn die frühen Kreuz- und Heerzüge als die spektakuläre Vorderseite in der Geschichtsschreibung einen viel breiteren Raum einnehmen, weil auch für die Geschichte des Mittelalters oft genug der Spruch galt: »Nur eine schlechte Nachricht ist eine gute Nachricht.«

Litauen und Polen – Gegner des Ordensstaates

Kurzübersicht: Der Hochmeister in Preußen

Nach der Niederringung der Prussen galt es im Ordensland Preußen, die »letzte Festung des Heidentums in Europa«, Litauen, zu bekehren. Dies geschah in einer Reihe von Kriegszügen, die der Landmeister Konrad von Thierberg 1283 eröffnete. Nach ersten Erfolgen kam es 1285 zur Gründung der Stadt Strasburg am Ufer der Drewenz und Lörzen am Lewentiner See.
Seit 1283 war Wilhelm von Schauerburg – auch Willekin von Schurborg genannt – Landmeister in Livland und mußte sich mit zahlreichen Überfällen auseinandersetzen. Seine Gegner waren die unter dem Großfürsten von Litauen vereinigten Semgallen, Samaiten und Litauer.
Dazwischen aber kam es zu weiteren Kultivierungsarbeiten. Der neue Landmeister Meinrad von Querfurt, der vorher Komtur zu Brandenburg gewesen war, hatte 1283 Konrad von Thierberg abgelöst, weil er als Fachmann im Landbau galt. Er ließ von Elbing bis Marienburg die Dämme entlang der Nogat neu errichten und »zähmte auch die wilde Weichsel«.
Von 1288 bis zum Jahre 1294 waren Tag für Tag Tausende von Menschen mit Hunderten von Wagen tätig, bevor dieser Dammbau – ein Jahrhundertwerk – beendet war. Die Auwiesen der Niederungen von Elbing bis Marienburg und die ertragreichen Weizenböden beiderseits der Weichsel waren alle das Werk Meinrads von Querfurt. Eine Großtat in der Geschichte des Ordens.
Um dieses Werk zu nutzen, mußte das Land nunmehr besiedelt werden. Der Landmeister ließ in Deutschland bekanntmachen, daß jeder Einzögling in Preußen für fünf Jahre von allen Leistun-

gen freigestellt sei. So kamen aus Deutschland bald große Scharen Auswanderer nach Preußen. Sie begannen damit, die noch immer feuchten Regionen trockenzulegen und in riesige Flächen Getreideland umzuwandeln. Weitere Städtegründungen waren die Folge dieses Einwanderungsschubes.

Dies ging nicht immer friedlich vor sich, wie die Einfälle der Semgallen und Samaiten zeigten. Daher ließ der Landmeister in der »Großen Wildnis« bei Sachlauen an der Memel die Burg Landshut erbauen, die später Ragnit genannt wurde. Berthold Brühaven, der Komtur von Balga, ritt mit 40 Ordensrittern und 100 Kriegsknechten in die Burg ein. Weiter westlich davon wurde die Burg Tilsit errichtet und stark befestigt.

Als 1289 Fürst Witen von Litauen mit 8000 Reitern ins Land sprengte und bis nach Samland vordrang, wurde er in mehreren Gefechten geschlagen, verlor die Hälfte seines Heeres und zog sich fluchtartig zurück. Preußen wurde nicht, wie Fürst Witen versichert hatte, litauisch.

Die Kämpfe des Jahres 1290 führten zu keiner Entscheidung, und Holt von Hohembach, der neue Landmeister von Livland, beriet im Sommer 1290 mit dem Landmeister von Preußen über neue Aktionen.

Es kam 1290 zu keinen weiteren Einsätzen der Ritter, weil der Hochmeister des Ordens, Burchard von Schwanden, abdankte und mit Zustimmung des Papstes in den Johanniterorden eintrat. Der in Akkon weilende Landmeister Konrad von Feuchtwangen wurde zum neuen Hochmeister ernannt.

Nach dem Verlust von Akkon am 18. Mai 1291 übersiedelte die Führung des Ordens nach Venedig, was allerdings nicht von allen als günstiges Hauptquartier angesehen wurde. Der richtige Platz, so die Berater des Hochmeisters, sei in Preußen. Dort aber verhielt man sich ablehnend, weil der Landmeister und seine Herren damit ihre eigene Existenzberechtigung in Frage gestellt sahen.

Hochmeister Konrad von Feuchwangen war bereits als Ritter in Preußen gewesen und hatte von 1277 bis 1281 das Amt des Landmeisters bekleidet. Er war sogar in Personalunion auch Landmeister von Livland gewesen und seinerzeit von diesen Ämtern zurückgetreten, weil er sich der Doppelbelastung nicht gewachsen gefühlt hatte. Das hatte sein Ansehen bei den Rittern erschüttert und ihn als nicht geeignet für das Amt des Hochmeisters erscheinen lassen. Allerdings hatte er sich in Akkon bei den entscheidenden Kämpfen glänzend bewährt.

Während dieser Zeit kam es zu weiteren schweren Kämpfen gegen die Litauer, die nach dem Tode ihres Fürsten Witen unter Großfürst Putuwere und dessen Sohn, der ebenfalls Witen hieß, zu weiteren Angriffen auf den Ordensstaat antraten. Erst im Jahre 1294 ergaben sich die Samaiten, die bei Pograuden ihre gesamte Reiterei verloren hatten, dem Ordensstaat.

Weitere Kämpfe schlossen sich an, in denen Masowier und Litauer ins Ordensland einfielen. In Natangen hatten sich einige Kriegshäuptlinge erhoben, um mit dem Orden abzurechnen, wurden jedoch vernichtend geschlagen. Ihre Aktionen waren von einigen Natangern dem Landmeister des Ordens verraten worden.

Im Jahre 1293 hielt es auch der Erzbischof von Riga für notwendig, »zu seiner persönlichen Sicherheit vor dem Orden« die Burg Marienhausen zu bauen. Der Landmeister von Livland Holt von Hohembach ließ den Erzbischof gefangensetzen. Er kam erst wieder frei, als der neue Landmeister von Livland, Heinrich von Dumpershagen 1294 sein Amt antrat. Der Erzbischof starb im selben Jahr.

Die Bürger von Riga probten den Aufstand. Sie erstürmten und zerstörten die Ordensburg. Riga war praktisch in litauischer Hand. Hochmeister und Landmeister zogen gemeinsam zu Gefechten gegen die Litauer ins Feld, besiegten diese und damit auch den neuen Erzbischof, Graf Johann von Schwerin, und führten diesen nach Fellin in die Haft.

Im Jahr 1296 erschien der Hochmeister auf einem Generalkapitel in Elbing und ernannte Siegfried von Regenstein zum neuen Bischof von Samland.

Noch einmal gelang es dem Erzbischof von Riga die Litauer zum Kampf gegen seine eigenen Ordensbrüder aufzustacheln. Es war Großfürst Witen (der Jüngere), der die Angreifer führte, die vor der Burg Garthen gestoppt wurden und den Rückzug antreten mußten.

Im Kampf gegen Polen hatte der Deutsche Orden gegen Herzog Przewislaw zu kämpfen, der sich den Titel eines Königs zugelegt hatte und Anspruch auf Preußen erhob. Er wurde im Frühjahr 1296 bei Rogodzno geschlagen und fiel im Zweikampf.

Nunmehr erkoren die Polen Herzog Wladislaw Lokietek von Kujawien zum König, der sich gleichzeitig »Herr von Pommern« nannte. Neben ihm war es Wenzeslaw von Böhmen, der Ansprüche auf Polen und Pommern erhob, ebenso wie die Herzöge von Schlesien.

In dieser schwierigen Situation wurde auf dem Generalkapitel zu Venedig im Mai 1297 Graf Gottfried von Hohenlohe zum neuen Hochmeister gekürt. Dieser machte sich sofort auf den Weg nach Preußen, um dort seinen Sitz einzunehmen, stieß dabei jedoch auf so große Schwierigkeiten, daß er bald den Rückzug antreten mußte. An eine Schlichtung des Streites zwischen dem Orden und dem Erzbischof von Riga war nicht zu denken. Aus diesem Grunde erließ Papst Bonifatius VIII. eine Bulle an den Hochmeister und an den Erzbischof von Riga und lud beide gleichzeitig binnen sechs Monaten vor seinen Richterstuhl in Rom.

Bei der »Vergleichung«, die nicht in Rom, sondern in Neuermühlen stattfand, erließ der Erzbischof dem Orden allen Schaden und versprach, darüber niemals vor Gericht zu streiten. Der Orden wiederum versprach, alle rigaischen Burgen und Besitzungen der Rigaer Kirche am nächsten Martinitage zurückzugeben. Papst Bonifatius VIII. hob danach die Vorladung der beiden auf.

Im August 1299 ernannte der Hochmeister den Ordensritter Ludwig von Schippen zum neuen Landmeister von Preußen. Wenige Monate später wurde dieser im Kampf gegen die Litauer getötet und im Dom zu Kulmsee beigesetzt.

Die Verlegung des Hochmeistersitzes (1302)

Als am Hochmeistersitz zu Venedig der Hochmeister und seine Ritter vom Rat der Seerepublik beschuldigt wurden, Spionage zugunsten der deutschen Könige und Kaiser betrieben zu haben, war die Geduld des Hochmeisters erschöpft, zumal die Ordensbesitzungen in Deutschland und Preußen von Venedig aus weder zu leiten noch gar zu überblicken waren.
Gottfried von Hohenlohe gelangte zu der Überzeugung, seinen Hochmeistersitz und damit auch den Orden in eine der preußischen Ordensburgen verlegen zu müssen. Mit fünfzig neuen Rittern reiste er im Jahre 1302 abermals nach Preußen. Als erste Amtshandlung gelang es ihm, mit dem neuen Erzbischof von Livland, Isarn, einen Frieden zu schließen, der Bestand hatte.
Während der Rückreise aus Riga machte Gottfried von Hohenlohe im Memel Station und berief ein Ordenskapitel dorthin ein, zu dem die Landmeister von Preußen und Livland mit einer Reihe von Komturen erschienen.
Als der Hochmeister die nachlässige geistige Haltung der Ritter anprangerte und davon sprach, seinen Sitz nach Preußen zu verlegen, kam es zu Protesten des Landmeisters und seiner Mitbrüder, die sich dadurch beiseite gedrängt fühlten.
Dies veranlaßte Gottfried von Hohenlohe zur Niederlegung seines Amtes. Wenig später legte auch der Landmeister von Preußen, Helwig von Goldbach, sein Amt nieder und reiste nach Deutschland. Konrad Sack, der Komtur von Thorn, wurde sein Nachfolger.
Auf dem 1303 in Elbing stattfindenden Ordenskapitel waren alle Gebietiger des Ordens vertreten. Selbst der zurückgetretene Gottfried von Hohenlohe war wieder dabei. Hier übernahm Siegfried von Feuchtwangen, der Bruder des früheren Hochmeisters Konrad, das Amt des Hochmeisters. Konrad Sack wurde in seinem Amt als Landmeister bestätigt.
Die Wahl des neuen Hochmeisters erfuhr in Deutschland jedoch keine Zustimmung. Auch der alte Hochmeister wehrte sich gegen

diese Ernennung und ersuchte in seinem Schreiben an das noch in Venedig sitzende Ordenskapitel, das er mit schwarzem Wachs siegelte – das alleinige Vorrecht des Hochmeisters –, alles, was auf dem letzten Kapiteltag in Preußen geschehen sei, für null und nichtig zu erklären.
Diese Ereignisse verdeutlichen, daß Nachfolgeregelungen seinerzeit durchaus nicht immer in gegenseitigem Einvernehmen erfolgten.
Es trat nun der einmalige Fall ein, daß neben dem neuen Hochmeister, der von den Landmeistern von Livland und Preußen bestätigt worden war, auch Gottfried von Hohenlohe bis zu seinem Tode Hochmeister blieb.
Damit war die Spaltung des Ordens vollzogen, auch wenn davon in Preußen noch nichts zu spüren war. Der dortige Landmeister setzte mit Hilfe des Bischofs von Ermland die weitere Besiedlung des Landes fort. Nach dem Tode Konrad Sacks trat Sieghard von Schwarzburg im Jahre 1306 an dessen Stelle. Dieser war vorher Komtur zu Christburg gewesen und führte 1306 die Kriegszüge gegen die Samaiten.
Herzog Wladislaw, der Herrscher über die Lande von Krakau bis Dobrin, der inzwischen uneingeschränkter Landesherr geworden war, erlitt bei dem Versuch, seine Herrschaft auszuweiten, mehrere Niederlagen. Er mußte befürchten, daß der Orden ihm diesmal im Zusammenschluß mit Brandenburg ganz Pommern entreißen würde, und verlegte sich aufs Verhandeln. Aber er konnte die Kriegskosten, die ihm als Angreifer vom Orden aufgebürdet wurden, nicht zahlen.
Pommerns östliche Grenze, die Weichsel, wurde seit 1308 völlig vom Orden beherrscht. Voraussetzung hierfür war die Eroberung von Burg Schwetz, die nach Ablauf eines Waffenstillstandes schließlich kapitulierte. Die dortigen Herzöge Przemislaw und Kasimir verließen die Burg, womit eine breite Bresche nach Pommern geschlagen war.
Andere pommersche Städte wie Konitz, Schlochau und Tuchel wurden von Teilstreitkräften des Ordens in Besitz genommen. Hinterpommern war bereits fest in der Hand der Ordensritter.

Dirschau, das 1308 seine Kriegsschuld nicht bezahlen konnte, wurde ein Jahr später ein Ultimatum gestellt. Alle Bewohner hatten bis nach Pfingsten die Stadt zu verlassen. Sie durften ohne Erlaubnis des Ordens nicht mehr dorthin zurückkehren. Unter den Vertriebenen befand sich auch die gesamte Sippe Kurowski, aus der knapp ein Jahrhundert später mit Nicolaus Kurowski der Bischof von Leslau und Kujawien hervorging.

Dieses Verfahren widersprach allen Regeln, die sich die Ordensritter selbst auferlegt hatten. Daß sich diese Vertreibung Jahrhunderte später, nach Ende des Zweiten Weltkrieges, in umgekehrter Richtung und um vieles schrecklicher wiederholte, sei hier angemerkt.

Nach dem Tode seines Widersachers im Hochmeisteramt, Gottfried von Hohenlohe, stand Siegfried von Feuchtwangen unangefochten an der Spitze des Ordens.

Als die Seerepublik Venedig 1309 durch den Papst mit dem Bannfluch belegt wurde (die Venezianer hatten Ferrara in ihre Gewalt gebracht, das vom Papst als Besitz des Heiligen Stuhles betrachtet wurde), und der Deutsche Orden mit in den Fluch einbezogen war, verlegte Hochmeister Siegfried von Feuchtwangen den Hauptsitz zunächst nach Marburg, wo er 1309 auf dem Generalkapitel verkündete, daß er nunmehr nach Preußen übersiedeln werde. Das Ordenskapitel beschloß, den neuen Hochmeistersitz auf der Marienburg einzurichten. Damit rückte das bisher führende Ordenshaus Elbing ins zweite Glied. Der Komtur der Marienburg wurde zum Großkomtur erhoben und Landmeister Heinrich von Plotzke mit dessen Amt betraut. Die Stellung des Landmeisters von Preußen wurde aufgehoben. An seine Stelle trat der Hochmeister.

Siegfried von Feuchtwangen hatte auf allen Ebenen zu kämpfen, um den Besitzstand des Ordens zu erhalten. Im März 1311 starb er an der »roten Ruhr«. Auch er wurde im Dom zu Kulmsee bestattet.

Karl von Trier (1311–1324)

Als einziger Hochmeister des Deutschen Ordens war Karl Beffert, der später Karl von Trier genannt wurde, aus dem Bürgerstand seiner Heimatstadt Trier gekommen. Als er 1311 Hochmeister wurde, konnte er bereits auf eine Reihe von Positionen zurückblicken, in denen er seine überragenden Fähigkeiten und Kenntnisse für den Orden genutzt hatte.

Eine weitere Besonderheit hat es mit seiner Wahl auf sich. Er war der erste Hochmeister, der auf dem Amtssitz desselben, der Marienburg, gewählt wurde.

Aus seinem Lebenslauf wird nicht nur die Tatsache deutlich, daß er ein würdiger Ritter war, der nach den Regeln seines Ordens lebte, sondern darüber hinaus ein Mann von höchster staatsmännischer Befähigung. Auch während seiner Amtszeit schwelte der Streit mit Polen, bei dem es um Pommerellen ging. (Er sollte erst im Jahre 1343 im Frieden zu Kalisch für längere Zeit beigelegt werden.) Daß er nicht klein beigab, sondern mit großem Verhandlungsgeschick und – wenn dies nicht fruchtete – auch mit militärischer Stärke den Standpunkt des Ordens vertrat, stellte er unter Beweis. So ließ er das Ordensheer auch einige Male gegen Litauen marschieren, wenn von dort her Ungemach drohte. Sein erbittertster Gegner war der aus dem Mährener Pernstein-Geschlecht stammende Erzbischof von Riga.

Als Karl von Trier sich im Jahre 1317 gezwungen sah, auf das Hochmeisteramt zu verzichten und sich nach Tier zurückzuziehen, weil innere Konflikte in Deutschland seine Rückkehr dorthin erforderten, war dies nur ein vorläufiger Schritt. Vorsorglich nahm er das Meistersiegel und den Meisterring mit nach Trier, um so eine Neuwahl des Hochmeisters unmöglich zu machen.

So wurde denn 1317 in Preußen lediglich der Komtur von Elbing, Friedrich von Wildenberg, zum Landmeister ernannt und übernahm stellvertretend das Amt des Hochmeisters.

Sowohl in Preußen als auch im Reich wurden Karl von Triers Fähigkeiten hoch geschätzt. Er wurde schließlich regelrecht

bestürmt, das Amt des Hochmeisters weiter auszuüben. Karl Beffert stimmte zu, blieb aber für den Rest seiner Amtszeit in Deutschland, weil er glaubte, von dort aus besser für den Orden wirken zu können, was sich in der Folgezeit auch bestätigte.
Dies bedeutete, daß bis zum Tode dieses Hochmeisters in Preußen noch einmal ein Landmeister, Friedrich von Wildenberg, regierte. Zum einzigen Male in der Geschichte des Deutschen Ordens wurde Trier für sechs Jahre zur Residenz des Hochmeisters. Mit der Wahl dieses Hochmeistersitzes hatte Karl von Trier, abgesehen davon, daß Trier seine Vaterstadt war, einen ausgezeichneten Weitblick bewiesen. Von Trier bis nach Avignon war es nur ein »Katzensprung«.
Avignon aber war seit der Amtszeit von Papst Clemens V. und auch seiner französischen Nachfolger auf dem Stuhle Petri Residenz der abendländischen Christenheit.
Dies bewog Karl von Trier im Frühjahr 1319 nach Avignon zu reisen, um alle Widrigkeiten, denen sich der Deutsche Orden ausgesetzt sah, mit der Kurie zu besprechen und einen Weg zur Abhilfe derselben zu finden.
Über diese Reise hat der Chronist des Deutschen Ordens, Peter von Dusburg, ein Zeitgenosse Karls von Trier, in seinem »Chronicon terrac Prussiae« berichtet und erklärt, daß der Hochmeister in französischer Sprache mit den Herren der Kurie verhandelt habe.
Karl von Trier hatte bereits in seiner Jugend französisch gelernt, war später Komtur von Beauvoir in der Champagne gewesen und hatte dem Orden danach als Landkomtur von Lothringen gedient. In seinem Gepäck befand sich ein Notizzettel mit einer Reihe von Bitten und Vorschlägen, die er dem Papst zu Gehör bringen wollte, darunter vor allem jene große Bitte, der Heilige Vater möge den beiden Erzbischöfen von Köln und Mainz den Auftrag erteilen, als »Conservatores« für den Orden zu fungieren. (Über diese Conservatoren und ihre Aufgaben im folgenden Abschnitt mehr.) Zusätzlich zu diesen beiden schlug der Hochmeister eine Reihe weiterer Conservatoren vor. Am 12. Juli 1319 wurden durch den Papst folgende geistliche Herren in allen Balleien des Ordens im

In- und Ausland zu Conservatoren ernannt: die Erzbischöfe von Augsburg, Köln, Lüttich, Magdeburg, Mainz, Metz, Straßburg, Trier, Utrecht und Würzburg, die geistlichen Würdenträger auf Sizilien, die Bischöfe von Cefalu, Messina und Palermo. Auf dem italienischen Festland, im Großraum Apulien, waren es die Bischöfe von Ascoli, Bari und Otranto, im übrigen Italien jene von Ancona, Parma und Trient, das bereits zum Reich gehörte, aber noch italienisch sprach. Griechenland stellte die Bischöfe von Korone, Methone und Olenos, Spanien die Erzbischöfe von Sevilla und Toledo, Südfrankreich den Bischof von Arles.

Damit waren, entgegen jenen Ernennungen des Jahres 1304, die noch von Papst Benedikt XI. ausgesprochen worden waren, hochkarätige Würdenträger benannt, die ihre Schutzbefugnisse notfalls auch mit Gewalt durchsetzen konnten.

Daß für Preußen kein Conservator ernannt zu werden brauchte, liegt in der Tatsache begründet, daß dort der Deutsche Orden fest verankert war und in seinem Bestand nicht bedroht wurde.

Da aber in Livland, wo nur das Domkapitel von Kurland dem Orden angeschlossen war, vor allem unter Erzbischof Friedrich Preußenfeindlichkeit herrschte, hätte der Orden gern auch für dieses Gebiet einen Conservator gehabt, was jedoch nicht möglich war, da dessen gute Beziehungen zur Kurie nicht hätte belastet werden dürfen. Also blieb Livland nach wie vor ein Problemfall für den Deutschen Orden.

Dieser hatte auch 1319 in Avignon durch Karl von Trier wegen der Übergriffe von westlicher und geistlicher Seite Klage geführt. Selbst Städte und einzelne Adelige hätten sich an »unbeweglichem und beweglichem Gut des Ordens vergriffen und seine Einkünfte und Rechte angetastet«. (Siehe: Arnold, Udo [Hrsg.], Von Akkon bis Wien – Studien zur Deutschordensgeschichte vom 13. bis zum 20. Jahrhundert.)

Alle Conservatoren wurden daraufhin durch eine Bulle des Papstes beauftragt, gegen die Schädigung des Deutschen Ordens mit allen Mitteln geistlicher und weltlicher Art vorzugehen. Alle, die sich an Gut und Leben des Deutschen Ordens vergingen, sollten unverzüglich zur Verantwortung gezogen werden.

Daß der Hochmeister in Avignon auch an den so nahe gelegenen Ordensbesitz in Arles dachte und den Bischof der Stadt zum Conservator für den Orden erbat, lag nahe. Allerdings hatten er und die Kurie die beiden noch existierenden Ordensbesitzungen in Armenien und auf Cypern außer acht gelassen.

Im Jahre 1323 mußte Karl von Trier erneut nach Avignon zur Kurie reisen, um die Vorwürfe von Erzbischof Friedrich von Livland, der Orden versuche, ihm das Land zu entreißen, zu entkräften. Gleichzeitig sollte der Anspruch von König Gedimin von Livland abgewiesen werden, der in einem Rundbrief vom 26. Mai 1323 für sein Land, für seine Stadt Riga und für jede Kirche, die er errichten wollte, vier Ordensbrüder erbat, die der semgallischen und prussischen Sprache mächtig sein sollten.

Es gelang dem Hochmeister, den Orden erfolgreich zu verteidigen und die Anklage größtenteils als Lügengebäude zu entlarven. Dennoch fällte die Kurie folgenden Beschluß:

»Die Ordensritter sollen der Kirche zu Riga, den Bischöfen und Domstiftsherren alles Entzogene zurückgeben und den Kirchenbau der Neubekehrten in keiner Weise behindern und diese und die Glaubensprediger nicht belästigen, sondern ihnen aufhelfen. Wer diesem Gebot zuwiderhandelt, indem er solche Männer beleidigt, den treffe der Bannfluch.« (Siehe: Schulze-Dirschau, Hermann, a. a. O.)

Der erkrankte Hochmeister mußte schwören sich an diesen Beschluß zu halten. Damit war für den Heiligen Stuhl die Sache erledigt. Für einen Schuldspruch gegen den Orden gab es keine Grundlage.

In seiner Urteilsverkündung stellte Papst Johannes XXII. auch die Behauptung des polnischen Königs, daß Pommern zu seinem Reich gehöre, in Abrede. Er erklärte: »Die Untersuchung dieser Sache ist als unangemessen zu tadeln.«

Der bereits während dieser Verhandlungen erkrankte Hochmeister brach nach deren Ende endgültig zusammen. Es gelang ihm zwar noch, Trier zu erreichen. Dort aber starb er am 12. Februar 1324. Sein Nachfolger wurde Werner von Orseln.

Allgemeine Übersicht über die Conservatoren des Ordens

Die Ernennung des ersten Conservatoren zu Beginn des 14. Jahrhunderts sollte dem Schutz des Ordens vor Angriffen von außen dienen. In einer durch Papst Benedikt XI. erlassenen Bulle aus dem Jahre 1304 wurde dieser Titel geprägt.

Allerdings hatte es schon Jahre zuvor einzelne Beschützer des Deutschen Ordens gegeben. So Konrad von Marburg, der durch Papst Gregor IX. im Jahre 1232 angewiesen wurde, das in Marburg gelegene St.-Franziskus-Hospital, das 1234 dem Deutschen Orden übergeben wurde, zu beschützen. Nach dem Tode Konrads von Marburg übernahm Bischof Konrad von Hildesheim diese Aufgabe.

Papst Innozenz IV. ernannte am 29. Oktober 1249 Bischof Heidenreich von Kulm zum Beschützer des Deutschen Ordens in Preußen. Dies war zu einer Zeit, als der Orden noch um das heidnische Land kämpfen mußte.

Eine kleine Übersicht besonderer Ernennungen sei im folgenden gegeben. So befahl Papst Martin IV. am 17. Oktober 1281 dem Abt von St. Pantaleon zu Köln, »alle Übergriffe gegen Güter des Deutschen Ordens zurückzuweisen«. Dabei berief sich der Heilige Vater auf eine Klage des Deutschmeisters Mathias. Auch von Papst Honorius IV. wurde der Abt dieses Klosters am 12. August 1285 für fünf Jahre zum »conservator privilegiorum« des Deutschen Ordens in Deutschland ernannt. (Siehe dazu: die Urkunden des Deutsch-Ordens-Zentralarchiv zu Wien.)

Daß die Ordensführung im 13. Jahrhundert in Akkon und danach in Venedig residierte, leistete den Übergriffen verschiedenster Art immer wieder Vorschub, denn die Führung war weit und eine Ahndung nahezu ausgeschlossen. Kam dem Generalprokurator des Ordens an der päpstlichen Kurie etwas zu Ohren, erwirkte dieser zwar eine Bulle des Papstes, die weitere Aggressoren jedoch kaum abschrecken konnte.

Erst mit jener bedeutsamen päpstlichen Urkunde von Benedikt XI. vom 4. Juli 1304 wurde die Zahl der Conservatoren entscheidend erweitert. Diese Maßnahme ging auf eine Eingabe des Deutschen Ordens selbst zurück, der genauso wie der Johanniterorden, für den bereits 1299 Conservatoren ernannt worden waren, behandelt zu werden wünschte.

Daß der Papst fast im gleichen Atemzug auch die Ernennung des mährischen Grafen Friedrich von Pernstein zum Erzbischof von Riga durchsetzte, ist einer der Rückschläge, die den Deutschen Orden trafen, denn damit hatte Benedikt XI. den erbittertsten Feind des Ordens nach Riga entstandt. Im Hinblick auf die Ernennung weiterer Conservatoren kann man jedoch kaum von einem bewußten feindlichen Akt des Papstes sprechen.

Diese von Benedikt XI. ernannten Conservatoren waren nun nicht mehr für ganz Deutschland tätig. Vielmehr war das Reich nach den Interessengebieten und Balleien des Ordens aufgeteilt. Für jedes derselben wurde ein Conservator ernannt. Allerdings standen für Deutschland keine Bischöfe zur Verfügung, sondern Äbte und Dechanten, die sich nur schwer gegen einen starken weltlichen Fürsten durchsetzen konnten.

Der Orden konnte sich nur auf Sizilien, in Apulien und Griechenland auf Bischöfe und Erzbischöfe stützen. Die Hochmeisterresidenz Venedig hatte den dortigen Abt von San Georgo zum Conservator erhalten.

Interessant ist in diesem Zusammenhang, daß Benedikt XI. die Verfügungen seines Vorgängers Bonifaz VIII. in bezug auf die regionalen Amtsbefugnisse aufhob.

In Rom kam es seit Beginn des Jahres 1304 zwischen den Vertretern der Orden der Johanniter, des Deutschen Ordens und der Kurie zu Verhandlungen, die positiv verliefen.

Der Deutschordensstaat war inzwischen gefestigt und zu einer europäischen Großmacht geworden. Hochmeister Werner von Orselen, der von der Marienburg aus residierte, und sein zur Kurie beorderter Generalprokurator konnten seine Belange mit Entschiedenheit und Durchsetzungsvermögen vertreten.

Seit Beginn des 15. Jahrhunderts wurden die Conservatoren dann auf den Konzilen ernannt. So zum Beispiel während des Konzils

zu Konstanz am 1. September 1417 der Erzbischof von Mainz sowie die Bischöfe von Straßburg und Würzburg.
Auch auf dem Konzil zu Basel wurde am 20. Juni 1435 eine Verfügung gegen jene erlassen, die Güter des Ordens widerrechtlich in ihren Besitz gebracht hatten.
Nach zwei Bitten des Deutschen Ordens an Papst Eugen IV. ernannte dieser am 20. September 1436 den Abt des Schottenklosters St. Jakob zu Würzburg und den Dechanten von St. Gingolf bei Mainz sowie jenen vom Heiligen Geist in Heidelberg zu Conservatoren. Damit war man wieder von der Ernennung höchster geistlicher Würdenträger abgegangen.
Noch bis zum Jahre 1525 wurde die Ernennung von Conservatoren für Ordensbesitzungen in Deutschland fortgesetzt.

Neue Kreuzzüge – Die Erwerbung Pommerns

Als im Jahre 1322 nach jahrelanger Pause zwei Kreuzfahrerheere in Preußen eintrafen, die von Herzog Bernhard von Schlesien sowie den beiden Grafen von Jülich und von Waldenburg geführt wurden, setzte man zum Vorstoß ins Land Samaiten an. Deren Burg Bisten fiel. Gleichzeitig drangen die Litauer ins entblößte Ordensgebiet ein, verbrannten das Bistum Dorpat, erstürmten die Stadt Memel, vernichteten Wehlau und griffen das Herzogtum Dobrin an. Sie drangen über die Drewenz vor und erstürmten auch Strasburg. In den zwei Jahren ihres Wütens sollten ihnen 11 000 Christen zum Opfer fallen. Hinzu kamen 9000 Menschen, die gefangengenommen und verschleppt wurden.
Als Polenkönig Wladislaw 1326 die Litauer bat, ihm gegen den Orden und den Markgrafen von Brandenburg zur Hilfe zu kommen, um Pommern zu halten, wurden ihm 1200 litauische Reiter zur Verstärkung geschickt. Von dieser Zeit an war der erbitterte Krieg gegen Polen, der mit dem Untergang der einen oder anderen Seite enden mußte, unvermeidlich.

Als erstes fielen die Truppen des Ordens in Kujawien ein. Im Gegenschlag folgte der Einfall der Verbündeten Polens ins Kulmer Land. Bei den Truppen des Ordens standen nunmehr neben den preußischen Rittern 250 Ordensritter und 300 Ritter des Königs Johann von Böhmen an der Spitze. Ihnen folgten 18 000 Mann zu Pferde und eine riesige Zahl an Fußtruppen. Dieses Heer errang einen durchschlagenden Sieg, auch gegen die 6000 Reiter des polnischen Königs, die derweilen ins Kulmer Land eingefallen waren. In Thorn stellte König Johann von Böhmen auch im Namen seiner Gemahlin Elisabeth dem Orden den Schenkungsbrief über Pommern – »Für alle Zeiten und alle meine Nachfolger« – aus. Eine zweite Schenkung wurde am 4. April 1329 gemacht, als König Johann dem Orden die Hälfte aller noch in Masowien zu gewinnenden Erwerbungen und Eroberungen übereignete.

Der Orden stand nun im Zenit seiner Macht. Zum Ordenskapitel am Tage der Kreuzerhöhung des Jahres 1329 erschienen auch der neue Deutschmeister Wolfram Graf von Nellenburg und der Landmeister von Livland, Eberhard von Monheim.

Im Januar 1330 traf das nächste große Kreuzfahrerheer unter den beiden Grafen von der Mark und von Berg in Preußen ein. Der Hochmeister ließ ihnen 100 Ordensritter und 3000 Kämpfer zuführen. Diesem Heer gelang es, die Stadt Riga nach einjähriger Einschließung zu erobern. Die Bürger Rigas, die den Ordenssitz, den St. Georgshof, vernichtet hatten, mußten ein neues Ordenshaus bauen.

Am Festtage der heiligen Elisabeth desselben Jahres wurde der Hochmeister Werner von Orselen, der den Orden erfolgreich geführt hatte, durch den einmal von ihm gemaßregelten Ordensritter Johann von Endorf in der Hauskapelle mit einem langen Messer erstochen. Der Täter wurde auf der Flucht gefaßt und in den Kerker geworfen. Nach der Beisetzung des Hochmeisters wurde er für wahnsinnig erklärt, »um dadurch die Schmach zu vermeiden, welche die Freveltat sonst wohl auf den Orden bringen werde«. (In: Insula sancte Marie anno domini 1330 quarta feria post Elisabeth.)

Am 17. Februar 1331 wurde der bisherige Ordenstrapier und Komtur zu Christburg, Luter Herzog von Braunschweig, der Sohn Herzog Albrechts des Großen von Braunschweig, zum neuen Hochmeister gewählt, der einem nun festgefügten Ordensstaat Preußen vorstand.

Luter von Braunschweig (1331–1335)

Luter von Braunschweig wurde wahrscheinlich im Jahre 1275 geboren. Als sein Vater im Jahre 1279 starb, hinterließ dieser neben einer Tochter sechs unmündige Söhne. Die drei ältesten teilten sich das väterliche Erbe, während die jüngeren in die drei existierenden Ritterorden eintraten. So wurde einer Tempelritter, der zweite Johanniterritter, und der dritte wandte sich dem Deutschen Orden zu. Von diesen drei Rittern sollte nur Luter größere Bedeutung erlangen und zu einer der bedeutendsten Persönlichkeiten in der Geschichte des Deutschen Ordens werden.
Seine erste urkundliche Nennung bezeichnet ihn im Jahre 1302 als einfachen Ritter. Drei weitere Urkunden von 1302 bis 1304 belegen seine Mitgliedschaft im Christburger Konvent.
In Christburg, dem er jahrzehntelang eng verbunden bleiben sollte, widmete er sich überwiegend dem Aufbau und der Besiedlung der Komturei. Ein Dokument aus dem Jahre 1308 nennt ihn überdies als Komtur zu Gollub, einer winzigen Komturei im Kulmer Land. Hier erteilte er dem Dorf Pluskowenz (im Kreise Briesen gelegen) eine Handfeste nach Kulmer Recht.
1313 wurde Ritter Luter von Braunschweig zum Hauskomtur der Marienburg berufen. Dies war für ihn der Beginn seiner Karriere im Ordensstaat. Im Juli 1314 wird er als Komtur zu Christburg genannt und war damit gleichzeitig oberster Trapier des Ordens geworden. Als Trapier gehörte er dem Kreise der Großgebietiger an, der sich ferner aus dem Großkomtur, dem Treßler, dem Marschall und dem Spitler zusammensetzte. Nun sollte er 17 weitere

Jahre in Christburg verbringen, ehe er im Februar 1331 zum Hochmeister gewählt wurde.
Zu seinem Amt als Trapier gehörte nach den Ordensstatuten die gesamte »Traperie«, was die Ausstattung der Ordenstruppen mit Kleidung und Waffen umfaßte. Ihm oblag die Gesamtverwaltung dieser Utensilien und gleichzeitig die Mitarbeit in der Ordensleitung an der Seite des Hochmeisters. Den übrigen Großgebietigern war er im Rang gleichgestellt.
Daß Luter in seiner Komturei Christburg nicht nur Ordensdinge verwaltete, sondern vor allem die Kolonisierung und Besiedlung des zur Komturei gehörenden Landes vorantrieb, zeigt seine Verdienste um die Entwicklung Preußens. So legte er die Rechte der Städte Christburg, Deutsch-Eylau und Saalfeld neu fest und ergänzte sie um wichtige Punkte. Er ließ neue Güter anlegen, die nach der bewährten Siedlungsmethode des Deutschen Ordens so funktionierten, daß sie größere Landgebiete einschlossen, die von einzelnen Großfamilien oder Sippen bewirtschaftet wurden. Im Folgeprozeß der Erbteilung fielen diese in kleinere Einheiten auseinander und nahmen eine Vielzahl von Bauern auf.
Damit machte er neben dem Orden auch die Besitzer dieser großen Ländereien zu Kolonisatoren und Gründern von Dörfern und Gemeinden.
Einer der größten Komplexe war ein Gut im Lande Sassen, das er im Einvernehmen mit Landmeister Friedrich von Wildenberg 1321 an Peter von Heselecht verlieh.
Es war eine schlesische Familie, die seit dem 13. Jahrhundert im Kulmer Land ansässig war. Aus diesem Gesamtgebiet von vier Quadratmeilen entstanden im Laufe der Zeit 30 Güter und Dörfer. Weitere Verleihungen wurden von Luter direkt vollzogen. So gründete er im gesamten Christburger Raum, bei Deutsch-Eylau und Osterode, mehr als 80 Dörfer und Städte. Über 20 Dörfer wurden von ihm während seiner Komturzeit auf Christburg gegründet.
Daß er auch ein Freund der Musen war und selbst Gedichte und Abhandlungen schrieb, ist überliefert. Eine seiner Versdichtun-

gen, die Übertragung der beiden Bücher der Makkabäer aus der Bibel in die deutsche Sprache, ist in einer großartigen Handschrift des Ordens erhalten geblieben. Damit setzte er den eigentlichen Vorläufern des Deutschen Ordens ein bleibendes Denkmal, das nach der verlorengegangenen Schlacht bei Tannenberg von polnischen Truppen nach Krakau verschleppt wurde.

Die beiden preußischen Geschichtsschreiber, der Mönch Peter von Dusburg und Nikolaus von Jeroschin, haben Luter von Braunschweig besonders gewürdigt. Der Hochmeister hatte veranlaßt, daß Dusburgs in lateinischer Sprache abgefaßte »Geschichte des Deutschritterordens« in die deutsche Sprache übertragen wurde.

So entstand in 30 000 Verszeilen Jeroschins Nachdichtung »Kronike von Pruzinlant«.

Daß auch er in seiner Eigenschaft als Hochmeister immer wieder gegen Polen zu kämpfen hatte, verstand sich von selbst, aber seine besondere Liebe galt weiterhin der Kolonisation, und so nahm es nicht wunder, daß er auch mit den weiteren im Lande Preußen ansässigen Orden zusammenarbeitete. Insbesondere traf dies auf den Zisterzienserorden zu, der ja aus eigener Kraft die Rodung und Urbarmachung der Wälder und Sümpfe vorantrieb. Die Klöster Pelplin und Oliva dieses Ordens standen mit dem Deutschen Orden in engstem Kontakt.

Nach Luter von Braunschweigs Tod im Jahre 1335 wurde Dietrich Burggraf von Altenburg neuer Hochmeister. Auch er hatte bereits über 35 Jahre dem Orden in verschiedenen Positionen gedient. Zur Sicherung des Ordenslandes ließ er zu Pfingsten 1236 auf dem Werder Romayn an der Memel zwischen Welun und Bisten die Marienburg errichten.

Die Kreuzfahrer kamen 1337 erneut nach Preußen. Sie standen diesmal unter dem Oberkommando von König Johann von Böhmen, der mit dem Heer und einer Reihe erlauchter Ritter nach Leslau, der Hauptstadt Kujawiens, zog, wo ihn der polnische König Kasimir empfing.

Hier sollte der Friede zwischen Polen und dem Deutschen Ordensland gefestigt werden, doch die Verhandlungen und Ge-

richtstage zogen sich zunächst in die Länge. Am 15. September 1339 wurde der Orden nach Krakau geladen, wohin auch die Gesandten des Papstes zitiert worden waren. Die preußischen Herren erschienen nicht und der päpstliche Gesandte belegte weisungsgemäß Hochmeister Dietrich von Altenburg und alle vorgeladenen Komture mit dem Bann. Der Orden wurde zu einer Schadensersatzzahlung in Höhe von 194 500 Mark polnischer Münze und zur Ersetzung der Streitkosten in Höhe von 1600 Mark verurteilt.
Doch dieser zahlte nicht, und die Tatareneinfälle aus dem Inneren Rußlands in Richtung der Ostgrenze Polens verhinderten einen polnischen Angriff. Bis zum Tode des Hochmeisters im Jahre 1341 änderte sich nichts an dieser Situation.
Dietrich von Altenburg wurde als erster von vielen Hochmeistern in der Gruft der St. Annenkapelle beigesetzt, die er selbst hatte errichten lassen.
Ludolf König, Großkomtur zu Weizau, wurde zum neuen Hochmeister ernannt. Seine wichtigste Aufgabe war die Wiederherstellung des Friedens mit Polen, doch er wandte sich nach dem Tod von Papst Benedikt und der Neueinsetzung von Papst Clemens im Jahre 1342 zunächst der inneren Landesverwaltung zu. Er erließ eine Reihe neuer Vorschriften, die auf den Erkenntnissen seiner Besuche des Landes fußten, und förderte den Handel der Stadt Thorn nach Kräften. Wichtigste Amtshandlung war die Verschärfung der Hygienevorschriften, um weiteren Seuchen vorzubeugen.
Danzigs Stadtmauern wurden mit Festungstürmen versehen. Es entstand die neue Marienkirche. Dem Kloster Oliva nahe Danzig bestätigte der Hochmeister die früheren Rechte in Gestalt der freien Bernsteinfischerei, des Heringsfangs und des Strandrechts. Den Grenzstreitigkeiten der Klöster untereinander bereitete er ein Ende.
Als Papst Clemens VI. im Mai 1343 die Bischöfe von Meißen, Krakau und Kulm ermahnte, das Friedenswerk voranzutreiben, kam es nach Austausch einiger Noten am 8. Juli 1343 zur Besiegelung des Friedens. König Kasimir verzichtete auf das Kulmer

Land, das Haus des Ordens in Nessau und die beiden Höfe Orlow und Morin in Kujawien und versicherte, niemals wieder den Titel eines Herzogs von Pommern zu führen. Alle polnischen Städte stellten dem Deutschen Orden Friedensbriefe aus und versprachen, »den Orden im ruhigen Besitz seines Landes zu erhalten«.

Am 23. Juli desselben Jahres trafen sich Hochmeister Ludolf König und König Kasimir bei dem Dorf Wirbitzino, tauschten die Friedensurkunde aus und gaben sich den Friedenskuß.

Damit hatte Kasimir von Polen für immer auf Pommern, das Kulmer Land und Michelau verzichtet.

Zwischen Litauen und Tannenberg (1344–1410)

Ereignisse im Lande Preußen

Zu Beginn des Jahres 1344 war ein Ritterheer unter Wilhelm IV. von Holland, Markgraf Karl von Mähren und König Johann von Böhmen zum »Heidenkampf gegen Litauen« aufgebrochen und einige Meilen tief ins Land eingedrungen, mußte aber durch das eintretende Tauwetter, das alle Wege unpassierbar machte, bald den Rückzug antreten.

Hochmeister Ludolf König konnte diesen verunglückten Kriegszug nicht verwinden. Er fiel in Schwermut und mußte aus dem Amt ausscheiden, nachdem er nicht nur andere Ordensbrüder bedroht hatte, sondern auch einen seiner Diener erstechen wollte. Er mußte 1345 zurücktreten und seinem Nachfolger Heinrich Dusemer von Arffberg das Feld räumen. Als Komtur auf der Engelsburg ist Ludolf König 1348 verstorben.

Die Litauer waren zwischenzeitlich ins Land eingefallen. Der neue Hochmeister ließ daraufhin südlich von Sudauen an der Pissa eine neue Ordensburg errichten, die den Namen Johannisburg erhielt.

Nachdem Ruhe und Ordnung wiederhergestellt waren, wandte sich auch Heinrich Dusemer von Arffberg der Entwicklung des Landes und der Städte zu. Er engagierte sich für die Förderung der Schafzucht. Außerdem ließ er Städte wie Marienwerder, Elbing und Thorn, um nur die frühesten zu nennen, zu Handelsmetropolen ausbauen.

Er tat alles, um die erschreckende Zunahme der Mordtaten in den Griff zu bekommen. So wurden beispielsweise vor dem Stadtgericht zu Kulm in den Jahren seiner Tätigkeit jährlich zwischen 16 und 24 Morde und Totschläge verhandelt, des weiteren Delikte wie Hausfriedensbruch, Straßenraub, Notzucht und Zauberei. In Thorn und Elbing lagen die Verhältnisse ähnlich.

Die Pommernfrage war für den Hochmeister von großen Interesse. Es ging ihm vor allem darum, die Zahl der Großgrundbesitzer sowie der Bauern zu vermehren, dadurch den Ackerbau zu fördern und eine Reform der Fron-, Hand- und Spanndienste durchzuführen.

Die Städte Pommerns erhielten eine Reihe neuer »Begnadigungen«. So entstand im Schutz der Ordensburg Tuchel eine neue Stadt, der vom Hochmeister für jede Hofstelle ein Garten und zwei Morgen Wiesenland zuerkannt wurden, die fortan dem Hause und seinen jeweiligen Bewohnern verbunden blieben. Dafür mußte die Stadt dem Ordenshaus alljährlich zu Martini sechs Eimer Honig abliefern.

Der nächste Einfall der Litauer erfolgte im Jahre 1347 und wurde mit einem neuen Kreuzzug 1348 erwidert. Südlich von Kauen überschritt ein Ritter- und Kreuzfahrerheer die litauische Grenze. In diesem Kampf starben 4000 Ritter und Kreuzfahrer. Die Litauer und die sie unterstützenden Russen verloren 18 000 Mann.

Danach fiel das große Kreuzfahrer- und Ritterheer nach Samaiten ein, durchzog das gesamte Gebiet zwischen Pregel und Dobissa, verheerte das Land und plünderte es aus. (Siehe: Voigt, Johannes, a. a. O.)

Die nunmehr zweimal im Jahr stattfindenden Heidenfahrten, jeweils Anfang Februar und Mitte August, galten offiziell der Christianisierung – »um der eigenen Seligkeit willen« –, doch den meisten Teilnehmern ging es wohl eher um ein Abenteuer und die Gier, zum Ritter geschlagen zu werden. Im Gegensatz dazu hatten die mit diesen Herren eintreffenden Einzöglinge den festen Willen, das Land zu bebauen und sich eine neue Heimat zu schaffen.

Die Pest in Preußen – Sturm und Wetter – Reformierung des Ordensstaates

Neben Thorn, Danzig und Elbing war es vor allem Königsberg, dessen Handel stetig wuchs. Da mit zunehmendem Reichtum auch Genußsucht und Schwelgerei um sich griffen, sah sich der Hochmeister gezwungen, den reisenden Ordensbrüdern den Aufenthalt in den Städten des Landes zu verbieten, und insbesondere vor Elbing zu warnen, wo »Gastmähler und Saufgelage an der Tagesordnung waren«. (Siehe: Voigt, Johannes, a. a. O.)

Neue Ansiedlungen und Landvergaben verwischten die Spuren der vergangenen Kriege. Der Aufstieg schien unaufhaltsam, bis 1350 eine ausbrechende Seuche den Menschen ihre Grenzen aufzeigte. Die Pest, aus Asien eingeschleppt, hatte zuvor schon in England 50 000 Tote gefordert. Polen und Skandinavien wurden ähnlich verheert, ehe sie das Ordensland erreichte. Ganze Bauerndörfer starben aus, das Land lag brach.

Besonders in den Städten aber wütete die Pest mit unbarmherziger Wucht. Allein in Danzig starben über 13 000 Menschen, in Thorn 4000, in Königsberg 8000. 117 Brüder des Ordens fielen der Seuche zum Opfer – es war ein Aderlaß, der lange Zeit nicht auszugleichen war.

Am 14. September 1351 legte Heinrich Dusemer von Arffberg sein Hochmeisteramt nieder und zog sich in die Ordensburg Brathean an der Drewenz zurück. Zu seinem Nachfolger wurde Winrich von Kniprode gewählt. Dieser war bis dahin Großkomtur des Ordens gewesen und übernahm den Orden in einer Zeit, da er auf der Höhe seines Ruhmes stand und mächtig und erfolgreich wirkte. Über dreißig Jahre – bis zu seinem Tode am 24. Juni 1382 – stand er an seiner Spitze. Seit Hermann von Salza war er der erste, der so lange Zeit im Amt war.

Winrich von Kniprode stammte aus einer angesehenen Familie, die in Kniprath am rechten Rheinufer, nur wenige Kilometer unterhalb von Köln, angesiedelt war.

Im Jahre 1334 wurde er erstmals als Kompan (Adjutant) des Pflegers zu Preußisch-Holland genannt. Auch von ihm wurde die Besiedlung des Landes mit Elan vorangetrieben.
Im Jahre 1338 wurde er Komtur zu Danzig und seit 1341 fungierte er als Komtur zu Balga. Zwei Jahre später erreichte er das Amt des Obersten Marschalls. Damit wurde er zum Führer des Ordensheeres im Kampf gegen die Heiden. Von Königsberg aus, dem Sitz des Obersten Marschalls, organisierte und führte er die Einsätze der Ritter. 1370 errang er auf dem Schlachtfeld zu Rudau einen großen Sieg. Die Fahnen des Deutschen Ordens wehten wenig später auch vor Kaunas und Wilna.
In Königsberg regte er seit Beginn seiner Amtszeit den Eigenhandel des Ordens an, um die gewaltigen Massen des Getreides, die dem Orden als Zehntem zufielen, den Bernstein, Honig und Pferde als Exportwaren des Ordens zu verwenden.
Die beiden Großschäffer in Marienburg und Königsberg traten an die Spitze dieser Handelsorganisation.
Daß dadurch ein später oft als »Krämergeist« verunglimpfter Gesinnungswandel in Gang gesetzt wurde, in dessen Gefolge Konflikte mit den Städten auftraten, daß sogar Fälschungen päpstlicher Handelsprivilegien erfolgten und der Orden sich mit diesen »Dokumenten« das Recht zum Handeltreiben, Geldverleihen und Zinsnehmen aneignete, bedeutet letztlich das Abgehen von jenen Prinzipien, die sich der Orden in Preußen selbst geschaffen hatte: ritterliche Bruderschaft zum Zweck der Heidenbekehrung und der Eroberung des Heidenlandes.
Gerade zur Zeit des Hochmeisters Winrich von Kniprode expandierte der Handel explosionsartig. Allein in Danzig wurden 31 verschiedene Gewerke betrieben. Die sechs Ordensstädte der Hanse, Danzig, Königsberg, Thorn, Kulm, Elbing und Braunsberg, banden sich enger an diese und vertraten das gesamte Ordensland Preußen nach außen.
Der Orden, dessen Siege aus eigener Kraft erfolgt waren, begann nun – so wie sich das Kriegswesen in ganz Europa entwickelte – Kriegshilfe in Gestalt eingekaufter Söldner in Anspruch zu nehmen und wurde damit seinem eigenen Ideal untreu.

Als Winrich von Kniprode am 24. Juni 1382 starb, hinterließ er den Ordenstaat fester gefügt denn je. Daß die Reformierung Preußens auch unter seiner Führung vorangetrieben wurde, zeigen bereits seine ersten Weisungen, welche die Kleiderordnung betrafen: Mit ihr wollt er dem Prunk und Pomp einiger Ritter und Gutsherren einen Riegel vorschieben. Nach seiner Meinung verstieß jede Zurschaustellung des Reichtums gegen die Satzung des Ordens und zugleich gegen die guten Sitten. Er verfügte, daß Bürgermeister, Schultheißen und Ratsherren »im Winter einen langen Mantel und ein Marderfell um den Hals« tragen durften. Im Sommer war ihnen »ein Hut mit drei silbernen Knöpfen und ein Gürtel mit silbernen Spangen nebst Degen in silbernen Scheiden« zugestanden. »Der Kaufmann«, so der Hochmeister, »soll ein seidenes Wams und einen Ring tragen, auf dem sein Kaufmannszeichen eingraviert ist, womit ein jeder seine Waren zu bezeichnen hat.«

Der gemeine Bürgerstamm sollte aus lundischem Tuch hergestelltes Gewand tragen und kein anderes, das teuer ist. Es konnte mit silbernen Heften [Nadeln] oder Malgen [Broschen] geschmückt sein.

»Alle soll aber der männliche Schmuck des Bartes zieren.«

Zum Kopfputz der Frauen schlug er »Sammethauben in der Form der Fürstenhüte, nur nach oben hin mehr gespitzt und zugebogen« vor. »Die reicheren Frauen mögen sie mit Goldstoff oder goldenen Borten schmücken. Den Jungfrauen als Ratsherren-Töchter soll vergönnt sein, ihr Haar mit Perlenkränzen oder silbernen Spangen, minder vornehmen das ihrige mit gebogenen oder ungebogenen Flittern zu zieren. Diese Tracht soll den Bürgern und Bauern auf dem Lande wohl gefallen haben.«

Winrich von Kniprode umriß auch die Stellung des Bürgers hin zum Wehrbürger: »Der Bürger muß neben seiner Profession noch zusätzlich wehrhaft und waffenfähig sein. Darum müssen sich alle Bürger in den Städten in den Waffen einüben und in Zeiten der Gefahr abwehrbereit sein.«

In den Städten wurde das Vogelschießen mit Preisen für den guten und das Attribut als Schützenkönig für den besten Schuß eingerichtet. In städtischen Zwingern und Schießgärten wurden

Schießübungen auf die Scheibe angeordnet. So entwickelten sich in Preußen Schützenvereine, die nicht nur Spiel und Sport dienten, sondern vor allem treffsichere Schützen für die litauischen Kriegsreisen heranbildeten. Sie standen als Bürgerwehr auf den Mauern und Wällen der Städte, wenn diese angegriffen wurden.
In gleicher Weise ließ der Hochmeister eine höhere Bildung lehren. Diese kam vor allem und zuerst seinen Rittern zugute, was in manchen Fällen auch bitter nötig war. Immerhin gab es sogar später einmal einen Hochmeister, welcher der Kunst des Lesens und Schreibens nicht mächtig war, aber ansonsten durchaus seine Verdienste hatte.
Die Weisung Winrichs von Kniprode an die visitierenden Männer des Ordens lautete: »Jedes Ordenshaus in Preußen, das über einen Konvent verfügt, hat mindestens zwölf Ritterbrüder und sechs Ordenspriester. Von letzteren haben zwei besonders gelehrsam zu sein. Sie sind verpflichtet, alle Brüder des Hauses in Sachen der Religion und des Rechts mit Fleiß zu unterrichten. Dies, damit die Priester tiefere Einblicke in die Religion Christi verbreiten und die Ritterbrüder später in ihren eigenen Komturämtern als Richter und Ratgeber Gewandtheit und Erfahrung mit gründlichen Kenntnissen des Rechts verbinden möchten.« (Siehe: Lucas David, Preußische Chronik, 8. Bd., Königsberg o. J.)
Das Haupthaus zu Marienburg wurde oberste Lehranstalt für junge Ritter und Priester. Aus Deutschland und anderen Ländern berief der Hochmeister berühmte Rechtsgelehrte und Kleriker nach Preußen. Sie gründeten die »Bildungsschule für den Deutschen Ritterorden auf der Marienburg«.

Der Orden und Kasimir von Polen

Als litauische Streifkorps' 1353 erneut nach Preußen einfielen, wurden sie verjagt. Erst als diese Gefahr abgewendet war, wurden weitere Waldgebiete gerodet und durch Einzöglinge bebaut. Die

Honigernten wurden durch den weiteren Einsatz von Bienenvölkern gesteigert, Obstbaumkulturen angelegt.
Zu Weihnachten 1355 war die Burg Ragnit durch eine Feuersbrunst bis auf die Grundmauern niedergebrannt. Alle Kriegsausrüstung, die Pferde und das Vieh verbrannten. Ragnit wurde in kurzer Zeit neu errichtet.
Die folgenden Jahre waren für Preußen die ruhigsten seines gesamten Bestehens. Winrich von Kniprode hatte alle Heerzüge ins Heidenland einstellen lassen. Dennoch kam es 1360 und im darauf folgenden Jahr zu weiteren Kriegszügen, bei denen der große Widersacher des Ordens, Litauerfürst Kynstutte, von dem Ritter Hanke von Eckersberg gefangengenommen wurde. Ihm gelang dank der Hilfe des Kammerdieners des Hochmeisters, Alf, die Flucht nach Masowien. Von dort aus sandte Kynstutte dem Hochmeister die zur Flucht benutzten Pferde zurück. Gleichzeitig aber inszenierte er einen Rachefeldzug, in dessen Verlauf Kauen belagert, erobert und zerstört wurde.
Nach einem neuen Streifzug der Litauer 1364 wurde im Gegenzug deren Burg Welun nach achtundvierzigstündiger Belagerung erobert. Sie ging in Flammen auf.
Die Marienburg erlebte 1365 einen seltenen Besuch. Es war König Kasimir von Polen, der über Kujawien, das Kulmer Land und Pomesanien anreisend, das Ordenshaus für drei Tage beehrte. Kasimir war von der Festigkeit des Deutschordens-Staates überzeugt und erklärte feierlich, daß Polen keine Ansprüche an den Deutschen Orden habe.
Der Hochmeister nutzte die friedliche Zeit, um vor allem den Weinanbau zu forcieren. Im Raum Thorn und Kulm wurden weitere Weingärten angelegt und gepflegt. Der überwiegende Teil davon gehörte zwar dem Orden, es gab aber auch Ritter – überwiegend solche, die aus dem Rheinland stammten –, die Weinreben aus der alten Heimat anforderten und anpflanzten. 1365 befanden sich beispielsweise in Thorn 25 Weingärten in den Händen von Privatleuten. Bei Kulm wurden 219 Weingärten bebaut und abgeerntet.
1366 reiste der Hochmeister mit einem großen Gefolge nach Dan-

zig, wohin der Erzbischof Livlands, Frommhold von Vyshusen, ihn nach dem Tode des Landmeisters von Livland, Arnold von Vitinghof, und der Einsetzung von Wilhelm von Freimersberg zum neuen Landmeister eingeladen hatte. Der Orden gab die Herrschaft über Riga auf und legte sie in die Hände des Erzbischofs zurück. Einzige Ausnahme: die dortige Ordensburg und deren Vorburg, die dem Orden weiterhin gehörten.
Der Erzbischof »entsagte allen Ansprüchen auf Burgen, Häuser und Befestigungen, die der Orden zu dieser Zeit in und um Riga besaß, sowie das Land, das er einst von den Brüdern des Ritterdienstes Christi erhalten hatte«. Allerdings dürfe der Orden nie die Huldigung des Landmeisters von Livland, oder dessen Gehorsam verlangen. Alle Streitigkeiten seien durch diesen Vertrag vergeben und vergessen. (Siehe: Schulze-Dirschau, Hermann: Der Deutsche Osten, a. a. O.)

Die Hanse in Preußen – Handel und Wandel

Der rasante Aufschwung der Städte des Ordenslandes Preußen ist nicht zuletzt der Hanse zu verdanken, jenem Städtebund, der sich im Handel mit der Welt vereinigt hatte. Neben der ersten Hansestadt Elbing, gehörten Thorn, Kulm, Danzig, Königsberg und Braunsberg dazu. Alle Städte Preußens waren zunächst mit den westfälischen Hansestädten – vor allem Dortmund – verbunden. Sie traten als »zum westfälischen Distrikt gehörend« auf. Diese Zusammenarbeit beruhte auf alten Verbindungen westfälischer Ritter mit Preußen. Nicht zuletzt gehörte dazu auch die Verbindung Preußens mit den Grafen von Berg und den kölnischen Erzbischöfen.
»Bereits nach einigen Jahren zeigte es sich, daß neben dem Handel mit dem Rheinland und Westfalen vor allem auch jener mit den Niederlanden und später mit Flandern Gewicht beizumessen war.« (Siehe: Schulze-Dirschau, a. a. O.)

Der Bernsteinhandel florierte vor allem mit den Niederlanden. Dietrich von Altenburg hatte seit langem versucht, Graf Wilhelm von Holland durch einige Sonderprivilegien in die preußischen Handelsstädte zu ziehen.
Wie stark sich die preußischen Stimmen in das Konzept der Hanse einschalteten, zeigt der Streit zwischen Brügge und Dordrecht, in den Rechtsgelehrte aus Thorn entscheidend eingriffen. Diese Stadt stand 1360 in fester Verbindung mit Ypern an der flandrischen Küste.
Im Jahre 1367 nahmen Vertreter der preußischen Hansestädte an einer Landfahrt zu Köln teil. Hier schlossen die Sendboten aus Kulm, Thorn und Elbing im Zusammengehen mit anderen Hansestädten die Kölner Konföderation, zu der jede Stadt der Hanse Schiffe zur Verfügung zu stellen hatte, um die Seeräuber zu bekämpfen. Die preußischen Hansestädte stellten deren fünf.
Im Jahre 1370 verhandelte Winrich von Kniprode mit den Herren des Johanniterordens, um dessen Besitzstände in Preußen käuflich zu erwerben. Prior Konrad von Brunsberg verkaufte diese Besitztümer für 10000 Mark an den Orden, womit die Johanniter für immer aus dem Siedlungsbereich beiderseits der Weichsel ausschieden.
Der Hochmeister verstärkte in diesem Jahr den Seehandel mit England. Über diese Notwendigkeit befand er sich mit König Eduard II. in Übereinstimmung. Auch dieser förderte den beiderseitigen Handel nach Kräften, der bald einen großen Aufschwung nahm. 1372 segelten die ersten englischen Schiffe nach Preußen. Sie brachten Harnische, Waffen, Rheinwein und andere Güter ins »Ritterland«. Preußische Landeserzeugnisse nahmen sie auf der Rückfahrt mit nach England.
Auch mit Polen, unter dessen neuem König Ludwig I. von Ungarn, ging der Handel aufwärts, nachdem Polen die Handelssperren gegen die Thorner Kaufmannschaft 1373 aufgehoben hatte und preußische Kaufleute ungehindert auch nach Rußland und Ungarn reisen und ihre Waren dort verkaufen konnten.
Einige Kaufleute brachten ihre Waren von Elbing und Danzig nach Nowgorod. Als Zwischenhäfen hatten die preußischen

Hansestädte auch regen Anteil an der Ausfuhr der anderen Hansestädte nach Nowgorod.
Auch die alte Handelsstraße nach Lemberg und von dort aus in den Orient, die sich »Nördliche Bernsteinstraße« nannte, erlebte einen neuen Aufschwung. Brügge gründete eine Hauptniederlassung für preußischen Bernstein.
Dem neuen Hochmeister war mehr als allen vorherigen Gebietigern daran gelegen, weitere Landgewinnung für neue Einzöglinge zu betreiben. Auf seine Weisung hin wurden Wälder gerodet und entvölkerte Dörfer neu besiedelt. Die Sumpfgegenden zu beiden Seiten von Nogat und Weichsel wurden durch weitere und noch höhere Dämme geschützt, der Sumpf trockengelegt und bebaut. Mit der Schafzucht ging es stetig aufwärts, und die Bienenzucht wurde weiter vervollkommnet. Honig war vor allem für die »Metbrauereien« wichtig, während andere Handelszweige Bienenwachs benötigten. Die Hälfte der Erzeugnisse aus der Bienenzucht mußte an den Orden abgeführt werden, damit dieser Monopole über Brauerei und Kerzenzieherei aufrechterhalten konnte.
In den Dörfern wurde jetzt den Besitzern der zinshaften Dorfkrüge der Handel mit Lebensmitteln wie Brot, Bier, Salz, Heringen und weiteren Nahrungsmitteln erlaubt, wofür sie eine Steuer zu entrichten hatten. Ab und zu war sogar der Fleischverkauf in den Dörfern erlaubt.
Die Stadt Danzig erfreute sich der besonderen Gunst des Hochmeisters. Sie erhielt das Kulmische Recht und durfte einige zur Stadt gehörende Dörfer anlegen. Sie hat dem Orden – wie sich zeigen sollte – diese besondere Förderung schlecht gedankt.
Die Stadt Hela am Putziger Wiek erhielt 1378 die Handfeste nach Lübischem Recht. Rastenburg war bereits 1374 erweitert worden. Allenstein mußte 1378 eine Neustadt gründen, um den Bürgern Platz zu verschaffen. Der Handel mit England, den Niederlanden und Polen verlief ohne Störungen. Dann aber traten auf der Ostsee die Seeräuber in Erscheinung und alles wurde anders.

Die Hanse und der Deutsche Orden auf Gotland

Als die ersten größeren Aktionen der Seeräuber bekannt wurden, schickte man nach den hansischen Beratungen in Lübeck und Stralsund die ersten »Friedensschiffe«, um die Seeräuber auszuschalten. Sehr bald erlahmten jedoch die Anstrengungen der preußischen Städte.

Lassen wir an dieser Stelle – der Zeit vorauseilend – den weiteren Verlauf des Kampfes gegen die Seeräuber folgen. Die Friedensschiffe, die auch 1395 ausliefen, errangen zwar Erfolge, doch die Seeräuber erhielten mehr Verstärkung, als sie Abgänge zu verzeichnen hatten.

Als dann die Nachricht eintraf, daß mehrere livländische Schiffe auf See aufgebracht und nach Wismar in Mecklenburg geschafft worden seien, und eine andere Seeräubergruppe ebenfalls Schiffe des Ordens angegriffen hatte, traf der Hochmeister 1396 Vorbereitungen, nach Gotland überzusetzen und die Seeräuber in ihren eigenen Schlupfwinkeln anzugreifen.

Auf einer Tagfahrt zu Marienburg wurde beschlossen, daß die Hansestädte Preußens 350 bewaffnete Soldaten und 12 Schiffe ausrüsten würden, um der Seeräuberei ein Ende zu bereiten.

Im Frühjahr 1397 trafen sich die Schiffe des Ordens mit jenen der übrigen Hansestädte, und nach einer Kapitänsberatung wurde der Angriffsbefehl gegeben.

In breiter Staffel steuerten die Schiffe die Insel Gotland an. Aus Wisby versuchten einige Seeräuberschiffe zu entkommen. Sie wurden gestellt, geentert und den Seeräubern ein kurzer Prozeß bereitet.

Die Flotte erreichte schließlich Wisby. Alle in diesem Haupthafen liegenden Seeräuberschiffe wurden verbrannt und nur solche, die gut erhalten waren, in Besitz genommen. Seeräuber, die sich wehrten, wurden erschlagen. Alle übrigen, die sich ergaben, mit dem Schwert hingerichtet.

Um den Besitz der Insel, auf der sich der Hochmeister nunmehr festsetzen wollte – wozu er sich das Einverständnis des Herzogs

Erich auf Gotland gesichert hatte –, entbrannte ein Streit mit Königin Margareta von Dänemark, die ebenfalls Ansprüche auf Gotland anmeldete.
Als Herzog Johann von Mecklenburg den Orden um Hilfe gegen »seine Seeräuber« bat, lief eine weitere Flotte aus Danzig nach Gotland aus, das bereits von Kämpfern des Ordens besetzt worden war. Sie legte im Hafen Garn an, in dessen Nähe das feste Schloß Landskron, Hauptsitz der Vitalienbrüder, lag.
Deren Anführer Sven Sture verlegte sich aufs Verhandeln. Noch während er im Hafen von Garn mit dem Herzog von Mecklenburg verhandelte, erstürmten mehrere Kampfgruppen des Ordens drei Burgen der Seeräuber und brannten sie nieder. Danach segelte die Flotte nach Wisby weiter. Die Stadt wurde kämpfend in Besitz genommen.
Sven Sture ergriff mit seinen letzten 400 Seeräubern die Flucht. Alle gefangenen Vitalienbrüder wurden enthauptet.
Herzog Johann schloß einen Vertrag, nach welchem er zusicherte, die Stadt Wisby, die Häfen und das Land Gotland dem Hochmeister auf ewige Zeit zu übergeben. Den Kaufleuten Preußens sollte Wisby künftig offenstehen, um von dort aus die See zu befrieden. »Alle noch vorhandenen Raubburgen werden niedergebrannt. Alles geraubte Gut, sowohl Schiffe als auch Ladungen, sollen denen wieder zufallen, die ihr Eigentum daran beweisen können. Gotland wird dem Komtur von Schwetz, Johann Pfirt, dem von Schönsee, Arnold von Bürgeln, und dem Großschäffer von Marienburg, Johann Thiergart übergeben, bis sich König Albrecht mit dem Orden geeinigt hat.«
Nach der Genehmigung durch den Rat und den Bürgermeistern von Wisby befand sich Gotland im Besitz des Ordens. »Solches wurde gegeben zu Wisbue am nächsten Freitag vor Ostern 1398.« Zurück zur Ordensgeschichte.

Am 23. Juni 1382 verhandelte Winrich von Kniprode gerade mit dem obersten Ordensspitler über den Bau eines Heimes für Witwen und Waisen, als er mitten im Gespräch einen Schlaganfall erlitt und am nächsten Tage starb. Mehr als 31 Jahre hatte er als

Hochmeister des Ordens segensreich gewirkt. Er wurde in der St. Annengruft des Haupthauses bestattet.

In den ersten Oktobertagen dieses Jahres wurde im Haupthaus der Marienburg der neue Hochmeister gewählt. Es war der bisherige Ordenstrapier und Komtur von Christburg, Konrad Zöllner.

Unter seiner Führung kam es 1383 bis 1384 zu einer neuen Heerfahrt gegen Jagiello (Jagal) von Litauen, die jedoch keine Entscheidung brachte. Jagiello, Großfürst von Litauen, reiste 1386 nach Krakau, um Hedwig, die schöne Königin von Polen, zu heiraten und dadurch zum König von Polen zu werden.

Zwar war Jagiello noch Heide und Hedwig seit 1378 mit Wilhelm von Habsburg verlobt, doch dies waren keine unüberwindlichen Hindernisse. Jagiello wurde wenige Tage nach seinem Eintreffen in Krakau vom Erzbischof von Gnesen auf den christlichen Namen Wladislaw getauft und bereits am 17. Januar 1386 Gemahl von Königin Hedwig und damit auch neuer König von Polen.

Jetzt war der Ordensstaat von drei Seiten vom neuen polnischen Großreich umgeben. König Wladislaws Krönungsversprechen ließ einiges von ihm und Polen erwarten. Es lautete: »Ich will alle Völker dieser meiner Länder zur Taufe bewegen. Mit meiner Krönung ist die Vereinigung Litauens, Samaitens und des ihm zugehörigen Teiles von Rußland mit der Krone von Polen feierlich vollzogen.« (Siehe: Schulze-Dirschau, a. a. O.)

Im Jahre 1387 faßte der Hochmeister den Entschluß, im Ordensland eine Universität zu gründen. Auf seinen Wunsch wurde Kulm dazu ausersehen. Die Urkunde zur Gründung derselben war vom Papst bereits am 9. Februar des Vorjahres ausgestellt worden.

Die Kriegsgefahr verstärkte sich 1388 wieder, und der Orden sicherte sich mit einer Zahlung von 6000 Gulden die Hilfeleistung der Herzöge Swantibor von Stettin und Boguslaw von Pommern gegen die Polen. Ein gleicher Vertrag wurde mit Herzog Wartislaw von Stettin und dessen Sohn Barnim mit fünfzehnjähriger Wirksamkeit geschlossen. Auch die Herren von Wedel traten gegen eine Zahlung von 18 000 Mark in den Dienst des Ordens.

Abgesehen von Streifzügen, dem Kriegszug gegen Litauen, den 1389 geführten Verhandlungen mit Polen und weiteren Nachbarfürsten verlief das Jahr 1388/89 friedlich.

Als die Weichsel im Jahre 1389 über die Ufer trat und – wie im Vorjahr – einige Dämme brachen, standen der große und der kleine Werder unter Wasser. Zu Ostern brachen die Deiche ein weiteres Mal. Das Wasser stieg bis zu einer bisher nie erlebten Höhe an. Als schließlich im Juli über Wochen hinweg starke Regenfälle eintraten, wurde die gesamte Ernte auch der höheren Landstriche vernichtet. In Graudenz stürzte ein Teil der Ordensburg in die Weichsel. Alles dies hatte große finanzielle Belastungen zur Folge, zumal auch der Heringsfang gering ausfiel.

Der Handelsverkehr mit Polen war seit Wladislaws Krönung versiegt. 1390 fiel Witowd, der Bruder Wladislwas, von diesem ab und wandte sich dem Orden zu, um mit ihm ein Bündnis gegen seinen Bruder zu schließen. Dadurch hoffte Witowd Litauen zu gewinnen. Doch die Litauer siegten und warfen Witowds Truppen zurück. Dieser hatte seine Familie nach Preußen geschickt und verteidigte sich, nachdem seine drei Burgen Russisch-Brzesc, Luzk und Surasz gefallen waren, auf der Burg Garthen. Diese wurde von den Truppen des polnischen Königs belagert und nach sechswöchiger Verteidigung erstürmt. Herzog Witowd floh nach Samaiten.

Erneute Kämpfe in Litauen und das Eintreffen eines neuen Ritterheeres im August 1390 führten im anschließenden Heerzug zur Eroberung der Stadt Wilna. Die Burg Wilna aber konnte sich halten.

Am 20. August dieses Jahres starb Hochmeister Conrad Zöllner. Auf Palmarum 1391 wurde Konrad von Wallenrod zum neuen Hochmeister gewählt.

Weitere Scharmützel folgten.

Herzog Wladislaw von Oppeln erschien beim Hochmeister und bot diesem den gesamten Besitz des Dobriner Landes an. Dieser Besitz war seiner Gemahlin Ofka als »Leibgeding« verschrieben. Der Orden nahm Dobrin als Pfand und zahlte dem Herzog 50000 ungarische Gulden. Danach befahl der Hochmeister den sich noch im Dobriner Land befindenden polnischen Truppen, dieses Gebiet sofort zu verlassen. Die Polen leisteten dem Befehl Folge. Während eines Kriegszuges nach Masowien starb in der Marienburg Konrad von Wallenrod. Noch in der regierungslosen Zeit trafen weitere Kreuzugskämpfer in Preußen ein, und das gegenseitige Gemetzel ging weiter.

Ende November 1393 wurde in Konrad von Jungingen der neue Hochmeister gefunden. Seine Absichtserklärung lautete: »Den Frieden halten und den Wohlstand aller Menschen in Preußen mehren.«

Dementsprechend ließ er den Elendenhof in Danzig bedeutend vergrößern, während – nach seinen Worten – »des Reiches Ritterschaft durch Heidenmorde vergrößert wurde«.

Während der von ihm veranlaßten Kultivierungsarbeiten an den Flüssen und einer verbesserten Gesetzgebung im Innern, kam es zu einer neuen Kriegsreise 1394 nach Litauen. Wilna war das Ziel.

Mauern und Türme der Burg von Wilna wurden durch Belagerungsstücke zerschlagen, aber Wilna hielt zwei Monate lang aus. Müde geworden, zogen die Kreuzfahrer in ihre Heimat zurück.

Auch diese Episode zeigt auf, daß es oftmals nicht der Deutsche Orden selbst war, der den Kampf wollte, sondern daß – einmal mehr – ein Kreuzfahrerheer nach Preußen gekommen war, um Krieg gegen die Heiden zu führen.

Nach den bereits im Kapitel über die Vitalienbrüder dargelegten Aktionen des Ordens, war es die Pest, die 1398 Preußen abermals heimsuchte und über 80 Ordensritter hinwegraffte.

Als im Jahre 1399 Königin Hedwig von Polen starb, die stets als Friedensbewahrerin zwischen Polen und dem Reich gewirkt hatte, wurde im Haupthaus des Ordens eine Trauerfeier für die »Freundin des Ordens« begangen.

Im September 1401 erschienen Herzog Semovit von Masowien und der Bischof von Leslau, Nicolaus Kurowski, als Botschafter Polens auf der Marienburg. Hier erklärte der redegewandte Bischof den versammelten Gebietigern des Ordens: »Mein Herr

und König wünscht auch forthin stets mit dem Orden in Frieden und Freundschaft zu leben. Die Kriegslust ist fern seiner Gesinnung.« (Siehe: Schulze-Dirschau, a. a. O.)
Der Hochmeister erwiderte: »Des Königs von Polen friedfertiger Gesinnung können wir erst dann trauen, wenn er durch Bürgschaften anderer Fürsten den Orden sichergestellt hat.«
Zunächst blieb alles beim alten, denn König Wladislaw von Polen bereitete seine zweite Hochzeit vor. Diesmal mit Gräfin Anna, der Tochter des Grafen von Cilly. Diese war eine Enkelin König Kasimirs. Sie war zwar keine Schönheit, galt aber als Nachfolgerin auf die polnische Krone, und diese Anwartschaft brachte sie in die Ehe mit Wladislaw ein.
Die preußischen Kriegsreisen nach Litauen wurden 1402 fortgesetzt und am 2. März 1402 der Friede in Marienburg gesiegelt.
Der polnische König intrigierte bereits zu dieser Zeit heimlich gegen den Orden. Ein weiterer Feldzug gegen die nach Preußen eingefallenen Samaiten folgte am 25. Juli 1402. Wilna hielt sich abermals. Mit 900 Gefangenen und etwa ebenso vielen Beutepferden kehrten die Truppen nach Preußen zurück.
Ob es nun der Streit zwischen dem Orden und Königin Margareta von Schweden oder die Friedensverhandlungen mit Witowd und dem polnischen König waren – es kam zu mehreren diplomatischen Besprechungen. So auch, als Bischof Kurowski, nunmehr wegen seiner Verdienste vom Polenkönig – mit Zustimmung Roms – zum Erzbischof von Gnesen ernannt, ein Zusammentreffen seines Königs mit dem Hochmeister des Ordens erwirkte.
Die besonderen Qualitäten des Erzbischofs lagen in der Tatsache begründet, daß er neben der deutschen Sprache auch der polnischen mächtig war und fließend Latein sprach. Solcherart konnte er sich ohne jeden Dolmetscher mit den Ordensrittern, der römischen Kurie und dem polnischen König direkt verständigen.
Er war ein besonders geschickter Verhandlungsführer. Der Erzbischof bat den Hochmeister im Namen seines Königs darum, die Handelsbeschränkungen beider Länder gegeneinander aufzuheben, doch es bestanden einige unüberbrückbare Gegensätze, und so blieb alles beim alten.

Zum Pfingstfest 1405 traf König Wladislaw mit seinen Ressortchefs, darunter auch Erzbischof Nicolaus Kurowski, der als persönlicher Berater fungierte, in Thorn ein. Vor den Toren von Thorn zahlte der polnische König dem Orden die vereinbarten 50 000 ungarischen Gulden für das Land Dobrin und die vereinbarten 2400 Schock Bömische Groschen für das Haus Sloterie und wurde damit Eigentümer dieses Landes. Danach zog die polnische Delegation mit 4000 Pferden in Thorn ein, wo zwei Tage lang rauschende Feste gefeiert wurden.

Heilige und Schutzpatrone des Deutschen Ordens

Die Heiligenverehrung bildete besonders im Mittelalter ein wichtiges Element der Frömmigkeit. Heiligen wurden Kirchen, Dome und Kathedralen geweiht. Dies war auch im Ordensstaat Preußen der Fall. Allerdings galt es zwischen den vom Deutschen Orden errichteten Gotteshäusern und jenen zu unterscheiden, die bereits vorhanden waren.

Einer der wichtigsten Heiligen im Ordensland war der Ritterheilige Georg, der als Patron vieler Pfarreien auftrat. Den Spitälern war besonders die heilige Elisabeth als Patronin vorbehalten.

Zentrum aller Heiligenverehrung im Deutschen Orden aber war Maria, die Mutter Jesu, denn sie war schließlich auch Namensgeberin desselben, wie es auch einer der ältesten Ordensnamen bezeugt: »Orden des hospitales sente Marien des Duschen huses von Jerusalem.«

Einer der anderen ersten Namen lautete: »Fratres domus sancte Marie Theutonicorum.« (Siehe dazu auch: Perlbach: Statuen, und Zeininger, Charles von: Deutscher Orden, in: Lexikon der Marienkunde, Bd. 1, Regensburg 1967.)

Eine Vielzahl Kirchen wurden nach der Jungfrau Maria benannt. In der Kommende Ellingen gab es eine Marienkirche sowie ein »hospitale S. Marie«. In einer Reihe weiterer waren Marienaltäre

vorhanden. So auch der Hauptaltar in der Donauwörther Ordenskapelle sowie die Altäre der Ordenskapelle in Öttingen und der Kapelle der Heilbronner Kommende.
Es gibt noch ungezählte weitere Beispiele dafür, daß die Jungfrau Maria als oberste Ordenspatronin verehrt wurde.
Ihr folgte als zweite Patronin Elisabeth, die verwitwete Landgräfin von Thüringen. Sie hatte in ihrem Marburger Witwensitz die Pflege der Alten und Kranken in dem durch ihre Initiative errichteten Spital übernommen.
Nur wenige Jahre nach ihrem Tode übernahm der Deutsche Orden mit diesem Spital zugleich die Pflege ihrer Grabstätte und konnte 1235 bereits ihre Heiligsprechung durch Papst Gregor IX. erreichen.
Elisabeth ist als Patronin des Nürnberger Ordensspitals seit 1277 bekannt. Dort wurde ihr zu Ehren 1281 eine Kapelle benannt. Daneben hat auch die Ulmer Ordenskapelle die heilige Elisabeth zur Patronin erhalten. Ebenso das Ellinger Ordensspital. Am 21. September des Jahres 1331 wurde in der Münnerstädter Kommende des Ordens eine Elisabeth-Vikarie gestiftet.
Während sich in der Gestalt der Jungfrau Maria als Patronin der religiöse und caritative ebenso wie der ständisch-adelige Charakter des Deutschen Ordens vereinigten, war die heilige Elisabeth wegen ihres Einsatzes für die Kranken und Armen neben ihrer hohen Geburt als Idealfigur des Ordens erkannt worden.
Gegen diese beiden großartigen Frauengestalten traten die männlichen Ritterheiligen in die zweite Reihe zurück. Es waren dies vor allem St. Georg und St. Pankratius.
Daß auch später noch eine Reihe verdienter Männer und Frauen die Verehrung des Deutschen Ordens genossen, ist überliefert. Als besonderes Beispiel seien hier Name und Lebensweise jener Frau genannt, die als Patronin von Preußen in die Geschichte des Deutschen Ordens einging.

Dorothea von Montau – Patronin des Deutschen Ordens in Preußen

Als die Deutschordensschwester Katharina Mulner im Jahre 1392 Dorothea Montau als angehende sogenannte Klausnerin in Marienwerder aufnahm, entwickelte sich zwischen diesen beiden Frauen, trotz ihrer gegensätzlichen Anlagen, eine feste Freundschaft.

Profeßschwester Katharina betreute den Viehhof des pomesanischen Domkapitels und wohnte in der Vorburg der Domburg zu Marienwerder. Dort erhielt auch Dorothea vor ihrer Zulassung als Klausnerin ein Zimmer.

Katharina besuchte gemeinsam mit Dorothea die Kranken und Armen der Gemeinde. Oft führten sie religiöse Gespräche. Sehr bald wurde Dorothea als Klausnerin anerkannt und erhielt eine eigene Klause.

Ihr maßgeblicher Berater, der sie auch während der Probezeit betreute und sie in ihrer Klause beinahe täglich besuchte, war der Gelehrte und Berater des Domkapitels Johannes Marienwerder, dem der bekannte ermländische Historiker Franz Hipler ein Denkmal setzte, indem er seine Biographie verfaßte.

Dieser war Dorotheas erster Beichtvater. Der zweite stand ihr in Gestalt des späteren pomesanischen Dompropstes Johannes Reymann zur Verfügung, der vorher als offizieller Vertreter des Dompropstes fungierte.

Dorothea Montau wurde am 25. Januar 1347 in Montau an der Weichsel geboren. Sie heiratete einen Schmiedemeister in Danzig und wurde Mutter von neun Kindern. Dennoch hat sie, nach den Bekundungen jener Menschen, die sie kannten, »im weltlichen Stand ein geistliches Leben geführt«. (Siehe: Tumler, Marian, Der Deutsche Orden. Von seinem Ursprung bis zur Gegenwart.)

Nach einer Reihe von Schicksalsschlägen, die ihr den Mann und alle Kinder nahmen, beschloß sie, sich ganz dem Gebet und der caritativen Tätigkeit hinzugeben und reiste nach Marienwerder, um dort eine Einsiedlerklause zu beziehen.

In Disputen, Gesprächen und Verlautbarungen stellte Dorothea unter Beweis, daß sie auch vor höchsten Würdenträgern nicht zurückschreckte. So stand sie beispielsweise in scharfem Gegensatz zum Hochmeister Konrad von Wallenrod und zu einem an dessen Hof lebenden Arzt. Im Gegenzug haben sich diese beiden Männer darum bemüht, die Klausnerin aus Marienwerder loszuwerden, wie der Biograph der Heiligen, Johannes Marienwerder, dokumentierte. Dieser Gelehrte war es auch, der die kritischen Äußerungen Dorotheas über den Deutschen Orden in seinem »Septilium« veröffentlichte.

Allerdings war die Position der Heiligen zum Hochmeister Konrad von Jungingen, der Konrad von Wallenrod 1393 nachfolgte, gefestigt, wie sie ja auch zum Domkapitel von Marienwerder in einem echten Vertrauensverhältnis stand.

Ihre Beichtväter nannten Klausnerin Dorothea ihre »geistlichen Söhne«. Für diese wiederum war sie »Mutter Dorothea«.

Was machte nun die Persönlichkeit der heiligen Dorothea aus? Was hat sie außer der Armen- und Krankenpflege bewirkt?

Bischof Johannes Mönch von Pomesanien sagte aus, daß Dorothea bereits zwei Monate vor der Wahl des neuen Hochmeisters von Juningen dem Domdechanten Johannes Marienwerder prophezeit habe, daß Jungingen neuer Hochmeister werde, als der Domdechant nach einem guten Nachfolger für den soeben verstorbenen Hochmeister fragte.

Hochmeister von Jungingen berichtete, daß während des Litauerfeldzuges gegen Wilna im Sommer 1394 Bischof Johannes ihm einen Brief der Dorothea nachgesandt habe. Darin habe die Klausnerin ihn vor vier Gefahrenarten gewarnt:

»Auf dem Meer, auf einer Insel, vor einer Festung und in einem Wald. Diese Gefahren werde er überstehen, wenn er nicht auf sein Heer, sondern auf Gottes Hilfe baue.«

Alles ist genau eingetroffen.

Der Deutschordensbruder Johannes Coyaw, ein Marienwerder Bürger, der bei seinem Eintritt in den Orden 1392 sowohl Dorothea als auch die Deutschordensschwester Katharina Mulner kennengelernt und mit beiden intensive Gespräche geführt hatte, wurde Zeuge von Offenbarungen, die Dorothea hatte und von denen sie einige preisgab.

Es gab eine Vielzahl weiterer Offenbarungen und auch Wunderheilungen Dorotheas. Viele der Deutschordensbrüder konnten am 25. Oktober 1404 in der Krankenstube der Burg Marienwerder, wo entsprechende Befragungen stattfanden, über Dorotheas Heiligkeit berichten. So auch der Rektor der Domschule zu Marienwerder, Christianus Coslaw. Er hatte eine Zeit lang als Notar im Auftrage des Bischofs und des Domkapitels jene Wunder aufgezeichnet, welche die Gläubigen auf die Fürbitte Dorotheas hin erlebt und gemeldet hatten.

Bischof Johannes, um das Wohl seines Schützlings besorgt, schickte der Klausnerin Gegenstände zu ihrem Gebrauch, die sie allerdings zum größten Teil aus Liebe zur Armut zurückwies. Er führte mit ihr geistreiche Gespräche, so oft er aus seiner Residenz Riesenburg nach Marienwerder kam.

Der Bischof war es auch, der Dorotheas Mutter Agatha in Groß-Montau aufsuchte, um sich über ihre Jugend- und Familienverhältnisse zu informieren. Er erfuhr ihr Schicksal und die schweren Schläge, die ihr versetzt worden waren, und fragte die Klausnerin, wie sie nach diesem schweren Schicksal allen Menschen gegenüber so heiter erscheinen könne.

14 Monate lebte die Klausnerin in ihrer Zelle am Dom zu Marienwerder. Johannes Marienwerder hat ihre hellsichtige und freie Kritik an den oft wenig ritterlichen und brüderlichen Verhältnissen im Orden niedergeschrieben.

Als Dorothea von Montau am 25. Juni 1394 starb, wurde sie von vielen Menschen betrauert. Sie hatte sich dem Vernehmen nach zu Tode kasteit. Zu ihrem Grab in der Unterkirche des Domes pilgerten Hunderte Trauernder, um zu beten und Hilfe zu erbitten. Durch diesen Besucheransturm ausgelöst, mußte die Unterkirche 18 Wochen nach ihrem Tode ausgemauert werden. Dies bedeutete, daß die Gebeine Dorotheas ausgegraben und in einer Seitenkammer der Kirche so lange aufbewahrt wurden, bis die Ausmauerung fertiggestellt war.

Zur gleichzeitig damit beschlossenen Leichenschau waren der

Domprobst, der Domdechant von Marienwerder und der bischöfliche Kämmerer zugegen. Dazu Johannes Coyaw:
»Als das Gewand Dorotheas ein wenig aufgetrennt wurde, erblickte ich – mit den übrigen Zeugen – Narben und große tiefe Wunden an ihrem Körper.«
Diese stammten offensichtlich von ihren drakonischen Bußübungen.
Dorothea von Montau hatte zwar dem Deutschen Orden hellsichtig kritisch gegenübergestanden. Sie wußte sich in dieser Hinsicht »von Gott berufen«, den Lebenswandel der Ordensritter zu festigen, zu stärken und »dem Lande zu Preußen eine Hüterin zu sein«. Darüber hinaus war sie bemüht, für den Orden auch den Frieden mit Litauen und Polen zu erflehen. »Solcherart bezog sie den Orden voll in ihr leidendes und sühnendes Apostolat ein.« (Siehe: Triller, Anneliese, Die hl. Dorothea von Montau und ihr Verhältnis zum Deutschen Orden – und die Deutschordensmitglieder im Kanonisationsprozeß Dorotheas 1404–1406.)
Der Deutsche Orden hatte sich bereits sehr früh dafür eingesetzt, seine Schutzpatronin von Rom heiligsprechen zu lassen. Bereits im September 1395, gut ein Jahr nach ihrem Tode, wurde die Heiligsprechung durch Konrad von Jungingen, den fünf obersten Gebietigern des Ordens, von den preußischen Bischöfen und einer Vielzahl Geistlichen, Äbten und den beiden Beichtvätern Dorotheas beantragt.
Am 18. März 1404 wurde der Kanonisationsprozeß durch eine Bulle von Papst Bonifatius IX. eingeleitet. Es kam in Marienwerder zu Befragungen von insgesamt 257 Zeugen, die über das Leben und Wirken der Klausnerin etwas wußten. Die Befragungsprotokolle wurden 1406 nach Rom geschickt.
Nach Hochmeister Heinrich von Plauen, der dieses Amt 1410 antrat, wandte sich auch Hochmeister Martin Truchseß von Wetzhausen im Jahre 1477 an den Heiligen Stuhl. Im Jahre 1521 war es letztmals Hochmeister Albrecht von Brandenburg, der dem Generalprokurator am Heiligen Stuhl, Johannes Busch, schrieb, daß man die heilige Dorothea nicht vergessen dürfe.
Nach der Säkularisation des Ordensstaates Preußen und der

Vernichtung von Dorotheas Grabstätte im Dom zu Marienwerder im Verlaufe der Reformationswirren, lebte die Dorothea-Verehrung vor allem in Westpreußen weiter. Bischof Johannes Lipski von Kulm erweckte die Verehrung der Klausnerin als Heilige des Deutschen Ordens und des Landes Westpreußen zu neuem Leben und ordnete 1637 zu ihren Ehren kirchliche Feiern an.

In verschiedenen Deutschordenshäusern im Reich lebte die Verehrung der Dorothea von Montau weiter. Auf einem Gemälde im Deutschordenshaus zu Freudenthal ist die hl. Dorothea, in einen Deutschordensmantel gehüllt, zu sehen.

Daß sich eine Reihe Adeliger und Ritter durch den Einfluß von Dorothea zu einem Einsiedlerleben entschlossen, geht aus den Prozeßunterlagen hervor.

Die Heiligsprechung schien völlig in Vergessenheit geraten zu sein, als am 26. Juni 1977 (!) die Anerkennung des Kultes der Dorothea von Montau als »Selige oder Heilige« in einem feierlichen Pontifikalgottesdienst in Münster verkündet wurde.

Dem vorausgegangen war am 9. Januar 1976, daß Papst Paul VI. die Anerkennung dieses Kultes ausgesprochen und den »Selig-Heiligsprechungsprozeß« in Gang gesetzt hatte. Damit war 590 Jahre später mit einem Schlage der große Durchbruch geschafft.

Zu der im Deutschordens-Zentralarchiv liegenden Abschrift des Königsberger Manuskriptes über die »Vita latina Dorothea« von Johannes Marienwerder, die das nach wie vor starke Interesse des Ordens an ihrer Schutzpatronin in Preußen bekundete, kam nunmehr das Faktum der Heiligsprechung hinzu.

Damit war auch jene Anschuldigung aus der Welt geschafft, daß der Deutsche Ritterorden »nicht länger Dorotheas Kanonisierung verlangt habe, weil sie die Üppigkeit dieses Ordens getadelt und sogar in einer ihrer Visionen den Hochmeister Konrad von Wallenrod in der Hölle erblickt habe«. (Siehe: Tumler, Marain, a. a. O.)

Dorothea von Montau war *die* Schutzpatronin von Preußen und zugleich »dem Lande Preußen eine getreue Hüterin«. (Siehe: Tumler, Marian, a. a. O.)

Die große Entscheidung: Krieg mit Polen

Am 30. März 1407 starb Konrad von Jungingen, und selbst der härteste Gegner des Ordens, der polnische König, ließ für diesen Ordensoberen durch Erzbischof Kurowski eine Seelenmesse lesen.

Vier Tage später traten die Gebietiger des Ordens zum Konvent zusammen und wählten zunächst den Komtur zu Elbing, Werner von Tettingen, zum Stellvertreter des Hochmeisters. Am 26. Juni 1407 wurde dann Ulrich von Jungingen, ein Bruder des Verstorbenen, zum Hochmeister gewählt. Dieser schickte dem polnischen König einen Boten, der ihm diese Wahl meldete. Im Gegenzug erschienen Erzbischof Nicolaus von Gnesen und der Kastellan von Kalisch auf der Marienburg, um dem Hochmeister die Glückwünsche ihres Königs zu überbringen.

Zwischen Ulrich von Jungingen und Erzbischof Nicolaus entwickelte sich ein besonderes Vertrauensverhältnis. Der Erzbischof von Gnesen wurde in der Folgezeit immer wieder zum aufrichtigen Vermittler zwischen dem Hochmeister und seinem König. So gelang es ihm einige Male, die Ursachen zu einem drohenden Krieg rechtzeitig zu beseitigen. Dies wußte der Hochmeister zu honorieren. Er schenkte dem Erzbischof ein »stattliches Roß«.

Zu Beginn des Jahres 1409 stürmten wieder litauische Gruppen über die Grenze nach Samaiten und gelangten unter dem Vorwand, Getreide kaufen zu wollen, bis vor die Burg Ragnit. Dort stifteten sie Unruhe und wurden des Landes verwiesen. In der Mitte des Jahres 1409 brach in Samaiten ein Aufstand los, der sich gegen Königsberg richtete. Ihr Führer Witowd erklärte unumwunden, daß er »die Deutschen mit Feuer und Schwert aus Königsberg vertreiben« wolle.

Der Hochmeister schrieb einen Brief an König Wladislaw. Dieser schickte ein weiteres Mal Erzbischof Nicolaus von Gnesen mit einer Gesandtschaft zur Marienburg. Das Schreiben seines Königs verlas Erzbischof Nicolaus. Es lautete: »Unser König ist mit dem

Großfürsten von Litauen blutsverwandt. Dieser hat sein Land von der Krone Polens als Schenkung erhalten, darum wird unser König ihn auch nicht verlassen und nicht nur in diesem Krieg, sondern in jeder anderen Bedrängnis mit aller Macht unterstützen.«

Der Hochmeister beantwortete diese Unverschämtheit, indem er erklärte, daß er nunmehr in Litauen einfallen werde, um diesen Gegner zu stoppen. Der Erzbischof erwiderte: »Des hütet euch! Denn wenn Ihr Litauen überzieht, wird Euch der König mittlerweile in Preußen heimsuchen.«

Der Hochmeister dankte dem Erzbischof für diese offene Erklärung. Er wußte nun, daß Preußen diese Anschläge auf sein Land nicht den Litauern, sondern Polen zu verdanken hatte.

Am 6. August 1409 wurde Polen der Fehdebrief des Deutschen Ordens überreicht. Wenig später marschierten Preußens Truppen ins Dobringer Land, erstürmten die Burg Dobrin und brannten sie nieder. Die Städte Pypin und Lipno ergaben sich. Die stark befestigte Burg Bebern fiel erst nach schwerer Beschießung.

Im Lager von Bebern erschien Erzbischof Nicolaus mit mehreren polnischen Reichsgrößen, um im Namen ihres Herrn Frieden zu erbitten. Der Hochmeister erklärte sich dazu bereit, wenn ihm die Burg Sloteric übergeben werde. Dazu jedoch war die Abordnung nicht befugt und zog wieder ab. Nach achttägiger Beschießung wurde auch diese Burg schließlich erobert.

Zur gleichen Zeit kämpfe eine zweite preußische Streitmacht im Lande Krain. Sie eroberte und verbrannte auch die Burgen Zempelburg und Kamin, die dem Erzbischof Nicolaus Kurowski gehörten. Das Land wurde bis zum Ufer der Netze verwüstet.

Nunmehr schickte Wladislaw abermals den wortgewandten Erzbischof von Gnesen zur Burg Rheden, auf welcher der Hochmeister saß. Es wurde ein neuer Friede ausgehandelt, in dem bestätigt wurde, daß der Orden das eroberte Land behalten dürfe. Eine Zusage des polnischen Königs dazu traf aber nie in Preußen ein. Auf jeden Fall war damit zwar der Waffenstillstand besiegelt, aber Polen und der Orden rüsteten zu einem weiteren Waffengang.

Zu Ende des ausgehandelten Waffenstillstandes marschierte das Ritterheer am 2. Juli 1410 entlang der Drewenz nach Kauernick, wo es lagerte.
Die polnischen Truppen hatten sich im Raume Plock versammelt. Es waren dies: 60 000 Mann starke polnische, 44 000 Mann litauische, samaitische und russische Truppen und 40 000 Tataren. Hinzu kamen 21 000 Söldner aus Böhmen, Mähren, Ungarn und Schlesien. Insgesamt 163 000 Mann. Davon 97 000 Mann Fußvolk und 66 000 Berittene. Sie verfügten über 60 große Geschütze.
Das Ritterheer belief sich auf 50 000 Mann aus Preußen, 33 000 Söldner aus dem Ausland, insgesamt also 83 000 Mann. Von diesen waren 26 000 beritten.

Die Schlacht bei Tannenberg im Jahre 1410

Als der Bischof von Kujawien dem polnischen König versichert hatte, daß er nach der Offenbarung des Johannes der siegreiche Bekämpfer des Ordens sein werde, schickten alle teilnehmenden Fürsten und Herzöge dem Hochmeister des Ordens die Entsagebriefe. Die polnischen Truppen drangen bis Soltau vor und erstürmten die Stadt Neidenburg, die sie niederbrannten.
Ihr nächster Angriff galt Gilgenburg. Diese Stadt wurde von den Litauern unter Witowd mit Unterstützung einiger Tausend Tataren erstürmt. Alle Männer wurden erschlagen. Jene Frauen und Mädchen, die sich in die Pfarrkirche geflüchtet hatten, wurden noch in der Kirche vergewaltigt. Frauen wurden die Brüste abgeschnitten, junge Mädchen als Gefangene weggeführt. Zum Schluß wurde die Stadt eingeäschert. (Siehe dazu übereinstimmend: Lindenblatt a. a. O. S. 216, Dlugoss und Kojalowicz.)
Auf diese Nachricht hin brach der Hochmeister am 13. Juli mit dem Heer aus dem Lager Kauernick auf und zog nach Löbau, wie August von Kotzebue in seinen Ausgewählten prosaischen Schriften berichtet: »Dem großen Ordensbanner mit dem hoch-

meisterlichen schwarzen und goldenen Kreuz, in der Mitte der goldene Schild mit dem schwarzen Adler, voran, folgten in großer Schar die ausgezeichneten Ritter und die des Meisters Hofgesinde. Mit den Fahnen des Hochmeisters und Ordensmarschalls, den Bannern der Franken und Schlesier, allen voran aber das Panier des Heiligen Georg, zogen Ritter aus Deutschland, mit jenen des Ordens vereint, **am 15.7. in die Schlacht**

Nach Anfangserfolgen endete die Schlacht schließlich mit einer verheerenden Niederlage des Ordens. Der Hochmeister fiel im Kampf und mit ihm seine Getreuen. Die Führungsspitze des Ordens in Preußen war auf einen Schlag hinweggefegt worden.

Das Schlachtfeld war von 100 000 Toten bedeckt. 60 000 Polen und 40 000 Mann des Ordensheeres. 15 000 Kämpfer des Ordens gerieten in Gefangenschaft.

»An diesem Abend senkte sich die Finsternis nicht nur auf das Schlachtfeld nieder, sondern auch über Preußen. Der Stern des Deutschen Ordens in Preußen sank, um in den letzten 115 Jahren mehr und mehr zu erlöschen.« (Siehe: Voigt, Johannes, a. a. O.)

Die Überlebenden der polnischen Truppen plünderten die Gefallenen der Besiegten und machten weitere Gefangene beim Durchstreifen der Wälder. Der gefallene Hochmeister wurde gefunden und vor das Zelt des polnischen Königs gelegt. Dieser ließ ihn nach Osterode bringen, von wo aus er auf einem Wagen ins Ordenshaus Marienburg geschafft wurde. In der St. Annengruft wurde Ulrich von Jungingen beigesetzt.

Viele Ordensbrüder flohen nach Deutschland. Graf Heinrich von Plauen jedoch, der Komtur zu Schwetz, der zum Grenzschutz nach Pommern entsandt worden war, eilte mit seiner Truppe in Gewaltmärschen zur Marienburg. Sie galt es zu retten!

Viele durch das Land irrende Ritter schlossen sich ihm an und verstärkten schließlich die Besatzung auf 5000 Mann. Die obere Burg wurde mit 2000 Kämpfern besetzt. In der Vorburg blieben 1000 Krieger.

Als das polnische Heer neun Tage nach jener denkwürdigen Schlacht die Ordensburg Stuhm erreichte und am nächsten Tag –

es war der 26. Juli 1410 – gegen die Marienburg vorging, konnte ihnen Einhalt geboten werden.

Eine Reihe von Burgen ergab sich. So Stuhm, Elbing und Danzig. Die Marienburg wurde den ganzen Sommer belagert und mit schwerstem Geschütz beschossen. Am 19. September zogen die polnischen Truppen ab. Die Ordensburgen und Städte konnten von den Rittern rasch wieder zurückgewonnen werden.

Am 9. November kam es zur Wahl Heinrichs von Plauen zum neuen Hochmeister. Michael Küchmeister von Sternberg wurde Ordensmarschall.

Im Jahre 1411 wurden auf einer Weichselinsel nahe Thorn die Friedensverhandlungen zwischen dem polnischen König und dem Hochmeister aufgenommen. Der geschlossene Friede sah folgendes vor: »Alle Truppen werden in ihre Heimatländer zurückgezogen. Dem Orden werden der Besitz von Pommern, Michelau, das Kulmer Land, Nessau, Murzinno und Orlau, ferner alle Lande zugesprochen, in dessen Besitz er sich vor dem Kriege befunden hatte.«

Der wichtigste Passus dieses Friedens aber lautete: »Niemals wieder soll die Krone Polens mit ihren Landen und Leuten zu Litauen gegen den Orden, und niemals der Hochmeister und der Orden gegen die Krone Polens und die Lande Litauen auftreten oder sich deren Feinden anschließen.« (Siehe: Thorun die dominico in visilia purificat, Marie 1411. Annalen des Deutschen Ordens.)

Dieser Friede wurde bei einem persönlichen Treffen auf der Ebene vor der alten Burg Sloterie vom polnischen König, dem Großfürsten von Litauen, den beiden Herzögen von Masowien, dem Herzog von Stolp und dem Hochmeister feierlich geschworen.

Der erste Thorner Frieden war damit geschlossen. Der Orden verlor ganz Samaiten für die Lebenszeit Wladislaws und Witowds. Nach dem Tode derselben sollte es dem Orden wieder zufallen.

Vergebliche Hilferufe

In den nächsten Jahren hatte Heinrich von Plauen nicht nur eine Reihe von Verschwörungen im Ordensland niederzuschlagen und eine gewisse Bruderschaft der Ritter, die sich »Eidechsengemeinschaft« nannte, unter Kontrolle zu halten, sondern auch gegen Agenten und Diebe vorzugehen.
Der Krieg hatte Polen außer hohen Verlusten kaum Erfolge gebracht. Deshalb war zu erwarten, daß Wladislaw bald wieder antreten werde. Es kam zu einer Reihe von Scharmützeln gegen Marodeure.
Im September 1413 entschloß sich der Hochmeister zum Angriff. Wegen einer schweren Erkrankung konnte er sich nicht an die Spitze des Ritterheeres setzen. Als sie die polnische Grenze erreichten, blieb das Ritterheer unter dem Kommando des Ordensmarschalls Michael Küchmeister von Sternberg stehen, weil es nicht als Friedensbrecher angesehen werden wollte.
Am 14. Oktober rief der Hochmeister den Ordensmarschall und alle Gebietiger zu einem Kapiteltag auf die Marienburg. Dort wollte der Hochmeister den Ordensmarschall, der gegen ihn intrigierte, zurechtweisen und entlassen.
Michael Küchmeister von Sternberg hingegen plante, den Hochmeister abzusetzen. Dazu hatte er sich bereits der Hilfe des Deutschmeisters Konrad von Egloffstein und des Landmeisters von Livland versichert. 73 Ritter standen hinter ihm. Es gelang dem Ordensmarschall, die Absetzung des Hochmeisters durchzusetzen und diesen als Komtur auf die Engelsburg abzuschieben.
Die Wahl des neuen Hochmeisters fiel – wie nicht anders zu erwarten – auf Michael Küchmeister von Sternberg. Dieser beeilte sich, dem polnischen König seine Erhebung ins Meisteramt zu melden.
Der Angriff des Jahres 1414 hatte nicht stattgefunden. Statt dessen fielen polnische Truppen nach Preußen ein. Es kam zu schweren Kämpfen. Das angegriffene Neidenburg hielt sich. Über das

Schlachtfeld von Tannenberg reitend, zerstörten polnische Truppen die hier errichtete Kapelle mit einem herrlichen Marienbild, das sie verbrannten. Hohenstein wurde von ihnen erobert. Der Hochmeister sandte vergeblich Hilferufe um Verstärkung an den König, den Papst, den Deutschmeister und die Hanse.
Polnische Truppen drangen in Allenstein ein und plünderten die ihnen übergebene Stadt. Das ganze Bistum Ermland wurde von ihnen besetzt. Der Bischofssitz zu Guttstadt ging ebenso, wie die Stadt selber, in Flammen auf. Dazu bemerkte Lindenblatt: »Die rohen heidnischen Völker verübten furchtbare Greueltaten. Kirchen wurden niedergebrannt, Heiligtümer vernichtet, an Frauen und Jungfrauen viehischen Lüsten gefrönt, selbst Kinder aufgespießt und unter die Füße getreten. Priester an den Altären erstochen; nichts galt den Barbaren heilig und achtenswert.« (Siehe: Lindenblatt, Alte preußische Chronik-Jahrbücher, Königsberg o. J.)

Michael Küchmeister und die innere Lage des Ordensstaates

Hochmeister Küchmeister gelang es nicht, den Orden wieder in ruhiges Fahrwasser zu leiten und die Kriegsfolgen zu beseitigen. Vor allem versäumte er es, die notwendigen inneren Reformen voranzutreiben. Im Gegenteil dazu löste er beispielsweise den von Heinrich von Plauen geschaffenen Landrat wieder auf. Trotz der ausgehandelten Waffenruhe kam es erst im Januar 1417 wieder zu einem Frieden, der allerdings von einer Reihe im Ordensland gebliebener polnischer Hauptleute vielfach gestört wurde.
Das Konzil zu Konstanz, das vier Jahre tagte und erst 1418 zu Ende ging, hatte den Frieden nicht sicherer gemacht.
Kurz vor Ostern 1419 wurde zur Fortsetzung der Friedensgespräche nach Thorn geladen und Gnebkau als Ort der weiteren Verhandlungen festgelegt. Hier erklärte sich der Orden zur end-

gültigen Abtretung von Samaiten und einiger Dörfer bereit. Die Burg Jeßnitz müsse aber zurückgegeben werden. Dazu hatte die polnische Delegation keine Vollmacht und reiste ab. Die weiteren Verhandlungen fanden 1420 in Breslau statt.
Auch der deutsche König Siegmund wollte dorthin kommen und als Vermittler und zugleich Richter dienen. Um allem höheres Gewicht zu geben, würden zwei römische Legaten, der Erzbischof von Mailand, die Herzöge von Sachsen und Baiern, die Markgrafen von Baden und Meißen, Burggraf Johann von Nürnberg und andere erscheinen.
Als König Siegmund am 6. Januar 1420 in Breslau eintritt, waren die polnischen Bevollmächtigten bereits einige Tage anwesend und warteten auf dessen Erscheinen. Die Bitte des Königs, den Beginn noch um einige Tage aufzuschieben, wurde vom Sprecher der polnischen Delegation, Erzbischof Nicolaus von Gnesen, abgewiesen. Damit begannen die Verhandlungen in einer frostigen Atmosphäre. Noch am selben Tage erklärte König Siegmund:

> »Alle Straßen sind für die Untertanen beider Seiten frei. Der Friede von Thorn soll in allen Punkten in Kraft erhalten werden. Die Grenzen von Pommern, des Kulmer und Michelauer Landes sowie die Burg Nessau mit ihrem Bezirk bleiben, wie es die früheren Verträge, besonders jener des polnischen Königs Kasimir und die zu Thorn und Ofen, bestimmt haben, ebenso wie die gegen Masowien bestehen. Der Orden wird dem König von Polen für die Wiederherstellung der Burg Slotorie binnen zweier Jahre 25 000 ungarische Gulden zahlen und die Burg und Mühle Lübitsch an der Drewenz binnen sechs Monaten niederreißen. Alle Gefangenen sind frei und alle Beleidigungen und Verletzungen vergessen und hingelegt.
> Samaitenland soll laut dem Thorner Frieden in des polnischen Königs und des Großfürsten Besitz bleiben, jedoch nur auf Lebenszeit und nach festgelegten Grenzen.
> Des Spruches Verletzung in irgendeinem Punkt soll mit einer Strafsumme von 10 000 Mark gebüßt werden, der Spruch aber dennoch in Kraft bleiben.

> Dieser Strafe soll der König auch verfallen, wenn er nicht binnen zweier Monate dem Orden die Burg Jeßnitz wieder einräumt.«

Das war mehr, als sich der Orden erträumt hatte. Erzbischof Nicolaus Kurowski weigerte sich, dieses Dokument über den Frieden zu unterzeichnen, ja es auch nur in Empfang zu nehmen.
Der polnische König sagte wutentbrannt zu dieser Entscheidung des römischen Königs: »Er hat nicht Frieden geschaffen, sondern blutige Schwerter zwischen beide Teile geworfen.«
König Siegmund aber wies anhand der Dokumente nach, daß er bei der bestehenden Rechtslage nicht anders habe handeln können, und wies König Wladislaw in die Schranken: »Es lautet schlecht in den Ohren eines jeglichen getreuen Christen, wenn Eure Gesandten erklären, Ihr müßtet Euch nun mit den Ungläubigen verbünden, um Euer väterliches Erbteil zu verteidigen. Dies gereicht Eurer Ehre, die wir so gerne fördern, zu großem Nachteil.«
Anfang März 1422 legte Michael Küchmeister wegen einer schweren Krankheit im Haupthaus zu Marienburg sein Amt nieder.
Am 10. März wurde Paul von Rusdorf neuer Hochmeister. Michael Küchmeister starb am 20. Dezember 1424 in der Komturei Danzig. Der neue Hochmeister ließ den alten Hochmeister Heinrich von Plauen sofort frei und wies ihm die Burg Lochstädt am Frischen Haff als Alterssitz zu.
Ende Juli 1422 fielen Polen und Litauer unter Großfürst Witowd in Preußen ein. Die Stadt Riesenburg mit ihrer herrlichen Kirche ging in Flammen auf.
Auf dem Reichstag zu Nürnberg erklärte König Siegmund, daß er alles daransetzen werde, den Orden zu retten. Alle versammelten Fürsten sicherten ebenfalls Hilfe zu. Auch Deutschmeister Eberhard von Seinsheim versprach, mit aller Kraft für den Hochmeister einzustehen. Aber außer Ermunterungsschreiben wurde dem Orden keine Hilfe zuteil.
Selbst der Papst »fiel um«, als er den wegen des Kriegszuges nach Preußen gebannten polnischen König vom Bannspruch lossagte.

Nachdem in Preußen wieder Ruhe eingekehrt war, kam es 1427 zu schweren Wassereinbrüchen an der Weichsel. Die Fluten brandeten bis nach Danzig. Auch die Dämme der Memel brachen im Oktober dieses Jahres, ihre Fluten überschwemmten Dörfer und Felder.

Im Gefolge dieser Hochwasserkatastrophen brachen Seuchen aus, die Zehntausende in Preußen das Leben kosten sollte.

Im Jahre 1433 wurde König Siegmund in der Ewigen Stadt von Papst Eugen IV. zum Kaiser gekrönt. Kaiser Siegmund versuchte, den Papst für die Belange des Ordens zu gewinnen, was ihm auch gelang.

König Wladislaw von Polen wiederum, der sich auf seinen Hof in Medica zurückgezogen hatte, erkrankte an einer schweren Erkältung. Er ließ sich nach Grodek bringen, wo er am 30. Mai 1434 starb.

Zu Neujahr 1435 wurde zwischen dem Orden und König Wladislaw III., dem Sohn König Wladislaws I., ein neuer Friede geschlossen. Als der Orden in dieser Situation vom Deutschmeister finanzielle Unterstützung erbat, um die polnischen Forderungen erfüllen zu können, konterte dieser mit einer Forderung von 1600 Gulden, die der Orden ihm noch schulde.

Es kam zu einem Zerwürfnis zwischen den beiden höchsten Gebietigern des Ordens, das zu Verunglimpfungen des Hochmeisters durch den Deutschmeister Eberhard von Seinsheim führte. Dieser warf dem Hochmeister folgende Verfehlungen vor: »Unredlichkeit in der Verwaltung, Vergehen gegen Kirche und Reich, gegen des Ordens Ehre und Wohlfahrt, Meineid und Ungehorsam.«

Der in Basel weilende Kaiser, trug sich mit dem Gedanken, den Orden in Preußen aufzuheben und die Ritter an der Grenze der Türkei einzusetzen. »Dort«, so Kaiser Siegmund, »sind jene Ungläubigen näher, die es zu bekämpfen gilt.« Nur sein Tod am 9. Dezember 1437 bewahrte den Orden vor einer Katastrophe.

Da der Streit zwischen Hoch- und Deutschmeister noch nicht beigelegt war, versuchte der Erzbischof von Köln 1438 ihn zu beenden. Eberhard von Seinsheim jedoch ließ sich nicht beirren. Auch auf dem Verhandlungstag zu Frankfurt an der Oder am

6. Januar 1439 erklärte er, zu einer Reise nach Preußen aufgefordert, daß er darin – trotz eines gesiegelten Geleitbriefes – nur den Versuch eines Anschlages auf seine Person sehe.
Der Deutschmeister erklärte auf dieser Versammlung den Hochmeister für abgesetzt. Dieser wiederum enthob den Deutschmeister seines Amtes. In einem Brief an alle Gebietiger, Komture und Ordensbrüder in Deutschland schrieb der Hochmeister:

> »Bruder Eberhard von Seinsheim, der alte Gebietiger zu Deutschland, zieht gewisse Schriften hervor, die er Statuten oder Gesetze nennt und die falsch, unrecht und erdichtet sind. Herr Werner von Orseln soll sie vor 110 Jahren gemacht haben. Dies streitet aber wider des Ordens altes Herkommen, gegen seine Gewohnheit und *wider das Ordensbuch*. Denn Gesetze werden nach diesem im *Großen Kapitel* gemacht und in das Ordensbuch eingetragen. Dies ist mit jenen Schriften *nicht geschehen*. Sie werden in unserem Ordensbuch nicht gefunden, nie vorher hat ein Mensch davon vernommen. ...
> So befehlen wir Euch auf das ernstlichste, daß ihr Bruder Eberhard, der mit Berichtung und Unrecht vorgiebt, das Hochmeisteramt sei erledigt, ferner *nicht mehr gehorcht*, sondern Euch so lange zu uns wendet, bis wir Euch einen anderen Gebietiger in Deutschland geben werden.«

Obgleich alle Anklagen des Deutschmeisters widerlegt wurden, hielt der Landmeister von Livland zu diesem. Die Städte Kulm und Thorn schlossen sich in der Absicht zusammen, sich gegen den Orden zu erheben und einen Städtebund zu gründen.

Der Städtebund gegen Preußen (1439–1454)

Der Hochmeister, der von dieser Gründung sofort erfuhr, hatte diese Demontage des Ordensstaates Preußen zu verhindern. Immerhin verfügte Preußen von der Oder im Westen bis zur Narwa im Nordosten – was einer Entfernung von 1200 Kilometern Luftlinie bedeutet – über einen Landbesitz von 200 000 Quadratkilometern, was fast der Größe der Bundesrepublik Deutschland nach dem Zweiten Weltkrieg entsprach. Es war ein imposantes Staatsgebiet, das sich der Orden in 175 Jahren seines Wirkens in Preußen aufgebaut hatte und das es zu erhalten galt.

Der Hochmeister, von dem die Rede ging, er sei ein seniler Greis geworden, war nicht mehr Herr der Lage. Andauernde Querelen in der Hierarchie des Ordens brachten ihn dazu, an seinen Rücktritt zu denken. Einer setzte den anderen ab, und andere wiederum erzwangen die Einsetzung der ihnen genehmen Gebietiger. Diese Uneinigkeit, die oftmals in blanken Haß ausartete, fachte die Aktivitäten der Städte weiter an, was erneut den Orden zum Einschreiten zwang. Folgende Eingriffe des Ordens wurden auf der Tagfahrt des Jahres 1440 aus Ritterschaft und Bauernstand gemeldet. Es waren dies:

»Eingriffe in das Stadtrecht, Verschlechterung der Landesmünzen, die nicht das Gewicht und den Feingehalt mehr hatten, Verführung von Frauen und Jungfrauen durch Ordensbrüder und andere mehr.«

Eine Abordnung unter Hans von Czegenberg reiste durch das Kulmer Land zur Marienburg und legte dem Hochmeister eine Klageschrift vor. Der Kernsatz derselben lautete: »Wir haben jüngst zu Elbing einen Bund beschlossen und bitten Euch, als unseres rechten Herrn getreue Leute, Ihr möget uns bei unseren Freiheiten, Privilegien und Gerechtigkeiten erhalten.« Die Abordnung versicherte dem Hochmeister gegenüber ihre Treue zum Ordensstaat. Man habe sich nur vereinigt, »um Hab, Gut und Recht zu sichern«.

Der »Bund gegen Gewalt« – wie sich diese Vereinigung nannte – wurde am 14. März 1440 in Marienwerder besiegelt. Ihm gehörten jetzt bereits alle Hansestädte und eine Reihe Gebiete in Preußen an. Die Bannerführer, Landrichter und bevollmächtigten Ritter des Gebietes von Kulm bis Riesenburg, die sechs Hansestädte und die zu ihnen gestoßenen Städte Graudenz, Neustadt,

Elbing, Heiligenbeil, Löbau, Löbenicht, Neustadt-Königsberg, Thorn, Allenburg Strasburg, Neumark, Rheden und Wehlau kamen hinzu.
Unter jenen, die offen gegen den Hochmeister rebellierten, befanden sich auch drei Konvente, die durch den Deutschmeister dazu aufgefordert worden waren.
Es kam zu nächtlichen Überfällen beider Seiten. Der Orden schlug mehrfach kräftig zu und grub sich damit sein eigenes Grab. Es bedurfte nicht einmal mehr eines feindlichen Angriffs, um sein Ende vorhersehbar zu machen, denn dies bewirkte bereits der »Bund gegen Gewalt«.
In den letzten Wochen des Jahres kehrte der Hochmeister aus Danzig, wo er sich mit dem Deutschmeister getroffen hatte, zur Marienburg zurück. Er hatte den Deutschmeister von seiner richtigen Seite kennengelernt und alle Hoffnungen, sich mit diesem gütlich einigen zu können, aufgegeben.
Am 9. Januar 1441 erlag Paul Rusdorf einer schweren Krankheit, nachdem er bereits am 2. Januar sein Amt niedergelegt hatte. Er wurde ebenfalls in der St. Annengruft bestattet. Konrad von Ehrlichshausen wurde sein Nachfolger.

Die Rebellenstädte

Neben Elbing und Danzig war Thorn eine jener Aufrüherstädte, die als ureigene Schöpfung des Deutschen Ordens gegründet und zu hoher Blüte gebracht worden war. Die Stadt gehörte zu den Mitbegründern der Hanse.
Sie hatte bereits am 7. August 1410 den polnischen Truppen kampflos ihre Tore geöffnet, während der Rat dem Sieger huldigte.
In Thorn nahm die Entwicklung des Bundes gegen Gewalt Gestalt an. Hier wurde die Entscheidung gefällt, diese Vereinigung zur »Wiederherstellung der alten Ordnung und als Refor-

mator des Ordensstaates« aufzubauen. Seine wirkliche Aufgabe aber war die Vernichtung des Deutschen Ordens. An der Spitze stand der aus Westfalen stammende Bürgermeister von Thorn, Tilemann vom Wege. Dieser war es, der auf einer Tagfahrt zu Elbing am 24. September 1451 den neuen Hochmeister Ludwig von Ehrlichhausen niederschrie und ausrief: »Wäre hier ein Bürger von Thorn, der den Brief des Hochmeisters annähme, dem wollten wir den Kopf abschlagen und ihn vor die Hunde werfen.«

Von Thorn ging eine Gesandtschaft an Polens König ab, die diesem die Herrschaft über Preußen antrug. Der Edelmann Hans von Boysen war Führer dieser Gesandtschaft. Rotger von Birken war als Bürgermeister-Stellvertreter von Thorn mit von der Partie.

Polens geschickte Diplomaten machten aus der Vereinigung gegen Gewalt eine Wiedervereinigung mit Polen.

Am 27. Mai 1454 zog König Kasimir von Polen vielbejubelt in Thorn ein. Er wurde von den Einwohnern der Stadt willkommen geheißen. Die Räte von Thorn und Kulm huldigten ihm.

Erst nach dem Sieg des Deutschen Ordens in der Schlacht bei Konitz kehrte wieder Ruhe ins Land ein. Königsberg und viele der abtrünnigen Städte kehrten zum Orden zurück. Thorn, Danzig, Kulm und Braunsberg aber blieben »polnisch«, auch wenn Polen zu ihrem Aufbau und ihrer Entwicklung keinen Handschlag getan hatte.

Nun aber merkten die Städte des Bundes, daß sie Teufel mit Beelzebub hatten austreiben wollen. Polnische Steuereintreiber und Geldsammler beuteten sie unerbittlich aus. Ordensgetreue Gewerke übernahmen im Handstreich wieder die Macht in Thorn, um von polnischen Truppen und 500 Söldnern aus Danzig zusammengeschlagen zu werden.

Womit sich erstmals in der Öffentlichkeit ehemalige Ritter Danzigs gegen ihre eigenen Ritterbrüder versündigten. Fünfundsechzig der »Aufrührer«, die Thorn zum Orden zurückbringen wollten, wurden auf dem Markt in der Altstadt ohne Gerichtsverhand-lung enthauptet. Dazu ließ der Rat der Stadt die

Lüge verbreiten, diese Enthauptungen seien vom polnischen König befohlen worden.
Am 19. Oktober 1466 wurde im berüchtigten »Zweiten Thorner Frieden« der Ordensstaat entmachtet. Wieder war es August von Kotzebue, der dieses Ereignis treffend charakterisierte: »Dreizehnjähriger Jammer, ein kurzer Siegestaumel, das Joch einer fremden Nation, die Zerrüttung des Vaterlandes und der Fluch der Nachkommen, denn die Geißel, dem Orden entrissen, wurden in den Händen der Polen zu Skorpionen.« (Siehe: Kotzebue, August von, Ausgewählte prosaische Schriften, Bd. 10 1867–1868.)

Niedergang des Städtebundes bis zu dessen Auflösung

Noch immer geisterten die Forderungen der Bundesstädte nach voller Selbständigkeit durch die Politik Preußens. Der Hochmeister schuf im Verein mit seinen Gebietigern ein neues Ordensgesetz, das alle vorherigen Hochmeistergesetze vereinigte. Das neue Gesetzbuch wurde in drei Exemplaren ausgefertigt: eines für Preußen, eines für Livland, das dritte für den Deutschmeister. Um den inneren Landesfrieden wiederherzustellen, erhielten alle Ordenskomture die Weisung, von den Rittern und den vornehmsten Gutsherren ihres Gebietes Wünsche, Klagen und Vorschläge zu erfahren, um Zwistigkeiten anschließend zur Zufriedenheit aller klären zu können.
Es gab die verschiedensten Klagen. Danzig, Dirschau und Schwetz klagten wegen der Teuerung, die Bauern wiederum darüber, daß die Städte von den Gutsherren die Erzeugnisse der Landwirtschaft wohfeil einkauften, ihrerseits aber ihre Waren teuer verkauften, daß vor allem die Handwerker immer teurer würden. Außerdem habe sich der Lohn für Knechte und Mägde verdoppelt.

In Thorn, Graudenz und anderen Städten wurde freier Handel mit freien Land- und Wasserstraßen für jedermann gefordert. Die Schiffahrt auf der Weichsel sollte aber für Polen im Ordensland eingeschränkt werden, um dessen Konkurrenz auf den Märkten auszuschalten.

Eine zweckmäßige Gesindeordnung, strengere Gesetze für die Handwerker, ein jährlicher Richttag und anderes mehr stand auf dem endlosen Wunschzettel der Befragten.

Die Befreiung vom Pfundzoll war oberste Forderung aller Städte und Gemeinden. Im Januar 1445 fand darüber in Thorn eine Verhandlung statt. Der Bürgermeister der Stadt erklärte, man habe sich an die Schöffenbank zu Magdeburg gewandt, und diese habe die Handfeste der Stadt durchforscht und befunden, daß Thorn von allen Auflagen dieser Art freizusprechen sei; dies nicht nur im Kulmer Land, sondern im gesamten Ordensgebiet.

Der Hochmeister bot dagegen ebenfalls berühmte Gelehrte auf, um zu erklären, daß der Orden zur Einforderung des Pfundzolls das Recht Gottes habe, und verschob die ganze Sache auf einen neuen Verhandlungstag, um Zeit zu gewinnen. Auf dieser nächsten Versammlung in Elbing gewährte der Hochmeister die Bitte der Gutsherren und Bauern von Schwetz, diese auf acht Jahre vom Kuh- und Schweinezins zu entbinden.

Die einzelnen Städte fielen nach und nach vom Bund ab, so daß 1445 nur noch Kulm und Thorn übrigblieben. Ihnen erklärte der Hochmeister auf einem Verhandlungstag, daß er sie nicht vom Pfundzoll freisprechen könne.

Der Hochmeister kam in seinem Bestreben, die Auflösung des Bundes herbeizuführen, gut voran. In Ritter Hans von Baysen fand er einen Fürsprecher, der seine Eingaben noch verbesserte, bevor sie dem Bund vorgelegt wurden.

Der erste Versuch gelang in Pommerellen, wo allerdings der Bund ohnehin nicht sehr stark vertreten war. Alle Städte und Gemeinden aber, auf die Danzig Einfluß hatte, zögerten noch oder erklärten sich nur dann zum Austritt aus dem Bund bereit, wenn andere Städte vorausgingen und der Hochmeister sie vor Übergriffen aus Danzig bewahren könne. Im Kulmer Land waren die

Versuche, dem Bund den Garaus zu machen, nicht sonderlich erfolgreich. Überall berief man sich auf die großen Städte Thorn und Kulm. Die Kulmer erklärten eindeutig: »Der Bund ist mit Eintracht aller gegründet, er muß auch in Eintracht aller wieder aufgelöst werden.«

Auf der Tagfahrt zu Marienwerder im Juli 1446 hatten die Abgeordneten der großen Städte das Wort. Sie erklärten, daß sie den Bund nicht aufgeben wollten, sondern seine Erhaltung und Verteidigung befürworteten. Dem stimmten nun auch die zögernden kleinen Städte zu, und Hans von Baysen mußte dem Hochmeister melden: »Der Bund ist nach gemeinsamer Beratung erneuert worden: Er streitet jedoch nicht wider des Ordens Rechte, sondern nur wider Gewalt und Unrecht.«

Als Deutschmeister Eberhard von Stetten im Frühjahr 1447 starb, nachdem kurz zuvor auch Papst Eugen IV. verstorben war und in Nicolaus V. seinen Nachfolger gefunden hatte, schien die Chance eines ganz neuen Anfangs in Preußen gegeben. Nach einigen Querelen wurde Jost von Venningen zum neuen Deutschmeister gewählt.

Zu einem wichtigen Ordenskapitel lud der neue Hochmeister Konrad von Erlichshausen gegen Ende des Jahres 1447 ins Haupthaus Marienburg ein. Er hatte bei der Visitation der verschiedenen Konvente Zustände vorgefunden, die einer Änderung bedurften. Der Gottesdienst war schludrig und säumig gehalten worden. Die Hausgesetze wurden nicht befolgt. Ordensburgen verfielen, und die Wälder wurden, um Bauholz zu gewinnen, kahlgeschlagen oder durch die Vermehrung der Pechöfen, in denen Pechtannen und Kiefern zur Gewinnung von »Pech« verbrannt wurden, verwüstet. Das Fortbleiben der Ordensbrüder ohne Urlaub hatte zu schlimmen Auswüchsen geführt. Selbst in den Spitälern, den Vorzeigeeinrichtungen des Ordens, waren Unregelmäßigkeiten vorgekommen.

Es wurde befohlen, die Schonung der Wälder zu beachten, damit auch ihre Nachfahren noch etwas davon hätten. Das Brechen alter Ordensgesetze sollte streng bestraft werden. Unordentliche Ordensbrüder waren zu entfernen oder zur Besserung in weit

entfernte Konvente zu schicken. Der Hochmeister suchte bei Papst Nicolaus V. um eine Bulle nach, in der allen Geistlichen, fremden Fürstenhäusern und Rittern verboten werden sollte, abtrünnige Ordensbrüder bei sich aufzunehmen.
In bezug auf das Verhältnis zu Polen und dessen neuem Herrscher Kasimir IV., war der ewige Frieden zu Rastenburg im Februar 1448 vom Hochmeister, dem Bischof Nicolaus vom Samland, dem Ordensmarschall und vielen Gebietigern beschworen worden.
Schwierigkeiten bereitete dem Orden noch der Kurfürst von Brandenburg. Es gab immer noch Zweifel am rechtmäßigen Besitz der Neumark, und ein besonderer Streitfall war die Brücke bei Santock. Sorgenvoll betrachtete der Hochmeister außerdem die Tatsache, daß Herzog Heinrich von Mecklenburg sich mit Kaspar von Isenburg verbündet hatte, um mit dessen Truppen gemeinsam über das Eis oder Oder in die Neumark einzufallen, weil der Orden angeblich die Städte Rostock und Wismar benachteiligt habe.
Nun galt es, die Neumark zu sichern. Truppen wurden dorthin beordert und an der Oder bereitgestellt. Die Herzöge von Wolgast und Barth schickten dem Orden ihre Fehdebriefe. Nur Joachim von Stettin hielt unverbrüchlich zum Orden. Otto und Joachim von Blankenburg schickten ebenfalls ihre Fehdebriefe zur Marienburg. Als der Hochmeister sie jedoch eindringlich auf die Folgen ihres Tuns hinwies, steckten alle zurück.
Im Herbst 1449 erlitt der Hochmeister einen Schlaganfall, von dem er sich zunächst rasch erholte, so daß er seine Reise durch das Land fortsetzte. Als er Anfang Oktober über Roggenhausen nach Graudenz ritt, wurde er abermals vom Schlag getroffen. Er ließ sich nach Papau fahren. Von dort konnte er die Reise nicht mehr fortsetzen. Er wurde zur nächstgelegenen Ordensburg Stuhm gefahren und nach einigen Tagen der völligen Ruhe zur Marienburg geschafft. Am 7. November 1449 starb er in seiner Kammer. Er war der letzte Hochmeister, der in der St. Annengruft der Marienburg bestattet wurde.
Konrad von Erlichshausen hatte sich redlich bemüht, den Gesetzen des Ordens erneut Geltung zu verschaffen. Er hatte auch stets

vor Zauberei und Aberglauben gewarnt und erreicht, daß alles preußische Gesinde das Vaterunser und die Glaubensregeln lernten.

Das Generalkapitel zu Marienburg

Anfang Dezember 1449 wurde Großkomtur Heinrich von Richtenberg zum Statthalter ernannt. Er lud die Landmeister von Livland und Deutschland und alle Komture aus dem gesamten Deutschen Reich zur Meisterwahl nach Marienburg. Diese fand am 21. März 1450 statt. Gewählt wurde der Bruder des verstorbenen Hochmeisters, Ludwig von Erlichshausen, der bis dahin Komtur zu Mewe gewesen war. Marienburg huldigte ihm zuerst, ehe er seine Antrittsreise durch Preußen begann.
Auf einer Tagfahrt zu Elbing fuhr der neue Hochmeister die Vertreter des Bundes mit scharfen Worten an: »Euer treuloses Bündnis, das ihr gegen Euren Herrn gemacht habt, hat noch kein redlicher Mann gebilligt – ich werde es niemals billigen. Wollt ihr vom Legaten keinen Kirchenbann befürchten, so zeigt euch von jetzt an gehorsam.«
Als im folgenden Jahr durch Hans von Baysen eine Spaltung des Bundes aus Thorn gemeldet wurde, und dieser darauf hinwies, daß nun die Zeit der Auflösung desselben gekommen sei, ließ der Hochmeister durch seine Komture alle Ritter und Herren bitten, die Versammlungen des Bundes nicht mehr zu besuchen. Hinzu kam, daß sowohl der Deutschmeister, als auch der Hochmeister beim deutschen König erfolgreich gegen diesen Bund interveniert hatten, so daß dieser »an solchem Vornehmen und Handlung des Bundes großes und erschreckliches Mißfallen gefaßt« hatte. Der König bezeichnete den Bund als »gegen geistliches und weltliches Recht streitend« und befahl, »ihn mit Güte abzutun und sich nicht mehr gegen Gesetze, Freiheit, Recht und löbliche Ordnung aufzulehnen«.

In Marienwerder wurde dieses Schreiben Ende September 1451 zur Grundlage einer Tagfahrt gemacht und verlesen. Der Hochmeister sicherte dem Bund wiederum zu, daß er gegen Überfall, Gewalt und Unrecht durch ihn persönlich geschützt werde. Alles dies fruchtete nichts.

Ende März 1452 wurde das Generalkapitel zur Marienburg einberufen. Die Meister von Deutschland und Livland waren anwesend. Diese Gelegenheit wollte der Bund nutzen, den Hochmeister und seine Gebietiger öffentlich anzuklagen und dadurch die Gesetzmäßigkeit und Rechtmäßigkeit des Bundes zu erhärten.

Während dieser Verhandlungen traf eine neue Bulle des Papstes ein. Darin erklärte der Heilige Vater den »Bund für null und nichtig«. Allen Angehörigen des Bundes drohte er mit dem päpstlichen Bann, wenn sie den Bund nicht sofort auflösen und zum Gehorsam gegen den Orden zurückkehren würden.

Trotz einer Erklärung des Kaisers, daß der Städtebund in Preußen gegen Gesetz und Recht streite, und trotz des kaiserlichen Mahnschreibens an Danzig, sofort dem Bund abzuschwören und sich dem Orden wieder zu unterwerfen, geschah nichts dergleichen.

Die Berater des Ordens rieten dem Hochmeister, »einige tausend Trabanten in Böhmen oder Mähren aufzunehmen«, um sich gegen den Bund zu sichern, bis auf dem nächsten Reichstag zu Johanni des kommenden Jahres vom Kaiser eine endgültige Entscheidung gefällt werden würde.

Haß und Zwietracht zwischen Bund und Orden nahmen ihren Fortgang. Die Städte des Bundes verstanden es, »das gemeine Volk mit allerlei Versprechungen für sich einzunehmen«, so daß sich der Hochmeister in einer ständig schwieriger werdenden Lage sah.

Der Hochmeister versicherte sich der beiden Rechtsgelehrten Doktor Peter Knorr, Propst zu Wetzlar, und Doktor Gregor Heymburg aus Nürnberg, um die Ordenssache am Kaiserhof zu vertreten. Durch seinen Geschäftsträger, der nach Bologna reiste, erhielt er außerdem ein günstiges Rechtsgutachten der weltbekannten Rechtsfakultät der dortigen Universität. Der Deutsch-

meister wurde gebeten, sich bei den deutschen Fürsten, Erzbischöfen und Markgrafen für die Sache des Ordens zu verwenden.
Als Bevollmächtiger des Ordens reisten Bischof Franziscus von Ermland, der Ordensspitler Heinrich Reuß von Plauen und eine Reihe weiterer hoher Gebietiger nach Wien.

Der Bund wird gebannt

Die Sache des Bundes wurde dort durch Gabriel von Baysen, Ramschel von Krixen, Hans Thauer, Tilemann vom Wege, Hans Mytzkow, dem Bürgermeister von Kulm, und jenem von Danzig, Wilhelm Jordan, vertreten.
Der Gerichtstag wurde am 29. Oktober eröffnet. Von nun an ging es bis zum 9. November in Anklage, Rechtfertigung und Gegenanklage weiter. Das Hauptargument des Ordens war: »Dieser Bund ist wider das Kaiserrecht und die Goldene Bulle. Er ist von Anfang an Unrecht.«
Die Abgesandten des Bundes erklärten, daß ihr Bund eine reine Notwehrmaßnahme sei. Sie müßten sich zur Wehr setzen, wenn der Orden ihnen Unrecht tue.
Der Anwalt des Ordens verlangte die Abstellung und Nichtigerklärung des Städtebundes: »Auslieferung des Bundesbriefes, Zurücknahme des Erlaubnis- und Bestätigungsbriefes des Kaisers, den Verfall aller Lehnsgüter der Bundesangehörigen wegen ihres Ungehorsams, Bestrafung nach Inhalt der Goldenen Bulle und Verlust ihrer Freiheiten. Dazu 200 000 Gulden Schmerzensgeld für erlittene Schmach, 400 000 Gulden als Schadenersatz und Wiedereinsetzung des Ordens in alle seine Gerechtsame.«
Der Kaiser bemühte sich mit seinen Räten einige Tage lang um einen Richterspruch. Am 29. November erfolgte die Entscheidung:

»Es ist durch Uns mitsamt Unseren Räten und Beisitzern zu Recht erkannt, daß die von der Ritterschaft, Mannschaften und die von den Ständen des Bundes in Preußen den Bund nicht billig gebildet, noch ihn zu bilden Macht gehabt haben, daß auch derselbe Bund von Unwürden, Unkräften, abgegangen und vernichtet ist, und soll darnach in dem andern geschehen, was Recht ist.«

Dieser Spruch, der das Ende des Bundes bedeutete, wurde urkundlich ausgefertigt, unterschrieben und gesiegelt und jeder Partei zugestellt. In der Urkunde wurden alle anwesenden deutschen Fürsten und Erzbischöfe namentlich genannt. Das Studium dieser Namen zeigt, daß die meisten deutschen Fürsten anwesend waren, als es um das Wohl und Wehe des Ordens ging.
Der Bund gegen Gewalt war nicht mehr! Dieser ließ jedoch nicht davon ab, den Orden in Wien zu denunzieren und ihn der schrecklichsten Verbrechen anzuklagen. Thorn, Elbing und Danzig riefen zum Kampf gegen den Orden auf, und Anfang des Jahres 1454 planten die Bundesstädte in einer Geheimsitzung den Abfall vom Orden.
Ein Ritterhaufen des Bundes unter Otto von Machwitz lauerte den drei Ordensoberen auf, die zu den Friedensbrechern nach Thorn reisen wollten, und führten sie gefangen dorthin. Die Burg befand sich bereits in den Händen des Bundes. Thorn war als erstes Ordenshaus – nach mehr als 200jähriger Zugehörigkeit – in die Hand der Aufständischen gefallen. Einige weitere Burgen kamen hinzu.
Hochmeister Ludwig von Erlichshausen ließ alle in der Nähe stehenden Truppen in die Marienburg einrücken. Einige weitere Burgen gingen verloren. Die Elbinger Burg konnte sich einige Zeit verteidigen, ehe sie am 12. Februar 1454 fiel. Preußisch-Holland erlitt das gleiche Schicksal. Dreizehn Burgen fielen den Aufständischen binnen eines Monats in die Hände.
Das Domkapitel von Ermland stellte sich auf die Seite des Bundes, um seine Habe zu retten. Danach ergab sich auch Königsberg, und zuletzt fielen Rheden und Strasburg.

Der 13jährige Krieg gegen den Orden (1454–1466)

Aus allen Großräumen des Ordenslandes schickten die aufständischen Ritter nunmehr ihre Absagebriefe an den Hochmeister. Rettung konnte nun nur von außen kommen. Der neue Deuschmeister Ulrich von Lentersheim wurde gebeten, bei allen deutschen Fürsten um Hilfe für den Orden nachzusuchen – ohne Erfolg. Kurfürsten und Reichsstände hatten offenbar vergessen, was der Kaiser zum Bund gegen Gewalt gesagt hatte.

Am 6. März 1454 stellte sich der Bund offiziell in Krakau unter polnischen Schutz. König Kasimir IV. nahm sie sofort als seine Untertanen auf und hatte damit gleichzeitig Preußen den Krieg erklärt.

Kasimir IV. ernannte am Sonnabend vor Invocavit 1454 Hans von Baysen zum Gubernator von Preußen. Damit hatte dieser die Landesverwaltung übernommen. Er stellte fremde Söldner ein und schickte seinem Bruder Stabor, Oberbefehlshaber der Marienburger Truppen, den Entsagebrief. Den Hochmeister forderte er auf, »vor die Tore der Marienburg zu treten und die Kriegserklärung in Empfang zu nehmen. Danach zog das Belagerungsheer des Bundes vor die Marienburg, deren Verteidigung dem Ordensspitler Heinrich Reuß von Plauen oblag.

Nunmehr reiste der amtierende Deutschmeister mit Markgraf Albrecht von Brandenburg nach Prag, um den böhmischen König zur Hilfeleistung für den Orden zu bewegen.

Thorn und Danzig huldigten König Kasimir IV., als dieser mit seiner Gemahlin dort eintraf. Die Marienburg wurde belagert. Bei Dirschau vereinigten sich die Belagerungstruppen und zogen in ihr verschanztes Lager im Wernauischen Wald.

Die Marienburg war von drei Seiten eingeschlossen. Die Belagerung dauerte wochenlang. Im Lager König Kasimirs IV. versammelten sich Abgesandte des Papstes, des Kaisers und der deutschen Reichsfürsten. Alle ermahnten Kasimir, die eroberten Gebiete wieder herauszugeben. Dieser gab ihnen nichtssagende Antworten und reiste nach Krakau zurück.

Als Stuhm, wohin sich der Hochmeister zurückgezogen hatte, am 8. August 1454 von diesem wieder geräumt wurde, erhielt er freies Geleit zur Marienburg, die nach wie vor einem 8000 Mann starken Belagerungsheer standhielt.
Ein Ausfall mit 2000 Reitern konnte Danziger Fouragewagen, auf denen Verpflegung herangefahren wurde, erbeuten. In einem nächtlichen Handstreich eroberte Hans von Hohenstein weitere 40 Wagen mit Lebensmitteln. Das Danziger Belagerungsheer wurde in der nächsten Nacht entscheidend geschlagen. Eine starke Kampfgruppe des Ordens setzte den Zurückweichenden nach und tötete viele der Danziger. Andere ertranken in der Weichsel. Nur wenige erreichten Danzig.
Bereits am 12. September 1454 kehrte König Kasimir IV. mit 12 000 Mann nach Preußen zurück. Weitere Verstärkungen kamen hinzu, so daß das polnische Heer 40 000 Mann umfaßte. Auch das Ritterheer erhielt Verstärkung in Gestalt von 9000 Reitern Herzog Rudolfs von Sagan und 6000 Trabanten.
Am 18. September 1454 kam es bei Konitz zur Schlacht. In einem wilden Gemetzel fielen 3000 Polen. Unter ihnen 136 Woiwoden, Hauptleute, Ritter und Edle. Des Königs Kanzler starb ebenso wie sein Marschall, Hauptmann Scherlenski. Die polnische Reichsfahne fiel in die Hände der Ordensritter. Polens König gelang die Flucht. Konitz selbst konnte zwei Jahre lang aus polnischen Beutebeständen versorgt werden. Diese Schlacht war nach langen Jahren der Demütigung ein großer Erfolg. Viele Städte des Bundes ergaben sich daraufhin dem Orden.
Der Krieg ging dennoch weiter. Calixtus III. und der Kaiser luden die polnische Führung und jene des Bundes vor Gericht. Als diese der Forderung nicht folgten, wurde über sie die Reichsacht verhängt. In der Achterklärung des Kaisers über den Bund, in Neustadt am 24. März 1455 verkündet, heißt es unter anderem: »Alle männliche Personen in Preußen über 14 Jahre werden mit allem Eigentum, Hab und Gut außer dem Frieden erklärt, also daß niemand im Reich sie hausen oder beherbergen, speisen oder tränken, noch Gemeinschaft mit ihnen haben soll.«
Raub und Plünderungen auch durch die Söldner des Ordens, die

ihren Sold nicht erhielten, waren an der Tagesordnung. Der Deutsche Orden, einst hochgelobt und gefeiert, versank im Chaos. Hilfe aus Deutschland blieb aus. Schließlich erklärte selbst der Deutschmeister auf dem Reichstag zu Nürnberg 1456, daß die Lage des Ordens in Preußen ernst sei und der Verlust Preußens unmittelbar bevorstehe.

Ein Jahr darauf, auf dem Reichstag zu Frankfurt, wurde eine Resolution der Kurfürsten verlesen, daß »die Ehre des Deutschen Reiches die Bestrafung des an Preußen und dem Reich begangenen Unrechts verlangt«.

Der beschlossene Reichszug nach Preußen blieb aus. Im Gegenzug marschierten polnische Truppen ab April 1457 nach Danzig und standen am Abend vor Pfingsten vor der Marienburg. Der dort sitzende Hauptmann Czirwenka übergab die Burg. Ludwig von Erlichshausen wurde befohlen, das Haupthaus zu verlassen und mit den wenigen Rittern nach Dirschau zu gehen. Er wurde statt dessen von der polnischen Eskorte nach Schwetz geschleppt und gelangte von dort aus nach Konitz. Hier gelang ihm die Flucht nach Mewe. Auf einem Fischerkahn erreichte er schließlich Königsberg. Von nun an sollte diese Stadt Hochmeistersitz sein.

Am Pfingstdienstag 1457 zog König Kasimir IV. in die Marienburg ein, um die 1458 erneut der Kampf entbrannte. Sie wurde von ihrem tapferen Bürgermeister Bartholomäus Blume den Polen zunächst entrissen. Polnische Truppen griffen sie daraufhin von allen Seiten an. Zwanzig Wochen leistete sie Widerstand, ehe sie von Polen und tatarischen Söldnern erobert wurde. Bürgermeister Blume wurde enthauptet, sein Körper anschließend gevierteilt.

In Thorn und Danzig herrschte Anarchie. Die Stadt Mewe wurde von polnischen Söldnern und Danzigern eingeschlossen. Sie hielt sich einige Monate und fiel schließlich ebenfalls dem Feind in die Hände.

1464 wütete die Pest erneut in Danzig und forderte 20 000 Tote. Eine Friedensmission der Hansestädte scheiterte, und 1465 marschierte König Kasimir IV. nach Pomerellen ein. Kriegsvolk aus Danzig schloß sich ihm an.

Am 16. Dezember 1465 kam es zum Kampf um Stargard. Nach einem Kniefall des päpstlichen Legaten, Bischof Rudolf von Lavant, der von Papst Paul II. geschickt worden war und König Kasimir fußfällig bat, dem Blutvergießen ein Ende zu machen, war dieser bereit, den Hochmeister nach Thorn einzuladen und mit ihm ein letztes Friedensgespräch zu führen.

Mitte Oktober 1466 reiste der Hochmeister nach Thorn. Er wurde von König Kasimir IV. mit Handschlag begrüßt. Nunmehr wurde das Schicksal Preußens entschieden. Am 19. Oktober 1466 siegelten beide Seiten den Zweiten Thorner Frieden. Preußen verlor dabei das gesamte Kulmer Land mit allen Schlössern und Städten, das Michelauer Gebiet und Pomerellen mit allen Städten und Schlössern.

Unter Artikel 4 wurde hingegen erklärt: »Das gesamte übrige Land Preußen, Samland, das Nieder- und Hinterland mit allen Städten und Schlössern behält der Orden in ungestörtem Besitz. Der König von Polen verzichtet für sich und alle seine Nachfolger auf allen Besitz und das Eigentumsrecht dieser Lande.«

Artikel 6 war das Kernstück des Vertrages: »Der König von Polen nimmt den Hochmeister als polnischen Reichsfürsten und beständigen Rat, die vornehmen Gebietiger, welche der Meister dazu in Vorschlag bringen wird, als polnische Reichsräte auf.«

Der Hochmeister und alle seine Nachfolger wurden des weiteren in die Pflicht genommen, jeweils sechs Monate nach ihrer Wahl »sich persönlich vor den König zu stellen« und diesem »für seine Gebietiger und Lande den Eid pflichtiger Treue, stete und unverbrüchliche Aufrechterhaltung des Friedens und die Unauflöslichkeit dieses Eides zu schwören. Er wird im Reichsrat einen Platz zur Linken des Königs erhalten«.

»Die Gefangenen beider Seiten sollen freigegeben werden«, lautete der letzte Satz dieser für Preußen entscheidenden Urkunde. (Siehe Original des Friedensschlusses in: Thorum die solis decima nona October 1466.)

Ein beinahe 14 Jahre dauernder Kampf war zu Ende gegangen. Die Verluste beider Seiten während dieser Zeit betrugen etwa 300 000 Menschen.

Polen hatte 9 600 000 ungarische Gulden an Geld aufgewandt, der Orden 5 700 000 Gulden; ungerechnet der hohen Schulden, die den Orden und jede Ordensstadt drückten.
Als man König Kasimir IV. diese Zahlen vorlegte, rief er aus: »O Gott! Ist doch fürwahr das ganze Land nicht so viel wert als es christliches Blut und großes Geld gekostet.« (Siehe: Tileman von Wege, Thorner Copienbuch im Ratsarchiv Thorn, Thorn 1451.)
Nachdem der Friede hergestellt war, kehrte die Pest zurück. Sie war erneut ausgebrochen, weil man viele Tausende von Toten in die diversen Flüsse geworfen hatte. Die Seuche entvölkerte ganze Dörfer.
Hochmeister Ludwig von Erlichshausen kehrte nach Königsberg zurück. Hier erkrankte er an einem unbekannten Gebrechen und starb am 4. April 1467. Als erster Hochmeister des Ordens wurde er im Chor der Königsberger Kathedrale bestattet. Er hatte den Orden 17 Jahre lang unter widrigsten Umständen geführt.
Wenn teilweise noch immer behauptet wird, daß ihm und dem gesamten Orden in diesem Kampf der Mut gefehlt habe, so ist dies nicht zutreffend. Es war die Entscheidungsschwäche der Reichsfürsten, des Kaisers und der Päpste und nicht zuletzt die Untätigkeit des Deutschmeisters und der Ritterschaft des Ordens in Deutschland, die dazu geführt hatte, daß Preußen kollabierte.

Bis zum bitteren Ende

Heinrich Reuß von Plauen wurde 1467 zunächst Statthalter des Ordens in Preußen. Ihm stand sein Kellermeister Hans von Tiefen in buchstäblich jeder Situation zur Seite. Der Statthalter in Preußen konnte nämlich weder lesen noch schreiben. Dennoch war er ein überaus tatkräftiger Mann, wie ihn diese Zeit brauchte.
Er beschwor den Landmeister von Livland, den Deutschmeister und alle Gebietiger in Preußen, von seiner Wahl als Hochmeister

abzusehen. Die Begründung dafür lieferte er gleich mit: »So lange ich nicht offizielles Oberhaupt des Ordens bin, brauche ich und der Orden dem König von Polen auch keinen Lehnseid zu leisten.« Er wurde dennoch 1469 offiziell Hochmeister. Er führte die Reorganisation des Führungswesens durch und verhandelte im August 1467 auf einer Tagung zu Elbing mit dem Gouverneur Polens, Stibor von Baysen, und den Bürgermeistern von Thorn und Danzig. Es ging um Soldzahlungen und die Rückgewinnung der wegen fehlenden Geldes an die Söldnerführer verpfändeten Dörfer.

Am 2. Januar 1470 starb Heinrich Reuß von Plauen. Als Bernhard von Zinnenberg fünf Tage später in Kulm starb, standen alle vor einem Rätsel. Er soll vergiftet worden sein. Einen Monat später trat Hochmeister Heinrich Reffle von Richtenberg sein Amt an. Er leistete erst im November dieses Jahres den Huldigungseid. Als Hochmeister steuerte er einen strikten Sparkurs auch am eigenen Hof, wo vor seiner Zeit täglich bis zu 250 Menschen beköstigt, gekleidet und besoldet wurden. Die Söldner, deren Forderungen nicht befriedigt wurden, versuchten sich »den Sold aus dem Land« zu holen.

Ebenfalls im Januar 1470 war Dietrich von Cuba neuer Bischof von Samland geworden. Als er gegen den Orden stritt, wurde er verhaftet. Die Fama berichtet, daß Dietrich von Cuba mit eisernen Ringen an eine Mauer geschmiedet worden sei. Zwei Ritter hätten ihn bewacht. Alle Speisen, die man ihm zuführte, seien von diesen beschlagnahmt worden. Nach einer Reihe weiterer Tage sei Dietrich von Cuba entkräftet gestorben. Seine Leiche wurde nach Königsberg gebracht und »in geziemender Weise mit allen Ehren im Dom bestattet«. (Siehe: Ordenschronik des Deutschen Ordens zu Preußen.) In der Ordenschronik ist sein »Tod durch die Pest« bezeugt. Alle Gerüchte über den vorher geschilderten jammervollen Tod dementierte der Hochmeister mit den Worten: »Die herrschende Pestseuche ist über ihn gekommen, und der natürliche Tod hat ihn von dieser Welt genommen.« (Schreiben des Hochmeisters an den Deutschmeister am Tage Bartholomäus 1474.)

Im April 1476 traf König Kasimir von Polen in Preußen ein. Er lud alle Gebietiger des Ordens zu einer Tagfahrt nach Marienburg. Auch den Hochmeister »als seines Reiches Fürsten und beschworenen Rat« ließ er dazu auffordern. Der König verlangte die sofortige Vertreibung des Bischofs von Ermland, der ihm nicht genehm war. Doch der Hochmeister sagte dies nicht zu. Er vertrat den Standpunkt, daß diese Entscheidung nicht einem weltlichen Herrscher, sondern dem Heiligen Stuhl vorbehalten sei.
Als Heinrich Reffle von Richtenberg am 20. Februar 1477 starb, wurde erst am 4. August des Jahres mit Martin Truchseß von Wetzhausen ein neuer Nachfolger gefunden. Dieser wurde vom polnischen König aufgefordert, vor dem Reichstag zu Pertikau zu erscheinen und dort den Huldigungseid zu leisten. Der Hochmeister ignorierte diese Aufforderung.
Als der König von Polen und dessen Sohn »wegen Unterstützung der Ketzerfeinde und Glaubensfeinde gegen den christlichen König von Ungarn mit dem Bannfluch belegt« wurden, sprach ein Erlaß des päpstlichen Nuntius an den deutschen Orden diesen und alle Untertanen und Bewohner des Landes von allen Verpflichtungen gegenüber dem polnischen König los. Der Huldigungseid und ebenso der Untertaneneid seien nicht mehr zu leisten.
König Kasimir IV. versicherte dennoch in Brzese, daß er auf »Preußen nie mehr verzichten« werde. Polnische Heere zogen wieder nach Preußen und drangen tief in das Ordensland ein. Der Hochmeister mußte sich nach einigen Niederlagen dem Zwang beugen und leistete am 9. Oktober 1479 den Treueid. Nach Königsberg zurückgekehrt, versuchte er, dem Orden wieder zu altem Glanz zu verhelfen. Zunächst versammelte er im November 1479 alle Gebietiger des Ordens. Der eingeladene Deutschmeister Ulrich von Leutersheim erschien nicht. Bernhard von Borg, Landmeister von Livland, war für keine Reform zu gewinnen.
Das Landkapitel zu Königsberg, das alle Ordensoberen zusammenführte, brachte 1480 einige Verbesserungen in bezug auf die Krankenpflege, die strenge Abhaltung der Gottesdienste und vor allem die Unterlassung von »Afterreden und Lästerungen untereinander«. Es folgte 1482 eine Erneuerung der Gesetze für das

preußische Gesinde, dem die Verhaltensweisen bei Gottesdiensten und beim Dienst an seiner Herrschaft vorgeschrieben wurden. Nur in Notfällen sollte mit Erlaubnis der Pfarrer an Sonntagen gearbeitet werden. (Siehe: Landtag zu Bartenstein am Tage Hedwig 1482.)

Auf einem Treffen mit König Kasimir IV. und dem daran anschließenden »Tag von Christburg« im Juli 1488 wurde dem Hochmeister vom Hauptmann der Marienburg vorgeworfen, er sei »in keinem ehelichen Bette geboren«.

Dieser völlig aus der Luft gegriffene Vorwurf schien den ohnehin angeschlagenen Hochmeister zusätzlich geschwächt zu haben. Auch der berühmte Arzt Sebaldus Erckel aus Elbing konnte ihm schließlich nicht mehr helfen. Am 5. Januar 1489 starb Martin Truchseß von Wetzhausen.

Johann von Tiefen, bislang Komtur zu Brandenburg, wurde am 1. September 1489 in Königsberg zum neuen Hochmeister gekürt. König Kasimir IV. beglückwünschte ihn und lud ihn zugleich zur Eidesleistung nach Radom ein.

Der neue Hochmeister kam dieser Aufforderung am 18. November 1489 nach. Er versuchte sich an einer Ordensreform, scheiterte aber ebenso wie sein Vorgänger am Starrsinn und Wohlleben der Ritter.

1492 lud er sowohl den Landmeister von Livland als auch den Deutschmeister nach Königsberg ein. Keiner der beiden erschien. Der Landmeister von Livland erklärte, daß feindliche Absichten des Großfürsten von Moskau ihn festhielten, während Deutschmeister Andreas von Grumbach vorgab, König Maximilian Kriegshilfe gegen die Reichsstadt Regensburg leisten zu müssen, was er allerdings nicht tat.

Als türkische Truppen mit gemeldeten 700 000 Mann 1497 über die Donau setzten, verlangte der König von Polen vom Orden die fällige Kriegshilfe. Hochmeister Johann von Tiefen sollte mit einem starken Truppenverband zu Johanni 1497 bei Lemberg zum polnischen Heer stoßen. Er konnte nicht mehr als 400 Ritter und Withinge zusammenrufen. Mit ihnen zog er über Kurow nach Lublin, wo er am 26. Juni 1497 eintraf.

Am 13. Juli erreichte diese kleine Streitmacht Lemberg, wo der Hochmeister eine Weisung der polnischen Heeresführung erhielt, nach Halicz am Dnjestr vorzurücken. Am 5. August zeigten sich an diesem Ort beim Hochmeister die ersten Anzeichen der roten Ruhr.

Johann von Tiefen wurde nach Lemberg zurückgebracht. Hier verstarb er am 25. August 1497. Seine Kampfgruppe wurde entlassen und erreichte nach beschwerlichem Marsch mit ihrem toten Hochmeister am 22. September Königsberg.

Herzog Friedrich von Sachsen trat am 29. September 1498 die Nachfolge als Hochmeister an. Er kündigte kurz nach seiner Ernennung ein großes Ordenskapitel an, machte aber deutlich, daß er den Huldigungseid nicht leisten werde, obwohl der neue König von Polen, Johann I. Albrecht, ihn im Februar 1499 aufgefordert hatte, zu diesem Zweck in Petrikau zu erscheinen.

Der König von Polen erklärte, nach Preußen reiten zu wollen, um den Hochmeister mit der Waffe in der Hand zum Gehorsam zu zwingen.

Für Hochmeister Friedrich war eines klar: wenn er sich und den Orden behaupten wollte, gab es nur einen Weg – den Anschluß an das Heilige Römische Reich deutscher Fürsten.

Hochmeister Friedrich war bei den Rittern und beim Volk beliebt. Er ließ beiden ihr Vergnügen. Besonders beliebt waren seine Pferderennen mit den guten ostpreußischen Pferden, die vor allem in der Niederung der Pissa nördlich der Rominter Heide gezüchtet wurden, wo es weite Wiesen und gute Koppeln gab. (Hier wurde später auch eine berühmte Pferderasse gezüchtet, der Trakehner. König Friedrich Wilhelm I. ließ 1732 in Trakehnen sein Hofgestüt einrichten.)

Alle Klagen seiner Untertanen ließ der Hochmeister gewissenhaft verfolgen und nach Möglichkeit die Schuldigen bestrafen. Selbst die reichen Gutsbesitzer, die sich als Herren des Landes fühlten, bekamen seinen starken Arm zu spüren, wenn sie versuchten, die von freien Bauern bewirtschafteten Höfe an sich zu reißen. Sein besonderes Steckenpferd war die Verbesserung des Handels.

Durch seine Agenten in Polen, insbesondere am polnischen Hof, erfuhr der Hochmeister, daß sich König Johann I. Albrecht mit den Türken vergleichen wolle, um nach Erreichen eines Waffenstillstandes mit der frei werdenden Truppe nach Preußen einzufallen. Dem Gubernador von Baysen habe er bereits Befehl gegeben, auch in Preußen zu rüsten, sich mit den hinzustoßenden polnischen Truppen zu vereinigen und so dem Hochmeister mit Gewalt den Huldigungseid abzuringen.

Herzog Georg von Sachsen, der Bruder des Hochmeisters, ließ eine Nachricht an alle Fürsten und Gebietiger in Deutschland überbringen, in der er erklärte, daß sein Bruder diesen Eid nicht leisten könne, weil er gegen die heilige Kirche und das Reich gerichtet sei:

> »Es ist mein Vorschlag«, erklärte er, »man möge – da soeben der Deutschmeister Andreas von Grumbach gestorben ist –, das Deutschmeistertum mit dem Hochmeistertum verbinden. Damit kann jeder Hochmeister zugleich auch über die Balleien des Ordens in Deutschland und Welschland regieren. Damit ist der Hochmeister ein angesehener Reichsfürst, was nicht nur dem Orden, sondern auch der Kirche und dem Reich Vorteile bringt. Die Wahl eines neuen Deutschmeisters kann unterbleiben, wenn ab sofort die Regierung über alle deutschen Ordensgebiete dem Hochmeister von Preußen übertragen wird.«

Postwendend lehnte das Ordenskapitel in Deutschland ab. Der Plan wurde fallengelassen.

Hartmann von Stockheim wurde 1499 zum neuen Deutschmeister gewählt – und erhielt vom Hochmeister seine Bestätigung.

Als der Hochmeister 1501 erneut aufgefordert wurde, zur Ableistung des Huldigungseides nach Petrikau zu kommen und gleichzeitig zwischen Polen und der Türkei ein Waffenstillstand abgeschlossen und Polens König nunmehr seine Truppen für einen Einfall nach Preußen zur Verfügung hatte, war ein polnischer Angriff vorauszusehen. Die Ordensburgen wurden in Verteidigungsbereitschaft versetzt. Der zur Hilfe gerufene

Landmeister von Livland ließ mitteilen, daß er dazu nicht in der Lage sei.
Den Hilferuf der vom Hochmeister über den Deutschmeister an König Maximilian herangetragen wurde, beantwortete Maximilian folgendermaßen:

> »Der Hochmeister und die Brüder des Ordens haben niemals eine andere Obrigkeit anerkannt, als jene des Heiligen Stuhles, und haben von diesem die Regalien empfangen. Der Friede mit Polen und der sich daraus ergebende Zwang zur Huldigungsleistung durch den Hochmeister ist durch Gewalt zustande gekommen und wird niemals von den Deutschmeistern des Ordens anerkannt werden.«

Der König fuhr fort:

> »Weder der Papst noch Kaiser Friedrich, unter denen der Vertrag über den Orden geschlossen worden ist, noch ich selber, als des Ordens Oberherrn, haben ihn jemals genehmigt.
> Also gebieten wir Dir bei Deinen Pflichten, daß Du weder dem König von Polen, noch sonst jemandes wegen, keinerlei Verpflichtungen Gelübde oder Eide tust, sondern Dich mit Deinem Orden allein in der Geistlichkeit zum Stuhle Roms, zu Kaisern und Königen und dem Heiligen Reich, als desselben unmittelbar Unterworfener haltest und Gehorsam beweist, wie es sich gebührt.« (Schreiben des deutschen Königs an den Hochmeister des Ordens, gegeben zu Nürnberg am 16. März 1501.)

Das waren schöne Worte ohne Substanz: Spiegelfechtereien und keine Hilfeleistungen. Mit einem königlichen Brief allein waren die Zehntausende polnischer Truppen nicht zu stoppen. Nun wußte auch Polens König, daß er sich keinen Zwang aufzuerlegen brauchte.
Hochmeister Friedrich erfüllte dennoch die polnischen Forderungen nicht. Auch dem Nachfolger des am 17. Juni 1501 in

Thorn gestorbenen Polenkönigs Alexander VI. verweigerte er den Huldigungseid.

König Alexander VI. starb am 9. August 1506, und der neue polnische König Sigismund I. beschwerte sich umgehend beim Papst über die Weigerung des Ordensoberen, den Huldigungseid zu leisten. Diesmal forderte Papst Julius II. den Hochmeister auf, seiner Verpflichtung nachzukommen. Das war eine Kehrtwendung um 180 Grad gegenüber seinem Vorgänger Pius III.

1505 kehrte noch einmal die Pest mit aller Wucht ins Ordensland Preußen zurück. Im Bistum Ermland wütete sie den ganzen Sommer und forderte enorme Verluste. Auch Bischof Paul von Samland erlag dieser Seuche.

Das Jahr 1506 begann mit einem am 16. Januar ausbrechenden Feuer in der Ratsstube des Schlosses zu Tapiau. Binnen weniger Stunden wurden unter anderem alle wichtigen Schriften des Ordens, darunter auch die beiden Registerbände der Jahre 1504 und 1505 ein Raub der Flammen.

Da ein polnischer Angriff unmittelbar bevorzustehen schien, ließ der Hochmeister das gesamte Ordensgebiet in fünf Wehrbezirke aufteilen, die jeweils in drei bis vier Unterdistrikte gegliedert wurden. Diese Wehrbezirke waren Pomesanien, Natangen, das Gebiet um Johannisburg, das Gebiet Königsberg und das Samland.

Neben dem Bischof von Pomesanien wurde der Ordensmarschall zum Oberbefehlshaber der Truppen ernannt. Es galt, 24 der stärksten Schlösser und 30 Städte in den bestmöglichen Verteidigungszustand zu versetzen. 23 Schlösser und 17 Städte mußten unverteidigt bleiben, da sie ohnehin in schlechtem Zustand waren und über keine Besatzungen mehr verfügten.

Die Wehrzählung ergab einen Bestand von 17 930 Männern. Von ihnen zogen 7930 Männer in die zu verteidigenden Stellungen und Burgen ein. Dem Ordensmarschall standen demzufolge noch 9943 Mann für die Feldtruppen zur Verfügung.

Da sich der Hochmeister, zum Erzbischof von Magdeburg ernannt, auf die Weisung des Papstes dorthin begeben mußte, übernahmen die Bischöfe Hiob von Pomesanien und Günther von Samland sowie der Ordensmarschall Wilhelm von Eisenberg als

Regenten die Führung des Ordens in Preußen. Ihnen stand der Vertraute des Hochmeisters, Hans von Schönberg, zur Seite. Hochmeister Friedrich reiste am 15. Juni 1507 nach Berlin und von dort aus nach Dresden weiter. Schließlich nahm er in Schloß Weißensee Quartier. Der polnische Angriff blieb jedoch aus.

Auf dem am 25. Mai 1508 beginnenden Reichstag zu Worms war auch der Hochmeister des Ordens zugegen. Als er zu seiner Rede aufgerufen wurde, erklärte er kurz und bündig: »Wenn ich und meine Nachfolger dem König von Polen den Huldigungseid und Lehnseid leisten, hört Preußen auf, zum Reich zu gehören. Der Friedensvertrag, auf den sich der polnische König stützt, ist wider das Heilige Römische Reich und wider des Ordens Gründung gerichtet. Allein mir als Reichsfürsten ist es gegeben, diesen Rechtsbruch zu verhindern.« Dazu ist zu bemerken, daß sich Preußen seit langem als Teil des Heiligen Römischen Reiches Deutscher Nation betrachtete.

Schließlich bat der Hochmeister die kaiserliche Majestät und die Ritter des Reiches, den Orden und Preußen in Schutz zu nehmen und sie vor polnischen Versuchen, ihn aus dem Gebilde des Reiches herauszubrechen, zu bewahren. Die versammelten Ritter sagten dem Hochmeister den vollen Schutz des Ordens zu, falls es zum Krieg gegen Polen kommen sollte.

Ende Juni 1509 kehrte Hochmeister Friedrich nach Sachsen zurück. Die Verhandlungen mit Polen endeten ohne Ergebnis. Im Dezember 1510 erkrankte der Hochmeister schwer. Es ging nun darum, in dieser Krisenzeit einen starken Nachfolger zu finden.

Dazu schlug der Bischof von Pomesanien den jungen Markgrafen Albrecht von Brandenburg, den Sohn der Schwester des amtierenden polnischen Königs, vor. Friedrich von Brandenburg, der diese Mitteilung erhielt, ersuchte den Deutschen Orden, nach dem Tode des jetzigen Hochmeisters seinen Sohn Albrecht zum neuen Hochmeister zu ernennen.

Albrecht von Brandenburg (1511–1525)

Am 14. Dezember 1510 starb Hochmeister Friedrich. Nach einigen Vorgesprächen wurde Markgraf Albrecht von Brandenburg am 13. Februar 1511 eingesegnet und zum Ritter geschlagen. Danach wurde er mit dem Ordenskreuz geschmückt, feierlich in den Orden aufgenommen und mit den Insignien des Hochmeisteramtes ausgestattet.

Dies alles geschah an einem Tage und widersprach in mehr als einem Detail den Vorschriften des Ordens und seinen Regeln.

Im Dezember 1511 erschien eine Delegation des Ordens in Thorn, wo sich zunächst folgende Posse abspielte: König Sigismund von Polen wollte selber den Orden übernehmen und zum Hochmeister erhoben werden. Jeder seiner Nachkommen, der ihm als Hochmeister folgen wolle, dürfe sich jedoch niemals vermählen. Der alte Hochmeister müsse von seinem Amt zurücktreten, würde aber seinem fürstlichen Stand entsprechend versorgt werden.

Leider vergaß König Sigismund, wie denn weiterhin Nachkommen vorhanden sein könnten, wenn sich seine Söhne nie vermählen durften.

Ein unverheirateter Hochmeister hatte nun einmal – Keuschheitsgelübde hin, Keuschheitsgelübde her – keine Söhne als Nachfolger. Dieses Stück aus dem Tollhaus wurde dem Hochmeister 1512 in Kulmbach vorgelegt und sorgte neben Sorgenfalten sicher auch für Heiterkeit. Sorgenfalten deswegen, weil bei einem solchen Handstreich Polens der Orden auf der Strecke bleiben mußte.

Der Kaiser mißbilligte diese Manipulation. Am 22. November 1513 traf Hochmeister Albrecht nach einer langen Fahrt durch das Ordensland in Königsberg ein. Sechs Wochen hatte diese Reise gedauert.

Als Polen 1514 am Dnjepr einen Sieg über die Russen errang, brach eine schwere Zeit für Preußen an. Auf dem Ratstag zu Preßburg hatte Kaiser Maximilian I., der darauf spekulierte, nach dem

Tode des jetzigen ungarischen Königs Herrscher auch über Ungarn und Böhmen zu werden, den Orden bereits abgeschrieben. Im Schlußsatz eines Übereinkommens wurde erklärt, daß der Kaiser »den Hochmeister des Ordens von nun an nicht mehr von seiner Pflicht Polen gegenüber abhalten werde«.

Damit duldete Kaiser Maximilian faktisch die Abtrennung des Ordens vom Reich, gab er dem Orden dem Untergang preis und opferte ihn für die Aussicht, später König von Ungarn und Böhmen zu werden.

Der Hochmeister wagte nicht, diese Kehrtwendung des Kaisers im Ordensland bekanntzumachen, weil dies den gesamten Ordensstaat Preußen in ein unvorstellbares Chaos gestürzt hätte.

Nunmehr war Hochmeister Albrecht klar, daß vom Reich keine Hilfe mehr kommen werde. Wenn sogar der Kaiser den Orden sich selbst überließ, mußten die Reichsfürsten seinem Beispiel folgen.

Der zu erwartende Krieg zwischen dem Orden und Polen wurde nur dadurch verhindert, daß die Türken erneut auf den Plan traten, und Papst und Kaiser zu einem Heerzug aller christlichen Fürsten gegen die Heiden aufriefen.

Damit war weder an einen Präventivschlag Preußens noch an eine Kriegseröffnung Polens zu denken. Der Kaiser befahl beiden Kontrahenten, »jeglichen Kriegshandlungen zu entsagen, damit dem Christenfeind nicht Vorschub geleistet werde«.

Hinter den Kulissen – Marschall Georg von Eltz Der Orden in Preußen und im Reich

In den sechziger Jahren des 15. Jahrhunderts geboren, war Georg von Eltz zunächst nicht zum Ordensritter erzogen worden. Die von Eltz waren ein bekanntes Trierer Dienstmanns-Geschlecht. Sie standen in enger Verbindung zum dortigen Kurerzstift und zu dessem Domkapitel.

Im Domkapitel sah die Familie von Eltz auch die Chancen für eine bescheidene Karriere ihrer Söhne. So trat Georg von Eltz bereits sehr früh in das Domkapitel zu Trier ein und diente einige Zeit später als Kanoniker im Karden und Münstermaifeld.
Am 22. September 1495 trat Georg von Eltz in den Deutschen Orden ein. Johann von Cronberg, ein Bruder des Deutschmeisters, diente dem Ritter als Aufschwörer (Bürge dafür, daß er ritterlicher Herkunft war). Georg von Eltz war mit der Familie Cronberg durch die mütterliche Seite verwandt. Johann von Eltz, Georgs Vater, sorgte für eine standesgemäße Rüstung seines Sohnes durch ein Leibgedinge (Leibrente – Überschreibung) von 300 Gulden.
Mit diesem Geld versehen, wurde Georg zum Militärdienst nach Preußen entsandt, was seinerzeit für alle jungen Ritter obligatorisch war.
Übrigens hatte sein Bruder Johann gleichzeitig mit Cronberg die Bürgschaft gegenüber dem seinerzeit noch als Deutschmeister dienenden Andreas von Grumbach geleistet.
Nach seiner militärischen Ausbildung nach Deutschland zurückgekehrt, wurde Eltz als Hauskomtur nach Köln beordert.
Im Jahre 1500 wurde er vom Komtur der Ballei Koblenz, Werner Spieß von Büllesheim, als Bevollmächtigter erneut nach Preußen geschickt. Dort sollte er im Sinne der Ballei dem Hochmeister Herzog Friedrich von Sachsen einen Bericht erstatten. Der Hochmeister hatte sich erboten, den bereits lange schwelenden Konflikt der Koblenzer Brüder mit dem Deutschmeister beizulegen. Es kam zu keiner Einigung, weil von der Gegenseite niemand erschienen war.
Georg von Eltz erkannte, daß er sich ins falsche Fahrwasser begeben hatte, als Werner Spieß von Büllesheim ihn verdächtigte, sich beim Hochmeister nicht ausreichend eingesetzt zu haben. Obgleich Komtur Spieß im Juni 1501 vom Hochmeister seines Amtes enthoben wurde, ließ er noch im Oktober Georg von Eltz mit Gewalt aus der Kölner Katharinenkommende vertreiben und plünderte diese systematisch aus.
Nachfolger von Werner Spieß wurde Ludwig von Seinsheim. Ge-

org von Eltz ging Ende des Jahres zum drittenmal nach Preußen, wo ihn das Ordenskapitel gleichzeitig mit der Bestätigung der Absetzung von Werner Spieß am 5. Februar 1502 zum offiziellen Prokurator des Deutschen Ordens in Rom ernannte.
Für Georg von Eltz begann damit eine Laufbahn, die ihn zu einem der großen Diplomaten des Ordens machte. Er sollte diese Tätigkeit nahezu 30 Jahre ausüben und war damit an den besonderen Aufgaben des Ordens in schwerster Zeit beteiligt. Diese waren: Revision des Zweiten Thorner Friedens von 1466 und damit Abwehr der von Polen geforderten Eidesleistung sowie Verhandlungen im Dienst des Hochmeisters ebenso wie auch des Deutschmeisters.
Noch einmal nach Deutschland zurückgekehrt, besprach Georg von Eltz mit Deutschmeister Hartmann von Stockheim im Juli 1502 auf Burg Horneck die allgemeine Lage des Ordens. Er war vom Hochmeister mit einer »ziemlichen Beisteuer« (Zuschuß zu den Reisekosten) versehen worden und traf am 8. September 1502 in Rom ein.
Hier versuchte er sofort, Papst Alexander VI. anläßlich einer ihm gewährten Audienz an den Stiftungsauftrag des Deutschen Ordens zum Kampf gegen Ungläubige und Heiden zu erinnern. Darüber hinaus bat er um die Rückerstattung der Balleien Apulien und Spanien.
Im Mai 1505 erlitt Georg von Eltz eine der schmerzlichsten Niederlagen, als der polnische Geschäftsträger an der Kurie ein päpstliches Breve erwirkte, das dem Hochmeister die von Polen verlangte Huldigungsleistung befahl, die dieser im Zweiten Thorner Frieden 1466 beschworen hatte.
Ein Jahr später aber erhielt er einen Beweis hoher päpstlicher Gunst, als Julius II. alle Ordensprivilegien und den päpstlichen Schutz für alle Ordensbesitzungen erneuerte. Sein Versuch, einen Widerruf des Breves zur Eidesleistung zu erreichen, scheiterte. Dies zu erreichen, war seinem Nachfolger Johannes von Kitzscher 1509 vorbehalten.
1507 wurde Georg von Eltz aus Rom abberufen und kehrte nach Preußen zurück. Im selben Jahr verlegte Hochmeister Friedrich

aus Sicherheitsgründen seine Residenz nach Rochlitz in Sachsen. Er vertraute seinem ehemaligen Prokurator die Stellung eines Komturs von Königsberg an, später sollte von Eltz sogar zum vierköpfigen Regentenkollegium gehören.
So pendelte von Eltz besonders intensiv im Jahre 1508 von der alten zur neuen Residenz des Hochmeisters, um einerseits dem Hochmeister Bericht zu erstatten und zum anderen von diesem neue Weisungen entgegenzunehmen.
Im Juni 1510 war er als Mitglied des Regentenkollegiums beteiligt, als auf einem Kongreß in Posen aufgrund der Vermittlungen des Papstes, des Kaisers und des Königs von Ungarn die Lösung des Konfliktes mit Polen angestrebt, zumindest aber ein tragbarer Kompromiß gefunden werden sollte.
Unter der Delegation des Hochmeisters war Georg von Eltz der einzige Ordensritter. Eine Klärung der strittigen Fragen war nicht zu erreichen, aber der Friede wurde dennoch beschlossen.
Als 1511 Markgraf Albrecht von Brandenburg-Ansbach für den verstorbenen Hochmeister das Amt des Ordensoberen übernahm, hofften alle, daß die reichsfürstliche Abstammung des neuen Hochmeisters zur Klärung der Lage beitragen möge.
Hochmeister Albrecht ernannte Georg von Eltz zum Ratsgebietiger und schickte ihn 1512 gemeinsam mit Ludwig von Seinsheim zum Reichstag nach Trier. Auf Drängen von Eltz folgte schließlich Hochmeister Albrecht nach, »um in eigener Person« von Kaiser Maximilian und den Fürsten Reichshilfe gegen Polen zu erbitten. Sie wurde nicht gewährt.
Für Georg von Eltz begann nun die große Zeit seiner »Reisediplomatie«. Er reiste im Juli 1512 nach Preußen zurück.
In Königsberg unterrichtete er den Hochmeister-Regenten von den Ergebnissen des Reichstages, um einige Tage darauf nach Livland zu fahren, in Wenden Bericht zu erstatten und den Regenten zu einer Tagfahrt nach Polen zu bewegen.
In Petrikau fand vom 16. November bis zum 4. Dezember 1512 diese Tagfahrt statt. Hochmeister Albrechts Bruder, Markgraf Kasimir, führte die Ordensgesandtschaft. Georg von Eltz war Mitglied derselben.

Die gesamte Verhandlung blieb ohne Erfolg. Georg von Eltz wurde bei der nunmehr erfolgenden Neuorganisation der Ordensverwaltung in Preußen zum Kanzler ernannt. Im Jahre 1513 mußte er erneut zu einer Reise ins Reich aufbrechen, die ihn zu Freunden des Ordens und insbesondere zum Kaiser führen sollte. Der Ordenskanzler reiste zunächst über Posen und Frankfurt an der Oder zu Kurfürst Joachim von Brandenburg und danach weiter nach Ansbach zum Markgrafen Kasimir.
Als er erfuhr, daß sich der Kaiser in den Niederlanden aufhalte, reiste er dorthin und konnte Maximilian I. am Tage vor der Schlacht bei Guinegate (16. August 1513) erreichen. Er wurde vorgelassen, erlangte aber außer einem Empfehlungsschreiben Maximilians an den Papst und den kaiserlichen Orator in Rom nichts. Das erhoffte Verbot der Eidesleistung wollte Kaiser Maximilian nicht aussprechen.
Von Mechelen aus reiste der Kanzler des Ordens zurück nach Preußen, wo ihm Weisung erteilt wurde, zur Unterstützung des Ordensprokurators Johannes Blankenfeld zum Laterankonzil nach Rom zu reisen. Dazu hatte Leo X. sowohl den Deutschen Orden als auch die Krone Polens ausdrücklich zitiert.
Von Osterode aus ritt Georg von Eltz mit zehn Pferden in Richtung Berlin, das er am 31. Dezember 1513 »mit großer fahre leyb und lebens« erreichte. Von dort aus meldete er zwar dem Hochmeister, daß er von dieser Reise viel zu schreiben habe. Da dies aber alles andere als lustig sei, wolle er sich dessen enthalten. Er versicherte, daß ihn »nicht tausend Gulden dazu bringen könnten, diesen Weg noch einmal zu machen«.
Es war Mitte Februar 1514, als Georg von Eltz auf Burg Horneck mit Deutschmeister Johann Adelmann zusammentraf und ihn dazu bewog, ebenso wie der Meister von Livland Gesandte nach Rom zu schicken. Aber Ritter Georg war als erster in Rom, wo er am 20. März vor allen anderen Gesandten des Deutschen Ordens eintraf.
Als Orator des Hochmeisters ließ sich Georg von Eltz ein weiteresmal in die Bruderschaft des »Deutschen Nationalhospizes St. Maria dell' Anima« einschreiben. Erneut machte er die bittere Er-

fahrung, daß alle Erfolge in Rom nur aufgrund der Zahlung hoher Summen erzielt werden konnten. Diese Summen hatte Eltz nicht zur Verfügung, so daß seine Mission von vornherein zum Scheitern verurteilt war.

Als Georg von Eltz zu Beginn des Jahres 1515 wieder im Reich eintraf, wo er den Kaiser erneut zu erreichen versuchte, zeichnete sich eine Trendwende ab, welche die Sache des Ordens endgültig zum Scheitern brachte.

Kaiser Maximilian spekulierte auf den Gewinn der Erbfolge in Böhmen und Ungarn und mußte dementsprechend auf eine Unterstützung des Deutschen Ordens gegenüber Polen verzichten. So einfach war das!

Ende August 1515 kehrte Georg von Eltz erfolglos nach Preußen zurück. Hier empfand er eine Tatsache als besonders gravierend, die ihm bereits vorher aufgefallen war und die er zu verdrängen versucht hatte: Die Gebietiger des Ordens wurden durch »gelehrte weltliche Räte«, die der Hochmeister herangezogen hatte, mehr und mehr verdrängt. Eine Reihe von Ordensämtern wurde nicht mehr besetzt.

Im Oktober 1515 verpflichtete Hochmeister Albrecht den gelehrten weltlichen Herrn Dietrich von Schönberg zu seinem besonderen Rat. Schönberg, ein äußerst kluger Kopf, mit allen Wassern gewaschen, ränke- und listenreich, überspielte glatt jeden Ordensherrn, der versuchte, ihm beim Hochmeister Widerpart zu leisten. Dieser Berater war es, der Hochmeister Albrecht – angesichts der sich veränderten Situation in Preußen – mit allem Nachdruck zum Krieg gegen Polen drängte.

Zur gleichen Zeit erhielt der zurückgekehrte Georg von Eltz das verwaiste Amt des Obersten Marschalls von Preußen. Um den unbequemen Eltz beiseite zu schieben, veranlaßte von Schönberg bei Albrecht die erneute Entsendung des »fliegenden Kuriers des Ordens« zum Kaiser und zu befreundeten Reichsfürsten.

Ende Dezember 1516 reiste also von Eltz bereits nach Nürnberg, um zum dortigen kaiserlichen Hoflager zu stoßen und um eine Audienz beim Kaiser nachzusuchen. Anfang Februar 1516 wurde das Hoflager erreicht. Hier sollte Georg von Eltz, von kurzen

Zeiten der Abwesenheit abgesehen, volle zwei Jahre zubringen – immer auf dem Sprung, für den Orden einzutreten und seine Belange tapfer und mit Nachdruck zu vertreten. Er zog mit dem Kaiser in die Niederlande und kehrte im Sommer 1517 an den Rhein zurück. In Anerkennung seiner Verdienste wurde er zum Obristmarschall und kaiserlichen Rat ernannt.

Kaiser Maximilian I. hatte am Orden kein tieferes Interesse mehr. Anläßlich der drohenden Türkengefahr konnte er es sich nicht erlauben, die Polen vor dem Kopf zu stoßen.

Alle diese Erkenntnisse trug von Eltz im Dezember 1517 in Berlin vor, wohin der Hochmeister und ein kleiner Kreis der Ordensgebietiger zusammengekommen war. Hier erhielt Hochmeister Albrecht zwar einige vage Zusagen, bei Gefahr zu helfen. Der ebenfalls anwesende Deutschmeister Dietrich von Cleen gab eine vage Hilfserklärung ab, die keinerlei Fakten enthielt.

Dennoch ließ sich Albrecht von seinem persönlichen Berater Dietrich von Schönberg einreden, daß diese vagen Versprechungen ausreichend seien, um »der Gewalt Polens mit Gewalt zu begegnen«. Er wies Georg von Eltz an, sich der Hilfe der Herzöge von Bayern und Württemberg zu versichern und den Kaiser noch einmal um Hilfe in dem bevorstehenden Kampf anzugehen. Bereits Ende Dezember 1517 erteilten Kurfürst Friedrich und Herzog Johann von Sachsen dem Obristmarschall eine Absage.

Kaiser Maximilian aber ging noch weiter: Als Eltz ihm das Hilfeersuchen des Ordens in Augsburg vortrug, schickte er diesen – ausdrücklich in seiner Eigenschaft als kaiserlicher Rat – zusammen mit Jobst von Oberweimar Mitte Februar 1518 von Augsburg nach Preußen. Eltz hatte die kaiserliche Order zu übergeben, daß der Hochmeister von seinen Kriegsplänen ablassen müsse.

Nachdem Eltz Ende März 1518 diese Botschaft überbracht hatte, wurde er abermals ins Reich geschickt, um dem Kaiser die Antwort des bitter enttäuschten Hochmeisters zu überbringen. Der Obristmarschall sollte nicht mehr nach Preußen zurückkehren, da er entweder nach Rom unterwegs war, oder dem Kaiser nachfolgte, wie im folgenden Abschnitt dargelegt wird.

Karl V. und der Deutsche Orden

Auf dem Reichstag zu Augsburg im August 1518 zeigte sich deutlich, daß der Deutsche Orden in Preußen völlig auf sich allein gestellt und isoliert war. Maximilian I., nunmehr besorgt um die Kaiserwahl seines Enkels Karl und besessen von der Idee, den Türken in einem großen Feldzug den Garaus zu machen, mußte auf alle Reichsfürsten und die ausländischen Botschaften Rücksicht nehmen, um sie bei der Stange zu halten. Das ging so weit, daß sich der polnische Gesandte, Erzbischof Erasmus von Plock, vor allen Reichsständen in verächtlichen Reden über den Deutschen Orden auslassen konnte, ohne zur Ordnung gerufen zu werden.

Obristmarschall Georg von Eltz ersuchte mehrfach »kniefällig um die Erlaubnis zu einer Erwiderung auf diese Schmutz- und Schmährede«, aber der Kaiser verweigerte sie ihm.

Georg von Eltz mußte Mitte Oktober dem inzwischen nach Rom gereisten Erzbischof von Plock nachreisen, wozu er erst die Mittel von den Fuggern leihen mußte. Die Ballei Etsch, die um einen Obolus von 2000 Gulden ersucht wurde, stellte 200 Gulden zur Verfügung.

Von Eltz kehrte im Frühjahr 1519 ins Reich zurück, weil er buchstäblich keinen Pfennig Geld mehr zur Verfügung hatte. Er kam gerade noch rechtzeitig, um an der Kaiserwahl Karls V. mitzuwirken. Wenngleich er keine staatsentscheidenden Einflüsse auf die Kaiserwahl hatte, gelang es ihm immerhin, den Kurfürsten von Trier so weit zu beeinflussen, daß er der habsburgischen Gesandtschaft eine hoffnungsvolle Antwort gab, als diese um Unterstützung bei der Kaiserwahl bat. Dies nicht, »ohne sich mit dem Ordensritter Georg von Eltz beraten zu haben«, wie die Akten des Deutschen Reichstages unter Karl V. (jüngere Reihe RTA JR; Bd. 1, S. 458) ausweisen.

Wie aber stand der neue Kaiser zum Deutschen Orden? Welche Chancen hatte dieser, von ihm unterstützt zu werden?

Kaiser Karl V. sah im Deutschen Orden und im Hochmeister desselben nur einen Mosaikstein in seiner universalen Politik.

Hochmeister Albrechts Kriegsvorbereitungen gegen Polen hatten bereits einen nicht mehr rückgängig zu machenden Stand erreicht. Falls er seine Pläne in die Tat umsetzen wollte, mußte dies sofort geschehen, und er mußte mehr Helfer durch politische Aktivitäten zu gewinnen trachten. Er schickte seinen persönlichen Ratgeber von Schönberg nach Ansbach zum Obristmarschall von Preußen. Dieser erteilte Eltz im Namen des Hochmeisters den Auftrag, nach Rom und Spanien zu reisen, das Unmögliche möglich zu machen und den Kaiser zur Unterstützung des Ordens zu veranlassen.

Markgraf Kasimir machte bei den Fuggern noch einmal 1000 Gulden locker, die allerdings nur so weit reichten, um die seit acht Monaten aufgelaufenen Gehaltsforderungen des Marschalls zu befriedigen. Von Eltz reiste abermals nach Innsbruck, um die Ballei Etsch nach tagelangen Verhandlungen zu einer Zahlung von 2000 Gulden zu bewegen. Diese Summe war als »Kriegshilfe der Ballei für Preußen« deklariert.

Die noch fälligen erforderlichen 3000 Gulden konnten weder der Landkomtur der Ballei Etsch noch das Augsburger Fuggerhaus noch die größte Frankfurter Bank zur Verfügung stellen.

Georg von Eltz schickte seinen Diener nach Rom und reiste selbst nach Spanien zum Kaiser. Anfang April stieß er in Santiago de Compostela auf den kaiserlichen Hof, der gerade dabei war, dort seine Zelte abzubrechen und nach den Niederlanden zu reisen.

Eltz war nun unablässig darum bemüht, den Kaiser auf die verzweifelte Lage des Ordens in Preußen hinzuweisen. Ihm zur Seite standen Pfalzgraf Friedrich und Markgraf Johann von Ansbach.

Eltz blieb auch dann noch beim Kaiser, als der von Albrecht angezettelte, völlig unsinnige Preußenkrieg im Frühjahr 1521 mit einem Waffenstillstand beendet wurde, der Hochmeister Albrecht noch einmal eine Gnadenfrist von vier Jahren einräumte.

Georg von Eltz versuchte – seine Besoldung durch den Ordensstaat blieb völlig aus – sich durch Ratstätigkeit beim Kaiser, dessen Rat er ja nach wie vor war, und eine ebensolche beim Kurfür-

sten von Trier, über Wasser zu halten. Daß er darüber hinaus nicht einmal einen Dank des Hochmeisters erhielt, war für ihn besonders bedrückend.
Bereits 1521 war Hochmeister Albrecht geneigt, den in vielen diplomatischen Gefechten erfolgreichen und für Preußen unermüdlichen Obristmarschall aus dem Dienst zu entlassen und das Marschallamt Herzog Erich zu übertragen.
Als das preußische Kapitel im folgenden Jahr beschloß, Georg von Eltz zum Großkomtur zu ernennen und nach Preußen zurückzuholen, scheiterte auch diese mehrheitlich getroffene Entscheidung. Eltz zog sich mit dem ihm vom Hochmeister am 22. Juni 1522 gestatteten »freien Aufenthalt im Reich« nach Deutschland zurück.
Der Hochmeister entschloß sich in diesem Zusammenhang endlich zu einer Geste der Anerkennung, als er verfügte: »daß wir ime auch die zeit seins lebens mit dem stant und titel eines obersten marschalls unsers ordens, den er ytzund tragen thut, begabt und begnadt wollen haben, den selben die tag seins lebens zuhalten.«
(Siehe dazu: OBA [Ordensbriefarchiv] 25587.)
Nach wie vor verhandelte Georg von Eltz als Rat im Reichsregiment wegen des nach seinen Worten »verflucht compromiß« mit Polen. Ansprechpartner für ihn waren Erzherzog Ferdinand, Bruder und Statthalter Karls V., und Deutschmeister Dietrich von Cleen. Im Herbst 1524 warf ihn eine schwere Krankheit aufs Krankenlager. Er fand – vom Hochmeister endgültig abgeschrieben – im Hause seines Bruders Johann zu Boppard Aufnahme. Dieser war auf Betreiben Georgs am 3. April 1518 in den Deutschen Orden eingetreten.
Noch zu Lebzeiten des alten Haudegens schickte Hochmeister Albrecht Georg von Klingenbeck, einen seiner Räte, nach Boppard, um im Falle eines Ablebens des Obristmarschalls sofort dessen Nachlaß sicherzustellen und das Amtssiegel zu fordern.
Das war eine der Ungeheuerlichkeiten, die Eltz dem Hochmeister, dem er Jahrzehnte gedient hatte, nicht verzeihen konnte. Höflich und bestimmt verweigerte er die Herausgabe seines Siegels so lange, bis er selber wieder vor Albrecht erscheinen könne,

um es ihm vor die Füße zu werfen. Aber der oberste Marschall von Preußen war noch nicht am Ende, wie später zu lesen sein wird.
So weit dieser Blick hinter die Kulissen aus den letzten Jahren des Ordensstaates Preußen. Das Ergebnis des Ordens in den kritischen Jahren der Hochmeisterschaft Albrechts von Brandenburg hätte nicht besser als vor dem Hintergrund des Lebenswerkes unseres unermüdlichen Diplomaten im Dienste des Ordens beleuchtet werden können. Durch diese Aufhellung wird klar, daß der Orden nichts, aber auch gar nichts mehr vom Kaiser zu erwarten hatte.

Friedensvertrag zu Thorn und Auflösung des Ordensstaates

Im Dezember 1519 zog König Sigismund von Polen mit 1600 Rittern in Thorn ein. Ihnen folgten 20 000 Mann Fußtruppen. Weitere Verstärkungen sollten hinzukommen.
Der Orden erließ nun das Aufgebot. Gerüchte kursierten, daß Polen den größten Teil der Einwohner Preußens nach Polen verschleppen wollte.
Die Worte des polnischen Königs, die als seine Absichtserklärung verlautbart wurden, waren, »die letzten Spuren des Deutschen Ordens auf immer zu tilgen«. (Siehe: Schulze-Dirschau, a. a. O.)
Der Krieg brach Ende Dezember aus. Der Hochmeister erließ seinen Absagebrief (die Aufkündigung der Friedenspflicht) an Polen. Am Neujahrstag 1520 erreichte das Ritterheer Braunsberg, das sich ergab. Der Feind hatte mittlerweile eine Reihe Städte und Burgen erobert. Einige leisteten noch Widerstand. Die Schlacht um Preußisch-Holland sollte die Entscheidung bringen.
Die Stadt wurde von 8000 polnischen Soldaten eingeschlossen. Die Besatzung von Elbing unter Dietrich von Schlieben hielt allen Angriffen stand. Von seinem vorgeschobenen Hauptquartier

aus schickte der König von Polen immer neue Verbände ins Gefecht. Pomesanien wurde zerstört, Natangen ebenfalls, und bis Ende 1520 waren alle Kräfte des Ordens verbraucht.
Dietrich von Schönberg prägte die Worte: »Wir warten auf die Rettung, wie die Altväter in der Hölle.«
Am 5. Juni 1520 wurde der Friedenstag zu Thorn einberufen. Hochmeister Albrecht und seine Getreuen trafen rechtzeitig dort ein, König Sigismund war bereits zur Stelle. Schon wollte der Hochmeister den Huldigungseid leisten, als die Ankunft von 2000 Mann Hilfstruppen aus Dänemark gemeldet wurde. Albrecht kehrte nach Königsberg zurück, wo er am 2. Juli 1520 eintraf.
Kaiser Karl V. erhielt in Brüssel den Bericht der Reichsfürsten und erließ ein Ermahungsschreiben an Polens König. Darin hieß es eindeutig, daß der Kaiser den »Hochmeister in Preußen, ein edel und würdig Glied des Heiligen Römischen Reiches, und den Orden beschützen werde, und daß wir uns ihm aus keiner Ursache unseren Beistand versagen dürfen, wenn wir nicht das Römische Reich, dessen Zügel uns gegeben sind, unseren Namen, unsere Dignität und uns selber verlassen und aufgeben wollen.«
Dies schien Rettung in letzter Stunde. Im März 1521 kam es zu beiderseitigen Verhandlungen und ab dem 10. April zum Abschluß eines vierjährigen Waffenstillstands. Der Orden hatte innerhalb von 15 Kriegsmonaten 174 200 Mark Schulden gemacht. Der dem Land selbst zugefügte Schaden wurde auf mehr als 400 000 Mark geschätzt.
Der Hochmeister reiste im Frühjahr 1522 nach Prag und wurde dort von König Ludwig von Ungarn fürstlich empfangen. Am 10. April reiste er nach Deutschland weiter. Dort versuchte er abermals Hilfe zu erlangen. Weder beim Deutschmeister noch beim Landmeister von Livland, weder beim Papst noch beim König von Ungarn fand er solche.
Zu allem Überfluß glaubte auch Deutschmeister Dietrich von Cleen, seine Chance sei nun gekommen, da der Orden am Boden lag. Er bot dem Hochmeister 7000 Gulden Hilfsgelder an, wenn

dieser als Gegengewicht die kommende Deutschmeisterwahl nicht mehr beeinflussen würde. Der Hochmeister lehnte dies jedoch entschieden ab.

In dieser Situation des Jahres 1523 erwachte beim Hochmeister der Gedanke, sich die Auffassung von Papst Leo X. zu eigen zu machen, der bereits 1519 den Orden aufgefordert hatte, sich sittlich und religiös zu erneuern. Sein Nachfolger Hadrian VI. hatte diese Aufforderung erneuert und verlangt, den Orden in seine alte Würde zurückzuführen. Nach zwei Unterredungen mit dem Reformator Dr. Martin Luther Ende September 1523 riet ihm dieser, »die alberne und verkehrte Ordensregel auf die Seite zu werfen, eine Frau zu ehelichen und Preußen in ein weltliches Herzogtum zu verwandeln«.

Bereits in dieser Zeit hatten sich die ersten Ordensritter in Preußen und Livland von der Ordensregel der Keuschheit losgesagt und geheiratet. Danzig nahm den Mönch Jakob Knade als ersten lutherischen Prediger in seinen Mauern auf. Andere Städte folgten diesem Beispiel.

In dieser Zeit eines allgemeinen Umbruchs in ganz Deutschland versuchte 1524 der Deutschmeister den Hochmeister dazu zu bringen, ihm in Deutschland die alleinige Machtbefugnis zu überlassen. Der Hochmeister wandte sich an den Reichsmarschall, den Kurfürsten von Sachsen, und bat diesen, den Deutschmeister zur Räson zu bringen, denn der »maßt sich ein Amt an, das nicht ihm gebührt! Schließlich ist der Deutschmeister nichts anderes als einer meiner Komture. Der Deutsche Orden, der ein Fürstentum unter meiner Führung bildet, kann nicht mit zwei Stimmen, der des Hochmeisters und jener des Deutschmeisters, sprechen. (Siehe: Schulze-Dirschau, a. a. O.)

Im Februar 1525 begab sich Hochmeister Albrecht von Ofen nach Brieg und von dort aus nach Kreuzberg in Schlesien. Er entsandte Friedrich von Liegnitz und seinen Bruder, Markgraf Georg von Brandenburg, an den polnischen Hof nach Krakau, um dort über eine Korrektur des Friedensvertrages zu verhandeln. Am 10 März 1525 begannen in Krakau die Verhandlungen, die mit dem Spruch des Königs endeten: »Ihr habt nur drei

Wege zu wählen. Krieg, ewiger Frieden oder Annahme der Belehnung!«

Einige kleine Korrekturen wurden zugestanden, und am 2. April 1525 reist der Hochmeister nach Krakau. Die nunmehr ausgehandelten Bedingungen lauteten, daß der Hochmeister als neuer weltlicher Herzog von Preußen dem polnischen König den Lehnseid leisten müsse und daß nach Aussterben aller männlicher Lehnserben der vier Markgrafen, das Herzogtum Preußen an die Krone von Polen fallen werde. Als Herzog hatte Hochmeister Albrecht auf alle von Päpsten, Kaisern oder Königen verliehenen Privilegien zu verzichten. Diese mußten an König Sigismund übergeben werden. Der Vertrag wurde von den Abgeordneten der Stände Preußens am 9. April genehmigt. (Urkunde über den Friedensabschluß gegeben zu Cracoviae die domini Palmarum 1525.)

In einer feierlichen Zeremonie schwur Albrecht auf das Evangelium und die Lehnsfahne: ein Panier, auf welchem auf weißem Damast ein schwarzer Adler mit goldenen Klauen, eine goldene Krone um den Hals, goldene Streifen in den Flügeln und auf der Brust der silberne Buchstabe »S« – zur Erinnerung an den ersten Lehnsherrn Sigismund – zu sehen waren, der Krone und dem König von Polen den Huldigungseid. Der König ergriff das Reichsschwert. Der Herzog kniete abermals nieder, wurde vom König mit drei Schlägen der flachen Klinge noch einmal zum Ritter geschlagen und mit einer schweren goldenen Kette geschmückt. Er erhielt das Panier für alle Zeit ausgehändigt.

Noch von Krakau aus meldete Herzog Albrecht nun allen Reichsfürsten den vollzogenen Huldigungseid und die Umwandlung des Ordensstaates in ein weltliches Herzogtum Preußen. Am 9. Mai kehrte er nach Königsberg zurück und hielt seinen vielumjubelten Einzug in seine alte und neue Residenz.

334 Jahre nach der Stiftung des Ordens in Akkon, nach 296 Jahren seines Wirkens in Preußen unter 38 Hochmeistern war der Ordensstaat Preußen untergegangen. Martin Luther schrieb an Georg Polenz Ende April 1525: »Siehe dieses Wunder! In vollem Lauf, mit vollen Segeln eilt jetzt das Evangelium nach Preußen!«

Plötzlich geriet alles in Bewegung. Der Kaiser tat das gesamte Herzogtum Preußen in die Reichsacht. Der Papst protestierte, daß Preußen von nun an auf immer seiner Herrschaft entzogen sein sollte.

Herzog Albrecht heiratete 1526 Dorothea aus dem Hause Holstein-Gottorf. Sein Hauptaugenmerk war darauf gerichtet, sich aus der Oberlehensgewalt des Kaisers herauszuhalten. Dafür war die Lehensgewalt Polens ein guter Vorwand.

Die vier Obergebietiger des Ordens wurden zu Oberbeamten ernannt und führten den Titel Oberräte. Damit setzte sich die neue Regierung aus dem Obermarschall, dem Kanzler, dem Oberburggrafen und dem Landhofmeister zusammen. Diese bildeten als Kollegium die Zentralregierung. Amtssitz war das Königsberger Schloß.

Herzog Albrecht stellte aber auch eine Reihe hervorragender Ordensritter ein, um alle Ämter mit klugen Köpfen zu besetzen. Aus ihnen setzte sich wenig später der Landadel des Herzogtums Preußen zusammen. Neben Herzog Albrecht wurden seine drei Brüder und der Kurfürst von Brandenburg mit diesem neu geschaffenen Herzogtum Preußen belehnt.

Mit dieser Umwandlung des Ordensstaates in ein Herzogtum hatte Albrecht den Deutschen Orden offiziell aufgelöst. Daß er dazu nach Lage der Dinge nicht berechtigt war, störte weniger. Zwar war er oberster Herr des Ordens. Da dieser aber nicht nur auf Preußen beschränkt war, sondern auch auf Deutschland und Livland, blieb die von ihm ausgesprochene Auflösung unwirksam.

Dies alles bedeutete, daß der Deutsche Orden in Preußen, einem seiner Kernlande, verschwand, was aber auch ohne die ausdrücklich ausgesprochene Auflösung der Fall gewesen wäre. Vom Papst wurde dagegen protestiert, ohne daß sich etwas daran geändert hätte, weil immer noch nicht mit dem König von Polen Fraktur geredet wurde, der sich den Ordensstaat angeeignet hatte, obwohl dieser unter päpstlicher Schirmherrschaft stand.

Was neben Livland übrigblieb, war die große Heimatorganisation des Ordens im Reich. Darüber hinaus existierten einige Balleien, die dem Hochmeister direkt unterstanden hatten. Diese gingen ebenfalls im Laufe der Zeit unter. Nur einige wenige blieben erhalten und wurden mit der Zeit vom Deutschmeister an sich gezogen.

Die politische Lage in Livland

Besonders prekär war die Lage jedoch in Livland. Livland war eine Ordensprovinz, die nicht wie andere Balleien einem Landkomtur, sondern einem Landmeister unterstand, der – wie der Deutschmeister – direkter Untergebener des Hochmeisters war. Darüber hinaus gehörte Livland zu Preußen. Beim Zweiten Thorner Frieden 1466 hatte niemand daran gedacht, diese Stellung Livlands in den Vertrag einzubeziehen. Zwar wurde der Hochmeister Lehnsvasall des polnischen Königs, doch das Lehnsverhältnis erstreckte sich – juristisch gesehen – nicht auch auf Livland. Dort war auch das Souveränitätsverhältnis anders als in Stammpreußen. Livland war – wie vorher erwähnt – zwischen dem jeweiligen Bischof und dem Landmeister geteilt worden.

Der König von Polen, froh darüber, nun Preußen an die Leine gelegt zu haben, vergaß, auch für Livland diese Huldigung festzuschreiben, was ohne weiteres in seiner Macht gelegen hätte. Auch der Erzbischof von Riga, Labundii, kam nicht als Landesherr in Frage.

Da es zu keinerlei Aufständen oder auch nur Ausschreitungen in Livland kam, übernahm der Landmeister von Livland unangefochten die Stelle eines Landesherrn. Nachdem sein Obergebietiger, der Hochmeister, den Orden in Preußen aufgelöst hatte, blieb dieser in Livland bestehen.

Der Versuch des Deutschmeisters, diese leichte Beute an sich zu ziehen, mißglückte. Der livländische Ordenszweig blieb aktionsfähig.

Bereits 1501, als der Hochmeister schon Vasall Polens war, griff der Großfürst von Moskau, Iwan III., Livland an. Der damalige Landmeister Wolter von Plettenberg schlug die russischen Voraustruppen und vernichtete das Hauptheer 1502 in der Schlacht am Smolinasee. Damit hatte sich Livland, anders als Preußen, eine mehr als fünfzigjährige Friedenszeit gesichert.

Wolter von Plettenberg, Landmeister von Livland, galt als energischer und aktionsfreudiger Herr. Man war froh, daß er die Gefahr des Russeneinfalls nach Litauen gebannt hatte.

Erst 1561 besetzten dänische und schwedische Truppen die Insel Ösel und letztere den nördlichen Landesteil Estlands.

Als schließlich die Russen – in Rußland hatte Iwan IV., der Schreckliche, die Regierungsgewalt übernommen – ins Land einfielen, rief der letzte Landmeister von Livland, Gotthardt Kettler, im Einvernehmen mit seiner Ritterschaft und dem Rat der Stadt Riga, den polnischen König zur Hilfe.

Sigismund II. August, der letzte König aus der Dynastie der Jagellonen, stimmte der Übernahme von Livland ins polnische Reich zu, und noch 1561 unterschrieb auch Landmeister Kettler in Wilna die Unterwerfungsurkunde.

Als erbliches Herzogtum Kurland übernahm Gotthart Kettler dieses letzte Stück des Ordens im Osten zu Lehen. Am 5. März 1562 leistete er in Riga – den weißen Ordensmantel hatte er bereits abgelegt – dem polnischen König den Huldigungseid. Damit war das letzte Stück des preußischen Herrschaftsgebietes des Deutschen Ordens im Osten Vergangenheit.

Der Zusammenhang zwischen den Resten des Ordensstaates Preußen und seiner Nachschubbasis in Deutschland, die in Gestalt der Balleien und Kommenden unter Leitung des Deutschmeisters bestand, war nunmehr gänzlich zerbrochen. Das gesamte Gebiet des Deutschordensstaates Preußen war sicheres polnisches Lehen geworden, der Orden bestand nunmehr nur noch in Deutschland. Er schloß sich enger zusammen, bildete mit kaiserlicher und päpstlicher Billigung wieder ein geschlossenes Ganzes.

Gleichzeitig wurde versucht, Polen das preußische Lehen wieder zu entreißen und mit Hilfe des Kaisers und der Kurie diesen wertvollen Besitz zurückzugewinnen.

Nach anfänglicher Unterstützung geboten andere dynastische Verknüpfungen – die im weiteren Verlauf der Geschichte des Deutschen Ordens dargelegt werden sollen – und Rücksichtnahme des Kaisers und der Kurie auf Polen ein Abrücken von den Plänen des Ordens, ohne diesen aber ganz abtun zu wollen.

Der Deutsche Orden, nunmehr mit Sitz in Mergentheim, konnte sich weiter behaupten und sein Deutschmeister durfte sich schließlich Hoch- und Deutschmeister nennen. Er erhielt einen Sitz in der Fürstenbank des Kaisers und Reichs.

Daß der Deutsche Orden seinen Staat Preußen durch die zwischen Hoch- und Deutschmeister herrschende Rivalität und Geltungssucht verlor, wird im folgenden Teil eindeutig belegt werden. Daß er dennoch nicht unterging und erst durch den napoleonischen Gewaltakt der Säkularisation in Deutschland verschwand und nur noch in Österreich weiterlebte und dort auch im Heute Bestand hat, zeugt von seiner Lebenskraft und ritterlichen Haltung, die allen Stürmen der Jahrhunderte Paroli boten.

Was war nun aber mit dem Deutschmeister? Welche Schritte ergriff er, um gegebenenfalls das Ordensland Preußen zurückzugewinnen?

Dazu ist es notwendig, im folgenden in gestraffter Form die Institution des Deutschmeistes darzulegen, wie sie sich nach dem Stande des Quellenmaterials ergibt.

Die Deutschmeister

Friedrich II., Hermann von Salza und die Commendatores in Alemannia

Bereits im Jahre 1216 gewährte Kaiser Friedrich II. den Beamten des Deutschen Ordens die Titulierung als Magister et Precipius in partibus Alemanie.

Damit kann nur die Benennung als Deutschmeister gemeint sein. In der Urkunde, in der Heinrich VII., Friedrichs II. Sohn, am 27. März 1227 dieses Privileg bestätigte, wurde der belehnte Beamte »preceptor et commendator in Alemannia« genannt. Man meinte damit denselben Beamten von 1216, dem nunmehr diese veränderte Bezeichnung galt.

Demnach mußte Hermann von Salza seinen Aufenthalt am kaiserlichen Hof im Frühjahr 1216 dazu benutzt haben, für jedes Land einen befehlsführenden Gebietiger aus Deutschland zu finden, aus dem die meisten Mitglieder dieses Ordens stammten. Seit Frühjahr 1216 bestand also dieser Titel. Daß der im Jahr 1218 genannte »Hermannus« bereits 1216 dieses Amt ausgeübt hat, ist wahrscheinlich.

Zunächst lediglich mit Verwaltungsaufgaben betraut, wachten die Deutschmeister über alle Geld- und Sachspenden und Grundstücksgeschenke, die dem Orden gemacht wurden. Darüber hinaus galt es, die Institutionen des Orden, vor allem Kirchen und Spitäler, zu verwalten und für deren sachgerechten Einsatz zu sorgen.

Da auch die Vorgängervereinigungen des Deutschen Ordens, die Tempelritter ebenso wie der Johanniterorden über eine solche Heimatorganisation verfügten, schien es für den Deutschen Orden wichtig – selbst wenn zur Anfangszeit nicht mit dem enormen Zuwachs an Landübertragungen gerechnet wurde –, sich eine gleiche Einrichtung zu schaffen.

Als Hermann von Salza im Januar 1231 in Speyer weilte, befand sich auch der Magister »Didericus« in seinem Gefolge. Daß dieser Dietrich ein Deutschmeister war, ist an jener Urkunde zu erkennen, die er noch 1231 ausstellte und in welcher er sich selbst als »commendator per Alamanniam« bezeichnete.

Ab dem 6. Juli 1232 ist der neue Deutschmeister Heinrich von Hohenlohe belegt und auch direkt als »Deutschmeister« bezeichnet. Seit dieser Zeit ist der Titel offiziell anerkannt.

Ob der Deutschmeister in der Anfangszeit hohes Ansehen genossen hat, ist nicht klar. In dieser Zeit war es stets der Hochmeister oder sein Stellvertreter – der *magister citra mare* –, der die Entscheidung fällte. Erst als sich die erste Ordensprovinz in Deutschland gebildet hatte, die sich über den Herrschaftsbereich des deutschen Königs erstreckte, wurde der Deutschmeister Verwalter dieses Gebietes. Er unterstand allerdings immer noch dem *magister citra mare*, dessen Herrschaftsbereich alle Balleien Europas umfaßte. Dieses Amt wurde bald darauf eingezogen und vom Deutschmeister eingenommen.

Obgleich zu Beginn des Ordens noch die Balleien Armenien, Achaia, Sizilie und Apulie vor jenen von Theutonie, Austrie und Prusie rangierten, änderte sich dies in der »Gesetzen über Meer« von 1264 dahingehend, daß bei den Meisterwahlen Livland, Deutschland, Preußen und Österreich an vorderster Stelle der zu Benachrichtigenden standen. In den Gesetzen Siegfrieds von Feuchtwangen wiederum, der von 1298 bis 1303 das Deutschmeisteramt bekleidete, wurde der Deutschmeister als erster genannt; ein Zeichen dafür, daß sich die Prioritäten zu seinen Gunsten verschoben hatten.

Sehr bald zeigte sich, daß der Deutsche Orden förmlich mit Geschenken aller Art überhäuft wurde und daß aus der Vielzahl der Kommenden die ersten Balleien entstanden. Hier, vorausgreifend, die wichtigsten: die Ballei Thüringen-Sachsen, die bereits 1236 ins Leben gerufen wurde und von Lucklum im Norden bis

Eger im Süden über eine Vielzahl von Kommenden verfügte. Deren wesentlichste war Mühlhausen an der Werra. Die östlichste Dommitzsch an der Elbe.

Im Jahre 1268 entstand die Ballei Franken zwischen Donau und Rhein mit so wichtigen Kommenden – teilweise mit Burg und Hospital – wie Blumenthal im Süden, Ulm im Südwesten, Horneck und Heilbronn am Neckar, Rothenburg, Mergentheim, Wolframs Eschenbach und Ellingen. Vor allem aber die nördlichen Kommenden dieser Ballei, jene von Würzburg und Münnerstadt sowie die Großkommenden Nürnberg und Regensburg, machten von sich reden.

Hinzu kamen die nicht minder wichtigen Balleien des Deutschmeistertums: Mainz, Frankfurt-Sachsenhausen, Prozelten, Weinheim, Speyer und Horneck.

Die Ballei Lothringen, die 1245 ins Leben gerufen wurde, war mit den Kommenden Saarburg, Dahn, Metz, Beckingen und Trier eine der einflußreichsten. Erfolgreich war auch die Ballei Westfalen mit Welheim, Münster und Mühlheim sowie die Ballei Koblenz, deren wichtigste Kommende Düren im Norden, Köln, Heimerzheim, Ramersdorf, Waldbreitbach und Koblenz selbst waren.

Die Balleien Elsaß-Burgund im Westen und Böhmen-Mähren im Osten vervollständigten das dichte Netz der Ausbreitung des Deutschen Ordens, deren letzte sich als Ballei Bozen ab 1269 bildete und sich aus den Städten Sterzing, Lengmoos und Bozen, alle drei mit Hospital, sowie Schlanders als Besitzkomplex mit Patronat, zusammensetzte.

Die erste größere Schenkung an den Deutschen Orden war jene in Halle, die bereits 1200 dem Orden überschrieben wurde und zur Gründung der ersten Kommende führte, an dessen Spitze der Komtur Philipp trat. Er war es, der von 1226 bis 1230 auch die Verhandlungen mit Herzog Konrad von Masowien führte, die schließlich zur Geburtsstunde des Ordensstaates Preußen wurden.

Daß der Hochmeister, der sich zu dieser Zeit entweder in Akkon oder in Italien aufhielt und oftmals mit Friedrich II. durch die

Lande reiste, diese Kommenden nicht effizient genug führen konnte, lag auf der Hand. Von dieser Erkenntnis bis zur Einsetzung des ersten »praeceptor provincialis Thuringiae« im Jahre 1202 war es nur noch ein Schritt.

Zunächst stand Thüringen an der Spitze der Förderer des Ordens. Dies war der Tatsache zu verdanken, daß Thüringens Landgraf, Hermann I., am 3. Kreuzzug teilgenommen hatte. Er wirkte bei der Gründung des Ordens 1190 in Akkon mit, und viele Ritter aus seiner weitläufigen Familie traten ihm bei.

Daß auch Hermann von Salza aus Thüringen stammte und auf der Wartburg erzogen wurde, ist ein weiterer Grund. Auf der Wartburg wohnte seit 1211 Elisabeth, Tochter von König Andreas II. von Ungarn und Verlobte des späteren Landgrafen Ludwig, der Elisabeth 1221 als Einundzwanzigjähriger heiratete. Die Braut war gerade 14 Jahr alt. Im Jahre 1227 beteiligte sich Ludwig am 5. Kreuzzug, bei dem er während einer Fieberepidemie bei Brindisi starb.

Dies erhellt die Verbundenheit des Hauses Thüringen mit dem Deutschen Orden. Auch Landgraf Konrad trat 1234 in den Orden ein und steuerte eine prächtige Mitgift bei. Er war es, der bei Papst Gregor IX. die Heiligsprechung seiner Tante Elisabeth erreichte.

Über ihrem Grabmal in Marburg ließ der Deutsche Orden eine Kirche errichten. Landgraf Konrad von Thüringen und Hessen wurde 1239 – wie bereits im ersten Teil dargestellt – nach Hermann von Salzas Tod Hochmeister des Ordens.

Im Jahre 1216 – um zur Frage der Verwaltung der vielen Liegenschaften des Ordens im Reich zurückzukehren – wurde erstmals ein Meister und Generalprokurator erwähnt.

Nach Hermann Balk und jenem Dietrich, über den nicht mehr als sein Vorname bekannt wurde, kam 1232 ein neuer Deutschmeister ins Spiel, der die Aufmerksamkeit aus Thüringen hinweg auf Franken richtete. Es war Heinrich von Hohenlohe, der offiziell als erster den Titel »Deutschmeister« erhielt.

Die Edelherren von Hohenlohe lebten auf ihrer Burg Hohenloch bei Uffenheim in Mittelfranken. Sie wurden 1178 das erstemal urkundlich erwähnt. Wenig später fanden sie auf ihren Besitzungen in Weikersheim und Pfitzingen Erwähnung, und kurz darauf tauchte ihr Name auch in Öhringen auf. Diese adlige Familie wurde später in den Grafenstand erhoben und wies schließlich auch Vertreter im Fürstenstand auf.

Bereits Albert von Hohenlohe war dabei, als Friedrich I. Barbarossa nach Palästina zog. Er schenkte nach seiner gesunden Rückkehr seine eigene Kirche in Reichhartsroth den Johannitern. Im Jahre 1207 erhielten diese auch das Patronatsrecht über die Pfarrkirche zu Mergentheim.

Im Jahre 1219 traten nicht weniger als fünf der Brüder Hohenlohe dem noch jungen Deutschen Orden bei. Die Anteile an ihrem Besitz Hohenlohe, darunter auch Mergentheim und dessen umliegendes Gebiet, übertrugen sie dem Orden. Dies wurde – um es vorweg zu nehmen – die Grundlage für jenen Besitz, den der Deutsche Orden nach dem Verlust von Preußen im Jahre 1525 im Raume Mergentheim hatte.

Die beiden weltlich gebliebenen Brüder Gottfried und Konrad standen in enger Verbindung zum Hause der Staufer. Beide einigten sich im Jahre 1230 vertraglich über ihre Interessensphären. Konrad wurde Herr über den östlichen Teil des Landes, der im späteren Bayern lag, und errichtete die Burg Brauneck. Er nannte sich seit dieser Zeit Herr von Brauneck. Damit begründete er die Braunecksche Linie, die 1390 auf männlicher Seite ausstarb. Seine Frau, die hessische Erbtochter Petrissa von Büdingen und ihre Angehörigen stifteten und erbauten die wunderbare Herrgottskirche von Creglingen.

Sein Bruder Gottfried blieb im Raume Mergentheim. Der Bischof von Würzburg verlieh ihm 1235 die Herrschaft Langenberg als Lehen. Er baute die Burg zum Kastell aus, nachdem er 1239 Krautheim und Boxberg käuflich erworben hatte.

Als König Konrad IV. im Jahre 1250 in Regensburg Ziel eines vom Regensburger Bischof geplanten Attentates wurde, entriß man diesem die entlegeneren Teile seiner Herrschaft und übertrug sie Gottfried von Hohenlohe, der Erzieher, Berater und Vertrauter von König Konrad IV. gewesen war.

Damit wurden auch das Stift Öhringen und die Regensburger Lehen um Waldenburg Gottfried übertragen. Er und seine Nachfolger kauften den niederen Adel aus und zogen deren Burgen an sich. Damit ist das fränkische Hohenlohe im allgemeinen umrissen. Allerdings kamen weitere Teile des Landes hinzu.

Deutschmeister Heinrich von Hohenlohe saß als Herr in der Herrschaft Mergentheim. 1237 erfolgte seine Berufung in den Regentschaftsrat Kaiser Friedrichs II.

Zunächst hatte kein Deutschmeister eine feste Residenz. Sie waren ständig in den einzelnen Balleien und Kommenden unterwegs. Erster häufigerer Aufenthaltsort wurde die Ortschaft Breitbach im Raume Koblenz. Ihr folgten die Kommenden Frankfurt-Sachsenhausen, Weinheim und Speyer.

Neben den bereits genannten Balleien waren ja bereits in den Kreuzfahrerstaaten zwei Balleien gegründet worden: die armenische und die syrische. In Italien wurden drei ins Leben gerufen: Apulien, als Ausgangsort für die Kreuzfahrerreisen ins Heilige Land, Sizilien und Lamparten in Norditalien.

Die Balleien zu Arles und die spanische Ballei, die von wechselnden Balleien in Deutschland geleitet wurde, vervollständigen die Aufzählung derselben.

Die größte und reichste Ballei jedoch war jene von Franken.

Zu den Balleien, die dem Deutschmeister unterstanden, kamen jene Balleien hinzu, die als preußisch »Kammer-Balleien« dem Hochmeister direkt gehörten und sich somit dem Zugriff des Deutschmeisters entzogen.

Sehr früh bereits gelang es den Deutschmeistern, eine gewisse Selbständigkeit zu erlangen. Obgleich dem Hochmeister das Recht der Einsetzung eines neuen Deutschmeisters zustand, machten die Komture der Balleien ihm Vorschläge, aus denen er wählte. Darüber hinaus war es ihm untersagt, die dem Deutschmeister unterstehenden Balleien zu Visitationszwecken aufzusuchen.

Das Kapitel des Deutschmeisters war ein Kontrollgremium, das den Hochmeister bei gewissen Anlässen kontrollieren durfte.

Durch die Verhältnisse zueinander blieben Spannungen der beiden obersten Gebietiger nicht aus. Diese steigerten sich in der Schlußphase des Ordens in Preußen zum Haß.

Je mehr sich das Amt des Deutschmeisters festigte, desto weiter legte derselbe seine Befugnisse aus. Auch zwischen den Deutschmeistern und den Balleien und Kommenden kam es immer wieder zu Streitigkeiten über Besitzverhältnisse und Kompetenzen.

Da der Deutsche Orden in Preußen und Livland auch auf den Deutschmeister angewiesen war, dem es ja oblag, ausgebildeten Nachwuchs nach Preußen zu entsenden, war es oftmals der Hochmeister, der zurückstecken mußte.

Erst als der Hochmeister auf die Hilfe des Deutschmeisters besonders angewiesen war: nachdem die Schlacht bei Tannenberg 1410 mit einem Desaster geendet hatte, als der Orden neben der Reputation auch noch an Reichtum einbüßte und infolge der aufgezwungenen Kriege immer höhere Schulden machen mußte, zu deren Tilgung er den Deutschmeister aufrief, kam es zu ernstlichen Zerwürfnissen. Diesen folgte schließlich der Bruch. Preußen wurde – aus der Sicht des Hochmeisters – allein gelassen.

Der Deutschmeister war weder dazu bereit dem Orden noch Preußen selber zu helfen. Allerdings muß dazu bemerkt werden, daß die Hilferufe um finanzielle Unterstützung in einer Zeit nach Deutschland gelangten, als auch den Deutschmeister eine Schuldenlast von 100 000 Gulden drückte.

Allein aus dieser nicht vollständigen Aufzählung geht hervor, was alles an Verantwortlichkeiten und Aufgaben seelsorgerischer und pflegerischer Art – vor allem in bezug auf die Erhaltung des Nachwuchses – auf den Deutschmeister zukam.

Vordringliche Aufgabe aller Heimatballeien war es, den Ritternachwuchs zunächst für das Heilige Land, sodann aber in verstärktem Maße auch für Preußen und Livland heranzubilden und auszusenden.

Wie aber entstand das Amt des Deutschmeisters, und wer hat es in den ersten Jahrzehnten des Ordens bekleidet?

Spurensuche: Magister und Präceptor

Es war der Magister der Tempelritter, der den Deutschordensbruder Heinrich mit dem Beinamen Walpot zum Magister des Deutschen Ordens machte. Diesem wurden die Regeln der Templer übergeben, »damit sie auch hinfort im Deutschen Orden beachtet würden«.

Der Titel Magister als erste Bezeichnung für den Ordensoberen ist einer Bibelstelle des Markus-Evangeliums entnommen. Der Evangelist schreibt im 23. Kapitel ab Vers 8: »Einer ist euer Meister, ihr aber seid seine Brüder.«

Zunächst jedoch gab es als oberste Instanz in der Heimat den Landkomtur von Deutschland. Ihm wurden bereits in der Urkunde des Landgrafen Hermann von Thüringen aus dem Jahr 1195 die ersten Verhaltensregeln übergeben.

Diese Urkunde nannte erstmals einen »Ulricus, magister Teutonici hospitalis«. Es wird in Fachkreisen angenommen, daß Ulricus erster Vorsteher des soeben in Halle entstehenden Ordenshauses gewesen ist. (Siehe: Lampe, K.H.: Deutschordenskopare, in: Zeitschrift für Thüringische Geschichte und Altertumskunde.)

Daß es zu dieser Zeit für einen Beamten des Deutschen Ordens in Deutschland selber noch keine ihn ausfüllende Aufgabe gab, weil in der Heimat so kurz nach der Gründung des Ordens noch kein Besitz vorhanden war, deutet allerdings eher darauf hin, daß Magister Ulrich ein Beamter aus Akkon war, den es nach Deutschland verschlagen hatte.

Daß eine umfassende Verwaltungsorganisation neben der Tatsache, daß noch nichts zu verwalten war, darunter litt, daß die Zahl der Ordensbrüder zu gering war, sei besonders erwähnt.

Der erste Deutschmeister des Ordens, der namentlich Erwähnung findet, ist jener Hermannus magister, den Friedrich II. im Dezember 1218 nannte. In einer Urkunde König Heinrichs VII. vom 10. August 1223 wurde »frater Hermannus preceptor domus Theutonicorum in Alemannia« genannt. Damit ist ohne Zweifel der Deutschmeister gemeint.

Hermann Otter wurde 1224 als Deutschmeister in zwei weiteren Urkunden erwähnt und soll am 13. Januar 1227 gestorben sein. Nach einer mehrjährigen Vakanz tauchte der nächste Deutschmeister erst auf einer Urkunde des 18. Januar 1231 auf. Es war der »magister Didericus« .

Dieser Deutschmeister war offenbar nicht sehr lange im Amt, denn bereits am 6. Juli 1232 wurde der Name Heinrichs von Hohenlohe als Deutschmeister genannt.

Die Ballei Elsaß-Burgund unterstand seit ihrer Gründung, also seit 1235, direkt dem Deutschmeister. Seit dieser Zeit kann allgemein vom Amt eines Deutschmeisters gesprochen werden.

Vorher führte der Amtsinhaber die Bezeichnung Landkomtur von Deutschland und unterschied sich durch nichts von anderen Landkomturen. Es sei denn, daß man ein größeres Verwaltungsgebiet in Rechnung stellt. Seit 1235 war dem Deutschmeister jedoch mindestens ein Landkomtur untergeordnet. Der Wandel in der Hierarchie vollzog sich also in jener Zeit, da Heinrich von Hohenlohe das Amt innehatte.

Heinrich von Hohenlohe ist nach einer kurzen Fehlzeit ab dem 13. Februar 1239 wieder urkundlich faßbar und blieb es bis nach dem Tode von Hochmeister Konrad von Thüringen und Hessen, der am 24. Juli 1240 in Rom starb. Danach hatte Heinrich von Hohenlohe das Amt des Deutschmeisters aufgegeben, weil er sich als Hochmeister präsentieren wollte. Als Gerhard von Malberg zum Hochmeister gewählt wurde, hat Heinrich von Hohenlohe das Amt des Deutschmeisters abermals übernommen und ist urkundlich seit dem 10. Januar 1242 wieder als solcher zu erkennen.

Von 1242 bis 1245 war Berthold von Tannenroda Deutschmeister. Er ist nach 1245 nicht mehr zu belegen. Zu seinem Nachfolger wurde Albert von Bastheim, vorher Komtur von Mergentheim, gewählt. Die letzte urkundliche Erwähnung dieses Deutschmeisters erfolgte am 27. April 1247 in einer Regensburger Urkunde. Da sich Hochmeister Heinrich von Hohenlohe ab Dezember 1247 in Mergentheim aufhielt, wurde der neue Deutschmeister offenbar durch ihn in sein Amt eingeführt. Sein Name war Albrecht von Hallinberg. Dieser Deutschmeister hatte das wichtige Amt des Ordensoberen in der Heimat bis zum Jahre 1250 inne. Jedenfalls wurde er noch im Januar 1250 als solcher erwähnt. Als nächster Deutschmeister erscheint Eberhard von Sayn. Dieser hatte vom Hochmeister und vom Ordenskapitel zu Akkon den Auftrag erhalten, die Ordensdisziplin in der Heimat wieder zu festigen.

Am 2. Mai 1251 stellte er als »proceptor per Allemanniam« eine Vollmacht für den Landkomtur von Elsaß-Burgund aus. Danach reiste er nach Kulm, um dort am 1. Oktober 1251 die Kulmer Handfeste zu unterzeichnen.

In Goldingen beurkundete er als Deutschmeister und Statthalter des Hochmeisters in Livland und Kurland Vereinbarungen zwischen dem Orden und dem Bischof von Kurland.

Seine Beurkundungen sind auch noch aus den Jahren 1253 und 1254 bekannt. (Siehe dazu: Militzer, Klaus: Die Entstehung der Deutschordensballeien im Deutschen Reich.)

Zum letzten Mal tauchte sein Name am 29. Juni 1256 in der Mitunterzeichnerformel einer Urkunde des Bischofs von Samland auf. Er zeichnete auch darin als Deutschmeister.

Eberhard von Sayn hatte es geschickt verstanden, die Bedeutung des Deutschmeisteramtes zu stärken. Er zeichnete bei allen Urkunden stets als erster. Auch dies deutet darauf hin, daß dieses Amt allmählich zum höchsten nach jenem des Hochmeisters geworden war.

Als Poppo von Osternau im Jahre 1256 in Rom das Amt des Hochmeisters niederlegte, endete damit zugleich auch die in Preußen praktizierte Vereinigung des Deutschmeisteramtes mit jenem des Landmeisters von Preußen. Dietrich von Grüningen, der zur Zeit Eberhards von Sayn Landmeister in Preußen war, blieb dies auch.

Der neue Hochmeister, Anno von Sangershausen, ernannte Konrad von Nümberg zum Deutschmeister. Dieser ist seit 1257 bis zum Jahre 1262 durch Urkundenzeichnung nachweisbar. Er starb am 30. August 1264.

Als sein Nachfolger ist Ludwig von Naumburg belegt, aber bereits nach dem 16. November 1266 war es Werner von Battenberg,

resko aus dem großen Remter
er Marienburg: Kreuzfahrer im
eiligen Land.

artenskizze: Von Jerusalem bis zur
ttergrafschaft Edessa.

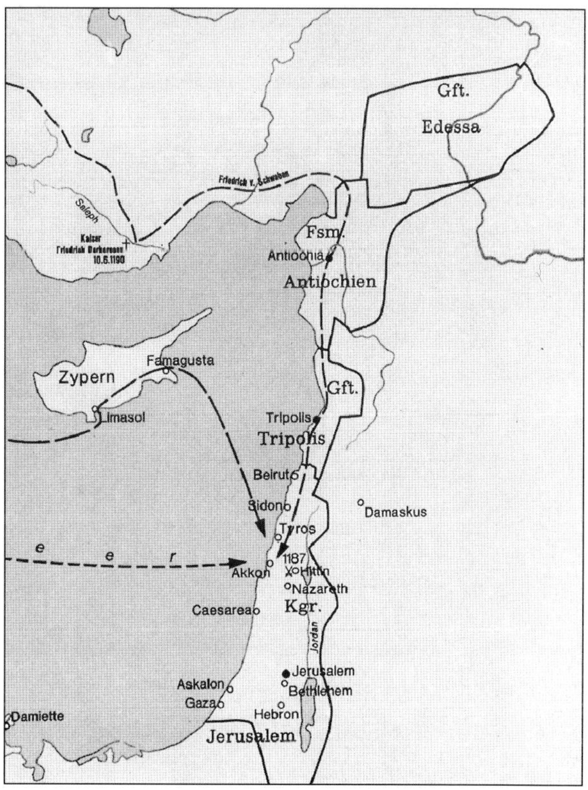

Oben: Das Denkmal des Gründers von Königsberg, Ottokar II., der 1278 verstarb.

Links: Hochmeister Konrad von Thüringen (1239-40).

Links unten: Ottokar II., König von Böhmen und getreuer Helfer des Ordens im »Heidenkampf«.

Unten: Hochmeister Winrich von Kniprode (1352–1382).

Die erste Stadtanlage von Königsberg mit ihren Befestigungen.

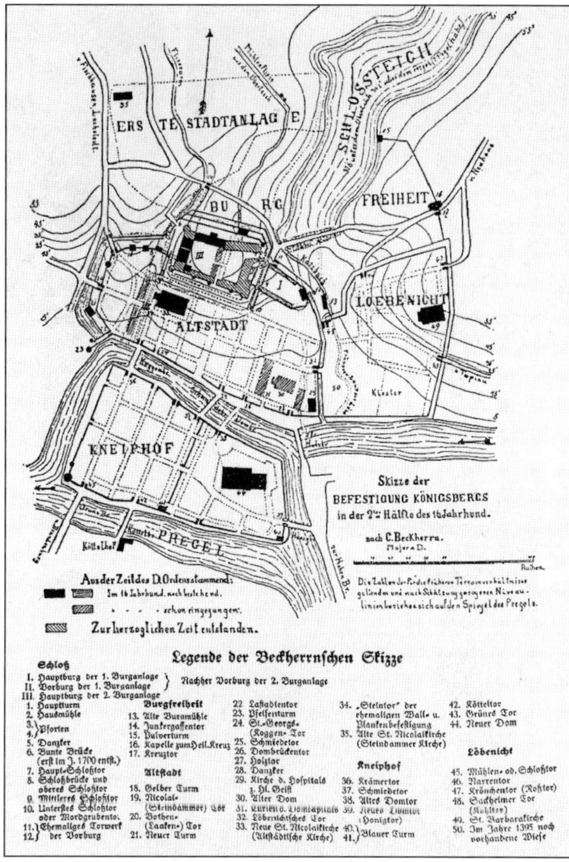

Links unten: Turm des Königsberger Schlosses (Königsberg war von 1457–1525 Residenz des Hochmeisters).

Rechts unten: Das Kniephöfsche Rathaus.

Pfarrkirche St. Jakobi zu Thorn, Baubeginn 1301.

Das Altstädter Rathaus zu Thorn.

Das Geburtshaus von Kopernikus, Fassade au
dem 14. Jahrhundert.

Der Innenhafen Danzigs mit Rathausturm und den Türmen der Marien- und Johanniskirche.

Das Danziger Krantor.

Das St.-Georgs-Reliquiar zu Elbing (Silberstatuette B. Notke).

Oben: Das Zisterzienserkloster Pelplin, errichtet 1294.

Links oben: Die Burg Allenstein (1348 erstmals al. Stadt erwähnt).

Mitte: Das Deutschmeisterhaus zu Mewe, seit 1297 wa Mewe Stadt.

Links: Das Haus Narwa.

Grabplatte des Deutschmeisters Eberhard von Seinsheim (1420–1443).

Kaiser Karl V. (1519–1556) war dem Orden gewogen, jedoch nicht bis zur letzten Konsequenz.

Hochmeister Albrecht von Brandenburg (1511–1525) machte den Ordensstaat zum weltlichen Herzogtum.

Deutschmeister Johann Adelmann von Adelmannsfelden (1510–1515).

Hochmeister Dr. h.c. Dr. Norbert Klein (1923–1933).

Hochmeister Dr. Marian Tumler (1948–1970).

Hochmeister Robert Schälzky (1936–1948).

Dr. Arnold Wieland führt den Deutschen Orden seit 1988.

der als Deutschmeister zeichnete. Dies deutet darauf hin, daß Ludwig von Naumburg nur für eine kurze Übergangszeit das Amt des Deutschmeisters bekleidet hat.

Daß Werner von Battenberg bereits Ende 1266 Deutschmeister war, ist mehrfach bezeugt, wenn über ihn auch in den folgenden Jahren nichts bekannt wurde. Er wurde 1267 und dann erst wieder am 12. Januar 1271 als Deutschmeister genannt. In der Kommende Marburg eingekleidet, wurde Battenberg dort 1252 zum Komtur gewählt. Im Jahre 1257 war er Komtur in Balga und hatte im Deutschen Orden eine große Karriere gemacht.

Am 19. Mai 1272 wurde Gebhard von Hirschberg als Deutschmeister genannt. Seine letzte Nennung datiert aus dem Jahre 1279.

Von dieser Zeit an steht die Reihenfolge der Deutschmeister fest, auch wenn in ihrer Nennung noch immer Ungereimtheiten auftreten.

Bis dahin waren alle Balleien bis auf jene von Westfalen bereits etabliert. Es gab nur noch wenige Kommenden, die nicht den betreffenden Balleien ihres Großgebiets zugeteilt waren. Diese unterstanden direkt dem Deutschmeister. Ansonsten war zwischen dem Deutschmeister und den Kommenden eine Zwischeninstanz entstanden: der Landkomtur. Dieses Amt bestand allerdings bereits in den Jahren von 1212 bis 1235. Danach wurde es zum Deutschmeisteramt, obwohl der Landkomtur von Deutschland bereits seit 1228 faktisch Deutschmeister war, weil zu dieser Zeit die Balleien Altenbiesen und Utrecht, die aus dem Verwaltungsbereich des Landmeisters ausgegliedert worden waren, dennoch unter Oberaufsicht des Landmeisters blieben.

Auf dem vom 4. bis 18. Mai 1287 in Frankfurt gehaltenen Generalkapitel des Ordens ließ Hochmeister Burchard von Schwanden die bis dahin geltende Organisation in der Ordensverwaltung ändern. Gleichzeitig war auf diesem Generalkapitel auch der Deutschmeister anwesend. Es war Konrad von Feuchtwangen, der dieses Amt von 1284 bis 1290 ausübte.

Die Deutschmeister seit Gebhard Graf von Hirschberg (1272–1330)

Nach dieser Übersicht sollen nunmehr jene Deutschmeister genannt werden, die ab 1272 das Meistertum im Reich verkörperten. Daß dies nur in einer summarischen Darstellung, mit einigen Glanzpunkten an diversen Stellen, geschehen kann, liegt bei der Fülle des weiteren vorhandenen Materials auf der Hand.
Es gilt vor allem zu betonen, daß die Deutschmeister neben den in Preußen residierenden Hochmeistern bereits von Anfang an eine große Rolle spielten. Sei es auch zunächst nur als »Zulieferer« für den im Osten kämpfenden Orden und als Vewaltungsverband für die Ordensbesitzungen im Reich.
Wie sehr sich diese Tätigkeit ändern sollte, wird an den letzten Deutschmeistern deutlich, die kurze Zeit vor und nach der Verweltlichung des Deutschen Ordens in Preußen und dem einhergehenden Verlust eines geschlossenen Herrschaftsgebietes im Reich die Geschicke des Restordens lenkten.
Gebhard Graf von Hirschberg, aus einem bayerischen Geschlecht stammend, das die Vogtei über das Bistum Eichstätt ausgeübt hatte, übernahm 1272 das Meisteramt nach Werner von Battenberg.
Er war bereits als Ritter des Ordens im Osten gewesen und hatte um 1255 in Memelburg gelebt, um von 1257 bis zum April 1259 das Amt eines Vizelandmeisters von Preußen zu bekleiden. Somit hatte er große Erfahrungen gesammelt und war für ein noch höheres Amt prädestiniert. Allerdings lebte er zu Beginn des Jahres 1268 in der Kommende Mergentheim, um sich von einer Krankheit zu erholen.
Vier Jahre darauf bekleidete er bereits das Amt des Landkomturs von Franken, um am 19. Mai 1272 erstmals als Deutschmeister zu zeichnen. Sein Nachfolger, von dem nur der Rufname Mathias bekannt ist, übernahm die Führung des Ordens im Jahre 1281. Er ist mit jenem Koblenzer Komtur identisch, der dort von 1274 bis zum Jahre 1295 amtierte. Dies bedeutet, daß Mathias nach dem

Rücktritt vom Deutschmeisteramt wieder als Komtur nach Koblenz zurückgekehrt war.
Die Zeit seines Deutschmeistertums datiert nur bis zum Jahre 1283. Ob er gezwungenermaßen oder durch Krankheit das Deutschmeisteramt niederlegte, ist nicht bekannt. Allerdings gingen Gerüchte um, daß er dem Hochmeister Burchard von Schwanden nicht genehm war. (Zum Thema Deutschmeister siehe: Voigt, Johannes, Geschichte des Deutschen Ritterordens in seinen 12 Balleien in Deutschland, 2 Bde.; ferner noch Weiss, Dieter J., Die Geschichte der Deutschordens-Ballei Franken im Mittelalter.)
Deutschmeister Mathias entschied gemeinsam mit dem Landkomtur der Niederlande den Streit zwischen dem Deutschen Orden und dem Bischof von Utrecht. Dieses Mittleramt war ihm von Hochmeister Hartmann von Heldrungen übertragen worden, der Mathias im Gegensatz zu seinem Nachfolger sehr schätzte.
Noch im Jahre 1283 bestätigten Deutschmeister Mathias und andere Gebietiger des Ordens die Bedingungen, unter denen das Kloster Schweinfurt dem Deutschen Orden angeschlossen werden sollte.
1284 trat sein Nachfolger Konrad von Feuchtwangen das Regiment im Reich an. Aus seiner Zeit ist bekannt, daß er es verstand, die Besitzrechte des Ordens in Deutschland zu mehren und Ansprüche territorialer Herren ebenso wie jene verschiedener Balleien abzuwehren. Darunter ſiel auch die Übertragung des Patronatsrechtes des Ordens an der Kirche zu Winnenden, die ihm am 1. Mai 1288 überschrieben wurde. Hinzu kamen einige Güter, die zur Gründung einer neuen Ordensniederlassung dienen sollten.
Konrad von Feuchtwangen bekleidete das Deutschmeisteramt bis zum Jahre 1290.
Nachzutragen bliebe eine Auseinandersetzung des Deutschmeisters mit der Ballei Österreich, die in der Hierarchie des Deutschen Ordens eine Sonderrolle spielte. Diese Ballei wurde von einem Landkomtur geführt, der rechtlich dem Deutschmeister ebenbürtig war. Der Deutschmeister versuchte, seinen Einfluß

auch auf diese Ballei auszudehnen, konnte dies aber gegenüber dem Landmeister nicht durchsetzen. Die Ballei Österreich war zu dieser Zeit noch keine Kammerballei des Hochmeisters, zu der sie später wurde.
Gottfried von Hohenlohe wurde bereits vor Antritt der Deutschmeisterwürde einige Male als Landkomtur in Franken genannt, ehe er im Jahre 1294 oberster Gebietiger im Reich wurde. Er bat den Orden am 30. Januar 1294 um die Bestätigung einer Güterschenkung für die Hüttenheimer Kommende und zeichnete kurze Zeit später bereits als Deutschmeister.
Bereits im Jahre 1253 hatte sein Vorfahr Gottfried von Hohenlohe dem Orden Höfe in Erlach und Obernhofen verkauft. Ein weiterer in Sonderhofen kam hinzu. Kraft I. von Hohenlohe wiederum hatte der Kommende Güter in Hollenbach und Igersheim abgetreten.
Weitere Angehörige dieser dem Orden treuergebenen Familie waren Albert I. und Heinrich II. von Hohenlohe. Andreas von Hohenlohe war ebenfalls Ordensbruder. Doch zurück zu Gottfried von Hohenlohe.
Als es 1293 zu einem Vertrag zwischen Hochmeister Konrad von Feuchtwangen und Graf Ludwig V. von Oettingen kam und der Hochmeister gegen den Erwerb einiger Rechte dem Grafen geloben mußte, ohne dessen Zustimmung keinen seiner Leute in den Orden aufzunehmen, waren auch Landkomtur Gottfried von Hohenlohe sowie die Komture von Heilbronn und Ellingen zugegen. Im Jahre 1297 ging die Herrschaft Gottfrieds von Hohenlohe, Sproß eines der profiliertesten Häuser Frankens, in Deutschland zu Ende, noch im selben Jahr wurde er Hochmeister und blieb dies bis 1303. Er trat wegen der Konflikte mit den preußischen Ordensbrüdern zurück.
Johann von Nesselrode, der 1297 sein Amt antrat, blieb nur bis 1298 Deutschmeister. Von ihm ist nicht viel zu berichten.
Siegfried von Feuchtwangen wiederum, der 1298 die Deutschmeisterwürde erlangte, wird von verschiedenen Seiten, vor allem von M. Perlbach, als Herausgeber der neuen Statuten des Ordens bezeichnet. Die dort verankerten Gesetze wurden ihm zuge-

schrieben. (Sie können aber auch, wie andere Stimmen vermelden, von seinem Vorgänger Gottfried von Hohenlohe stammen.)
Eine der darin aufgestellten Forderungen war das alljährlich stattfindende Generalkapitel des Ordens, zu dem außer den Gebietigern in Deutschland, Livland und Preußen auch die Landkomture von Österreich, Bozen und dem Welschland zu kommen hatten. (Siehe: Perlbach, M., Quellenbeiträge zur Geschichte Königsbergs im Mittelalter, Göttingen 1878.)
Diese Gesetze schrieben vor, daß der Landkomtur von Bozen zum Generalkapitel zu erscheinen hatte, woraus zu erkennen ist, daß zu dieser Zeit der Landkomtur von Bozen ebenfalls vom Hochmeister ernannt wurde.
Kernpunkt der Statuten des Ordens war ein an den Hochmeister gerichtetes Gebot, dieser dürfe in den Gebieten des Deutschmeisters, der Landmeister von Preußen und Livland keine Steuern erheben. »Insbesondere nicht von der Kommende Koblenz.«
Daß diese Kommende dem Hochmeister entzogen war, ist dadurch begründet, daß Dirk von Holland, der uneheliche Sohn Wilhelms von Holland, von 1297 bis 1304 die Ämter des Landkomturs von Utrecht und Koblenz in Personalunion leitete, womit sie der Machtbefugnis des Hochmeisters entzogen waren.
Daß Siegfied von Feuchtwangen im Jahre 1303 sein Amt als Deutschmeister niederlegte, war die Folge seiner Ernennung zum Hochmeister.
Winrich von Bosweil, der 1303 Deutschmeister wurde, mußte noch im Jahr des Antritts seiner Ordensherrschaft im Reich allen Ordensbrüdern befehlen, die Kosten eines Aufenthaltes im Ordenshaus zu Speyer selber zu tragen, weil sonst die Finanzierung der dortigen Besitzungen zusammengebrochen wäre. Vielleicht trug dieser unglückliche Einstand dazu bei, daß die Zeit seiner Führung nur bis 1304 währte.
Ganz anders Eberhard von Sulzberg der 1305 Deutschmeister wurde. Bereits im ersten Jahr seiner Amtszeit verwandte er sich dafür, daß Leopold von Wemding im Amt des Landkomturs zu Bozen bleiben möge. Er wurde in dieser Bittschrift »Bruder Eberhard von Sulzperch, meister zu teutschen Landen« genannt.

Er war bereits einmal im Jahre 1284, dann wieder von 1291 bis 1298 Komtur von Beuggen gewesen und wurde 1301 Landkomtur von Österreich. Er war Angehöriger der Familie Sulzberg, die zunächst im Dienst des Stiftes Kempten, später dann des Bischofs von Konstanz stand. (Siehe dazu: Heim, Peter: Die Deutschordenskommenden Beuggen und die Anfänge der Ballei Elsaß-Burgund.)

Im Februar 1306 bestätigte Eberhard von Sulzberg die Seelenstiftung der verstorbenen Irmgard von Sulzberg und verpflichtete sich gleichzeitig mit dem Landkomtur, das Nürnberger Spital für immer ungestört im Besitz des Hofes zu Vach zu belassen.

1306 fand in Nürnberg ein Treffen bedeutender Ordensvertreter statt, an dem auch der Deutschmeister teilnahm. Eine Reihe Komture und der Großkomtur, als Vertreter des Hochmeisters, waren zugegen. Aber erst im Jahre 1310, nach dem Tode Gottfrieds von Hohenlohe, konnte Eberhard von Sulzberg seine Position als Deutschmeister festigen.

Am 8. Dezember 1311 weilten der Deutschmeister und der Landkomtur in Mergentheim, um die Versorgung Elisabeths, der Witwe Gottfrieds von Hohenlohe, zu regeln, die dieser 1305 geheiratet hatte.

Konrad von Gundelfingen entstammte dem edelfreien Geschlecht der Gundelfingen. Im Jahre 1303 trat er sein erstes höheres Amt als Landkomtur von Bozen an. Seine Familie war reich begütert.

Im Jahre 1305 war er Komtur in Nürnberg und übte ab Februar 1306 zusätzlich das Amt eines Landkomturs in Franken aus. Auch er konnte erst nach dem Tode Gottfrieds von Hohenlohe seine Position als Landkomtur ausbauen. In den folgenden Jahren erschien er immer dort, wo die Ballei Franken oder das Deutschmeistertum gefragt waren.

Als Landkomtur Konrad von Gundelfingen König Heinrich VII. auf dessen Zug nach Rom begleitete und während der Belagerung von Brescia mit seiner ritterlichen Begleitung erfolgreich für seinen König kämpfte, gewährte dieser dem Deutschen Orden wegen der Verdienste des »Bruder Konrad« und seiner Ordensbrüder die freie Verfügung über den Deutschordensbesitz in Pommerellen.

Im Herbst 1311 kehrte Landkomtur Konrad ins Reich zurück, denn auf dem Provinzialkapitel am 29. November zu Donauwörth war er anwesend. Eberhard von Sulzbach begrüßte ihn als treuen Freund und Kampfgefährten des Ordens. Die Teilnehmerliste dieses Treffens zeigte auf, daß alle Kommenden der Ballei Franken vertreten waren: Mergentheim, Nürnberg, Ellingen, Regensburg, Aichach, Virnsberg und Ulm. Die mainfränkischen Häuser Würzburg, Münnerstadt und Schweinfurt hatten sich entschuldigen lassen.

Konrad von Gundelfingen verbrachte den Winter 1311 bis 1312 im schönen Mergentheim und schloß am 14. Mai 1312 mit den Gebrüdern von Hohenlohe-Brauneck einen Vertrag über das Gericht zu Mergentheim und kaufte ihnen Turm und Hofreit ab.

Im Sommer befand sich der Landkomtur in Preußen. Auf der Marienburg traf er sich oft mit Karl von Trier im Gespräch über Ordensangelegenheiten. Daneben stand Konrad auch in engem Kontakt zur Spitze des luxemburgischen Reiches. König Johann von Böhmen, der seinerzeit als Reichsvikar amtierte, zog ihn 1313 als Schiedsrichter hinzu, als es um eine Auseinandersetzung im Reich zwischen Bischof Philip von Eichstätt und Adelheid von Hohenlohe, der Witwe Konrads von Oettingen, ging. Auch hier stellte er seine profunden Kenntnisse über die Lage im Reich unter Beweis.

In den folgenden Jahren fungierte Eberhard von Sulzberg mehrfach als Berater der Kurfürsten von Trier, als es darum ging, einen Prokurator für den Kölner Erzbischof zu finden.

Im Jahre 1323 wurde Konrad von Gundelfingen Deutschmeister. Diese Position füllte er bis 1329 voll aus.

Mit Konrad von Gundelfingen stellte der Orden einen der führenden Ratgeber der Wittelsbacher, der deren Politik auch in schwieriger Lage und selbst gegen die Kurie unterstützte.

Sein Nachfolger Zürich von Stetten amtierte nur von 1329 bis 1330. Dessen Nachfolger wurde noch 1330 Wolfram Graf von Nellenburg. Er sollte nicht weniger als 31 Jahre im Amt bleiben.

Zeit der Konsolidierung im Reich

Mit Wolfram Graf von Nellenburg hatte der Orden in Deutschland wieder einmal einen Glücksgriff getan. Er gilt als Stifter des 1340 in Mergentheim errichteten Spitals. In einer Petition hatte er Ludwig IV. darum gebeten, dem Marktflecken Mergentheim die Stadtrechte zu verleihen.

Daß er dem Freundeskreis Kaiser Ludwigs IV., des Bayern, angehörte, dem väterlich-wohlwollenden Beschützer des Deutschen Ordens, hatte seine Vorteile, denn Ludwig hatte bereits am 25. Februar 1334 seinen Kanzler Hermann II. Hummel von Lichtenberg darum gebeten, als Bischof von Würzburg Mergentheim »mit allen seinen Kräften zu behüten und zu beschützen«.

Der Deutschmeister, eine hochintelligente, sehr belesene Persönlichkeit, stand dem bayerischen König in allen wichtigen Angelegenheiten mit bestem Rat zur Seite.

Im Gegenzuge war Kaiser Ludwig, der 1345 durch seine Ehe mit Margarete von Holland noch Seeland, Friesland und den Hennegau hinzu gewann und bereits 1341 Niederbayern erhalten hatte, ein großer Förderer des Ordens in Deutschland.

Am 2. Juli 1340 verlieh Kaiser Ludwig in Nürnberg dem Deutschen Orden »in Anerkennung seiner treuen Dienste gegenüber Kaiser und Reich«, die »Gewalt«, den Markt zu Mergentheim »der da gelegen ist an der Tauber in dem Pistüm ze Wirtzburch ein stat süllen sayn und münzen machen«.

Ein großes Ziel war erreicht. Mergentheim sollte im Kalkül des Deutschen Ordens im Reich den vordersten Rang einnehmen. (Siehe dazu das Kapitel: »Mergentheim – Vom Marktflecken zur Residenz des Deutschen Ordens«.)

Zur Zeit dieses Deutschmeisters soll auch dessen Kammer entstanden sein. Wolfram von Nellenburg hatte bei einem Besuch in Preußen bei Hochmeister Werner von Orseln anläßlich eines Kapiteltages die Kammer in Preußen kennengelernt und verstand es, dieses System aufs Reich zu übertragen.

Daß dieser Deutschmeister den Orden wieder enger an den

Kaiser heranführte und unter anderem auch die Einigung Ludwigs IV. mit Erzbischof Balduin von Trier vermittelte, war ein weiterer Glücksfall. Als der Deutschmeister zum Jahreswechsel 1331/1332 am bayerischen Hof weilte, bestätigte der Kaiser auf Wunsch des Deutschmeisters das große Ordensprivileg Friedrichs II.: die »Goldene Bulle von Rimini« vom März 1226.

Damit hatte er erneut die privilegierte Stellung des Ordens im römischen Reich sichergestellt und diesen von allen Abgaben und Zöllen befreit.

In den letzten 15 Jahren seiner Regierungszeit war der Deutschmeister neben dem Landkomtur von Franken, Heinrich von Züpplingen, die führende Persönlichkeit des Ordens im Reich. Er war an der Abfassung des Prokuratoriums – das die Grundlage zu neuen Verhandlungen mit dem Papst bildete – im Herbst 1336 in Nürnberg beteiligt und gehörte mit Heinrich von Züpplingen zu den Beratern, die gegenüber König Johann von Böhmen im Auftrage Kaiser Ludwigs IV. auftraten.

Immer wieder wurde der Deutschmeister auch um Bewilligung verschiedenster Transaktionen gebeten. Der Nachfolger des Landkomturs von Franken, Seifried von Mindelberg, konnte das Vertrauen des Kaisers nicht erringen, so daß ab 1336 der Deutschmeister unangefochten seine Herrschaft über die Ballei Franken ausüben konnte.

Als sich am 13. August 1342 die Spitze des Ordens mit der gewalttätigen Entwicklung Mergentheims auseinandersetzte, war auch der neue Landkomtur Otto von Heideck dabei. Gemeinsam mit dem Komtur Mergentheims führten sie beim Kaiser Klage gegen die Mergentheimer Bürgerschaft. Diese hatte sich eine Reihe von Privilegien angemaßt, die Kaiser Ludwig ihnen allesamt absprach, soweit sie die Rechte und Freiheiten des Ordens beschnitten.

So wurde Wolfram von Nellenburg, Geheimer Rat des Kaisers, der diesen 1347 sogar dazu bewegen konnte, auf Burg und Burgstall von Obermässing zu verzichten und dieser Kommende Steuerfreiheit zu gewähren.

Bei einer Reihe Tauschaktionen wirkte der Deutschmeister mit, den man gern als Berater hinzuzog, weil sein Gerechtigkeitssinn bekannt war. So bei einem Tausch den Würzburg veranlaßte, und einen weiteren aus dem Januar 1354, als er einen Verkauf der Kommende Schweinfurt an Virnsberg regelte.

Karl IV. bestätigte als Nachfolger Ludwigs IV. dem Orden eine Reihe von Privilegien. Nach der Übergabe von zwei Beträgen von insgesamt 1000 Gulden an den angehenden Herrscher, für die der Deutschmeister bürgte, ließ Karl IV. nach Rückkehr von seinem Romzug, für den er diese Summe benötigte – einige Privilegien neu aufleben.

Die Dankbarkeit des Kaisers nach seiner Rückkehr war groß. So nahm es nicht wunder, daß er ein umfassendes Schutzprivileg »für die Huser der Balayen zu Franken« erließ. Die Ordensprovinz Franken war damit vom Kaiser erstmals anerkannt worden.

Viele Kommenden erhielten durch Karl IV. weitere Vorzüge. Prozelten beispielsweise erhielt das Stadtrecht von Gelnhausen, das Befestigungsrecht sowie die Blutgerichtsbarkeit. Fast alle Häuser des Ordens wurden solcherart mit Gunstbeweisen des Kaiser bedacht.

Wolfram von Nellenburg als Intervenient wurde von Karl IV. zum »Ratgeber und Andächtiger des Kaisers« ernannt. Das Haus Virnsberg erhielt das Patronat über die Reichsstadt Windsheim.

Als Wolfram Graf von Nellenburg 1361 sein Amt niederlegte, wurde sein Nachfolger unmittelbar darauf gewählt und setzte diese einundreißigjährige erfolgreiche Arbeit für den Orden nahtlos fort. Er war bereits seit langer Zeit im Gefolge des Deutschmeisters tätig gewesen und hatte an vielen Entscheidungen desselben mitgewirkt.

Von Philipp von Bickenbach bis Johann von Ketze (1361–1396)

Philipp von Bickenbach trat 1361 die Nachfolge dieses erfolgreichen Deutschmeisters an, dessen kluge Führung dem Orden einen großen Zugewinn und weitere Achtungserfolge bescherte. Neben seiner Tätigkeit in der Ballei Franken war er nach dem Deutschmeister das einflußreichste Mitglied des Ordens im Reich. Als er gar im Jahre 1361, kurz nach seiner Amtsübernahme am 11. April 1361, Taufpate des Sohns Kaiser Karl IV. wurde, war sein Prestige derart gefestigt, daß er viel für den Orden erreichen konnte.

Vorher hatte er als Komtur von Mergentheim ebenfalls am Romzug des Kaisers in führender Position teilgenommen. Der Kaiser wurde nicht müde, die Verdienste dieses tapferen Ritters zu betonen, so daß die Erneuerung des »privilegum de non evocando« für Mergentheim noch im Jahre 1361 nicht überraschte.

Philipp von Bickenbach war einer der erfolgreichsten Deutschmeister. Eine seiner ersten Aufgaben war die Visitation seiner Ballei, der sodann weitere Visitationen von Thüringen, Elsaß, Sachsen und einer Reihe anderer Häuser folgten.

Zu seiner Zeit erwirtschafteten die Balleien des Deutschmeisters einen jährlichen Überschuß von 15 000 Gulden. Allerdings beliefen sich die Gesamtschulden des Ordens nach dem Rückkauf einer Reihe von Gütern durch den Deutschmeister auf das Fünffache.

In den nächsten 14 Jahren seiner Tätigkeit konnte Philipp von Bickenbach die Schulden des Ordens fast zur Gänze tilgen. Allerdings war dies auch durch eine Reihe von Schenkungen an den Orden unterstützt worden.

Im Jahre 1364 wurde aufgrund einer Meldung des Deutschmeisters an den Kaiser das Asylrecht im Deutschen Haus Heilbronn eingeschränkt, wo es zu Krawallen und Gewalttaten gekommen war. Ab sofort wurden Mörder, Brandstifter, Räuber, Diebe und Notzüchtiger, die als Straftäter verfolgt wurden, ausgeschlossen.

Als die Stellung eines Landkomturs in Franken vakant war, ließ der Deutschmeister sie zunächst unbesetzt. Er wollte sich diese Ballei als Machtbasis erhalten, weil er im Orden auf Widerstand stieß und rechtzeitig vorsorgen mußte.

Die Zahl der Ordensbrüder, die gegen Bickenbach aufmüpfig wurden, stieg; die Widerstände gegen ihn entwickelten sich zu einem Aufruhr. In dieser Situation forderte Kaiser Karl IV. alle geistlichen und weltlichen Fürsten zur Unterstützung des Deutschmeisters gegen seine aufrührerischen Brüder auf.

Allerdings mußte der Deutschmeister in den nächsten Jahren erkennen, daß er der Doppelbelastung als Landkomtur von Franken und Deutschmeister nicht mehr länger gewachsen war. Er schritt 1367 zur Einsetzung eines »Pflegers« der Ballei, den er in Gestalt des Komturs von Ellingen, Konrad von Aschenhausen, fand.

Nach einer Reihe interner Maßnahmen erreichte der Deutschmeister im Dezember 1373 beim Kaiser in Prag, daß in der Ordensstadt Ellingen im Jahr fünf Jahrmärkte abgehalten werden durften, wie dies in Weißenburg bereits die Regel war.

Als Philipp von Bickenbach am 29. Juli 1375 starb, verwaltete für sehr kurze Zeit Gottfried Graf von Hanau, der inzwischen fränkischer Landkomtur geworden war, das Amt des Deutschmeisters.

Seit dem 1. September 1376 aber ist bereits Johann von Heyn, der als Komtur zu Marburg dem Orden gedient hatte und danach auch einmal Landkomtur in Hessen gewesen war, als neuer Deutschmeister belegt. Seiner Bitte an den Kaiser, die Ordensprivilegien zu erneuern, kam Karl IV. umgehend nach, so daß der Orden nach wie vor von Abgaben und Steuern aller Art befreit war.

Mit Billigung des Deutschmeisters führte Friedrich von Egloffstein den Titel: Unser Bruder Friedrich von Egloffstein, Vorsteher unseres Hauses in Ellingen, Unterweiser und Lehrer der Ballei Franken und erwählter oberster Herr. Womit er als Kontrahent des Deutschmeisters ausgeschieden war.

In der Aufzeichnung eines wichtigen Privilegs der Herzöge von Bayern an den Orden vom April 1377 sind die Namen des

Deutschmeisters und des Landkomturs zu Franken, Konrad Rüdt, dokumentiert. Darin heißt es, daß Ellingen ein Befestigungsrecht erhalte. Dieses Privileg wurde ganze sieben Tage später widerrufen, nachdem die benachbarte Reichsstadt Weißenburg energisch gegen einen solchen Widersacher protestiert hatte. Bezeichnend ist die Tatsache, daß der Komtur zu Ellingen Friedrich von Egloffstein nicht mehr erwähnt wurde. In der Folgezeit tauchte statt dessen bei Beurkundungen neben dem Deutschmeister oftmals auch der Name Konrad Rüdt auf.

Als Kaiser Karl IV. am 29. November 1378 starb, kam es auch im Deutschen Orden zu einem Revirement in der Führungsspitze. Johann von Heyn wurde zuletzt im März 1379 als Unterzeichner in einer Urkunde der Burg Horneck genannt. Sein Nachfolger wurde Konrad Rüdt.

Auch Konrad Rüdt amtierte nur knapp drei Jahre. Seine erste Urkunde über ein Visitationsergebnis unterzeichnete er am 6. Juni 1379, unmittelbar nach seinem Amtsantritt. Von 1376 bis 1377 war er Landkomtur gewesen. Aber bereits vorher war er als Hauskomtur verschiedener Häuser, zum Beispiel ab 1364 bis 1365 dem zu Mergentheim, bekannt. Von 1366 bis 1367 bekleidete er die Stellung des Komturs von Mergentheim. Damit hatte er sich für das Deutschmeisteramt qualifiziert.

Als sich die Bürger von Mergentheim abermals gegen den Deutschmeister erhoben, zwang Konrad von Rüdt sie nach der Niederschlagung des Aufstands 1382 dazu, »zum ewigen Gedenken an diese ihre Missetat mitten auf dem Markt ein Sühnekreuz aufzustellen«, das heute noch zu sehen ist.

Siegfried von Venningen trat 1382 an seine Stelle. Er beurkundete am 8. April 1383 das Ergebnis seiner Visitation anläßlich seines Amtsantritts, die von zwei Ordensbrüdern durchgeführt wurde. Es waren die Balleien Franken, Elsaß-Burgund, Lothringen, Altenbiesen, die visitiert wurden »und die Häuser, die zu unseren Kammern gehören«. Zwei weitere in der Verwaltung kundige Brüder visitierten gleichzeitig die Balleien Thüringen, Marburg, Utrecht, Westfalen und Sachsen.

Bereits als Komtur des Kommende Weißenburg bis zum Dezem-

ber 1382 hatte Siegfried von Venningen Besitzungen im Werte von 1500 Gulden erworben, um seinen Bereich abzurunden.
Er behielt auch als Deutschmeister die Kommende Virnsberg, die er seit 1371 innehatte. Auf dem Frankfurter Kapiteltag am 8. April 1383 unterzeichnete er das Ergebnis einer neuerlichen Visitation. Der demselben Geschlecht entstammende Mergentheimer Komtur Dietrich von Venningen war an den Visitationen beteiligt. Da der Orden in dieser Zeit in die Auseinandersetzungen zwischen dem schwäbischen und dem rheinischen Städtebund verwickelt war, gelang es dem Deutschmeister beim Hochmeister die Gewährung eines Darlehens in Höhe von 60 000 Gulden zu erreichen. Auf dem Kapiteltag zu Frankfurt am 8. Mai 1386 wurde diese Summe nach der Bedürftigkeit der Balleien verteilt. Jener Hochmeister, der diesen großzügigen Kredit gewährte, war Konrad Zöllner von Rotenstein. Damit zeigte es sich, daß der Orden in Preußen den Höhepunkt der Macht erreicht hatte. Anstatt von den Kommenden und Balleien im Reich zur Unterstützung des Heidenkampfes Mittel zu erlangen, kam der Hochmeister ihnen zur Hilfe, womit die Verteilungsverhältnisse auf den Kopf gestellt wurden.
Als bekannt wurde, daß der Orden den einzelnen Territorialherren Steuern zu entrichten habe, wandte sich Deutschmeister Siegfried von Venningen an König Wenzel und wies darauf hin, daß die nach altem Recht bestehende Zollfreiheit des Deutschen Ordens nach wie vor bestehe. König Wenzel erneuerte 1389 dieses Recht, womit dem Orden eine spürbare Erleichterung zuteil wurde.
Der Deutschmeister aber wollte noch mehr. Es gelang ihm, König Wenzel zu überzeugen, daß alle unter königlichem Schutz stehenden Kommenden von jeder Art von Gastungen, Wagenfahrten, Diensten und anderen Beschwernissen befreit werden müßten. Dies war vor allem für die Häuser in Franken eine weitere Erleichterung.
Auf einem kleinen Ordenskapitel am 23. Oktober 1389, zu dem neben dem Deutschmeister auch der Landkomtur und die Komture von Nürnberg, Mergentheim und Heilbronn erschienen wa-

ren, wurde der Stadt Dinkelsbühl gestattet, den Deutschen Hof in der Rothenburger Vorstadt abzubrechen (was übrigens bereits geschehen war), um die Stadtmauer weiterführen zu können. Landkomtur Friedrich von Egloffstein wurde dafür vom Deutschmeister eine Entschädigung von 450 Gulden zugesprochen. Als Entgegenkommen erließ Dinkelsbühl den Ordensbrüdern alle städtischen Abgaben und Dienste.
Im Jahre 1392 wurde Dietrich von Venningen Landkomtur in Franken. Gleichzeitig blieb er noch eine Zeitlang Komtur von Mergentheim.
Es gelang dem Deutschmeister im Jahre 1392, die Wiedereinsetzung des Ordens in seinen alten Nördlinger Besitz und eine Entschädigung für die dort erlittenen Schäden von der Reichsstadt Nördlingen zu erreichen. Auch die Stadt Windsheim, deren Bürger mehrere Ordensdörfer in der Umgebung geplündert hatten, mußten Entschädigungen leisten. Für die zerstörte Burg Archshofen konnte dies erst der folgende Deutschmeister durchsetzen.
Als Siegfried von Venningen 1393 nach über zehnjähriger Amtszeit zurücktrat, war dies nicht freiwillig geschehen, sondern vielmehr aufgrund des Druckes von Hochmeister Konrad von Wallenrod hin, der diesen Widersacher, der gegen seine offensichtlichen und weltlichen Allüren zu Felde gezogen war, loswerden wollte. (Auch die Klausnerin Dorothea von Montau hatte gegen diesen Hochmeister gewettert und sich seinen Unmut zugezogen.)
Dic Dcmissionierung wurde vollzogen, obwohl sich mehrere Landkomture ausdrücklich für das im Amt bleiben des Deutschmeisters aussprachen, so Friedrich von Egloffstein und die Komture von Mergentheim und Würzburg. Sie schickten am 18. März 1392 eine Ehrenerklärung für ihren Deutschmeister an den Hochmeister, die nicht einmal beantwortet wurde.
So wurde der neue Deutschmeister Johann von Ketze von allen Gebietigern des Ordens als eine Zwischenlösung angesehen.
Auf dem Kapiteltag zu Prozelten wurden die von ihm angeordneten Visitationen im Ergebnis vorgestellt. Zwei Visitatoren des Hochmeisters waren als aufmerksame Zuhörer zugegen.

Während seiner kurzen Amtszeit gelang es Johann von Ketze, die seit einiger Zeit schwelenden Differenzen mit der Reichsstadt Rothenburg zu bereinigen, wobei ihm der Komtur von Virnsberg, Friedrich von Egloffstein, und der neue Komtur von Mergentheim, Gottfried Truchseß, zur Seite standen.
Der Orden verpflichtete sich, zehn Priester in der Kommende Rothenburg einzusetzen. Als letzte Aufgabe betrieb der Deutschmeister am 21. Juli1396 den Kauf einer Mühle für Kapfenburg. Am 21. Juli 1396 starb Johann von Ketze in Ellingen. Aus seiner Amtszeit sind kaum Spuren erhalten. Dennoch war er einer der wenigen Deutschmeister, die bis dahin jeweils für ein bis drei Jahre als Zwischenglieder wertvolle Erhaltungsdienste leistete, die auch seinem Nachfolger Konrad von Egloffstein zugute kamen.

Tatkraft in schwerer Zeit: Konrad von Egloffstein (1396–1416)

Nach dem Tode Johanns von Ketze versammelten sich die Gebietiger des Hochmeisters in Frankfurt zur Wahl des neuen Deutschmeisters.
Zu aller Überraschung präsentierte sich nur ein Kandidat. Es war der Landkomtur von Franken, Konrad von Egloffstein. Dieser wurde am 10. September zur Approbation als Deutschmeister vorgeschlagen. Erstmals wurde auch das Siegel des Deutschmeisters nicht nach Preußen geschickt, sondern in Mergentheim zurückbehalten.
Im Dezember 1396 wurde Konrad von Egloffstein vom Hochmeister das erstemal als Deutschmeister angesprochen, was einer Bestätigung der Wahl gleichkam.
Damit trat ein tatkräftiger Ordensmann an die Spitze, um in einer Zeit, als der Orden unter den Nachwirkungen der Städtekriege litt und der Hochmeister in Preußen 1410 bei Tannenberg

eine entscheidende Niederlage erlitt, mit starker Hand zu regieren.

Er erwies sich als einer der fähigsten Deutschmeister in der langen Reihe der Amtsinhaber. Dies war für den Orden ebenso wichtig wie das Glück, daß er 20 Jahre lang eine konsequente Politik verfolgte, die dem Orden im Reich seine alte Schlagkraft zurückgab.

Als der Deutschmeister 1398 am Hofe König Wenzels in Frankfurt weilte, wurde er von diesem zum königlichen Rat ernannt. König Wenzel bewahrte in der Folgezeit die Ordensleute vor vielerlei Beeinträchtigungen durch ihre Territorialherren.

Bei seinem weltlichen Herrn Ruprecht von der Pfalz nahm der Deutschmeister ebenfalls eine Vertrauensstellung ein.

In die frei gewordene Stellung des Landkomturs zog Wolfram von Egloffstein – ein Bruder Konrads – ein, der zugleich Komtur zu Ellingen blieb.

Nach der Absetzung König Wenzels am 20. August 1400 gehörte der Deutschmeister mit dem Burggrafen Friedrich von Nürnberg zu den Beauftragten, welche die Anerkennung des neu gewählten Königs in Franken durchsetzten. Dieser hieß Ruprecht von der Pfalz und hatte bei der Absetzung seines Vorgängers mitgewirkt. Bereits am nächsten Tage war er zum König gewählt und 1401 gekrönt worden. Er war es auch, der 1401 auf eine Anzeige Weißenburgs hin den Ausbau Ellingens zur befestigten Stadt verbot.

Dieser Streit schwelte unter der Oberfläche weiter. Erst 1408 gelang es den königlichen Räten zwischen dem Deutschmeister und Weißenburg zu einer Vereinbarung zu kommen. Einige weitere Aktionen des neuen Königs zeigten an, daß er dem Orden zunächst nicht wohl gesonnen war.

Daß es dem Deutschmeister im Zusammenhang mit Mergentheim dennoch gelang, einen großen Besitz um Gelchsheim südlich von Ochsenfurt aufzubauen, war den Finanzspritzen zu verdanken, die das reiche Mergentheim dem Orden geben konnte.

Konrad von Egloffstein gelang es sehr bald, die Animosität des Königs gegenüber dem Orden vergessen zu machen. Dies führte am 3. November dieses Jahres dazu, daß der König alle von ihm erlassenen Privilegien für ungültig erklärte, welche in die Rechte des Ordens eingriffen. Auch er bezeichnete schließlich den Deutschmeister als »meinen geheimen Rat«. Damit stand der Deutsche Orden wieder in alter Gunst zum König, und Konrad von Egloffstein bezeugte am 21. Februar 1414 »daz der orden eynem romischen konige inn sin kammer gehöre«.

Zum Jahresende 1413 bestätigte auch König Sigismund, der nach dem Tode König Ruprechts 1410 neuer Herrscher geworden war, alle Ordensprivilegien. Im Januar 1415 befreite er den Deutschmeister wegen der erlittenen Verluste des Ordens im Krieg gegen Polen und Litauen von der Pflicht zur Teilnahme an einem geplanten Romzug.

Um den in Geldnot geratenen Hochmeister unterstützen zu können, mußte der Deutschmeister die Kommenden Prozelten, Mergentheim, Mainz, Frankfurt und Speyer als Pfand einsetzen, um die erbetene Summe von 8000 Gulden aufbringen zu können.

Allerdings forderte bereits 1415 auf dem Konzil zu Konstanz der Ordensprokurator Peter Wormditt Hochmeister Michael Küchmeister zur Rückzahlung dieser Summe bis Kathedra Petri 1416 auf.

Seit der Amtszeit Konrads von Egloffstein wurde die Burg Horneck zur ständigen Residenz der Deutschmeister. Von hier aus konnten sie rasch den Hof ihrer Schirmherren, der Pfälzer Landgrafen, erreichen.

Die Hornecks, die mit Konrad von Horneck und seinen Söhnen um die Mitte des 13. Jahrhunderts in den Orden eintraten, waren ein altes Geschlecht, das sich nunmehr ganz dem Orden verschrieb und die Burg Horneck bei Gundelheim am Neckar mit allem Zubehör dem Orden überschrieb.

Konrad von Horneck, der 1258 Komtur geworden war, rückte damit auch in die Spitzengruppe des Ordens auf. Das Deutschordenshaus Horneck erwarb unter Komtur Werner von Horneck die Ordensniederlassung zu Stocksberg. Diese wurde schließlich mit dem Deutschordenshaus Horneck vereinigt.

Die Kommende Horneck war eine der bedeutendsten Ordensniederlassungen im Reich, so daß es nicht verwunderte, daß sie

unter Konrad von Egloffstein Sitz des Deutschmeisters wurde. (Siehe: Limburg, Hans, Die Hochmeister des Deutschen Ordens und die Ballei Koblenz.)
Auf Bitten des Deutschmeisters ernannte König Sigismund am 12. März 1415 auf dem Reichstag zu Konstanz die Stadt Wimpfen am Neckar zum Oberhof für die Deutschordensstadt Mergentheim, um die Entfernung zwischen Mergentheim und der königlichen Residenz Gelnhausen zu verkürzen.
Wenig später mußte Peter Wormditt den Hochmeister von Ableben Konrads von Egloffstein benachrichtigen, der am 2. Oktober 1416 in Horneck verstorben war. Er wurde dort in der von ihm gestifteten Kapelle St. Jakob bestattet.
Es folgte die kurze Deutschmeisterzeit Dietrichs von Wittershausen, der 1417 das erstemal urkundlich zeichnete und dessen Dienstzeit bis zum Jahre 1420 ging.
Auf dem Kapiteltag in Eschenbach am 10. August 1419 waren alle Komture zusammengekommen, um zu beraten, wie man weitere Hilfsgelder für den Kampf des Ordens in Preußen gegen Polen beschaffen könne. Einige Besitzungen wurden verkauft, um die Summe der Hilfsgelder aufzustocken. Am 15. August verpflichteten sich einige Adelige mit ihrem Gefolge nach Preußen zu ziehen und dem Hochmeister im Kampf gegen Polen beizustehen.
Als sich Dietrich von Wintershausen im September 1419 an den Hochmeister wandte, um ihm über den Stand der Hilfsgruppen im Reich zu berichten, erklärte ihm dieser, daß er die ursprünglich angeforderte Truppenhilfe nicht mehr benötigte. Bis dahin hatte der Deutschmeister bereits viele Söldner geworben und 1500 Pferde zusammengezogen. Daraus waren allein der Ballei Franken Kosten in Höhe von 5000 Gulden entstanden.
Am 2. Dezember erklärte Dietrich von Wintershausen seinen Rücktritt vom Deutschmeisteramt. Die beiden Kandidaten für die Nachfolge waren der Komtur Johann von Franckenstein und der Heilbronner Komtur Eberhard von Seinsheim.

Von Eberhard von Seinsheim bis Johann Adelmann von Adelmannsfelden (1420–1515)

Eberhard von Seinsheim entstammte einem fränkischen Adelsgeschlecht. Er war seit 1419 Komtur zu Heilbronn und Würzburg und wurde im April 1420 vom Hochmeister Michael Küchmeister von Sternberg zum Deutschmeister ernannt.

Zu Beginn seiner Amtszeit schloß er einen Vertrag mit dem Bischof von Konstanz über Abgaben, welche die in dessen Gebiet liegenden Deutschordens-Pfarreien und Kommenden zu zahlen hatten.

Seine Teilnahme am Reichstag zu Nürnberg im Juni 1422 machte ihn über die Ordenslande hinaus bekannt. Als er genötigt werden sollte, den ewigen Frieden von Brest am 31. Dezember 1435 zu besiegeln und dem nicht nachkam, geriet er in Gegensatz zum Hochmeister. Das Kapitel der Landkomture, das im Mai 1436 in Frankfurt versammelt war, stand hinter ihm und erklärte in einem Schreiben an den Hochmeister, daß sie »dem für Kaiser, Reich und Kirche schädlichen Vertrag nicht zustimmen könnten«.

Es war dieser Deutschmeister, der im Frühjahr 1437 jene angeblich von Hochmeister Werner von Orseln erlassenen Statuten benutzte, um zu untermauern, daß dem Deutschmeister die entscheidende Rolle bei der Wahl des Hochmeisters zufalle und, daß er ein Aufsichtsrecht über diesen habe. Bei Vernachlässigung seiner Amtspflichten oder gar Bruch des Ordensgelübdes könnte der Hochmeister vom Deutschmeister vor ein Ordenskapitel gebracht werden. Bei seinem Nichterscheinen sei er als abgesetzt zu erklären.

Das Basler Konzil hatte diese Statuten als echt anerkannt, so daß der Deutschmeister anschließend den Hochmeister Paul von Rusdorf zum 11. Mai 1438 vor das Kapitel von Mergentheim zitierte, wo er sich wegen schlechter Amtsführung verantworten sollte. Paul von Rusdorf lehnte diese Vorladung als Anmaßung des Deutschmeisters ab.

Am 13. Mai 1438 legte Deutschmeister von Seinsheim in Mergentheim die Orselnschen Statuten vor. Er bekräftigte die Vorwürfe gegen den Hochmeister, und im Gegenzug erklärt Paul von Rusdorf den Deutschmeister für abgesetzt.

Es kam am 15. Juni 1439 zu einem Versöhnungsgespräch in Stralsund. Der Deutschmeister führte die Delegation aus dem Reich an. Er erklärte sich zum Stellvertreter und bis zu einer Neuwahl zum Statthalter des Hochmeisters.

Dies führte zum entscheidenden Bruch zwischen diesen beiden Gewalten des Ordens, und dies in einer Zeit, die einen Schulterschluß erfordert hätte.

Diese Auseinandersetzungen wurden durch den Tod des Hochmeisters zwar scheinbar beendet, doch zurück blieb die Tatsache, daß der Hochmeister nicht mehr als Repräsentant des Gesamtordens anerkannt wurde.

Nach dem Tode Eberhard von Seinsheim wurde offenbar, daß er Schulden von 22 300 Gulden hinterlassen hatte. Das Geld war für seine Reisen nach Frankfurt, Preußen und – mit Zustimmung der Gebietiger – für die nach Basel und Rom entsandten Sprecher des Ordens verbraucht worden.

Eberhard von Stetten war bereits am 17. Juni 1423 in den Orden aufgenommen worden. Von 1423 bis 1428 war er Komtur zu Virnsberg. Im Jahre 1438 wurde er als Komtur von Nürnberg beurkundet.

1442 kaufte er als Komtur von Nürnberg einige Dörfer auf, um im darauf folgenden Jahr von den Gebietigern aus der Ballei Franken zum obersten Herrn des Ordens im Reich ernannt zu werden.

Er konzentrierte seine Anstrengungen besonders auf den Besitz des Ordens um Mergentheim und in seiner Kammer. Dazu erwarb er einige weitere kleinere Besitzungen. Nach einer Reihe geglückter Käufe wurden ihm noch vom König die Privilegien des Ordens aus der Zeit König Wenzels bestätigt. Am 8. März 1447 ist er verstorben.

Jost von Venningen wurde im selben Jahr sein Nachfolger. Auch er war keiner der langgedienten Deutschmeister, wenn er auch

sieben Jahre im Amt blieb. Er entstammte einem rheinischen Adelsgeschlecht, war aber 1418, und nach einer längeren Pause von 1428 bis 1434 Komtur zu Heilbronn. Ab 1437 bis 1447 wirkte er als Komtur in Mergentheim.
Hochmeister Konrad von Ehrlichshausen hatte die Wahl dieses neuen Deutschmeisters in die Länge gezogen. Er wollte, daß der Orden im Reich ihm wieder zwei Kandidaten vorschlagen solle. Als die Gesandten aus dem Reich zu ihm kamen und die Wahl Josts von Venningen bekanntgaben, verweigerte er die Bestätigung desselben. Er lud zu einem Treffen nach Frankfurt ein und schrieb Jost von Venningen einen Brief, in dem er diesen als »Statthalter des obersten Gebietigers zu Deutschen Landen« ansprach.
Erst als ein zweiter Kandidat gestellt wurde, bestätigte der Hochmeister die Wahl des ersten. Auch Jost von Venningen veranlaßte eine Visitation aller Balleien im Reich, um deren Zustand festzustellen und sich neue Erkenntnisse darüber zu verschaffen, wo Handlungsbedarf bestand.
Am 14. April 1448 hielt der Deutschmeister zu Prozelten ein Kapitel, auf dem Ulrich von Lentersheim die Liste der anwesenden Landkomture anführte.
Während Deutschmeister Jost von Venningen überwiegend mit den Angelegenheiten Mergentheims befaßt war, konnte Ulrich von Lentersheim neben seiner Tätigkeit für Ellingen eine Meßstiftung für Rothenburg vom Deutschmeister entgegennehmen.
In der Aufschlüsselung aller Ritterbrüder der Ballei Franken wurde Lentersheim unter »zcu ellingen« geführt und als »Vlrich von Lentersheym Lantkompthur« bezeichnet. Die gleichzeitig damit durchgeführte Zählung aller Ordensbrüder im Reich ergab, daß deren Anzahl von 620 auf 496 zurückgegangen war. (Die Ende des Jahres 1451 fertiggestellte Namensliste im gesamten Reich umfaßte 500 Ordensbrüder.)
Für die Ballei Franken ergab sich eine Gesamtzahl von 130 Ordensbrüdern, von denen 52 dem Adel entstammten oder Ritterbrüder waren, bei den übrigen handelte es sich um Priesterbrüder.

Seit März 1453 stützte sich der Deutschmeister mehr und mehr auf Ulrich von Lentersheim. Da dieser bereits früher als Experte an finanziellen Transaktionen des Ordens mitgearbeitet hatte, nahm ihn der Hochmeister nunmehr voll für diese Aufgabe in Anspruch und ermöglichte es ihm ferner, sich intensiv in die Arbeit als Oberster Gebietiger in Deutschland einzuarbeiten.

Als Jost von Venningen den Hochmeister im November 1453 aus Krankheitsgründen um seine Entlassung bat, nominierte er zu seinem Nachfolger die zwei obligatorischen Ordensbrüder. Es waren Ulrich von Lentersheim und der Komtur zu Mergentheim, Albrecht von Gebsattel. Die Kapitulare setzten dem verdienten Altdeutschmeister auf dem Kapiteltag des 6. November 1453 eine Leibrente von 250 Gulden aus und übergaben ihm dazu die Häuser Ulm, Heilbronn, Weißenburg und Donauwörth als Sicherheit. Der Hochmeister genehmigte die Wahl Ulrichs von Lentersheim zum Deutschmeister am 10. Februar 1454. Gleichzeitig wandte er sich an diesen und forderte Truppenhilfe und Geld für Preußen. Der neue Deutschmeister bemühte sich umgehend beim Kaiser, den Kurfürsten, Fürsten und Herren im Reich darum, dem Orden in Preußen Hilfe zu verschaffen. Er stellte dem Hochmeister einen Kriegszug des Markgrafen Albrecht von Brandenburg nach Preußen in Aussicht.

Als Ulrich von Lentersheim im Mai 1454 in Prag weilte, verhandelte er auch mit König Ladislaus von Böhmen, um dessen Heerzug mit starken Truppenkontingenten nach Preußen zu erwirken. Noch immer führte der Deutschmeister den Titel eines Landkomturs, weil der Hochmeister ihn noch nicht offiziell anerkannt hatte. Obgleich der Hochmeister in einem Schreiben Ulrich von Lentersheims im Mai 1454 als Deutschmeister ansprach, bat er noch im Oktober 1454 Jost von Venningen, doch im Amt zu bleiben. (Siehe: OBA 13 124.)

Im Herbst 1454 zog Ulrich von Lentersheim mit Hilfstruppen aus dem Reich nach Preußen und erreichte im Winter Neumark. Mit ihm waren 450 Ritter und Reisige zu Pferde gen Osten gezogen.

Um die Forderungen der Söldner befriedigen zu können, erteilte

Hochmeister Ludwig von Erlichshausen Ulrich von Lentersheim und einigen Herren der Ordensspitze in Deutschland die Vollmacht, Güter und Kleinodien des Ordens zu verkaufen.
Im März 1455 reiste der Deutschmeister nach Berlin, um dort mit dem Markgrafen von Brandenburg zu verhandeln. Einige Tage darauf wurde er auch offiziell Deutschmeister, nachdem auf einem Kapiteltag im Reich am 11. Mai Jost von Venningen endgültig seinem Amt entsagt hatte.
Noch einmal versuchte der Hochmeister sich einzuschalten, als er Ende Mai den Nürnberger Komtur Hartung von Egloffstein anwies, den Bestätigungsbrief für Ulrich von Lentersheim zurückzuhalten, um Jost von Venningen weiter im Amt zu behalten, doch ohne Ergebnis.
Ulrich von Lentersheim amtierte von nun an unangefochten. Er war als Deutschmeister eine jener herausragenden Gestalten, die sich um den Erhalt des Ordens verdient machten.
Im Jahre 1456 ließ er für die Kapelle auf Burg Horneck, seinem Dienstsitz, ein Tryptichon anfertigen, das die Jungfrau Maria als zentrale Figur neben einer idealisiert dargestellten Burg zeigt. Auf den Seitenflügeln sind Stifterfiguren im Ordenskleid mit Spruchbändern zu sehen. Im unteren Drittel ist die Gründungsgeschichte der Kommende aufgezeichnet. Dieses außerordentliche Kunstwerk befindet sich heute im Germanischen Nationalmuseum zu Nürnberg.
Es war dieser Deutschmeister, der 1472 die Kommende Weinheim in die Kommende Frankfurt einbezog.
Bereits im Jahre 1465 sah sich Ulrich von Lentersheim gezwungen, das Haus Obermässig zu verkaufen, um den Hochmeister und Preußen unterstützen zu können. Geraume Zeit vorher hatte er die 1460 aufgelassene Kommende Archshofen an den Rothenburger Patrizier Herold vom Rein verkaufen lassen. Die dafür erhaltenen 3200 Gulden wurden zur »hülf und widerbringung unseres abgefallenen Lands zu Preußen« eingesetzt.
Das Hochstift Eichstätt zahlte für Schloß und Haus Obermässig 11 700 Gulden an den Orden. So sprang der Orden im Reich immer wieder mit Truppen und Geld für Preußen ein.

Nach dem Krieg gegen Polen und der Unterzeichnung des Zweiten Thorner Friedens 1466, mußte sich der Orden in Preußen der polnischen Krone unterwerfen. Dies war der Beginn einer weiteren und entscheidenden Entfremdung zwischen Hoch- und Deutschmeister, denn der Deutschmeister lehnte mit allen seinen Gebietigern diesen Vertrag ab, weil er die bis dahin geltende Abhängigkeit des Ordens von Kaiser und Papst beendet hätte.
Die kriegerischen Auseinandersetzungen im Reich zwischen Markgraf Albrecht III. Achilles als Vertreter der Kaiserlichen und Herzog Ludwig von Bayern in Landshut hatten auch im Reich eine Krisensituation heraufbeschworen.
Albrecht III. Achilles hatte nach einigen vorangegangenen Kriegen und Feldzügen den Versuch unternommen, ein Herzogtum Franken zu errichten. Gegen ihn, den »Ansbacher«, verbanden sich seine Nachbarn mit Herzog Ludwig von Bayern und brachten dem Kurfürsten von Brandenburg und Ansbach am 19.7.1462 bei Giengen eine schwere Niederlage bei, die ihn zur Aufgabe dieser Pläne zwang.
Nach dem Prager Frieden 1463 kehrte endlich Ruhe in diese Region des Ordens ein. Nunmehr prosperierten die Deutschen Häuser. Auf einem Kapiteltag am 12. Januar 1463 erklärte Deutschmeister Ulrich von Lentersheim, daß es nunmehr vor allem darum gehe, die angerichteten Schäden der vergangenen Kriege zwischen Markgraf Albrecht und den Wittelsbachern zu beseitigen.
Bei diesen verheerenden Ereignissen waren nur die Kommenden Ulm und Kapfenburg geschont worden, weil deren Komtur Simon von Leonrod sich persönlich beim württembergischen Grafen Eberhard kniefällig für seine Komtur verwandt hatte. Hinzu kam, daß die Stadt Ulm die Kommende besetzt hielt und alle Ritter- und Priesterbrüder vereidigt hatte, so daß sie zur Territorialpartei gehörten.
Erst nach dem Friedensschluß zu Prag konnte durch Vermittlung Bischof Johannes III. von Eichstätt diese »Vereinigung auf gütlichem Wege rückgängig gemacht, und für den Orden der alte Zustand wiederhergestellt werden«.

Ulrich von Lentersheim, der bereits 1461 den Schutz Herzog Ludwigs des Reichen für die schwäbischen Kommenden erhalten hatte, konnte diesen im April 1465 erneuern. Damit waren Ulm, Kapfenburg und Donauwörth für weitere zwölf Jahre unter Schutz und Schirm Ludwigs des Reichen gelangt.
Als Herzog von Bayern war dieser Fürst 1458 mit Gewaltanwendung in den Besitz von Donauwörth gelangt und deswegen geächtet worden. Die Ausführung der Acht war Markgraf Albrecht III. Achilles von Brandenburg-Ansbach übertragen worden.
Dies war der Hintergrund für den Markgräflerkrieg gewesen, den Ludwig der Reiche siegreich hatte beenden können. Ludwig konsolidierte das Land, gab ihm 1474 eine neue Landesordnung und versuchte sich sogar an einer Reichsreform, die allerdings nicht zum Tragen kam.
Dennoch stand der Orden in gesicherter Position unter seinem Schutz, zumal ja der Deutschmeister bereits am 27. August 1472 bei Kaiser Friedrich III. erreicht hatte, daß dieser die Zuständigkeit von Bischof Rudolf und seines Landgerichtes für die Kommende Mergentheim für unzulässig erklärte.
Ein Jahr darauf, am 19. Juni 1473, bestätigte der Kaiser noch einmal, daß Mergentheimer Bürger nicht vor das Landgericht geladen werden durften.

Erste industrielle Versuche

Daß Deutschmeister Ulrich von Lentersheim darüber hinaus auch die Verbesserung der wirtschaftlichen Lage der Ordensbesitzungen im Blick hatte, zeigen seine Aktivitäten, die auf neue Einnahmequellen für den Orden ausgerichtet waren. Eine Reihe weiterer Mühlenrechte bewies, daß er erkannt hatte, daß die Weiterverarbeitung des Grundstoffes Korn ertragreich war.
Es begann im Ordensland des Reiches so etwas, wie ein erster schüchterner Versuch einer Industrialisierung. Ein besonderes

Beispiel dafür war die Handelsgesellschaft der drei Brüder Tucher zu Nürnberg. Diese Brüder beteiligten sich zu gleichen Teilen an der ersten Schmelzhütte des Ordens für Kupfer bei Ellingen.
Die Tucher von Simmelsdorf waren eines der ältesten Stadtadelsgeschlechter in Nürnberg und führten sich auf den Stammvater Conrad Tucher zurück, der von 1260 bis 1326 lebte. Sie wurden später in die Reichsritterschaft aufgenommen und schließlich in den bayerischen Freiherrenstand erhoben.
In ihnen hatte der Orden tatkräftige und sachkundige Helfer in Sachen Industrialisierung erhalten. Sie beförderten ihre Waren zwischen Nürnberg und Ellingen auf gesicherten Straßen, denn Markgraf Albrecht gewährte ihnen und allen Angehörigen Geleitschutz.
Geraume Zeit später verfügte das Haus Ulm des Ordens über ein Bergwerk, wie erst durch ein Dokument vom April 1503 bekannt wurde.
Neben dieser Tätigkeit, die er bald in kompetente Hände delegierte, befaßte sich der Deutschmeister überwiegend mit der Vergeistlichung des Ordens. Er genehmigte eine Reihe kirchlicher Stiftungen und legte im Jahre 1478 die Gottesdienstordnung für das Spital zu Mergentheim fest. Hier sollte fortan wenigstens einmal am Tage eine heilige Messe gelesen werden. Vor allem mußten die Seelenmessen pünktlich erfolgen. Die von ihm mit ins Leben gerufene Georgsbruderschaft wurde am 19. März 1493 von Papst Alexander VI. anerkannt.
Im März 1479, der Deutschmeister stand im 25. Jahr der Führung des Ordens im Reich, bat Ulrich von Lentersheim den Hochmeister um seine Entlassung. Zu gleicher Zeit bat er die Landkomture der deutschen Balleien um die Bestätigung der bereits getroffenen Beschlüsse für seine Versorgung. Diese überschrieben ihm das Haus Weißenburg, wofür die Kommenden Ulm, Heilbronn und Speyer zu bürgen hatten.
Reinhard von Neipperg, Komtur zu Blumenthal, wurde auf einem Kapiteltag am 23. März 1479 zunächst nur als Statthalter nominiert, da sich der Orden aus finanziellen Gründen keinen Deutschmeister leisten könne, weil er tief verschuldet sei. Die

neuen Forderungen des Hochmeisters nach finanzieller Unterstützung wiesen die Gebietiger mit denselben Hinweisen zurück. Die Landkomture der Balleien Biesen, Utrecht, Lothringen, Westfalen, Marburg, Thüringen und Sachsen erklärten ihre Zahlungsunfähigkeit, während die Ballei Franken auf diesem Kapiteltag fehlte.

Am 16. April 1479 erbat Frankens Komtur Melchior von Neuneck vom Hochmeister die Bestätigung Reinhards von Neipperg. In Preußen hatte man jedoch völlig andere Pläne, die auf die bewußt oder unbewußt – systematische Zerschlagung des Ordens im Reich hinzielten.

Der Orden in Preußen wollte, so erfuhr Kurfürst Albrecht III. Achilles von seinen Ansbacher Räten, die Häuser Nürnberg, Ellingen und Virnsberg des Ordens verkaufen, um mit dem Erlös derselben die preußischen Pfandschaften auszulösen und Preußen aus seiner desolaten Verfassung herauszuhelfen.

Dies war dem Schirmherrn des Ordens im Reich, zu dem Albrecht III. Achilles ernannt worden war, doch des Unguten zuviel. Er wandte sich an den fränkischen Landkomtur und beschwor diesen, den Ausverkauf des Ordens unter allen Umständen zu verhindern. Dieser erklärte dem Markgrafen, daß solches nimmer geschehen werde. Damit unterblieb der Verkauf. (Im übrigen hat auch der letzte Hochmeister einen gleichen Ausverkauf, wenn auch in modifizierter Form, ein weiteres Mal aufgegriffen. Auch er wollte die genannten Häuser verkaufen, ohne damit durchzukommen.)

Im Dezember 1479 berief der Statthalter des Ordens einen Kapiteltag nach Frankfurt ein. Die Lage in Preußen sollte beraten werden. Hier kam es zu einer massiven Kritik am Hochmeister wegen seiner Lehnsleistung gegenüber Polen, da dies zu einer Spaltung des Ordens führen müsse.

Erst Ende des Jahres 1481 wurde Reinhard von Neipperg durch den Hochmeister anerkannt und zeichnete danach als Deutschmeister.

Bereits auf dem Reichstag zu Nürnberg 1467 waren der »Meister teutsch Ordens in Teutschen Landen mit samt den Landen chimentur und Cometter zu Coblenz« für Kaiser und Reich verpflichtet worden. Dies galt vor allem für die Türkenhilfe. Zunächst mußten 30 Mann zu Pferde und 60 zu Fuß abgestellt werden. Auf den nächsten Reichstagen wurde diese Zahl beibehalten.

Erst auf dem Reichstag zu Nürnberg 1481 wurde nur der Deutschmeister mit der Ballei Franken verpflichtet, diesen Dienst zu leisten. Da der jeweilige Deutschmeister stets genötigt war, den Anschluß an Kaiser und Reich zu halten, war für ihn diese Hilfeleistung unerläßlich.

Als sich mehrere schwäbische Kommenden dem Bund im Lande zu Schwaben zuwandten und der Landkomtur von Elsaß ebenfalls beigetreten war, traten auch Mitglieder der Ballei Franken im Jahre 1488 diesem Ritterbund bei.

Dieser Bund, der sich »zur Wahrung des von Kaiser Friedrich III. gesetzten Landfriedens« gebildet hatte, wurde zum »Schwäbischen Bund«, als der Kaiser ihn am 14. Februar 1488 so benannte und die Ritterschaft St. Jörgenschild mit 20 schwäbischen Reichsstädten und den Erzherzögen Sigmund von Tirol und Eberhard V. (I.) von Württemberg bis zum Jahre 1496 zusammenfaßte. Er sollte den Frankfurter Landfrieden von 1486 sicherstellen, der durch die Expansionsversuche der Herzöge Georg von Niederbayern und Albrecht von Oberbayern gefährdet erschien.

Deutschmeister Reinhard von Neipperg vollzog diese Neuformierung zunächst nicht mit. Es gelang ihm, der Hilfeleistungspflicht durch die Leistung finanzieller Beiträge zu genügen.

Diesen gesteigerten Anforderungen sah sich der Deutschmeister nicht mehr gewachsen. Er trat am 5. Februar 1489 von seinem Amt zurück und schlug dem Hochmeister den seinerzeitigen Komtur zu Heilbronn, Endres von Grumbach, zu seinem Nachfolger vor. Endres (Andreas) von Grumbach amtete zunächst als Statthalter des Ordens im Reich. Die im Juni in Frankfurt versammelten Landkomture stellten ihn als neuen Deutschmeister vor. Er war bereits bei der Wahl des vorherigen Deutschmeisters zweiter Kandidat gewesen. Diesmal wurde Hartmann von Stockheim zweiter Kandidat.

Endres von Grumbach empfing bereits im Mai 1491 alle dem Orden zuvor verliehenen Privilegien und alle Bestätigungen aus der Hand König Maximilians I.
Bei einem Gespräch des Deutschmeisters, das in Mergentheim mit den Gebietigern der Ballei Franken geführt wurde, ging es um die von König Maximilian I. geforderte Reichshilfe gegen Frankreich. Der Orden erklärte sich bereit, 20 Berittene unter dem Kommando des Blumenthaler Komturs zu entsenden. Von ihnen hatte der Deutschmeister selber fünf Berittene und die Häuser Ellingen und Nürnberg je zwei Berittene zu stellen.
Die Ballei Franken hatte zusätzlich Kosten für einen weiteren Berittenen und 600 Gulden für den Unterhalt der Männer beizusteuern. Der Deutschmeister fügte noch 400 Gulden hinzu.
Dies war in Anbetracht der Notlage eine gute Leistung, die sich auch auszahlte, denn Maximilian I. belehnte in Löwen Deutschmeister Endres von Grumbach »mit allen Regalien und Lehen an allen Stätten des Ordens, den Schlössern, Märkten und Dörfern, den Lehnschaften geistlicher und weltlicher Art ebenso, wie Wegegeldern, Zöllen und Erzbergwerken, den Erträgen der Fischerei, Wässer und Weiden, Zöllen und Wegegeldern, Hochgerichten, und allen anderen regalien und gerechtigkeiten wo die in dem Heiligen Römischen reich in teutschen und welschen landen gelegen sein, nichts ausgenommen«. (Siehe: Hofmann, Hanns-Hubert, Der Staat des Deutschmeisters.)
Damit hatte Maximilian I. endgültig die Trennung des Deutschmeisters und seiner Balleien im Reich vom Hochmeister vollzogen.
Endres von Grumbach leistete dem König den Treueid und war damit gleichzeitig in den Rang eines reichslehenbaren Fürsten erhoben worden. Die unmittelbare Unterstellung des Ordens unter Kaiser und Reich war vollzogen.
Endres von Grumbach nahm bereits auf dem Reichstag zu Worms 1495 diesen Rang ein. Nach einigen weiteren Jahren erfolgreichen Wirkens starb Endres von Grumbach im Frühjahr 1499.
Eine lang andauernde Karriere als Ordensritter- und oberer war zu Ende gegangen. Sie hatte im Jahre 1451 als Ritter zu Mergent-

heim begonnen, deren Hauskomtur er ebenso gewesen war, um sie von 1463 bis zum Jahre 1482 erneut zu übernehmen und danach als Komtur zu Heilbronn zu wirken. Danach nahm er, wie dargelegt, die Statthalterschaft des Ordens und schließlich die Deutschmeisterwürde an.

Sein Nachfolger Hartmann von Stockheim wurde am 1. September 1499 auf einem Kapiteltag der Landkomture zum neuen Deutschmeister gewählt. Für die kurze Zeit, in der das Amt des Deutschmeisters nach dem Tode von Endres von Grumbach verwaist war, brachte Herzog Georg von Sachsen, der Bruder des amtierenden Hochmeisters, den neuen Plan auf die Tagesordnung der preußischen Gebietiger, das Amt des Deutschmeisters mit dem des Hochmeisters zu vereinigen, natürlich zunächst unter Führung des Hochmeisters, dessen Position gegenüber Polen durch diese Manipulation gestärkt werden sollte. Immerhin verweigerte der Hochmeister dem polnischen König immer noch den Lehnseid.

Dieses Ansinnen – das selbst in Unkenntnis der direkten Lehnsherrschaft König Maximilians I. und der Verselbständigung des Ordens in Deutschland eine Unverschämtheit war – wurde am 25. September 1499 abgelehnt. Einmal weil die Leitung des Ordens in Deutschland vom weit abgelegenen Preußen aus unmöglich, zum anderen, weil die ständige Anwesenheit des Deutschmeisters im Reich notwendig war.

So mußte denn – wohl oder übel – Hochmeister Friedrich die Wahl Hartmanns von Stockheim am 27. Oktober 1499 anerkennen.

Im Jahre 1501 gelang es dem Deutschmeister von Kardinal Raimund Peraudi für sich selbst und die Ordenshäuser in Franken, Bayern und Schwaben die Genehmigung für den Gebrauch von Butter, Milch und Mehlspeisen – der ja in der Fastenzeit untersagt war – anstelle von Olivenöl zu erwirken.

Als König Maximilian I. am 4. Juli 1500 den Komtur von Aichach Hans (Johannes) Adelmann von Adelmannsfelden mit diesen Regalien belehnte, nannte er in dieser Urkunde den Deutschmeister als »unser und des reichs fürst und lieber andechtiger«. Er erlaubte dem Deutschmeister für alle Gebiete, die ihm unterstan-

den, die peinliche Befragung nach dem Reichsrecht einzuführen und den Zeugenbeweis abzuschaffen.
Im Zuge dieser Neuordnung verlieh der Deutschmeister am 22. September 1502 dem Komtur von Virnsberg, Burkhardt von Seckendorf, das Halsgericht in seiner Kommende.
Daß der Orden nunmehr auch verstärkt zu Reichsleistungen herangezogen wurde, ließ sich nicht vermeiden. Im Jahre 1507 gab der Vertreter des Deutschmeisters, Landkomtur Wolfgang von Eisenhofen, auf einer Ratsversammlung in Mergentheim bekannt, daß der Orden 4000 Gulden für den Romzug König Maximilians I. bereitzustellen habe, dazu Knechte, Pferde und zwei Wagen. Davon waren der Deutschmeister und die Ballei Franken betroffen. Die anderen Balleien konnten nichts dazu beitragen. Da diese Romfahrt zur Kaiserkrönung wegen der schwierigen Lage nicht zustande kam, nahm Maximilian I. 1508 den Titel »Erwählter Römischer Kaiser« an.
Als der Deutschmeister im Februar 1510 starb, hatte er die Ansprüche des Ordensteiles in Preußen erfolgreich abgewiesen und seine Selbständigkeit im Reich gefestigt.
Am 4. März berief der Landkomtur die Komtureien der Ballei Franken zu einem Gespräch nach Mergentheim. Vor der anstehenden Neuwahl wurde die Befürchtung ausgesprochen, daß der Hochmeister sich selbst zum Kandidaten für das Deutschmeisteramt vorschlagen könne. Seit der Ablehnung der Vereinigung beider Ämter unter dem Hochmeister und damit Kassierung der Deutschmeisterstelle residierte der Hochmeister seit 1507 überwiegend in Sachsen, um im Reich Hilfe für Preußen zu beschaffen, nicht zuletzt aber um dem stärker werdenden polnischen Druck auszuweichen. Damit war er den Balleien des Deutschmeisters bedeutend näher gerückt.
Auf der Mergentheimer Zusammenkunft wurde der Beschluß gefaßt, dem Hochmeister die Aufnahme in Ellingen zu verweigern, falls er mit Württemberg verhandeln wollte oder gar in die Wahl des neuen Deutschmeisters einzugreifen versuchte. Im Großraum um Horneck und Neckarsulm durfte der Hochmeister in kein Schloß des Ordens aufgenommen werden.

Im Mai 1510 einigte sich das in Frankfurt zusammengekommene Kapitel des Deutschordensgebietes auf die Wahl des Mergentheimer Komturs Hans Adelmann von Adelmannsfelden zum Deutschmeister. Der Hochmeister mußte diese Wahl am 25. Juli bestätigen.

Der neue Deutschmeister beschloß mit dem Hochmeister ein nach Bonn einzuberufendes Kapitel, das am 25. November dort stattfand. Das Bonner Kapitel, dem der Deutschmeister aus ungeklärter Ursache nicht beiwohnte, schlug die Abhaltung eines Großkapitels vor, das am 25. Januar 1511 in Gegenwart des Hochmeisters stattfinden sollte. Der Tod des Hochmeisters Friedrich von Sachsen verhinderte dieses geplante Treffen in Mühlhausen.

Der neue Deutschmeister wandte sich als erstes gegen die Politik Kaiser Maximilians I., die er für zu risikoreich hielt. Von seiner Residenz auf Burg Horneck aus regierte er mit vorsichtiger Zurückhaltung.

Daß es ihm gelang, im Jahre nach seiner Wahl den Maler Mathis Grünewald für die Gestaltung eines Altarbildes der Jungfrau Maria – der Schutzpatronin des Deutschen Ordens von Anbeginn – zu gewinnen, ist dank der Zustimmung des Kurfürsten von Mainz ermöglicht worden, der Grünewald unter Vertrag hatte. Da der Kurfürst zugleich als Erzbischof von Mainz zu den Conservatoren des Deutschen Ordens und zu den Richtern zählte, somit in engem Kontakt zum Deutschmeister stand, war dieses Arrangement zustande gekommen.

Als Hans Adelmann von Adelmannsfelden am 16. April 1515 starb, befand sich noch alles in der Schwebe. Landkomtur Wolfgang von Eisenhofen berief die Komture der Ballei Franken und jene der Kammerhäuser zu einem Gespräch nach Heilbronn.

Der verstorbene Deutschmeister wurde nach seinem Tode in der Schloßkapelle der Burg Horneck beigesetzt, in der weitere fünf Deutschmeister ihre letzte Ruhestätte gefunden hatten.

Von Dietrich von Cleen zu Walter von Cronberg (1515–1543)

In Heidelberg versammelten sich die Komture von Würzburg, (gleichzeitig auch in seiner Funktion als Statthalter der Ballei Lamparten), Mergentheim, Virnsberg, Heilbronn, Oettingen, Donauwörth, Frankfurt, Blumenthal, Kapfenburg, Winnenden, Münnerstadt, Speyer, Mainz und Rothenburg. Die anderen Häuser, Ulm, Regensburg, Weinsheim, Gangkofen und Weißenburg, waren durch ihre Hauskomture vertreten.

Der zur Wahl anstehende Deutschmeister wurde noch vor seiner Wahl an eine Wahlkapitulation gebunden, die den jeweiligen Kandidaten verpflichtete, in allen Ordensangelegenheiten die Gutachten der Mergentheimer Zentralverwaltung zu berücksichtigen. Es wurde die Nutzung der Burg Horneck für den Deutschmeister ebenso festgeschrieben wie die Befreiung der Ballei Franken für die Verpflegung des Deutschmeisters am pfälzischen und württembergischen Hof.

Das Wahlkapitel fand am 21. April 1515 in Frankfurt statt. Die Kapitulare präsentierten dem Hochmeister den Landkomtur von Marburg, Dietrich von Cleen, als Deutschmeister und benannten den Frankfurter Komtur Walter von Cronberg als Alternativ-Kandidaten.

Ein letzter, entscheidender Abschnitt in der Geschichte der Deutschmeister begann, die den Untergang des Deutschen Ordens in Preußen überdauern sollten.

Als Dietrich von Cleen im Jahre 1515 die Deutschmeisterwürde erlangte, war Georg von Eltz bereits als »fliegender Diplomat« in preußischen Diensten unterwegs. Nach einigen zufälligen Zusammentreffen und Gesprächen trat Cleen mit dem aufrechten Preußen von Eltz in engen Kontakt (siehe Kapitel Georg von Eltz).

Es war im Herbst 1524, als Dietrich von Cleen über die Pläne des Hochmeisters näher informiert wurde und sich die Gerüchte verdichteten, daß der Brandenburger vom Orden abfallen und ein Vasall der Polen werden wollte.

Deutschmeister von Cleen und seine Ratsgebietiger fanden sich Ende Oktober dieses Jahres zu einer Beratung zusammen. Sie beschlossen, den Komtur der Ballei Frankfurt, Walter von Cronberg, zu kontaktieren und diesen zu bitten, Georg von Eltz, der wieder genesen war, zu bewegen, für die Sache des Ordens in der Heimat tätig zu werden.

Falls dies der Fall sei, würde er – Cleen – zum 20. Januar 1525 ein Kapitel der Gebietiger nach Boppard einberufen.

Dies war eine Besonderheit, denn zum einen befand sich in Boppard keine Ordensniederlassung, zum anderen sollte damit die Persönlichkeit des alten preußischen Marschalls besonders geehrt werden, der nicht nur in Preußen, sondern in allen Landen des Ordens einen glänzenden Ruf hatte. Darüber hinaus galt er als hervorragender Kenner der Ordenslage und Diplomat, der seine Loyalität auch einem undankbaren Hochmeister gegenüber nicht aufgegeben hatte.

Hinzu kam, daß Eltz bereits 1515, kurz nach Amtsantritt von Cleens, diesem geholfen hatte, den Streit des Meisters mit der ungehorsamen Ballei Lothringen beizulegen. Darüber hinaus hatte von Eltz auch im März 1521 auf dem Tag zu Oppenheim die aus Preußen gekommenen Söldnerführer, die sich am Ordensbesitz im Reich für in Preußen entgangenen Sold entschädigen wollten, gemäß dem Vermögen des Deutschmeisters abgefunden und eine kriegerische Auseinandersetzung verhinderte. Die Kapitelsitzung zu Boppard zeigte, daß Georg von Eltz nach wie vor für den Orden zu kämpfen bereit war.

Als Hochmeister Albrecht am 10. April 1525 in Krakau dem polnischen König den Lehnseid schwor, war Georg von Eltz der letzte Oberste Gebietiger des Ordensstaates und die Verbindungsfigur zu den vier preußischen Kammerballeien im Reich. Er stellte sich nunmehr mit seiner ganzen Person in den Dienst des Deutschmeisters, denn seinen Eid hatte er dem Orden geleistet. Dieser war aber in Preußen schmählich abgelegt worden.

Zwar schlug Georg Eltz dem Deutschmeister vor, sich sofort zum neuen Hochmeister wählen zu lassen, doch Dietrich von Cleen hatte andere Pläne, und seine Ratsgebietiger folgten ihm darin.

Um den Orden zu erhalten, galt es, sich zunächst der Huld des Kaisers, der Reichsfürsten und des Papstes zu versichern. Dazu mußte auf bewährte Diplomaten zurückgegriffen werden. Derjenige, der vor allen anderen befähigt war, das unmöglich scheinende zu schaffen, war Georg von Eltz. Dieser sagte sofort zu und knüpfte seine alten Fäden zu Balthasar Merklin, dem Propst von Waldkirch, der die Verbindung zum kaiserlichen Hof herstellte. Nun schwang sich Georg von Eltz wieder in den Reisewagen und fuhr gemeinsam mit dem Deutschmeister Ende Oktober 1525 von Speyer nach Tübingen, der Residenz von Erzherzog Ferdinand, dem Enkel Kaiser Maximilians I. und Bruder Karls V. Von dort ging es nach Augsburg, um den nächsten Reichstag abzuwarten. Als dieser im folgenden Sommer in Speyer eröffnet wurde, waren es Eltz und Walter von Cronberg, die den Reichsständen ein Entschuldigungsschreiben des Deutschmeisters über die Freveltat Albrechts von Brandenburg vorlegten.

Dietrich von Cleen, der sich zu alt fühlte, um den Strapazen gewachsen zu sein, die auf den Orden zuzukommen schienen, legte noch 1526 sein Amt nieder. An seine Stelle als Deutschmeister trat Walter von Cronberg.

Es war Marschall von Eltz, der diesem den Regierungsantritt erleichterte, als er im Dezember 1525 auf dem Wahlkapitel zu Mergentheim offiziell erklärte, daß »incraft des ordens buch, regel, und stattuta dem neuen Meister in bester forme mit mundt und handt als eyn obersten des ordens gehorsam gethan« werden müsse.

Für Georg von Eltz war es eine Selbstverständlichkeit, daß er sich nach dem Abfall Albrechts von Brandenburg an keinen Eid gegenüber dem Hochmeister mehr gebunden fühlte. Es war nur logisch, daß er nunmehr dem neuen Oberhaupt des Ordens, dem Deutschmeister, mit aller Kraft zum Wohle des Ordens zu dienen hatte. Für ihn galt als oberstes Gebot, immer der Sache und nicht der Person gegenüber verantwortlich zu sein.

Dieser fließende Übergang vom Hoch- zum Deutschmeister der sich allgemein in den Balleien vollzog, war lediglich in den beiden Balleien Elsaß und Koblenz nicht zu beobachten. Auch der Land-

meister von Livland war nicht geneigt, sich dem Deutschmeister unterzuordnen.
Es kam in dieser Situation darauf an, des Kaisers Gunst für den Orden und damit auch für den Deutschmeister zu erlangen.
Nach geraumer Zeit unterzeichnete Karl V. am 6. Dezember 1527 in Burgos das Mandat, in welchem der Deutschmeister als Administrator des Hochmeisters in Preußen bestätigt wurde. Dies war wohl der größte Erfolg des Ordensmarschalls von Eltz, denn nun war der Fortbestand des Ordens gesichert. Daß er auch in dieser Mission von seinem Freund, dem Probst zu Waldkirch, unterstützt wurde, der inzwischen zum Reichsvizekanzler ernannt worden war, änderte nichts daran, daß Eltz es war, der diesen Erfolg verbuchen konnte. Eltz verbürgte sich auch beim Vizekanzler für die Integrität Walter von Cronbergs.
Allerdings galt auch hier eines: diese Urkunde mußte bezahlt werden. Dafür hatte wiederum Eltz gebürgt und erklärt, daß er »mein leip und alles, was ich habe, zu pfant setzen wolle, den ich waiß de erberkeyt mein gnedichen hern des meisters aud aller rats gebiettticher«. (Siehe: DOZA, Preußen 395 fol. 98 ff.)
Erst ein Jahr darauf konnte Walter von Cronberg die Urkunde in Empfang nehmen und sich den Administratortitel zulegen, weil sich die Zahlung so lange verzögert hatte. Nun aber hatte Cronberg jenen Titel zur Hand, der es ihm ermöglichte, die Gebietiger in den deutschen Balleien des Hochmeisters zur Räson zu bringen. Im Frühjahr 1529 konnte er auf dem Reichstag zu Speyer erstmals im Glanz der neuen Würde als »vornehmer geistlicher Fürst« auftreten.
Walter von Cronberg sah nun die Rückgewinnung Preußens in greifbare Nähe gerückt, doch der erfahrene Diplomat Eltz war anderer Ansicht. Er war der Überzeugung, daß es in Preußen nicht viele Leute geben werde, die dem Hochmeister inzwischen zustimmen würden.
Die Ballei Koblenz, die Herzog Erich von Braunschweig im Jahre 1525 übernahm, weil er im säkularisierten Preußen keine Chance mehr für sich sah, fand er hochverschuldet und an den Deutschmeister verpfändet vor. Es gelang dem Deutschmeister nicht,

Herzog Erich bis zu seinem Tode im Jahre 1531 zur Botmäßigkeit zu bringen. Der Herzog hatte sich eigenmächtig die Würde eines Landkomturs angemaßt, obwohl der Deutschmeister ihn nur als Komtur ansprach.
Der Deutschmeister bot Eltz den Titel eines Landkomturs an. Dieser nahm nach einigem Zögern an und übernahm am 1. Februar 1532 im Beisein der Amtsträger die Ballei Koblenz. Als oberster Marschall und Landkomtur der Ballei Koblenz war Georg von Eltz nur noch 26 Tage im Amt, ehe er am 27. Februar 1532 starb. Er war der letzte amtierende Oberste Gebietiger in Preußen.

Walter von Cronberg: Hoch- und Deutschmeister

Als Dietrich von Cleen im Jahre 1526 die fränkischen Gebietiger nach Rothenburg zusammenrief, schlug er ihnen einen Plan vor, der ebenso kühn wie heldenhaft, aber nicht im Sinne der Gebietiger war.
Am 29. August 1526 hatten die Türken unter Sultan Suleiman II. die ungarischen und böhmischen Truppen unter König Ludwig II. vernichtend geschlagen. König Ludwig II. war nach der Schlacht gestorben. Die nicht in Feindeshand geratenen Teile seines Reiches waren an das Haus Habsburg gefallen.
Diese Situation hatte Deutschmeister von Cleen zu der Überzeugung gebracht, daß der Einsatz des Ordens an der Militärgrenze nicht nur ein Dienst am Abendland, sondern zugleich eine Heidenfahrt sei.
Ferdinand, der Bruder Karls V., der das Erbe König Ludwigs antrat, sollte durch den Einsatz der Ritter des Ordens in Gestalt einer freiwilligen Türkenhilfe – noch bevor der Kaiser öffentliche Ausschreibungen dazu erließ – geholfen werden. Damit hoffte Cleen, daß der Orden in der Achtung des Kaisers steigen möge.

Er schlug vor, die normale Reichsleistung von 50 Berittenen auf 100 zu erhöhen und diese ins Feld zu schicken.
Diese sicherlich beeindruckende Demonstration des Einsatzwillens – trotz der schweren Lage des Ordens – war Dietrich von Cleens letzte Tätigkeit als Deutschmeister.
Noch auf dem Kapiteltag zu Rothenburg erklärte er außerdem seinen Gebietigern, daß er zu demissionieren wünsche. Er wollte die Führung in die Hände eines jüngeren kraftvolleren Mannes legen. Da in dieser kritischen Situation nur ein Gebietiger als Nachfolger in Frage kam, der weitgehend mit den Problemen des Meisteramtes vertraut war, hatte Cleen seinen langjährigen Vertrauten, den Frankfurter Komtur Walter von Cronberg im Sinn.
Am 25. Oktober 1526 gingen die Einladungsschreiben an die Gebietiger hinaus. Es galt schnell zu sein, denn zum Rothenburger Tag hatte der livländische Gesandte die Anwartschaft seines Landmeisters Wolter von Plettenberg auf die Führung des Ordens angemeldet.
Cleen lud noch zum 16. Dezember nach Rothenburg ein. Neben seinen Gebietigern, die alle aus der Ballei Franken und den deutschen Balleien stammten, erhielten auch die preußischen Landkomture von Elsaß, Etsch und Österreich und der alte Marschall Eltz eine Einladung. Auf die Teilnahme des Komturs von Koblenz, Herzog Erich von Braunschweig, war man nicht erpicht, so daß dieser keine Einladung erhielt. Eine Reihe der Balleien hatten Vertreter geschickt, andere wiederum fehlten, so auch der Landkomtur von Utrecht.
Damit hatten die Gebietiger aus Franken das Sagen im Wahlkollegium, das einmütig Walter von Cronberg zum Nachfolger von Cleens ausrief. Damit war die Kontinuität des Deutschmeisteramtes gesichert.
Am Heiligen Abend 1526 legte Dietrich von Cleen in feierlicher Form sein Amt nieder und forderte in einer kurzen Rede alle Deutschordensritter und Untertanen auf, seinem Nachfolger den schuldigen Gehorsam zu leisten.
Die preußischen Balleien und deren Landkomture, die nicht an der Deutschmeisterwahl teilnehmen konnten, akzeptierten zu-

nächst die Wahl des neuen Deutschmeisters, bestanden jedoch auf eine baldige Hochmeisterwahl. Auch die Ballei Elsaß bestand darauf, denn seit 1396 war sie vom Deutschmeister als Vorgesetzten befreit gewesen und wollte dies auch bleiben.

Als es darum ging, das deutschmeisterliche Recht auch als Administrator anzuerkennen, lehnten der Koblenzer Landkomtur Herzog Erich und drei der vier preußischen Balleioberen diese Forderung ab. Nur der Oberste Meister in Preußen, Georg von Eltz, und der österreichische Landkomtur, Jobst Truchseß von Wetzhausen, versicherten dem Deutschmeister unbedingten Gehorsam.

Damit waren die Würfel gefallen. Das Kapitel beschloß, eine Gesandtschaft zum Kaiser nach Spanien zu entsenden und von diesem die Bestätigung für die Administratorwürde von Cronbergs zu erhalten.

Das Auftreten des livländischen Gesandten war das erste Lebenszeichen, das der Deutschmeister und neue Administrator vom livländischen Landmeister erhielt. Dies lag – wie sich später herausstellte – in der Tatsache begründet, daß Wolter von Plettenberg infolge der inneren Wirren in Livland mit sich und dem Land zuviel zu tun hatte, um sich auch noch um das Wohl und Wehe des Ordens kümmern zu können. Erst durch die Landeseinigung im Sommer 1526 bekam der Landmeister wieder etwas Luft. Sein vereinigtes Livland sollte nunmehr den ihm gebührenden Platz im Reich und im Orden einnehmen.

Wolter von Plettenberg schickte mehrere Gesandtschaften zum Deutschmeister, um wegen der Hochmeister-Nachfolge aktiv zu werden und sich selber als neuen Hochmeister-Anwärter in Erinnerung zu bringen. Zuletzt kam sein Kanzler Friedrich Schneeberg nach Rothenburg, der den Wunsch des Landmeisters vortrug, »end erstlich ein ander haupt zu setzen und zu erwelen«.

Von seiten des Deutschmeisters wurde konsequent die Zusammenfassung aller Gebiet des Ordens unter seiner Führung weiter betrieben.

Im Juli 1527 war es Wolter von Plettenberg, der die Wahl Cronbergs zum Administrator des Ordens dahingehend auslegte, daß damit von Cronberg zum neuen Hochmeister »erwelth und upgeworpen« worden sei, was sich in der Folgezeit als richtig erwies. Seine Einlassung, die Wahl von Cronbergs wäre nicht gültig, da kein Vertreter Livlands geladen worden sei, war juristisch nicht haltbar. Die Wahl Walter von Cronbergs zum Deutschmeister beispielsweise brauchte keine Zustimmung aus Preußen oder Livland, die Verleihung der Administratorwürde hingegen fand ja unter Mitwirkung der anwesenden preußischen Gebietiger statt.

Nach wie vor wünschte das Ordenskapitel keine Verschmelzung des Deutschmeistertitels mit jenem des Hochmeisters, und Walter von Cronberg führte diesen Schritt auch nicht durch, da er konsequent die Rückgabe Preußens forderte.

Der Deutschmeister sah seine vordringlichste Aufgabe darin, Preußen dem Orden zurückzugewinnen, denn Preußen war nach seiner Überzeugung die Grundlage jeden Hochmeistertums. Bis es soweit war, konnte und wollte er nur vorläufiges Oberhaupt des Deutschen Ordens sein.

Dabei hielt er sich an jene Orselnschen Statuten, die diese Fakten voraussetzten, obgleich diese – wie schon einmal angeklungen – gefälscht waren.

Daß man in Livland immer wieder versuchte, Anschluß an den Orden zu finden, nachdem das Land durch den Entschluß des Hochmeisters in völlige Isolation geraten war, ist verständlich; daß Wolter von Plettenberg neuer Hochmeister werden wollte, ist durch seine und seiner Räte Aktivitäten bewiesen. So auch dadurch, daß er seinen besten Advokaten und Diplomaten, Blankenfeld, den Erzbischof von Riga, nach Rom schickte, ohne vorher den Deutschmeister in dieser Sache zu konsultieren.

Dieses durchsichtige Spiel Plettenbergs war rasch durchschaut. Bereits im Januar 1527 informierte der Deutschmeister seinen Statthalter in der Ballei Lamparten, Dietrich von Haslach, dahingehend, daß Plettenberg nach dem Hochmeisteramt greife und dazu auch den Erzbischof von Riga zur Kurie in Marsch gesetzt habe. Er, Haslach, möge ebenfalls umgehend nach Rom reisen, um ein Auge auf Blankenfeld zu haben.

Als Walter von Cronberg von Marschall von Eltz bestürmt wurde, sich eigenmächtig des Hochmeistersiegels zu bedienen, wie dies ja schon vor ihm Deutschmeister Eberhard von Seinsheim getan hatte, stand er mit dieser Überzeugung allein.
Alle Komture und Landkomture waren anderer Ansicht. Sie rieten ab, weil mit einer Selbsternennung unweigerlich ein Prestigeverlust des Deutschmeisters verbunden und außerdem nicht gewährleistet sei, daß er sich später auch durchsetzen könne.
Nach wie vor hatte der Beschluß Gültigkeit, den das Ordenskapitel zu Speyer 1525 beschlossen hatte: »Laut Ordensstatuten ist der Deutschmeister so lange für das Oberste Haupt des Ordens anzusehen, bis ein Hochmeister durch ordentliche Wahl ernannt worden ist.«
Zur Erlangung des kaiserlichen Administrator-Privilegs erfolgten dann in den nächsten Jahren einige Gesandtschaften in die diversen Hoflager des Kaisers. Das gleiche tat allerdings immer noch Wolter von Plettenberg. Er schickte Erzbischof Blankenfeld nach Spanien. Dieser erreichte – schwer an der Ruhr erkrankt – am 8. September 1527 die nordspanische Stadt Torquemada, wo er am nächsten Tage verstarb, ohne den bei Palenzia weilenden Kaiser erreicht zu haben.
Wolter von Plettenberg nahm jetzt gegenüber dem Deutschmeister eine einlenkende Haltung ein. Am 14. März 1528 ließ der Landmeister von Livland eine Gesandtschaft ins Reich aufbrechen. In seinem Brief an von Cronberg erklärte er, daß er und seine Gebietiger dem Deutschmeister keine seiner Ehren nehmen, sondern ihn unterstützen wollten.
Cronberg sollte Livland, so der Brief weiter, alle Privilegien, Gerechtigkeiten und Freiheiten und ohne Wissen und Willen des Landmeisters dem Land keine Schatzungen auferlegen. Falls Livland durch äußere Feinde bedroht sei, sollte der Deutschmeister und der Orden im Reich den livländischen Ordenszweig beim Kaiser und beim Regiment fördern und vertreten.
Der Deutschmeister gab den beiden Abgesandten nach Beratung mit seinen Gebietigern keine überzeugende Antwort, so daß die beiden Diplomaten Robert de Grave und Friedrich Schneeberg in

einer abschließenden Unterredung am 15. Mai 1528 erklärten: »Unser Herr strebt beim Kaiser eine generelle Konfirmation aller livländischen Ordensprivilegien an. In Sonderheit is darin die freie Meisterwahl in Livland verankert.«
Deutschmeister von Cronberg lehnte dies ab. Er bestand darauf, daß die Livländer ihn als Oberhaupt nach wie vor um die Bestätigung einer Meisterwahl zu ersuchen hätten.
Nach diesem neuerlichen livländischen Zwischenspiel kehren wir wieder zur Ordenspolitik im Reich zurück, die sich nach wie vor darauf richtete, die kaiserliche Konfirmation der Administratorwürde zu erlangen. Diese Bestätigung wurde dem Hochmeister Mitte August 1528 zugestellt. Dies zeigte, daß sich der Kaiser voll hinter die Ordensauffassung des Deutschmeisters gestellt hatte. Auf dem Balleikapitel am 25. November 1528 nahm der Deutschmeister die Administratorwürde offiziell an. Dies wurde am 26. Dezember dieses Jahres in feierlicher Form vollzogen.

Die Kämpfe um die Konsolidierung des Ordens

Alle Landkomture erhielten danach eine Druckschrift des Administrators, der darin gebot, daß alle Ordenspersonen, der Landmeister von Livland und die Landkomture des preußischen und deutschen Gebietes ihm bis zur Wahl eines neuen Hochmeisters unterstellt seien.
Dieser Befehl wurde in allen Balleien bekanntgemacht. Landkomture und Statthalter unterwarfen sich sofort. Den vier preußischen Landkomturen, von denen möglicherweise Widerstand zu erwarten war, wurde im Weigerungsfalle ein Strafgeld von 100 »Mark in Gold« angedroht.
An Wolter von Plettenberg schickte der Administrator erst im Mai 1529 eine Kopie des kaiserlichen Privilegs, nachdem der Reichstag zu Speyer den Sitz des Administrators auf der geistlichen Fürstenbank, unmittelbar hinter den Erzbischöfen, aber

noch vor dem Reichsfürsten und dem Landmeister von Livland, zugelassen hatte. Damit war der Vorrang des Deutschmeisters vor dem livländischen Landmeister von oberster Stelle bestätigt.
Nunmehr galt es, den stärksten Widersacher des Deutschmeisters, Herzog Erich von Braunschweig, Komtur zu Koblenz, zur Gehorsamspflicht zu bringen. Falls er dies täte, sollte er in seiner Stellung bleiben dürfen, obgleich die Ballei Koblenz an den Deutschmeister verpfändet war.
Ordensmarschall von Eltz erreichte in Koblenz nicht die Unterzeichnung der Gehorsamsbedingungen. Vielmehr beharrte Herzog Erich auf den uneingeschränkten Besitz der Ballei Koblenz. Schließlich erklärte sich der Deutschmeister bereit, die Verpfändung der Ballei Koblenz für weitere zehn Jahre ruhen zu lassen und während dieser Zeit keine Sonderabgaben zu verlangen, falls Herzog Erich sich unterordnete.
Das am Freitag, dem 22. August 1529 nach Frankfurt einberufene Kapitel, zu dem sich der Deutschmeister und die Gebietiger auf der Burg Horneck vorbereitet hatten, sah kein Einlenken des Herzogs. Dieser hatte sich wegen Krankheit durch den Koblenzer Hauskomtur Johann vor Waldmannshausen entschuldigen und vertreten lassen. Doch der Hauskomtur hatte weder eine Vollmacht zu Verhandlungen noch das Amtssiegel dabei, weshalb er nur als Beobachter zugelassen werden konnte.
Der Administrator und das Kapitel forderten nun Herzog Erich auf, bis Martini Gehorsam zu leisten. Dieser erklärte daraufhin nach beträchtlicher Zeit, daß er prinzipiell gewillt sei, Gehorsam zu leisten, der Administrator möge sich aber wegen seiner Krankheit noch gedulden.
Dem Herzog wurde eine letzte Frist bis zum 31. März 1530 gesetzt. Im August 1531 gab Herzog Erich noch die Vollmacht und Zustimmung für Cronberg ab, den Prozeß gegen den abgefallenen Hochmeister zu führen. Es ist anzunehmen, daß er vorher bereits die Gehorsamsleistung vollzogen hat.
Am 8. September 1531 starb der Komtur der Ballei Koblenz, Herzog Erich von Braunschweig. Nunmehr konnte der Deutschmeister die Besitzergreifung der Ballei Koblenz vollziehen.

Der Prozeß, der nicht stattfand

Mit dem Entschuldigungsschreiben des Deutschmeisters an Kaiser und Kurie wegen des Abfalls des Hochmeisters vom Deutschen Orden ist die erste Phase des Deutschmeisters im Verhalten gegenüber dem Abtrünnigen hinreichend gekennzeichnet. Der Orden in Deutschland hatte sich von Herzog Albrecht distanziert. In den nächsten Jahren der inneren Streitigkeiten des Ordens wurde die Auseinandersetzung um den Abfall des Hochmeisters zunächst auf Eis gelegt.

Erst als mit der Übernahme der Administration der Führungsanspruch des Deutschmeisters durchgesetzt war, kam Walter von Cronberg auf dieses Thema zurück. Es galt, das Ordensrecht auf jenes Land anzuwenden, das dem Orden durch den Verrat des Hochmeisters entrissen worden war, und dennoch »unter das Heilige Römische Reich« gehörte.

Falls ein neuer Hochmeister gewählt werden sollte, konnte dies nur nach der Rückgewinnung von Preußen geschehen. Daß der Orden bei diesem Unterfangen auf die Hilfe des Kaisers angewiesen war, stand außer Zweifel.

Der Orden verhielt sich zum neuen Herzog von Preußen zunächst sehr zurückhaltend. Zum einen, weil es keine Möglichkeit gab, das Ordensland Preußen durch Krieg zurückzugewinnen, zum anderen, weil der Orden gegen vielerlei Auflösungserscheinungen im Innern und Anfechtungen von außen zu kämpfen hatte.

Zunächst galt es, sich des Wohlwollens des Hauses Habsburg zu versichern. Dies geschah – wie bereits dargelegt – durch das Hilfsangebot an Erzherzog Ferdinand aus dem Jahre 1526, »mit 100 Pferden gegen die Türken zu ziehen und dem König von Ungarn und Böhmen gegen seinen Rivalen und Widersacher Johann Zapolya Hilfe zu leisten«, wozu der Deutschmeister im November 1527 den Komtur zu Heilbronn mit 1000 Goldgulden nach Österreich schickte.

Positiv für die Sache des Ordens war die Tatsache, daß der Kaiser den Krakauer Vertrag nicht sanktioniert hatte, obgleich der Herzog von Preußen dies drei Jahre mit polnischer Unterstützung versuchte.

Als schließlich Herzog Albrecht bei Erzherzog Ferdinand um einen Geleitbrief zu einer Reise ins Reich ersuchte, klingelten die Alarmglocken im Beraterstab des Deutschmeisters. Walter von Cronberg forderte den Erzherzog auf, »gegen den Markgrafen gebührend vorzugehen, wenn dieser ins Reich käme, und dem Deutschen Orden wieder zu Preußen zu verhelfen«. (Siehe: Herrmann, Axel, Der Deutsche Orden unter Walter von Cronberg, 1525 bis 1543.) Herzog Albrecht kam nicht nach Deutschland.

Auf dem Reichstag zu Speyer 1529 wurde dem Administrator seine neue Würde durch die Reichsstände bestätigt. Hier gelang es ihm erstmals de facto, die Übernahme der Rechte des Hochmeisters zu dokumentieren. Bei dem anschließenden Festbankett, das König Ferdinand am 10. April 1529 gab, saß der Ordensobere neben dem König (Ferdinand war nach der Schlacht bei Mohacs am 22. 10. 1526 in Prag zum König von Böhmen gewählt worden).

Nach dieser Stärkung der Stellung des Ordens, stand auf dem Ende August 1529 in Frankfurt tagenden Kapiteltag die »Revision des Krakauer Vertrages« zur Diskussion. Die Kapitulare fixierten den Anspruch des Ordens auf Preußen; abschließend beschloß das Kapitel einstimmig, »beim Kaiser die Belehnung des Administrators mit den Regalien des Hochmeistertums in Preußen zu erreichen«.

Als erhoffte Empfehlung und Stimulanz der kaiserlichen Gunst wollte der Orden sich wieder auf seine primäre Aufgabe besinnen: den Kampf gegen die Heiden und die Christianisierung derselben. Diese Möglichkeit bot sich in Ungarn, das erneut von einem starken türkischen Heer bedroht wurde. Es galt also, rasche und möglichst starke Hilfe zu leisten. Nicht zuletzt auch aus dem Grunde, da König Ferdinand auch Herzog Albrecht von Preußen zum Kampf gegen die Türken aufgefordert hatte. Wer hier zurückstand, der würde im Kampf um Preußen nur der zweite Sieger sein.

Es mußte also schnell über einen »stattlichen haufen« zum Kampf gegen die Türken beraten werden, denn, so die Worte des Administrators: »besser ehrlich und ritterlich verdorben, dan mit schmach und schande gelebt.«

Anfang Oktober 1529 traf das Ersuchen Ferdinands ein, rasche Hilfe zu leisten, da die Türken bereits vor Wien lägen. Das fränkische Balleikapitel auf der Kapfenburg beschloß ohne Umschweife, 100 Ritter zu Pferde unter der Führung eines erfahrenen Komturs zu entsenden. Die Unterstützung durch den Ordensverband war jedoch nicht mehr nötig, denn die Türken hatten bereits den Rückzug angetreten.

Es war dem Verteidiger von Wien, Niclas Graf Salm, gelungen, diese erste Belagerung erfolgreich zu überstehen. Dennoch wurde der sofortige Einsatz des Ordens vom Hause Habsburg anerkannt.

Während des Reichstages in Augsburg im folgenden Jahr war der Administrator mit sechs fränkischen Komturen zur Stelle, als Karl V. unter dem Jubel der Menschen am Abend des 15. Juni 1530 in die Reichsstadt einzog.

Am 22. Juni konnte Walter von Cronberg dem Kaiser in einer einstündigen Audienz seine Eingabe gleich dreisprachig überreichen. In Gegenwart der höchsten Berater des Kaisers, darunter auch König Ferdinand und einige Herzöge des Reiches, trug der Administrator seine Wünsche vor. Er kam auf die Tatsache zurück, daß der Orden vor nunmehr 300 Jahren die Preußen zum Christentum bekehrt und das Land unter den Schutz des Kaisers, des Papstes und Reiches gestellt habe.

Hochmeister Albrecht habe entgegen seinem Schwur, die Zuflucht und das Spital der deutschen Ritterschaft zu bewahren, zuerst den Krieg mit Polen begonnen, schließlich den Ordensmantel abgelegt und das mit dem Blut des deutschen Adels errungene Preußen in ein weltliches Fürstentum verwandelt. Dies sei besonders verwerflich, denn er habe noch 1524 zu Nürnberg von Ferdinand und den Ständen die Reichsfürstenehre erlangt und einen Sitz im Reichsrat erhalten.

Es gelang Walter von Cronberg die Rückgewinnung Preußens als »Reichssache« darzustellen. Darüber hinaus bat der Administra-

tor darum, ihm als rechtmäßigen Nachfolger des Hochmeisters die Regalien für dieses Amt zu verleihen.
Seine Ausführungen waren überzeugend und zeigten ihre Wirkung dahingehend, als am 25. Juni 1530 nicht weniger als 191 Grafen, Freie Herren und Ritter des Reiches mit einer eigenen Bittschrift an den Kaiser herantraten, den Administrator mit dem Lande Preußen zu belehnen. Der Hauptpassus dieser Bittschrift lautete, daß Preußen »dem Ritterlichen Teutschen Orden widerumb eyngeleipt und zugestellt werde«.
Der Deutsche Orden hatte damit endlich nach langen Jahren des Ringens die Zustimmung und Solidarität eines großen Teiles des Reichsadels erreicht.
Herzog Albrecht legte in seiner Verteidigungsschrift dar, daß sein Schritt 1525 notwendig gewesen sei, weil er trotz aller Anstrengungen, Hilfe zu erlangen, schließlich allein dagestanden habe.
Damit drang er jedoch nicht durch, denn jene, die ihn angeblich im Stich gelassen hatten, saßen ja hier über ihn zu Gericht.
Kaiser Karl V. entschied sich für den Deutschen Orden und damit für Cronberg. Er ging sogar so weit, sich als Schirmherr des Ordens zu bezeichnen und verwandte sich dafür, daß die Balleien des Ordens – unter besonderer Betonung der Reichsfreiheit und der Steuerhoheit des Ordens über seine Untertanen – unter dem Reichsfürsten und Deutschmeister neu gestärkt werden müßten.
Auf dem Weinmarkt in Augsburg belehnte Kaiser Karl V. am 26. Juli 1530 unter großem Zeremoniell und Zurschaustellung kaiserlicher Pracht den Deutschmeister Walter von Cronberg mit den Regalien des Hochmeistertums in Preußen. Die 300 Teilnehmer bekräftigten diese Belehnung mit Vivat-Rufen.
Der von der Religion abgefallene ehemalige Hochmeister hatte nach der Überzeugung des Kaisers, durch die »Lehnsnahme Preußens von der Krone Polens am Reich auf das Höchste gefrevelt«. Dadurch habe er das Hochmeisteramt und das Land Preußen verwirkt. Es wurde ihm befohlen, es unverzüglich an den Administrator und neuen Hochmeister von Preußen abzutreten.
Walter von Cronberg war von nun an Hoch- und Deutschmeister

des Ordens. Alle seine Nachfolger trugen bis zum Jahre 1923 diesen Doppeltitel.
Das letzte Wort war allerdings noch nicht gesprochen. Da auch der Abgesandte Herzog Albrechts dem Kaiser die Beschwerde seines Herrn vorlegte, blieb zunächst alles in der Schwebe, bis es Cronberg endlich gelang, den Kaiser dahin zu bringen, die ganze Angelegenheit einem Ausschuß der Kurfürsten und Fürsten vorzulegen.
Dieser befaßte sich am 11. Oktober 1530 damit. Der Ausschuß entschied, daß das Dominium Prussiae nicht dem Reich entfremdet werden dürfe. Allerdings wurde dem Meister – was diesen Spruch wieder verwässerte – anheimgestellt, die Sache gemeinsam mit dem alten Hochmeister vor dem Kaiser gütlich beizulegen. Erst wenn dies nicht gelänge, sollte der Lehnsprozeß begonnen werden
Walter von Cronberg richtete am 16. Oktober an Kaiser Karl die Bitte, dem Reichskammergericht den Auftrag zu geben, den Prozeß einzuleiten. Am 14. November erging an Herzog Albrecht das Mandat, sich innerhalb von acht Wochen nach Erhalt der Aufforderung, dem Administrator Preußens unterzuordnen oder in den nächsten 90 Tagen seinen Anspruch auf dieses Land vor dem Kammergericht zu vertreten. Falls er dem nicht nachkomme, werde er in die Acht getan. Gleichzeitig damit erklärte Karl V. den Krakauer Vertrag für nichtig. (Siehe: DOZA 1530 fol. 325–330.)
Cronberg hatte sein Ziel erreicht. Es war ihm gelungen, die Funktion des Ordens als eines adeligen Versorgungsinstituts selbst im Zeitalter der Glaubensspaltung zu bewahren. Der Regalienverleih, die Generalbestätigung aller Ordensrechte und die Anerkennung der Frankfurter Konstitution des Jahres 1529 durch Kaiser und Papst gewährtem dem Orden so lange Sicherheit, bis ein kaiserlicher Imperator, Napoleon Bonaparte, den Deutschen Orden 1809 auflöste.
Nachdem dem Administrator die Hochmeisterregalien verliehen worden waren, fiel auch der letzte Rest der Oppositionsgruppe in sich zusammen. Selbst der Landmeister von Livland unterwarf sich dem Ordensoberhaupt.

Seit dieser Zeit glaubte Walter von Cronberg felsenfest daran, daß mit Hilfe des Kaisers Preußen wieder zum Orden zurückkehren werde. Dies sollte sich als Trugschluß erweisen, wie die nächsten Jahre zeigen würden.

Allerdings wurden diese Ereignisse des Jahres 1530 zu einer Sicherheitserklärung für die vier Kammerballeien im Reich in Hinsicht auf die Übergriffe fremder Landesfürsten.

Da auch Kaiser Karl V. keinen Krieg wegen Preußen beginnen wollte, blieb nur ein Prozeß übrig. In diesem Sinne ernannte der Hochmeister Mitte Februar 1531 den Komtur zu Heilbronn, Eberhard von Ehingen, zum Bevollmächtigten in diesem Prozeß. Da der polnische König Herzog Albrecht von Preußen den Rücken stärkte und dieser mehr und mehr in den Hintergrund trat und seinem Lehnsherrn die Sache überließ, kam es zu einer jahrelangen Abfolge von Aktionen und Gegenaktionen.

Der Prozeß erreichte einen ersten Höhepunkt, als das Kammergericht am 19. Januar 1532 unter freiem Himmel die Reichsacht über Albrecht von Brandenburg verkündete.

Die Reichsacht wurde auf zwei Jahre ausgesetzt, und in der Weiterführung des Prozesses wandte sich König Sigismund von Polen in einer breitgefächerten Briefaktion an Karl V. und König Ferdinand, um gegen das Vorgehen des Kammergerichtes zu protestieren.

Auf dem fränkischen Balleikapitel in Mergentheim am 20. Dezember 1535 wurde beschlossen, den Komtur zu Kapfenburg, Hans Graf von Hohenlohe, und den Koadjutor der Ballei Österreich, Erasmus Freiherr von Thurn, als Gesandte des Ordens zu König Ferdinand zu entsenden. Man war sich im Kreise der Versammelten darüber klar, »daß Preußen als Spital des Adels nicht nur dem Orden nützlich sein konnte, sondern glücklicherweise auch Kaiser, Reich und Ritterschaft«.

Das Kammergericht zögerte mit der Ansetzung eines Gerichtstages. Meister Cronberg drängte auf rasche Entscheidung, aber erst am 6. März 1536 wurde in Speyer im Namen Karls V. auch die Acht über die preußischen Stände ausgesprochen. Danach wurde auf dem Provinzialkapitel in Mergentheim beschlossen, für den

ehemaligen Hochmeister und für Preußen den päpstlichen Bannfluch zu erwirken.
Zwar hatte der Orden seine juristischen Ziele erreicht, aber die große Politik sah anderes vor. Der Orden hoffte, sich einem Kriegszug des Kaisers gegen Dänemark anschließen zu können, um anschließend daran die Acht des Herzogs und der preußischen Stände mit militärischer Gewalt erzwingen zu können.
Dies wurde zwar auf der Gebietigerversammlung des 28. August 1535 beschlossen, nicht berücksichtigt wurde allerdings, daß Kaiser Karl V. soeben den Krieg mit Frankreich wieder aufgenommen hatte.
Nach wie vor war Walter von Cronberg der festen Überzeugung, daß der Verlust Preußens eine Gefährdung für den gesamten Orden als Adelszusammenschluß bedeutete. Ferner war sicher, daß Livland ohne den Besitz von Preußen nicht zu halten sein werde. Ohne diese beiden Ostseeländer aber schien das Weiterbestehen des gesamten Ordens in den deutschen und preußischen Balleien gefährdet.
Diese Erkenntnis war der entscheidende Auslöser für die Politik Cronbergs, die auf den Wiedererwerb Preußens gerichtet war. Aus diesen Gründen waren die Ritter des Deutschen Ordens bereit, zum erstenmal auch gegen einen christlichen Feind des Kaisers anzutreten.
In geschickter Ausnutzung der Tatsache, daß Karl V. sich in Italien auf einen Kampf mit Frankreich um den Besitz von Mailand rüstete, schickte Polens König Sigismund seinen Orator Peter Opalinski nach Italien. Dieser warnte Karl V. vor der Gefahr eines Zweifrontenkrieges, der entstehen müsse, wenn der Kaiser mit Gewalt gegen das polnische Lehen Preußen vorgehen werde. In einem solchen Falle sei sein König gezwungen »zum Nachteil der Christenheit Frieden mit den Abgeschnittenen unseres Glaubens und Haiden zu schließen, um Preußen nicht im Stich zu lassen«. Der Kaiser möge dem Begehren des Deutschmeisters einen Riegel vorschieben.
Karl V. wollte eine Intervention Polens um keinen Preis. Deshalb befahl er am 18. Juni in Asti den beiden deutschen Fürsten und

Hochmeistern (die sie in seinen Augen immer noch waren), sich nicht in ungebührliche und unfriedliche Handlungen gegen die Krone Polens hinreißen zu lassen.
Damit waren die Fronten geklärt, und Walter von Cronberg war überzeugt, daß er auf keinen Fall gegen den Willen des Kaisers in der Sache Preußen aktiv werden durfte. Aber ohne kräftige Hilfe durch den Kaiser war Preußen für den Orden für immer verloren. Über drei Jahre zog sich der Prozeß hin. Hinzu kam die zunehmende Mediatisierung der Balleien und die Durchsetzung seines Standes im Fränkischen Kreis. Eine Welle der Zwangsverwaltungen von Ordensbesitz durch die Landesherren, vor allem in Kursachsen, aber auch in Hessen, stieß den Orden in eine tiefe Krise. Erst 1540 zeigte sich ein Silberstreif am Horizont, als der Kaiser, aus Frankreich kommend, in den Niederlanden eintraf. Als König Ferdinand auf der Reise zum habsburgischen Familientreffen in Mergentheim Station machte, empfahl er dem Meister, eine Botschaft an den Kaiser zu senden.
Die beiden Botschafter erhielten Weisung, die preußische Sache am kaiserlichen Hof vorzutragen und abermals an die Untaten des vom Orden und Glauben abgefallenen Hochmeisters zu erinnern, außerdem sollte erneut um die Exekution der Acht ersucht und darauf hingewiesen werden, daß der Orden zu diesem Ziel sein ganzes Vermögen einsetzen würde.
Die beiden Abgesandten erfuhren, daß der Waffenstillstand der Kaiserlichen mit Dänemark um ein Jahr verlängert worden sei, also an einen Kriegszug des Kaisers nach Dänemark und – nach dem Willen des Hochmeisters – von dort weiter nach Preußen, nicht zu denken war.
Auf dem Reichstag in Regensburg 1541 mußte von Cronberg erkennen, daß er doch noch nicht gesiegt hatte, denn die Acht gegen den ehemaligen Hochmeister und die Stände Preußens wurde für ein weiteres Jahr ausgesetzt.
Der Hoch- und Deutschmeister aber steckte nicht auf. Er erreichte, daß Kaiser Karl V. auf seiner Reise nach Regensburg in der Nacht zum 10. Februar 1541 mit etwa 1000 Personen auf der Burg Horneck übernachten würde.

Bereits vor dem Kaiser traf Pfalzgraf Friedrich auf diesem Meistersitz ein. Aber auch aus diesem Anlaß wies der Kaiser den Administrator des Ordens lediglich auf den kommenden Reichstag hin. Karl V. hatte erneut Sorgen wegen des weiteren türkischen Angriffs im Südosten des Reiches, der Ungarn und die habsburgischen Erblande bedrohte.
Außerdem war Herzog Albrecht nicht untätig geblieben. Er hatte die Offensive gegen die seit acht Jahren ausgesprochene Acht eröffnet und König Sigismund dazu gebracht, sich in Wilna gegen diese auszusprechen. Herzog Albrecht erhielt einen kaiserlichen Geleitbrief, dem er aber selbst nicht zu trauen schien, denn er schickte seinen Kämmerer, Christoph von Kreitzen. Mit der Exekution der Acht wurde es wieder nichts. Auf der ihm gewährten Audienz beim Kaiser wandte sich Cronberg zwar gegen die Aufhebung der Acht, ohne jedoch neue Argumente vorbringen zu können. Daß Albrecht auch vom katholischen Glauben abgefallen war, erwähnte er nicht, denn es gab inzwischen viele Ordensritter in Deutschland, die ebenfalls vom Glauben abgefallen waren, ohne ihr Rittertum im Orden abzulegen.
Der polnische Abgesandte forderte die Kassierung der Acht, und am 20. Juli kam noch einmal der Administrator zu Wort. Kaiser Karl V. reagierte immer noch nicht, sondern reiste am 29. Juli aus Regensburg ab. Er hatte Ferdinand Vollmacht gegeben, diesen Streit auf seine Weise zu beenden. Ferdinand teilte am 18. Oktober dem Administrator mit, daß der Kaiser die Acht für ein weiteres Jahr außer Kraft gesetzt habe.
Kaiser Karl V. wurde zur Jahreswende 1542 von anderen politischen und kriegerischen Großereignissen voll in Anspruch genommen. Er war es satt, sich mit diesem Kleinkram zu belasten. Es ging ihm um das Reich und nicht um den Deutschen Orden. Er hoffte darauf, daß die in Regensburg gemachte Offerte des Herzogs von Preußen, den Deutschen Orden für den Verlust Preußens großzügig finanziell abzufinden, in die Tat umgesetzt und daß damit dieses leidige Problem, das ihm seit Jahr und Tag nachgetragen wurde, beendet sein würde.
Während der beiden »Türkenreichstage« 1542 in Speyer und

Nürnberg forderte der Administrator nach wie vor die Vollstreckung des Kammergerichtsurteils. Diese Forderung brachte auch sein Gesandter auf dem Deputationstag im März 1543 vor. König Ferdinand setzte dieses Urteil am 21. April 1543 abermals außer Kraft.
Dies war für Walter von Cronberg »der Nagel zu seinem Sarge«, denn am 4. April 1543 starb er in seiner Residenz Mergentheim. Zu seinem Nachfolger wurde Wolfgang Schutzbar ernannt, der bestätigte, daß er die Arbeit seines Vorgängers mit aller Kraft fortführen werde. Der ehemalige hessische Landkomtur sollte über zwei Jahrzehnte die Führung im Orden übernehmen.

Wolfgang Schutzbar, genannt »Milchling« (1543–1566)

Wolfgang Schutzbar war Mitte Juli 1529 durch Walter von Cronberg zum Landkomtur von Hessen ernannt worden.
Landgraf Philipp von Hessen hatte seit einigen Jahren bereits versucht, den Orden zu vertreiben. Er befahl sogar die sofortige Abschaffung von Messe und Sakrament und forderte seine Räte auf, das verehrte Elisabethheiligtum in Marburg »zu begraben«, wie er am 16. Juni 1529 an seine »Statthalter, Hofrichter, lieben Räte und Getreuen« schrieb.
Es mußte also ein starker Landkomtur her – dies bewog den Administrator dazu, den bisherigen Komtur von Griefstedt, Wolfgang Schutzbar, zum Koadjutor zu ernennen. Mit dem Einverständnis des hessischen Landkomturs Lauerbach wurde Schutzbar Mitte Juli 1529 in dieses Amt berufen. Das Frankfurter Kapitel bestätigte ihn nicht nur als Koadjutor, sondern designierte ihn zum Landkomtur von Hessen.
Als der schwerkranke Lauerbach am 26. September 1529 starb, konnte Schutzbar die Nachfolge sofort antreten.
Philipp von Hessen versuchte im Frankfurter Ordenshaus, Lau-

erbachs Nachlaß zu sichten. Aber Cronberg erwirkte am Kammergericht eine Abweisung des Landgrafen.

Wolfgang Schutzbar gelang es, die an den Landgrafen verpfändeten Güter in Kirchheim zurückzukaufen. Die Elisabeth-Reliquie blieb dem Orden erhalten.

Immer wieder war es Wolfgang Schutzbar, der sich den Forderungen Philipps entgegenstemmte. Zwar gab er in einigen Dingen nach, erkaufte sich damit aber die Verhinderung der Durchführung der Reformation ausgerechnet in der Patronatskirche des Ordens. Schutzbar widersetzte sich entschieden der Forderung, für den Landgrafen die Kastanien aus dem Feuer zu holen. So auch bei seinem geplanten Zug gegen die Welfen.

Als der Höhepunkt der Nadelstichtaktik erreicht war, kam es am 18. Mai 1539 zum Raub der Elisabeth-Reliquien durch den Landgrafen, den eine maßlose Intoleranz und Starrköpfigkeit antrieb. Der Versuch Cronbergs durch Karl V. die Rückerstattung der Reliquie zu erlangen, wurde von Ferdinand unterstützt, der von Karl V. damit beauftragt worden war, dieses unwürdige Schauspiel zu beenden. Der Landkomtur mußte sich zu seinem persönlichen Schutz im Sommer 1540 auf die Reichsburg Friedberg zurückziehen.

Der Kaiser aber maßregelte Philipp nicht, sondern arrangierte sich mit dem zum Bigamisten gewordenen Landgrafen, ohne die Rückgabe der Heiligtümer zu verlangen. Als Trostpflaster wurde Wolfgang Schutzbar zum »Reichspfennigmeister« ernannt. Man schrieb ihm außerdem einen persönlichen Schutzbrief aus, der sich jedoch nur auf die Ballei Marburg und die Burg Friedberg erstreckte.

Das Kapitel in Speyer sah in Wolfgang Schutzbar den geeigneten neuen Hoch- und Deutschmeister, wie auch Cronberg vor ihm bereits genannt worden war. Noch 1543 trat er dieses Amt an, das er bis 1566 innehatte. Zuvor jedoch einige Kurzabschnitte über den Besitzstand und die Organisation des Ordens im Reich. (Zur chronologischen Reihenfolge siehe im Anhang Liste der Hochmeister und der Hoch- und Deutschmeister des Ordens.)

Der Deutschmeister und seine Berater

Daß Franken eine bevorzugte Stellung innehatte, war spätestens seit der Zeit Cronbergs allen Rittern einsichtig. Dieser hatte stets fünf Ratsgebietiger aus Franken und den Balleien des Meistertums in den Rat des Administrators gebeten. Der Ordensobere hatte diese Berater in allen den Orden angehenden Dingen und den zu treffenden Maßnahmen zu fragen.
Das alljährlich wiederkehrende Ballei-Kapitel war eine Notwendigkeit, denn laut den im Jahre 1515 getroffenen Bestimmungen hatten Meister und Landkomture miteinander ihre Rechnungslegung zu vollziehen.
Darüber hinaus stand es dem Administrator frei, jederzeit seine Ratsgebietiger zur Beratung zusammenrufen zu lassen, falls ein dringendes Ordensanliegen sofortiger Bearbeitung bedurfte.
Der Rat hielt die alte Ordenstradition hoch und verteidigte jeden Angriff von innen und außen. Daß es hin und wieder zu Meinungsverschiedenheiten und zu gegensätzlichen Auffassungen über ein Problem kam, lag in der Natur der Sache und darin, daß jeder der Ratsgebietiger offen und frei reden durfte und dieses Recht auch für sich in Anspruch nahm.

Die Kanzlei des Deutschmeisters

Bereits zu dieser Zeit zeigte es sich oftmals, daß die weltlichen Hofräte am Meistersitz, die nicht dem Orden angehörten, in vielen Belangen der Territorialherrschaften und des Rechts den Rittern überlegen waren.
Dies erkennend, bediente sich Walter von Cronberg eines solchen Beraterstabes. Damit schuf er eine Behördenorganisation, die parallel zur hierarchischen Struktur des Ordens wirken und den rechtlichen und territorialen Schutz desselben sicherstellen

konnten. Es entstand die Kanzlei des Deutschmeisters. Von den insgesamt etwa 140 Personen des meisterlichen Hofstaates in Mergentheim gehörten allerdings nur 15 bis 20 Personen zu dieser zivilen Regierung.

Die Kanzlerposition lag in den Händen von Georg Spieß. Hinzu kamen im engeren Kreis der Jurist Dr. Johann Siglin und der Sekretär Gregor Schuller. Ein Ordensprokurator war an das Kammergericht delegiert.

Dieser Anfangszustand war infolge der großen Zersplitterung der Ordensbesitzungen nicht genug, um alle rechtlichen Fragen abzudecken. Immerhin gab es an vielen Stellen, oftmals gleichzeitig, Auseinandersetzungen. Prozesse mußten geführt, Schiedsgerichte besetzt werden.

Dazu waren im Zivilrecht erfahrene Anwälte ebenso notwendig wie versierte Diplomaten. So mußte der Deutschmeister 1536 auf dem Ballei-Kapiteltag zu Mergentheim die Vermehrung des Kanzleipersonals und die Neuanstellung von Hofräten sowie eine Aufstockung der dazu zur Verfügung stehenden Mittel beantragen.

Diese neuen Räte kannten sich im römischen Recht ebenso aus wie in Verwaltungsfragen. Sie saßen in ortsfesten Kanzleien, vor allem am Meistersitz in Mergentheim. Sie standen ständig zur Verfügung, wenn sie gebraucht wurden. Mit ihnen konnte der Komtur zu Mergentheim bei Abwesenheit des Administrators die täglichen Ordensgeschäfte reibungslos führen.

In bezug auf die »meisterliche Ratsuche« stützte sich der Administrator vor allem auf die sich in der Nähe befindenden Landkomture von Hessen, Koblenz, dem Elsaß und manchmal auch Thüringen. Der Administrator visitierte diese Balleien in großen Abständen. Der ständige Kontakt zu ihnen wurde durch die in Gebrauch gekommenen Zirkelbriefe des Deutschmeisters aufrechterhalten.

An dieser Stelle bliebe noch die Cronbergsche Konstitution zu erwähnen. Im Jahre 1529 definierte Deutschmeister von Cronberg auf dem Kapiteltag zu Frankfurt die unveräußerlichen Prinzipien des deutschen Ordens neu, wenn auch auf der Grundlage der alten Ordensregeln. Zu den inneren Reformen gehörte die Festschreibung der Gehorsamspflicht aller Ritter gegenüber Cronberg und allen seinen Nachfolgern.

Es galt, den Besitzstand zu wahren und keinerlei Veränderungen desselben ohne Zustimmung des Meisters zu treffen. Die mindestens alle zwei Jahre anstehende Visitation der Kommenden war durchzuführen und schließlich noch die Aufnahme so vieler Ritterbrüder, wie die Balleien dies vermochten, zu betreiben. Allerdings sollten nur solche Männer als Ritterbrüder aufgenommen werden, »die von gutem herkomen und von ihren vier ahnen edler und rittermessiger geschlecht un leybshalben ungeprechlich seyn«. Von religiösen oder ritterlichen Ansprüchen war in dieser Konstitution nicht die Rede.

Eine vollständige Ordensreform war dies nicht. Nicht erst seit dieser Zeit zeigte sich ein Abbröckeln der geistlichen Grundlage im Orden. Eine Reihe von Rittern genoß zwar ein sorgenfreies Leben, ohne aber darüber nachzudenken, daß sie auf Dauer gesehen die materielle und rechtliche Basis des Ordens in Gefahr brachten. Der Deutsche Orden war zu dieser Zeit bereits mehr oder weniger zum Inbegriff eines feudalen Versorgungsinstituts geworden. Die Ahndung verschiedenster Exzesse auch höherer Ordensmitglieder war mehr symbolischer Natur und verfehlte dementsprechend den Effekt der Disziplinierung der Ritterbrüder.

Als beispielsweise der Komtur zu Münnerstadt, Sigmund von Hadermannstetten, bei einem Henneberger Amtsmann zu Besuch weilte, fand eine gutgebaute Küchenmagd seine besondere Aufmerksamkeit. Er wurde »mit nacktem Arsch in flagranti« ertappt. Der Amtmann – treu und gottesfürchtig – ließ ihn festnehmen. Die Ordensgerichtsbarkeit beschloß darauf lediglich, ihn nach Weißenburg zu versetzen. Der Komtur hielt solche Verfehlungen für ein Kavaliersdelikt. Was aber einem Komtur recht war, das war einem einfachen Ritter billig. Zur Ordensdisziplin und zur Achtung der Landbewohner trug dies nicht bei.

»Die adelige Ehre beider Seiten war dabei nicht verletzt worden«, lautete der Spruch des Schiedsgerichts. Eine Küchenmagd hatte keine Ehre.

Dem Münnerstädter Komtur Georg von Wallenrode, der in seiner Residenz Öttingen »ständig einige hübsche Weiber um sich hatte« – und das nicht nur zum Kartenspielen und Parlieren –, drohte der Deutschmeister, daß er ihn absetzen werde, weil er »wegen dieser Frauenspersonen und anderen Zulaufs einen Tisch mehr als sonst zu speisen hatte, und daß dadurch der Etat des Hauses Münnerstadt ins Ungleichgewicht komme«.
Dies sind nur zwei Beispiele einer Unzahl von Übergriffen und Auswüchsen, die kaum noch der Erwähnung wert schienen.
Damit befand sich der Orden in einer Phase des Übergangs vom ritterlichen, dem Gelübde der Keuschheit verpflichteten und der Armut geweihten Stand – einer festen Lebensgemeinschaft der Ritterbrüder und Priester des Ordens – zu einer weltlichen Versorgungseinrichtung. Der Versorgungsgedanke hielt nun auch ganz offen Einzug in den Deutschen Orden, während die Ordensgelübde an Bedeutung verloren.
Einher ging dieser Bedeutungswandel mit sinkenden Einkünften. Diese wiederum zwangen zur Verminderung der Anzahl an Rittern, die ja standesgemäß versorgt werden mußten. Diese Verringerung der Ritterzahlen war in der reichen Ballei Franken noch moderat. Von 37 Rittern des Jahres 1525 waren 1543 noch immerhin 33 übrig.
Schlimmer war die Situation bei den Ordenspriestern. Diese erhielten laut Beschluß des fränkischen Balleikapitels von 1533 fünf Gulden jährlich (!) zur Befriedigung der persönlichen Notdurft. Diese »deklassierte Kaste« diente auf den Kommenden als Trappier, Treßler, Überreiter und Spitler und erledigten den Großteil der täglichen Verwaltungsarbeit.
So ist es nicht verwunderlich, daß sich in der Zeit der Glaubensspaltung und des gleichzeitigen Verfalls religiöser Werte vor allem die jüngeren Ordenspriester in den evangelischen Territorien der Reformation anschlossen. Dem Orden blieb schließlich nur der Ausweg, weltliche Personen mit Versprechungen auf spätere Pfründe zu ködern und zu Priestern ausbilden zu lassen.
Das war nur eine der Folgen der desolaten Situation des Priesterstandes im Deutschen Orden.

Grundlage des Besitzstandes des Ordens im Reich

Der Besitzstand des Deutschen Ordens im Reich gründete sich auf eine Reihe von Schenkungen, wie bereits dargelegt wurde. Es handelte sich dabei um Schenkungen unterschiedlichster Art. Diese gingen von Grundbesitzübertragungen bis zu Zinsübertragungen, ohne daß damit zugleich auch das Eigentum an diesen Zinsobjekten dem Orden überschrieben worden wäre.

Daß diese Besitzübertragungen und Schenkungen den Orden aus den verschiedensten Richtungen erreichten, bedeutete, daß aus ihnen kein geschlossenes Ordensgebiet zu gestalten war. Aus den Schenkungen erwuchsen im allgemeinen keine Kommenden des Ordens, wenngleich es auch einige große Schenkungen gegeben hat. Erst wenn eine ganze Reihe von Schenkungen in einem Gebiet erfolgt war, versuchte der Orden, sie durch Zukäufe zu einem geschlossenen Gebiet zu erweitern, um dort eine neue Kommende zu eröffnen.

Wie groß diese Vielfalt und Streuung war, wird am Beispiel der Kommende Oettingen deutlich, die in einem Umkreis von 20 Kilometern über einen Grundbesitz von 43 kleinen Dörfern verfügte. Die Landkommende Trier wiederum stellte mit 51 Dörfern im Umkreis von 55 Kilometern um das Ordenszentrum einen Rekord auf. Hinzu kam, daß verschiedene Kommenden mit anderen um den größten Besitz wetteiferten und sich manchmal im Zukauf gegenseitig überboten.

»Dies war beispielsweise bei der Landkommende Ellingen der Fall, welche die näher an den von ihr erworbenen Besitzungen gelegenen Kommenden Oettingen und Donauwörth im Preis überboten.« (Siehe: Arnold, Udo: Agrarwirtschaft im Deutschen Orden. In: Beiträge zur Geschichte des Deutschen Ordens, Hrsg. Udo Arnold.)

Dieser Streubesitz verlangte vom Orden eine besondere Struktur kleiner selbständiger Verwaltungseinheiten in Gestalt der Kommenden.

Als schließlich die gesamte Struktur des Ordens festlag und die Deutschmeister seit 1494 zu Reichsfürsten avanciert waren, hatte sich an dieser Lage nichts wesentlich geändert.
Während also alle weltlichen und geistlichen Reichsfürsten über ein in sich geschlossenes Territorium verfügten, war dies beim Deutschen Orden nicht der Fall. Dessen Besitzungen lagen zumeist in den Territorien und Ländern anderer Herrscher, was ständige Auseinandersetzungen nach sich zog.
Auch wenn es im Reich etwa 120 Kommenden gab, die sich in dem unendlich weiten Raum von den Niederlanden bis Krain, von Tirol bis zur Elbe erstreckten, waren dies nach wie vor Streubesitze.
So wurde der Orden in Deutschland – anders als jenes homogene Gebilde des Ordens in Preußen, das aus einer geschlossenen Landfläche von 200 000 Quadratkilometern bestand – mit einer Vielfalt oftmals von Kommende zu Kommende wechselnden Gesetzen und Verordnungen konfrontiert.
Immer wieder gab es ernsthafte Differenzen, die durch Schiedssprüche der Beschützer des Ordens ausgeräumt werden mußten.
Als Walter von Cronberg zum Hoch- und Deutschmeister ernannt wurde und er seine Macht als Reichsfürst ausspielen wollte, kam es mehrfach zum Eklat mit anderen Fürsten, die über die Ordensgüter in ihren Territorien die Lehnshoheit auszuüben versuchten.
Der immer offener zutage tretende Machtanspruch dieser Territorialherren machte Hochmeister von Cronberg und seinen Nachfolgern von Wolfgang Schutzbar und Georg Hund von Wankheim bis hin zu Franz-Ludwig von Pfalz-Neuburg schwer zu schaffen.
Erst später begann mit dem Amtsantritt von Clemens August von Wittelsbach, Prinz von Bayern und Kurfürst-Erzbischof von Köln, eine Zeit der territorialen Beruhigung, weil dieser und seine Nachfolger aus hohem Hause die Wahrung der Rechte des Ordens mit größtem Nachdruck vertraten.
Spätestens in dieser Situation, seit Ende der Amtszeit Walter von Cronbergs, begannen die Ordensoberen zu begreifen, daß die neu

in den Orden eingetretenen Ordensritter nicht mehr bereit waren, Entbehrungen auf sich zu nehmen und Standhaftigkeit im Glauben zu beweisen. Immerhin war die Reformation vorangetrieben worden und die Vermischung der Kommenden mit Rittern und Brüdern von bis zu drei verschiedenen Konfessionen durchaus keine Seltenheit mehr.

Walter von Cronberg erklärte dazu, daß zumindest das Recht nicht auf der Strecke bleiben dürfe; er prägte den Satz und hämmerte ihn allen neuen Ordensrittern ein: »Wehret der Ungerechtigkeit!«

Daß trotz Lockerung der Sitten und der Gelübde bereits auch zu dieser Zeit die ersten Bestrebungen in Gang kamen, die Stiftungsmasse des Ordens nicht als reine Kirchenpfründe zu betrachten, sondern verstärkt auch wieder den Heidenkampf aufzunehmen, war ein erster Schritt hin zu jener Haltung, die während der Türkenkriege das Ansehen des Ordens wieder hoben und den Ordensritter als Kämpfer für das Christentum zeigten. Hinzu kam das Bestreben des Ordens, das adelige Lebensgefühl zu heben und jeden einzelnen Ritter »zum Dienst für Kaiser und Reich« bei unabhängiger und gesicherter Existenz zu erziehen.

Darin verstand vor allem Walter von Cronberg den neuen Sinn und die Aufgabe des Ordens nach dem Verlust von Preußen. In diesem Bestreben wurde er von seinen engsten Beratern, die sich um ihn geschart hatten, unterstützt. Darunter auch der Landkomtur Wilhelm von Neuhaus als nicht zur Ballei Franken gehörender Ratgeber. Sodann seine fränkischen Vertrauten, die Komture Wolfgang von Bibra aus Mergentheim, Eberhard von Ehingen aus Heilbronn, Georg von Knöringen aus Virnsberg, Heinrich von Neuneck aus Winnenden und Friedrich Sturmfeder aus Blumenthal.

Dieses Triumvirat blieb bis zum Tode von Bibra und Neuhaus vereint. Es wurde danach durch die Komture von Kapfenburg, Hans Graf von Hohenlohe, und jenem der meisterlichen Kammerkommende Frankfurt, Georg von Rodenstein, aufgefüllt.

Dies war die alte Garde der Ordensritter, die dem Orden bereits seit 30 und mehr Jahren angehört und in den verschiedensten Positionen große Verdienste erlangte hatte.
Nach den bisher im Text nur sporadisch auftauchenden Namen der Kammerhäuser im Reich hier ein kurzer Überblick über dieselben und die verschiedenen Kommenden der Ballei Franken.

Die Kammerhäuser und Kommenden im Reich

Was nun die Kammerhäuser des Deutschmeisters anlangt, so ist nur sehr wenig über sie bekannt. Das Hornecker Archiv als Hauptsitz der Ordensbeamten im 15. und 16. Jahrhundert ging während der Bauernkriege 1525 in Rauch und Flammen auf.
Es ist bereits erwähnt worden, daß nicht alle Kommenden einer Ballei zugeordnet werden konnten. Sie gehörten im Jahre 1510, als unter dem Deutschmeister Johann Adelmann von Adelmannsfelden (1510–1515) das »Teutschmeistertum« beschrieben wurde, zur deutschmeisterlichen Kammer. 1510 waren dies die Kommenden Horneck mit einem Hauskomtur und acht Ordensbrüdern und Weißenburg im Elsaß mit einem Hauskomtur. Speyer mit einem Komtur, Mainz mit einem Komtur, Waldbreitbach mit einem Hauskomtur und Weinheim ebenfalls mit einem Hauskomtur kamen hinzu. Einige Kastnereien vervollständigten die Deutschordens-Besitzungen. Zwei weitere Kommenden, die 1510 nicht mehr dazugehörten, mußten zum Meistertum gezählt werden. Es sind dies die Kommenden Ramersdorf und Prozelten.
Im selben Werk über das »Theutschmeistertum« ist über die Besitzungen der Ballei Franken folgendes zu entnehmen. Zu ihnen gehörten:

Kommende **Ellingen** mit dem Landkomtur, einem Hauskomtur und sieben Ordensbrüdern.

Kommende **Mergentheim** mit einem Komtur, einem Hauskomtur und sieben Ordensbrüdern.
Kommende **Heilbronn** mit einem Komtur und zwei Ordensbrüdern.
Kommende **Virnsberg** mit einem Komtur und einem Ordensbruder.
Kommende **Öttingen** mit einem Komtur und einem Hauskomtur.
Kommende **Donauwörth** mit einem Komtur und einem Hauskomtur.
Kommende **Kapfenberg** mit einem Komtur und einem Hauskomtur.
Kommende **Winnenden** mit einem Komtur und einem Hauskomtur.
Kommende **Nürnberg** mit einem Hauskomtur und zwei Ordensbrüdern.
Kommende **Ulm** mit einem Hauskomtur.
Kommende **Würzburg** mit einem Hauskomtur.
Kommende **Münnerstadt** mit einem Hauskomtur.
Kommende **Regensburg** mit einem Hauskomtur.
Kommende **Rothenburg** mit einem Komtur.
Kommende **Gangkofen** mit einem Hauskomtur.

Im Meistertum und in der gesamten Ballei Franken gab es zu dieser Zeit insgesamt 204 Ordensbrüder. (Siehe: Zentralarchiv des Deutschen Ordens zu Wien, DOZA, Abt. Ordensstand.)
Aus der gleichen Dokumentation geht hervor, daß sowohl die Verwaltungsgebiete des Meistertums als auch jene der Landkomture eng miteinander verzahnt waren und daß Landkomtur und Deutschmeister immer wieder gemeinsam auftraten.
Viele Landkomture in Franken wurden später Deutschmeister. Diese Abfolge lag nahe, da beide Gebiete aneinander angrenzten.
Wann genau die Kammer des Deutschmeisters eingerichtet wurde, ist nicht zu bestimmen. Viel spricht dafür, daß sie eine der hochmeisterlichen Kammer nachgebildete Einrichtung war. Es ist möglich, daß Deutschmeister Wolfram Graf von Nellenburg, der

eines der von Hochmeister Werner von Orseln einberufenen Kapitel in Preußen besucht hatte, von dort seine Kenntnisse über die Kammern beim Hochmeister mitbrachte. Die Kommende Prozelten zeigte auf, daß 1335 der Deutschmeister an die Stelle des Landkomturs von Franken trat. Damit wurde diese Kommende ein Kammerhaus des Deutschmeisters.

Die letzten nicht den Landkomturen unterstehenden Ordenshäuser wurden zum Deutschmeistertum zusammengefaßt und bildeten eine Art von Ballei, ohne jedoch einen Landkomtur über sich zu wissen.

Ihr Vorgesetzter war und blieb der Deutschmeister. Die Kammerhäuser hatten dem Deutschmeister einen gleichen Kammerzins zu entrichten wie die Kammerballeien dem Hochmeister. Außerdem konnte der Deutschmeister frei über diese Güter verfügen, sie verpfänden, mit Hypotheken belegen und in dieser Art Gewinn aus ihnen ziehen. Darüber hinaus erhielt er alljährlich festgelegte Zahlungen von den ihm unterstellten Balleien. Aus diesen Einnahmen mußte er vor allem die Kosten für ein standesgemäßes Leben, für Dienerschaft und Präsentationsaufgaben decken. Selbst die Reisen zum Nutzen des Ordens mußten daraus bestritten werden.

Während des Konzils zu Konstanz beispielsweise mußte der Deutschmeister die Kammerhäuser zu Mainz, Frankfurt, Prozelten und Speyer sowie die Kommende Mergentheim der Ballei Franken zum Pfand setzen, um den auf dem Konstanzer Konzil anwesenden Ordensprokurator mit dem »Notwendigen« zu versorgen.

Die Entwicklungsstufen, die letztendlich zur Errichtung des Deutschmeisterums führten, wurden bereits umrissen. Es ging – um dies noch einmal zu betonen – um die Balleien und Kommenden der Anfangszeit, die der Aufsicht des Deutschmeisters entzogen und einem Landkomtur unterstellt waren.

Ferner existierten einige weitere Kommenden an Rhein, Main und Neckar, die auch weiterhin keiner Ballei angegliedert worden waren. Sie bildeten ebenfalls eine Ballei, aber ohne einen Landmeister, sondern mit dem Deutschmeister, dem sie unmittelbar

unterstanden. Es war – wie bereits dargelegt – Wolfram von Nellenburg, der eine eigene Kammer einrichtete, in der die ihm selbst unmittelbar unterstehenden Kommenden eingegliedert waren.
Als das vom Deutschmeister zu verwaltende Gebiet durch die Balleien im Mittelmeer vergrößert wurde, nannte sich der seit 1330 amtierende Deutschmeister Wolfram Graf von Nellenburg seit 1345 »Meister in deutschen und welschen Landen«. Er war mit 31 Herrschaftsjahren einer der dienstältesten Deutschmeister überhaupt.
Trotz aller Bestrebungen nach Selbständigkeit war zu dieser Zeit das Verhältnis der Deutschmeister zum Hochmeister gut. Dies rührte natürlich zum größten Teil daher, daß der Orden in Preußen und Livland am Nachschub neuer Ritterbrüder brennend interessiert war, zumal ja kein in Preußen geborener Ritter in den Deutschen Orden aufgenommen wurde. Es galt also, für immer neuen Zuwachs an Rittern aus dem Reich zu sorgen.
Der Ordensstaat Preußen wurde nach einer gewissen Anlaufzeit auch finanziell stärker und stärker, so daß der Hochmeister nicht nur sorgenfrei leben, sondern darüber hinaus auch nachlässig erfolgende Zahlungen aus dem Reich tolerieren konnte. Daß es regelmäßig zum Erlaß der den Deutschmeistern vom Hochmeister geliehenen Gelder kam, ließ keine Reibungspunkte aufkommen. So verzichtete beispielsweise Hochmeister Konrad Zöllner von Rotenstein 1386 auf nicht weniger als 50 000 Gulden, die ihm Deutschmeister Siegfried von Venningen schuldete. Allerdings mußte dieser dem Hochmeister dafür – wie bereits erwähnt – die Ballei Elsaß-Burgund, die später Kammerballei wurde, zum Pfand geben.
Trotz alledem lockerte sich das enge Verhältnis zwischen Hochmeister und Deutschmeister im Laufe der Jahrzehnte mehr und mehr, bis schließlich beide ein voneinander abgeschottetes Eigenleben führten.
Erst nach der verheerenden Niederlage bei Tannenberg, 1410, die den Stern des Hochmeisters sinken ließ und als Beginn des wirtschaftlichen und finanziellen Niederganges des Ordens in Preußen angesehen werden muß, war es der Hochmeister, der

mehr und mehr auf die Hilfe des Deutschmeisters angewiesen war. Dieser krisengeplagte Zeitabschnitt ist bereits abgehandelt worden.
Der Deutschmeister, das zeigte sich zweifelsfrei, konnte den Deutschen Orden in Preußen – nach einer Reihe von Hilfeleistungen mit Geld und Truppen – einfach nicht mehr unterstützen. Dies war teilweise auch auf das Rivalitätsdenken der beiden Ordensoberen zurückzuführen und ist als Zeichen der Zeit und der negativen Entwicklung zu sehen, die der Orden in Preußen nahm und welcher der Hochmeister nichts entgegenzusetzen vermochte.
Der Deutsche Orden als Idealbild christlicher Gesinnung sah im allgemeinen Niedergang des Rittertums das Schwinden seines Selbstverständnisses als Streiter Christi. Wer in den Orden eintrat, der brannte nicht mehr auf den kämpferischen Einsatz zur Christianisierung und Bekehrung der Heiden, sondern sah – wenn er nicht aus Abenteuerlust zu einem Kreuzzug nach Osten aufbrach – seinen Eintritt in den Deutschen Orden als einen Aufstieg mit automatischer bester Versorgung.
Daß sich die Bekämpfung des Heidentums mit dem Verschwinden desselben ad absurdum führte, war ein zweiter Kernpunkt dieses Wandels, weg vom sittlich-christlichen Ideal und hin zur weltlichen Versorgungsanstalt.
Das Verhältnis des Hochmeisters zum Deutschmeister hatte zu Beginn des 16. Jahrhunderts bereits sehr gelitten. Spätestens ab dieser Zeit, als Träger der Reichsfürstenwürde, haben die Deutschmeister energischer als bereits vorher Versuche unternommen, sich von der Führung des Hochmeisters und seiner Berater abzunabeln. Dies nicht zuletzt wegen der Versuche des Hochmeisters, den Orden im Reich »zu kassieren« und sich selber einzuverleiben. Beide Versuche dieser Art schlugen fehl.
Alle Forderungen der Hochmeister, die darauf zielten, den Ordensstaat Preußen zu erhalten und Geld für den Abwehrkampf gegen Polen und Litauen zu bekommen, wurden nach diesen Erkenntnissen abgewiesen.

Gundelsheim, die erste Residenz in Deutschland

Gundelsheim, die Burg Horneck und der Deutsche Orden

Seit mehr als 500 Jahren ist die Geschichte der Stadt Gundelsheim eng mit dem Deutschen Orden verbunden. Diese Zeit einer beiderseits befruchtenden Gemeinsamkeit begann im Jahre 1250, als der edle Freimann Konrad von Hornegg nach dem Tode seiner Frau in den Deutschen Orden eintrat und sein Haus zu Hornegg mit allem Gut dem »teutschen Orden« übereignete.
Die Geschichte der Übertragung der später Horneck genannten Burg und des sie umgebenden Landes ist auf dem Triptychon, einem dreiteiligen Altarbild niedergeschrieben, der heute im Germanischen Nationalmuseum von Nürnberg zu bewundern ist.
Konrad von Horneck zog, wie es sich seinerzeit für deutsche Neumitglieder des Ordens geziemte, mit seinem Sohn zum Heidenkampf ins Heilige Land. Dort starb sein Sohn. Ritter Konrad wurde nach seiner Rückkehr zum »commendator domus de Horneke« ernannt und nach seinem Tode in der Gruft der Kapelle der Horneck vor dem Altar bestattet.
Aus diesen ersten Anfängen wuchs Schritt für Schritt die Kommende Horneck. Nach Konrads Tod übernahm dessen Bruder Werner die Leitung derselben und wurde in den Akten dieser Zeit als »commendator fratrum domus theutonice in Hornecken« genannt. Er war der erste offizielle Komtur der Kommende Horneck.
Zur Burg Horneck gehörten auch die Eigentumsrechte am Dorf Gundelsheim. Hinzu kamen einige Zehnt- und Vogteirechte.
Um den Besitz der Kommende abzurunden, wurden seit etwa

1294, als der Deutsche Orden im Tal vor der Burg einen Hof des Stiftes St. Peter zu Wimpfen erwarb, fleißig weiter gekauft. So durch den commendator Theutonici fratrum domus Theutonicorum in Hornecke die Pfründe Haßmershausen.

Aus der Umgebung von Gundelsheim neu aufgenommene Ordensritter überschrieben der Kommende ebenfalls ihre Besitzungen. So der damalige Komtur zu Horneck, Rafan von Ehrnberg, der 1394 einen Teil seines Besitzes von Heinsheim dem Orden überschrieb.

Daß die Kommende Horneck nicht arm war, zeigt die Tatsache, daß sie 1379 dem Deutschmeister Johann von Heyn ein Darlehen von 1500 Gulden gewähren konnte.

Die Kommende wuchs weiter und schließlich gehörten einige benachbarte Dörfer zu ihr und vervollständigten den Besitz des Ordens. Streubesitze in Heidelberg, im Kraichgau und an anderen Stellen kamen hinzu.

Der Deutsche Orden erlangte schließlich durch Kaiser Karl IV. die Ernennung Gundelsheims zur Stadt. Damit hatte nicht nur Gundelsheim, sondern auch der Deutsche Orden an Reputation gewonnen.

»Diese Stadterhebung kann dem Deutschmeister Philipp von Bickenbach – als Bittsteller vor dem Kaiser – zugeschrieben werden.« (Siehe: Demel, Bernhard, Der Deutsche Orden und die Stadt Gundelsheim.)

Diese Ernennung wurde am 12. Juli 1398 dem Deutschmeister Konrad von Egloffstein durch König Wenzel bestätigt. Er verlieh darin »seinen Burgern und ynsessen des Stetels zu Gundelsheim uf dem Neckar under der vesten Horneck gelegen, unsern liben getrewen, Ir Statrecht«. Diese Bestätigungsurkunde befindet sich heute im Hauptstaatsarchiv Stuttgart.

Von dieser Zeit an hatte das Umherziehen des Deutschmeisters von Ballei zu Ballei ein Ende. Bereits Konrad von Egloffstein datierte einen ersten Brief aus seiner Residenz Horneck.

Nach ihm, mit Beginn der kurzen Amtszeit Dietrichs von Wintershausen, mehr noch aber zur Zeit seines Nachfolgers Eberhard von Seinsheim, wuchs die Burg Horneck allmählich in die Rolle

der ersten ständigen Residenz des Deutschen Ordens in Deutschland hinein.
»Unter Eberhard von Seinsheim, der dem Orden von 1420 bis 1442 diente, ist ab 1438 Horneck als Kammerhaus des Deutschmeisters ersichtlich.« (Siehe: Demel, Bernhard, a. a. O.)
Seine Nachfolger, Eberhard von Stetten, Jost von Venningen, Ulrich von Lentersheim und Reinhard Nepperg, taten es ihm nach. Seit Andreas von Grumbach, der von 1489 bis 1499 auf der Horneck residierte, als Deutschmeister 1494 in den Reichsfürstenstand erhoben wurde, entwickelten sich die Deutschmeister mehr und mehr zu Beratern der deutschen Könige und Kaiser. Damit hatten sich Horneck und Gundelsheim, in der reichsten Ballei Franken gelegen, als erste Stadt des Deutschen Ordens und Sitz der Ordensregierung etabliert.
Mit wenigen Ausnahmen wurden alle Deutschmeister dieser Zeit nach ihrem Ableben in der Gruft der Burgkapelle bestattet.
Zur Abhaltung der Provinzial- und Generalkapitel waren allerdings die Räumlichkeiten auf der Burg zu klein. Dennoch wurden auch hier 1444, 1529 und 1534 Provinzialkapiteltage abgehalten.
Die großen Ereignisse aber fanden in Frankfurt-Sachsenhausen, in Mergentheim oder Heilbronn statt, um einige bevorzugte Tagungsorte zu nennen.
Ab der Zeit Eberhards von Seinsheim erfolgte die weitere Abrundung des Ordensbesitzes und der Kommende. Binnen 20 Jahren gab die Kommende Horneck große Summen für den Ankauf weiterer Höfe und Dörfer aus. Bis zum Jahre 1500 gelang es auf diese Art und Weise, den Ordensbesitz dieser Kommende zu einem geschlossenen Ganzen zu machen, was Eingriffe fremder Territorialherren in diesem Bereich ausschloß. Mit diesem erworbenen Landbesitz fielen Forst- und Fischereirechte ebenso wie Mühlenrechte an den Orden, und mit der Herrschaft über diverse Dörfer war auch die Gerichtsgewalt verbunden. So unterstanden dem Deutschen Orden im fränkischen Raum die Zehntgerichte, vor denen sich das Volk – nicht aber der Adel und Städte mit eigener Gerichtsbarkeit – zu verantworten hatte.

Diese Politik der Konsolidierung der Kommende Horneck (ebenso jene der anderen Kommenden in Franken) erlitt im Jahre 1525 einen schockartigen Stillstand.

Der Bauernkrieg in der Kommende Horneck

Wie in einigen Bemerkungen bei der zusammengefaßten Schau des Bauernkriegs und seinen Auswirkungen auf den Deutschen Orden, einige Kapitel später, dargelegt, haben vor allem Stadt und Kommende Gundelsheim und die Burg Horneck schwer zu leiden gehabt. Hier ein geraffter Überblick:

Als die Bauern zu Beginn des Jahres 1525 in aller Öffentlichkeit gegen ihre gesellschaftliche Diskriminierung und Deklassierung aufbegehrten und versuchten, ihr gewachsenes Rechtsbewußtsein gegen Adel und Bürgertum durchzusetzen, kam es zu ersten Auseinandersetzungen, die schließlich zum Bauernkrieg eskalierten.

Am 14. April 1525 marschierten die aufständischen Bauern des Oddenwälder Haufens, um den es im Raum der Kommende Gundelsheim ging, zunächst nach Neckarsulm. Sie nahmen die Stadt in Besitz und zogen nach Weinsberg weiter, das sie am 16. April – es war der Ostersonntag – erstürmten. Hierbei kam es zu einem Blutbad unter den Männern des Grafen von Helfenstein, die sich den Bauern – hoffnungslos unterlegen – entgegenwarfen. Der Anführer dieses Haufens, Jäcklin Rohrbach, ließ den Grafen Ludwig von Helfenstein und alle Gefangenen »durch die Spieße laufen«, was keiner von ihnen überlebte.

Als schließlich auch Heilbronn geplündert wurde – die Stadt hatte sich den Bauern kampflos ergeben, und die Bürger öffneten den Bauern alle Tore – und der dortige Deutschordenshof ausgeraubt und niedergebrannt wurde, erhoben sich in den Reihen der Bauern schwerwiegende Bedenken gegen diese Art der Durchsetzung von Recht und Gesetz.

Dennoch zogen die Bauern zunächst weiter. Siegestrunken er-

reichten sie das Deutschordensschloß Scheuerberg, das von seiner Besatzung fluchtartig verlassen worden war. Die Burg ging nach Plünderung in Flammen auf.
Das Stadtschloß des Ordens zu Neckarsulm wurde von den blindwütigen Bauern verwüstet. Das an der Jagst gelegene Deutschordensschloß Heuchlingen erlitt das gleiche Schicksal.
Alles deutete darauf hin, daß auch die Deutschritter als Peiniger und Unterdrücker der Bauern angesehen wurden.
Diese schrecklichen Beispiele hatten verheerende Auswirkungen auf die Standfestigkeit der Burgmannschaft der Horneck. Sie war allerdings bereits durch die Flucht des dort residierenden Deutschmeisters Dietrich von Cleen verunsichert. Dieser hatte die Residenz fluchtartig verlassen und sich auf das Schloß des Kurfürsten von der Pfalz zu Heidelberg in Sicherheit gebracht.
Die Gundelsheimer Bürgerschaft, die auf den Schutz des Deutschen Ordens vertraut hatte, sah sich im Stich gelassen. Auch sie öffnete den Bauern die Tore der Stadt.
In Gundelsheim errichteten die Bauernführer ihr Hauptquartier. Ihr Wortführer war der besonnene Wendel Hipler, früherer Kanzler des gräflich-hohenlohischen Besitzes, der dort einiges Ungemach erlitten hatte. (Er hatte einen Prozeß gegen seinen Dienstherrn geführt und wurde entlassen.) Dieser ließ den Burgherrn der oberhalb der Jagst gelegenen Hornberg, Götz von Berlichingen, nach Gundelsheim holen, um ihm das Amt des obersten Bauernführers anzutragen.
Götz von Berlichingen wußte über diese Anfrage der Bauern in seinen Lebenserinnerungen (die von Pistorius herausgegeben wurden) anschaulich zu berichten. Er war mehr oder weniger gezwungen worden, Führer der Bauern zu werden. Als man ihm das Amt antrug, antwortete er:
»Gott, mir nit! – Das thue der Teufel!«
Er wurde von seinen Freunden gedrängt, und als Wendel Hipler seine »Führungstruppe« dazu brachte, Götz von Berlichingen zum Feldhauptmann zu erwählen, nahm dieser am 27. April 1525 das Amt und Kommando für vier Wochen an.
Dem Rat der Stadt Gundelsheim wurde am 2. Mai von der Bau-

ernführung befohlen, 14 Bauern zu benennen und diesen die Weisung zu geben, die Burg Horneck »bis auf den Grund« zu vernichten. Durch diesen Trick waren sie nicht verantwortlich zu machen.

Am 5. Mai zog dieser Trupp Bauern zur Burg hinauf und brannte sie nieder. Alle festen Häuser der Kommende Horneck wurden von den Bauern zerstört. Die Steininschrift über dem Eingang zur Wendeltreppe der Burg lautet: »Ab Ostermontag, des 17. Dags Aprillis bis auf den Sontag Exaudii zu rechen an blibe dis Schlos aus Forcht der bawern grimmigkeitt gantz ode und on ein Haupt verlossen stan.

Am Sondag nach Ostern warde es von den Hauffen der bawern geblündert und genomen, an am Freitag nach Quasimodogenitii des 5then Dags Maii durch 14 dorzu verordenthen von bawern in Boden verbrennt.« (Siehe dazu: Kolbeck, Alfred: 600 Jahre Stadt Gundelsheim.)

Es war das Heer des Schwäbischen Bundes, dem sich der Deutsche Orden am 21. April 1525 anschloß, das den Bauernaufstand blutig beendete. Während die Bluttat der Bauern in Weinsberg vergolten wurde und sich der Deutsche Orden entsprechend an dieser Vergeltung beteiligte, mußte er andererseits mit ansehen, wie die dem Orden gehörenden und Weinsberg benachbarten Dörfer Erlenbach, Binswangen und Gemmersbach am 21. Mai ebenfalls niedergebrannt wurden.

Gundelsheims Ende als Ordensresidenz

Am 1. August 1525 fuhr Deutschmeister von Cleen von Heidelberg nach Horneck zurück. Danach forderte er von seinen Untertanen Rechenschaft und für alle Zeiten den Treueschwur sowie die »Versicherung ewiger Huld«. Alle Oberen von Gundelsheim und der Dörfer des Amtes Horneck mußten dem Deutschmeister den Treueschwur leisten. Ebenso die Bürger von Neckarsulm.

Dann folgte die umfassende Prozedur der Bestrafung: Auslieferung aller Anführer des Aufstandes, Abweisung aller Flüchtlinge aus den Städten und Dörfern, Ersetzung aller erlittenen Schäden. Allein die Renovierung der beiden Burgen Horneck und Scheuerberg kostete Bauern und Bürger 18 000 Gulden.
Damit konnte alles, was materiellen Wert hatte, ersetzt werden. Die ideellen Güter und die Kunstwerke aber waren unwiederbringlich verloren.
Als Dietrich von Cleen dem Landkomtur von Franken klagte, daß er, sein Hofstaat und Gesinde nunmehr obdachlos seien, wurde ihm von den fränkischen Gebietigern der Sitz im Ordenshaus Mergentheim mit allen Einkünften dieser Kommende für acht Jahre bewilligt.
Seinem Nachfolger Walter von Cronberg wurde das gleiche Recht für die Dauer von zwölf Jahren zugesprochen. Nach einigen Verlängerungen dieser Art beschlossen die Gebietiger auf einem Generalkapitel zu Frankfurt 1558, daß die Kommende Mergentheim dem Deutschmeister Wolfgang Schutzbar auf Lebenszeit als Residenz dienen sollte.
Damit war Mergentheim endgültig als neue Residenz etabliert. Horneck und Gundelsheim waren aus dem Glanz der Residenz zur Bedeutungslosigkeit einer Provinz-Kommende gesunken. Die Überschüsse der deutschmeisterlichen Kammer kamen nunmehr Mergentheim zugute, einer einst verschlafenen Landstadt, die nun eine zuvor nie erahnte Blütezeit erleben sollte.

Mergentheim – Vom Marktflecken zur Residenz des Ordens (1526–1809)

Die Kommende Mergentheim – Schenkungen und Zukäufe

Über die Gründung der Kommende Mergentheim durch das Dynastengeschlecht der Hohenlohe wurde bereits an anderer Stelle berichtet. Hier lediglich ein knapper Abriß der Entwicklung vom Marktflecken zur Stadt bis zum Jahre 1525.
Auch aus dieser Zeit ist im Abschnitt über die Meister in Deutschland einiges dargelegt worden, dennoch: Diese Abrundung kommt dem Verständnis des gesamten Abschnittes zugute und darf deshalb nicht fehlen.
Die Schenkungen der Hohenlohe begründeten den späteren Reichtum der Stadt. Dies begann bereits im Jahre 1208, als der Kreuzzugteilnehmer Albert von Hohenlohe dem Johanniterorden das Patronat der Pfarrkirche von Mergentheim übertrug. Danach ging es Schlag auf Schlag. Mit dem Ordenseintritt Andreas' von Hohenlohe, eines Neffen des Erstgenannten, im Jahre 1219, wurde dieser zum Beschenkten. Andreas unterwarf sich in bezug auf die Erbteilung dem Schiedsspruch Bischofs Otto von Würzburg und schloß mit seinen Brüdern Gottfried und Konrad einen Erbvergleich. Er überschrieb sein Erbe dem Orden. Es handelte sich um Besitzungen in Mergentheim, darunter zwei Burgen, über die er ausschließlich verfügte, und zu deren Rechte unter anderem das Fischerei- und Weiderecht an der Tauber gehörten. Hinzu kam der halbe Kammerforst und der Kötterberg. Beurkundet wurden die letzten Überschreibungen am 16. Dezember 1219. Kurz danach waren es die beiden Knaben Heinrich und Friedrich von Hohenlohe, die mit ihren älteren Brüdern Gott-

fried und Konrad ebenfalls einen Erbteilungsvertrag schlossen, den wiederum Bischof Otto von Würzburg am 22. Dezember desselben Jahres beurkundete. Auch sie wollten, wie ihr Bruder Andreas, »der Welt entsagen und im Orden die Nachfolge Christi leben«. (Siehe: Weiss, Dieter J., a. a. O.)

1220 schlossen sich die beiden älteren Brüder Gottfried und Konrad den Schenkenden an und übertrugen dem Orden alle ihre in Mergentheim zu Lehen gehörenden Besitzungen. Mit dieser Schenkung, vollzogen am 14. April, besaß der Orden bereits einen großen Teil dieses Gebiets, den er ständig zu vergrößern trachtete. Für eine einmalige Zahlung von 150 Mark überließ Adelheid von Hohenlohe, die Mutter der genannten Brüder, dem Orden ihren Besitz in Mergentheim und trat diesem auch eine ihr zugesprochene Leibrente von 12 Gulden im Jahr ab. Zudem überließ sie den Rittern ihre dort liegenden Weinberge.

Bevor die beiden Brüder Gottfried und Konrad 1222 ihre Pilgerfahrt nach Rom antraten, verschafften sie dem Orden, der offiziell seit 1221 in Mergentheim eine Kommende bewirtschaftete, den Zehnt in Mergentheim.

Dieser Zehnt betrug im Jahr 36 Talente und war dem Orden so wichtig, daß er ihn gleich zweimal durch Papst Honorius III. bestätigen ließ.

Neben dieser bekannten Stifterfamilie, der vor allem die Entstehung der Kommende Mergentheim zu verdanken ist, kamen seit 1217 Schenkungen von anderer Seite hinzu. Eine der wichtigsten war jene des Pfarrers Siegfried von Weikersheim, seiner Frau Jutta und deren Sohn, die Hof und Besitz in Weikersheim dem Orden überließen.

Dazu war der Orden, der zu dieser Zeit in guter finanzieller Verfassung war, stets darauf aus, von den Edelfrauen der Umgebung Besitzungen zu erwerben. Walther von Langenberg beispielsweise verkaufte seinen Besitz in Mergentheim 1226 für 310 Mark Silber an den Orden und trat wenig später mit seinem Sohn in diesen ein.

Ebenso verfuhr der Edle Heinrich von Egersberg, der für seinen Besitz in Mergentheim 200 Mark Silber erhielt. Als schließlich Siboto von Jagstberg 1229 seine Eigengüter in und außerhalb der Ortschaft an den Orden verkaufte, war das Ordensgebiet bereits gut arrondiert.

Die Kommende Mergentheim hatte sich in etwa 15jähriger Arbeit, dank der Spendenfreudigkeit der Edlen und ihrer Kapitaldecke, einen guten Besitz gesichert.

Dieser Besitz forderte eine straffe Verwaltungsstruktur. Sie wurde von kundigen Rittern aufgebaut, und als erster Komtur zu Mergentheim waltete Heinrich von Hohenlohe, der von 1221 bis zum Jahre 1225 in den Urkunden erscheint und mit der Titulatur seines Amts »Heinricus präceptor in Mergentheim« zeichnete. Er war das, was man heutzutage einen »Überflieger« nennen würde, denn bereits 1232 war er Deutschmeister, um von 1244 bis zu seinem Tode 1249 das Amt des Hochmeister zu bekleiden. (Siehe dazu Teil I.)

Die ersten Komture der Kommende waren nach Heinrich von Hohenlohe zunächst ein Ritter namens Volpert, der 1232 auf einigen Urkunden belegt ist, Albrecht von Bastheim, der 1245 erstmals auftauchte und im selben Jahr noch Deutschmeister wurde und Johannes Saxo, dessen Unterschriften 1247 auf Mergentheimer Urkunden zu sehen sind.

Die gesamte Gemarkung Mergentheim war zu dieser Zeit bereits dem Ritterorden zugefallen.

Die Kommende Mergentheim an der Tauber übte bereits zu dieser Zeit so etwas wie eine Schlüsselfunktion aus, die sie fortan auch außerhalb ihres eigentlichen Bereiches zu übernehmen versuchte. Dazu orientierte sie sich nach Wertheim und Rothenburg, was angesichts der guten Wegeführung durch das Taubertal das Naheliegendste war.

In diesem Zuge erwarb die Kommende 1268 die 30 Kilometer tauberaufwärts gelegene Burg Archshofen, die ebenfalls zur Kommende wurde und jener von Mergentheim zugeordnet war. Danach erwarb sie mit Prozelten und Neubrunn zwei weitere Ordensniederlassungen, und noch in der zweiten Hälfte des 14. Jahrhunderts kam die Kapfenburg hinzu, die als Befestigung auf einer der Albhöhen über dem Jagsttal aufragte. Letztere vermochte sich jedoch bald aus der Abhängigkeit von Mergentheim zu lösen.

Den ersten Kapiteltag erlebte Mergentheim 1248. Auf diesem Tag wies der Hochmeister darauf hin, daß gerade Mergentheim mit seiner günstigen Lage für den gesamten Orden im Reich von großer Bedeutung sei und zur Stadt ausgebaut werden müsse.

So begann 1250 der Bau des Münsters St. Johannes, der 1270 beendet wurde. Es wurde auf dem Gelände einer bereits früher dort stehenden Kirche der Johanniter errichtet, die wegen Baufälligkeit abgetragen worden war.

Dort, wo die Wasserburg der Hohenlohe stand, die dem Orden bereits 1219 geschenkt worden war, entstand das erste Schloß der Deutschmeister. Noch heute ist ein Teil des fünf Meter tiefen Grabens um das Schloß zu sehen.

Dieses Schloß wurde 1252 begonnen und bis zum Jahre 1289 fertiggestellt. Es stand zum Teil auf den gewaltigen Grundmauern der Wasserburg und deren Untergeschossen. Lediglich der runde Eckturm rechts vom Torbau besteht in seinem unteren Teil noch aus den Resten der Wasserburg. Desgleichen auch die Grundmauern des Bläserturms, der früher von der Burgstraße her eine Einfahrt ins Schloß aufwies.

In der Gruft der Schloßkapelle wurde nach Heinrich auch Andreas von Hohenlohe, der im Jahre 1269 starb, zur letzten Ruhe gebettet. Ihm voraus waren 1264 Deutschmeister Konrad von Nümberg, nach ihm 1272 Deutschmeister Werner von Battenberg diesen letzten Weg gegangen.

Hochmeister Hartmann von Heldrungen, der auf seiner Rückreise von Venedig nach Preußen in Mergentheim Station machte und dort starb, wurde ebenfalls in der Gruft der Schloßkapelle beigesetzt.

In diesen ersten Jahren des Aufbaus von Mergentheim waren auch die Johanniter in der Gemeinde vertreten. Zwischen ihnen und dem Deutschen Orden kam es zu Spannungen, weil erstere neiderfüllt den rasanten Aufschwung des Ordens verfolgten.

Als Gegengewicht dazu hatte der Orden schon 1243 Dominika-

nermönche aus Würzburg nach Mergentheim geholt, die ein Kloster errichteten und daneben die Marienkirche erbauten, die im Jahre 1387 vollendet war.
Der Johanniterorden hatte von 1250 bis 1270 den Neubau der Pfarrkirche durchgeführt. Um das Maß voll zu machen, kamen auch die Zisterzienser von Schöntal und gründeten 1291 in Mergentheim einen Probsthof.
Bei der feindseligen Haltung der beiden einmal so eng miteinander verbundenen Orden zueinander blieben selbst Handgreiflichkeiten nicht aus.
Im Februar 1288 hatten bewaffnete Ordensbrüder gemeinsam mit dem Mergentheimer Ritter Rüdiger Reich bei Nacht die den Johannitern gehörende Mergentheimer Mühle überfallen. Es kam zwar zu einigen Blessuren, aber nicht zu größeren Schäden. Für die Ritter hatte dies jedoch peinliche Folgen: Ein Schiedsgericht unter der Leitung des Landkomturs der Ballei Elsaß und des Freiburger Johanniter-Komturs trat am 2. März 1288 zusammen und fällte jenen Spruch, der den Komtur von Mergentheim, die Ritter des Ordens und ihre Komplizen dazu verurteilte, am Palmsonntag in der Pfarrkirche beim Hochamt vor den versammelten Johannitern Abbitte zu leisten. Die beteiligten Brüder wurden aus der Diözese Würzburg verbannt und an anderen Orten wieder eingesetzt.
Grund für diesen nächtlichen Handstreich war die Anschuldigung der Ordensritter, die Johanniter hätten nächtens heimlich Grenzsteine versetzt. Mehrere Schiedsgerichte tagten in dieser und anderer Sachen, ohne zu einem Ergebnis zu kommen.
Als das 13. Jahrhundert zu Ende ging, hatte die Kommende Mergentheim ihre endgültige Gestalt gewonnen. Lediglich in der weiteren Umgebung wurde neuer Besitz erworben, so eine Reihe Kirchenpatronate, die sich auch wirtschaftlich rechneten.
Daß der Handel im letzten Drittel des 13. Jahrhunderts besonders für Mergentheim einträglich wurde, beweisen einige der Kommende erteilte Privilegien und Rechte. So für den Mergentheimer Weinhandel in Augsburg, die Zollfreiheit der bayerischen Herzöge, Pfalzgraf Rudolf und Ludwig, für alle Transporte nach

Donauwörth sowie die Freistellung von Zoll- und Geleitabgaben für Bacharach am Rhein.

Dies umreißt in etwa die weitgespannten Handelsprivilegien Mergentheims, die sich vom Schwäbischen bis hin zum Rhein erstreckten.

Aus ihnen darf geschlossen werden, daß sich die Haupthandelswege einmal über Donauwörth zur Donau und von dort nach Augsburg, zum andern über den Neckar zum Rhein, mit einem von dort weiterführenden Handelsweg an die Nord- und Ostsee und damit auch bis nach Preußen erstreckten.

Daß sich die Kommende vor allem auch am Geldhandel und an der Vermarktung ihrer eigenen landwirtschaftlichen Erzeugnisse (überwiegend Wein), beteiligte, sicherte ein gutes Einkommen.

Die Kommende Mergentheim, die von der Familie Hohenlohe vor allem als Versorgungsinstitut für ihre nachgeborenen Söhne geschaffen worden war, hatte sich zu einem bedeutenden Wirtschaftsfaktor im Gesamtorden entwickelt. Damit war sie Anwärterin für wichtige Funktionen im Rahmen der Ballei und des gesamten Ordens geworden.

Es war vor allem Ludwig IV., der als »Bayer« bekannt wurde, der Mergentheim nach Friedrich II. in besonderer Weise förderte.

Mit seiner Genehmigung konnte der Orden im Jahre 1330 damit beginnen, den Marktflecken mit Mauern und Türmen zu umgeben und ihm damit das Aussehen einer Stadt verleihen. Es war – wie bereits erwähnt – Deutschmeister Wolfram von Nellenburg, der beim Kaiser erreichte, daß dieser Mergentheim im Jahre 1340 die Stadtrechte verlieh. Allerdings fielen die Hochgerichtsbarkeit ebenso wie das Polizei- und Steuerrecht an die Kommende, womit der Deutsche Orden Oberherr über die Stadt und die Bürger wurde.

Als die Bürger mit ihrem Los unzufrieden waren und sich 1342 – gewissermaßen unter Umgehung des Dienstweges – direkt an den Kaiser wandten und sich auf ihre angestammten Freiheiten beriefen, hatten sie auf das falsche Pferd gesetzt. Der Kaiser widerrief diese umgehend und fügte verschärfend hinzu, daß der Rat der

Stadt weder Abgaben erheben noch tagen durfte, ohne daß ein abgestellter Ordensritter als Beobachter zugegen war.
Die Bürger durften keine Befestigungen, insbesondere keine Türme errichten. Das Stadtsiegel sollte ständig dem Komtur des Ordens zugänglich sein, damit dieser in allen Fragen der Stadt siegeln und außerdem über alle Ämter verfügen konnte.
Mergentheim war durch sein unüberlegtes Vorpreschen zur ordenseigenen Stadt geworden und sollte dies – nicht zu ihrem Schaden – auch bleiben.
In Mergentheim breitete sich Handwerk und Handel aus. Die verschiedensten Gewerbe kamen hinzu, und bald machte die bäuerliche Ortschaft dem Namen einer Stadt alle Ehre.
Es konnte jedoch nicht ausbleiben, daß sich die Lage immer wieder zuspitzte und Übergriffe der Bürger geahndet werden mußten. Noch galten die Bürger in Mergentheim als »Leibeigene«. Somit konnten sie zu allerlei Diensten herangezogen werden. Es half nur zeitweise, wenn der Orden die Bürger auf die Ordensrechte verpflichtete. So kam es schließlich 1380 zu einer Rebellion, die mit harter Hand niedergeschlagen wurde.
Daß die Bürger von Mergentheim trotz ihrer vielen Querelen auch große wirtschaftliche Vorteile aus dem Erstarken der Kommende zogen, wurde durchaus von ihnen erkannt. Es waren vor allem Handwerker, Gewerbetreibende und Gastwirte, die aus dem regen Verkehr in der Stadt ihre Gewinne zu ziehen verstanden.
Immerhin wurde Mergentheim gerade zu dieser Zeit durch die immer häufiger stattfindenden Besuche von Ordensoberen, Königen und sogar Kaisern zu einer weithin bekannten und prosperierenden Stadt.
Fürsten aus allen Ländern des Reiches und dem Ausland kehrten ebenso hier ein, wie Gebietiger aus anderen Kommenden und Balleien. Die ersten Gasthöfe entwickelten sich zu wahren Goldgruben. Unter ihnen vor allem der Goldene Hirsch in der Burgstraße.
Im Verlaufe des 15. Jahrhunderts fanden im Mergentheimer Schloß eine Vielzahl von Versammlungen und Kapiteltagen statt. Kaiser Ludwig IV., »der Bayer«, weilte 1342 und 1346 in der

Stadt. Sein Nachfolger, Karl IV., kam nicht weniger als viermal nach Mergentheim und dessen Sohn, König Wenzel, gab der Stadt 1380 und 1386 die Ehre seines Besuches.
Eine Vielzahl an Besuchen absolvierte König Ruprecht, der am 21. August 1400 in Rhens zum König gewählt wurde, während man einen Tag vorher König Wenzel zur Abdankung gezwungen hatte. Ruprechts Krönung erfolgte am 6. Januar 1401 in Köln. Aachen hatte sich geweigert, den König zur Krönung zu empfangen. Auf der Rückreise in seine Pfälzer Residenz hatte der König das erstemal in Mergentheim Station gemacht, um bis zum Jahre 1408 weitere fünfmal in dieser schönen Stadt zu weilen.
Gekrönte Häupter, Fürsten und Herzöge kamen zu Städtetagungen nach Mergentheim. Andere wiederum benutzten die Möglichkeiten zu Rastaufenthalten. Von den 42 Generalkapiteltagen des Deutschen Ordens fanden allein 25 in Mergentheim statt.
Mergentheim war weiter befestigt worden und verfügte nunmehr über eine neun Meter hohe doppelte Mauer, die von 21 Türmen überragt wurde. Vier Stadttore führten nach allen Himmelsrichtungen aus der Stadt hinaus. Im Jahre 1364 war auch die Wolfgangsbrücke über die Tauber erbaut worden, als der Kaiser Ludwig IV. seinen Besuch beim Deutschmeister Wolfram von Nellenburg machte. Diese Brücke hat bis zum Jahre 1925 ihre Dienste getan, ehe sie – dem Verkehr nicht mehr gewachsen – verbreitert wurde.
Der Spitals-Neubau war bereits 1340 in Angriff genommen worden. Er wurde 1411 durch eine Stiftung der wohlhabenden Bürgerin Agnes Schreiber erweitert.
Damit war Mergentheim, das seit 1355 von Kaiser Karl IV. die Erlaubnis besaß, eine eigene Münze einzurichten, zu einer der wichtigsten Zentralen des Deutschen Ordens aufgestiegen.
Nach dem Erwerb der bei Igersheim gelegenen Burg Neuhaus durch den Orden, verfügte Mergentheim über eine große Rüstkammer, die später auch den Ordensschatz beherbergen sollte. Die Stadt mauserte sich schließlich zur größten Ordensstadt im Reich und wurde zur wichtigsten Zentrale des Deutschen Ordensgebietes.

Als im Jahre 1387 ein Reichstag in Mergentheim abgehalten wurde, erstrahlte die Stadt in hellem Glanz. Das Altstadtviertel mit seinen schönen Fachwerkbauten, den Plätzen mit ihren Brunnen und Figuren entstand.

Neben den Ereignissen, die sich für Mergentheims Entwicklung positiv auswirkten, gab es auch eine Reihe anderer zum Teil schlimmer Begebenheiten, welche die Stadt mehrfach in Not sahen. So das Großfeuer des Jahres 1445, bei dem in der Mittel- und Obergasse 50 Häuser in Schutt und Asche gelegt wurden.

Besonders einschneidend war das »große Sterben« in Mergentheim, als die Pest 1458 in der Stadt wütete und mehrere hundert Menschen das Leben kostete.

Der Aufschwung erfolgte wenige Zeit später, und so konnte Sebastian Münzer in seiner im Jahre 1550 gedruckten Kosmographie von Mergentheim als einer »elegans oppidium« sprechen. In den Mauern dieser »ansehnlichen Stadt« lebten um das Jahr 1500 etwas mehr als 2000 Menschen.

Im Jahre 1513 ergab eine Zählung der Ordensmitglieder der Kommende Mergentheim einen Bestand von neun Ritterbrüdern, denen sich sechs Priesterbrüder zugesellten. Noch einmal die gleiche Anzahl befand sich auf der Burg Horneck, der Residenz des Deutschmeister.

Daß sich die Kommende in einem ausgezeichneten Zustand befand, hatte sie der guten Organisation zu verdanken, die der jeweilige Komtur – der aus dem Adel stammte – aufgebaut und ständig verbessert hatte. Dies traf auch für andere Komtureien zu, aber in Mergentheim trat dies eindeutig zutage, denn der dortige Komtur war als Stadt- und Gerichtsherr und zugleich Ratsgebietiger und Vertrauter des Deutschmeisters besonders versiert. Er wurde als Sondergesandter immer wieder mit delikaten Aufgaben betraut. Er absolvierte diese Aufgaben mit der gleichen Zuverlässigkeit wie die ihm übertragenen Visitationen anderer Kommenden und Balleien.

Für die Wirtschaftlichkeit der Kommende zeichnete nicht er, sondern der Hauskomtur verantwortlich. Diesem oblag die Überwachung der landwirtschaftlichen Belange und des Anbaues der diversen Erzeugnisse ebenso wie interne Aufgaben. Darüber hinaus hatte er die von den verschiedensten Gütern und Besitzungen eingehenden Zinsleistungen zu überprüfen.

Der Trapier war in Mergentheim – im Gegensatz zur Tätigkeit desselben in Preußen, wo es darauf ankam, für Rüstung, Bekleidung und Bewaffnung der Ritter Sorge zu tragen und »das Pulver trocken zu halten« – nicht besonders gefordert. Aus diesem Grunde wurde er mehrfach in der Doppelfunktion als Trapier und Treßler eingesetzt. Als Schatzmeister hatte er denn auch ein gerütteltes Maß an Arbeit zu verrichten. Es oblag ihm, die Aufwendungen für den Erhalt der Liegenschaften, vor allem der Burgen bereitzustellen, die dauernden offiziellen Besucher und Gäste zu beköstigen und zu unterhalten. Der Orden hatte um diese Zeit bereits weit über 100 Angestellte und Beamte in Mergentheim versammelt.

Ein Kapiteltag, der im Juni 1444 in Mergentheim stattfand, regelte das verfassungsmäßige Verhältnis zwischen dem Deutschmeister und den Gebietigern der Ballei Franken. Dieser Vertrag galt als »Grundgesetz der Ordensverfassung«.

Wichtigster Punkt dieses Vertrages war die Verpflichtung des Deutschmeisters, die aus Landkomturen und Gebietigern der Ballei Franken gebildete Korporation der Gebietiger in allen Ordensfragen zu konsultieren. Von nun an mußte jeder Deutschmeister bei seinem Amtsantritt schwören, sich dem Beschluß dieses Beratungsgremiums in Angelegenheiten des Ordens und seines Besitzes zu fügen. Falls er einmal dem Rat seiner Gebietiger nicht folgen wollte, war es ihm freigestellt, das Gremium um bis zu fünf weitere Berater zu verstärken. Gegen Entscheidungen dieses erweiterten Gremiums gab es keine Einspruchsmöglichkeit mehr.

Das Gremium wiederum mußte schwören, alle Angelegenheiten, die ihm vorgelegt wurden, nach besten Verständnis »zur Ehre und dem Nutzen des Ordens« zu behandeln. Mit der Allgewalt der Meister des Ordens war es nunmehr vorbei.

Als es im Jahre 1510 darum ging, anstelle der alten Kapelle an der Tauberbrücke, die wegen Baufälligkeit abgetragen werden mußte,

eine neue zu errichten, stiftete ein Bürger der Stadt spontan 250 Gulden und verpflichtete den Baumeister Nikolaus Roßkopf zum Bau derselben. Der Stifter, dessen Brustbild an einer Stelle des Portals verewigt ist, wurde namentlich nicht bekannt. An der Nordseite befand sich eine Klause. Der Klausner hatte die Aufgabe übernommen, die Tageszeiten mit der kleinen Glocke im Turm anzuzeigen. Er war außerdem damit beauftragt, den Brückenzoll von den Fuhrleuten zu kassieren.
Daß die Mergentheimer Komture in der Gunst und Wertschätzung der Deutschmeister sehr hoch standen, bezeugte auch Dietrich von Cleen, der sich auf einem Kapiteltag zu Schweinfurt im Jahre 1517 vom Mergentheimer Komtur Burkhard von Seckendorff vertreten ließ.

Der Orden im Bauernkrieg

Der Beginn des Jahres 1525 brachte die erste große Massenerhebung in der deutschen Geschichte: der Bauernkrieg. Es war dies kein mit großen Streitkräften geführter Feldzug, sondern ein gleichzeitiges Losbrechen vieler Einzelaktionen der Bauern in den verschiedenen Ländern des Reiches.
Entstanden sind diese Aufstände aus regionalen Gegebenheiten. So beispielsweise aus den Unruhen des »Pfeifer von Niklashausen« und dem Aufstand des »Armen Konrad« in Württemberg.
Nachdem die ersten Versuche, sich auf friedliche Weise zu einigen, fehlgeschlagen waren, folgte eine Phase sich ständig steigernder Gewalt, mit oftmals krassen Auswüchsen von seiten der Bauern, die sich nicht anders zu helfen wußten.
Im Gegenzug bemühten sich die Landesherren, die ersten gewalttätigen Auseinandersetzungen mit eiserner Hand niederzuschlagen und die Rädelsführer vom Leben zum Tode zu befördern.
Das, was die Bauern seit Ende 1524 als ihr »Göttliches Recht« be-

trachteten, wurde schließlich eine ökonomisch-revolutionäre Bewegung, die mit evangelischen Momenten Dr. Martin Luthers, z.B. daß kein Mensch eines anderen Leibeigener sei, durchsetzt war.
Im Bereich des Deutschen Ordens in Franken organisierte sich der »Taubertaler Haufe«, der sich aus Bauern des Gebietes um Rothenburg zusammensetzte und aus der Nachbarschaft viel Zulauf fand. Diesem gelang es am 12. April 1525, eine Änderung der Rothenburger Stadtverfassung durchzusetzen. Untertanen des Deutschen Ordens schlossen sich ihnen an. Sie forderten die Beseitigung der Privilegien von Adel, Klerus und dem Orden.
Der »Odenwälder Haufe« wiederum, der sich durch die Bauern der Herrschaft Hohenlohe verstärkte, wurde von Wendel Hipler angeführt. Dieser war zwar Bauernführer, aber kein Bauer. Nach einem Studium in Leipzig war Hipler als Sekretär in die Kanzlei des Grafen von Hohenlohe eingetreten. Nachdem er einen Prozeß gegen seinen Dienstherrn »wider Recht und Gesetz« verloren hatte, ging er als kurpfälzischer Stadtschreiber nach Neustadt. Von dort aus prozessierte er weiter gegen seinen ehemaligen Dienstherrn, blieb aber erfolglos. Dadurch besonders motiviert, schloß er sich dem Odenwälder Haufen an und avancierte rasch zum führenden Kopf der gesamten Bauernbewegung. Er propagierte die Einsetzung eines Bauernparlaments in Heilbronn.
Hipler erlebte keinen bleibenden Erfolg, sondern mußte schließlich die Niederschlagung seines Aufstandes hinnehmen. Während der Schlacht bei Königshofen wurde er gefangengenommen und starb in einem pfälzischen Kerker.
Es gelang den aufständischen Bauern, die württembergische Amtsstadt Weinsberg zu erstürmen. Jäcklin Rohrbach, der Leibeigene des Herrn von Neipperg gewesen war, wurde am 2. April 1525 in Flein zum Hauptmann des Odenwälder Haufens gewählt. Auf seine Veranlassung geschah die einzige große Bluttat der Bauern in ihren Aufständen, indem er nicht nur den in Weinsberg festgesetzten Grafen von Helfenstein, sondern auch dessen Genossen »durch die Spieße« jagen ließ. Sein Haufen trennte sich anschließend von ihm.

Der Rachezug des Schwäbischen Bundes ereilte auch ihn. Rohrbach wurde nach der Zerstörung von Weinsberg gefangengenommen und am 21. Mai 1525 durch Georg von Waldburg zum Feuertod verurteilt. Er wurde langsam »auf dem brennenden Haufen geschmort, und die Adeligen trugen eigenhändig das Holz herbei, um ihren ermordeten Standesgenossen zu rächen«. (Siehe: Taddey, Gerhard: Lexikon der deutschen Geschichte.)
Am 24. April 1525 wählten die Bauern Götz von Berlichingen zu ihrem Anführer. Dieser eroberte Aschaffenburg und zwang den Erzbischof von Mainz zum Vertrag von Miltenberg.
Das von Hipler nach Heilbronn einberufene Bauernparlament löste sich bereits nach der verlorengegangenen Schlacht zu Böblingen wieder auf.
Die vereinigten Haufen der Odenwälder und Taubertäler belagerten die Würzburger Festung Marienberg, die aber standhielt. Der Odenwälder Haufen wurde schließlich bei Königshofen durch ein Heer des Schwäbischen Bundes vernichtend geschlagen. Der sich bei Giebelstadt sammelnde Rest des Bauernheeres, darunter Landsknechte des Ritters Florian Geyer, wurde ebenfalls vernichtet.
Als der Taubertaler Haufen sich nach seinem Sieg in Rothenburg auf den Weg nach Würzburg machte, passierte er auch Mergentheim. Als erstes »eroberten sie den Weinkeller« des Ordens in Mergentheim, um sodann im wahrsten Wortsinne »siegestrunken« zur Burg Neuhaus zu ziehen, diese in Besitz zu nehmen und niederzubrennen.
Komtur Wolfgang von Bibra gelang es durch seine besonnene Politik, die Niederbrennung von Mergentheim, die ebenfalls angedroht worden war, zu verhindern. Er erließ eine freiwillige Schatzung, die er den Bauern zukommen lassen wollte, welche in Stärke von etwa 5000 Mann die Stadt belagerten. Gleichzeitig versprach er den Bürgern der Stadt, die seit geraumer Zeit nicht immer mit dem Regiment des Ordens einverstanden waren und zum Teil mit den Bauern gemeinsame Sache machten, »eine Mäßigung des Regiments des Ordens im Sinne des Evangeliums«. Doch das war den Bürgern nicht genug. Sie öffneten bei Nacht den Bau-

ernhaufen die Tore der Stadt. Die Bauern drangen in die Stadt ein und eilten direkten Weges zum Schloß weiter, das sie plünderten. Der Komtur kam mit heiler Haut davon. Der Schaden in Mergentheim hielt sich in Grenzen, war aber mit 15 000 Gulden dennoch empfindlich. Gemessen an den Schäden, die die Ordensbesitzungen in der gesamten Komturei und vor allem in der Ballei Franken erlitten, die mit insgesamt 250 000 Gulden beziffert wurden, war er jedoch »verkraftbar«.

Fast im gesamten Raum der Komturei Mergentheim und in der Ballei Franken stifteten einzelne Gruppen umherziehender Bauern noch einige Zeit Unfrieden und Verwirrung. Die Herren des Deutschen Ordens wurden allenthalben bedroht. Als sich die Bauern dem Sitz des Deutschmeisters auf der Burg Horneck näherten, sah sich Ulrich von Cleen gezwungen, die Burg mit seinen engsten Vertrauten zu verlassen. Er floh vor dem Neckartaler-Odenwälder Bauernhaufen zu seinem Schutzfürsten, dem Kurfürsten von der Pfalz, nach Heidelberg. Keine Stunde zu früh, denn die abreitenden Ritter sahen noch, wie der Amtssitz des Meisters in Flammen aufging.

Dieses Ereignis gab den entscheidenden Ausschlag dazu, daß das schon einmal als Amtssitz des Ordens in Deutschland favorisierte Mergentheim endgültig Residenz des Ordens werden würde.

In einer Reihe von Schlachten und Gefechten gelang es dem Schwäbischen Bund – dem auch der Deutschmeister ein kleines Aufgebot schlagkräftiger Ritter zuführte –, den Bauernaufstand endgültig niederzuwerfen.

In einem Provinzkapitel auf der Kapfenburg, August 1525 – einem der wenigen Ordenshäuser, das den Aufstand unversehrt überstanden hatte – wurde die Frage des neuen Meistersitzes behandelt. Die Wahl fiel auf das dem Orden gehörende Mergentheim. Zwar waren auch dort einige Mitläufer des Bauernaufstandes erkannt, festgenommen und hingerichtet worden, doch damit war die Ruhe wiederhergestellt. Die Bürger hatten dem Meister erneut ihren Huldigungseid geschworen und das während der Unruhen umgestürzte Sühnekreuz an der Wolfgangsbrücke wieder aufstellen müssen.

Der Ordenstrapier entwarf mit einigen der kriegserfahrenen Ritter einen Verteidigungsplan für die Stadt und verpflichtete die Chefs der Komtureien Rothenburg, Münnerstadt, Weinheim und Weißenburg zur Hilfeleistung, falls in Mergentheim erneut Aufstände ausbrechen oder die Stadt sonstwie bedroht werden sollte.

Daß bei der Wahl Mergentheims als Hauptordenssitz auch finanzielle Dinge im Spiel waren, zeigte sich, als es darum ging, den Unterhalt der Kommende, des Komturs und der Ordensritter zu regeln. Die Unterhaltspflicht wurde dem Deutschmeister auferlegt.

Auf einem Generalkapitel in Mergentheim wurde im Dezember 1526 der Nachfolger des ausscheidenden Deutschmeisters Dietrich von Cleen in Gestalt Walters von Cronberg gefunden.

Walter von Cronberg wurde Mergentheim »mit allen Rechten und Nutzungen« zugesprochen, der Komtur dazu verpflichtet, ihm ebenso Gehorsam zu leisten, wie alle anderen Komture im Reich.

Als die Amtszeit von Cronberg zu Ende ging, wurde seinem Nachfolger im Amt Mergentheim für weitere 15 Jahre durch das Ordenskapitel als zu eigen eingeräumt. Erst nach Ablauf dieser Frist erhielt der Meister die Kommende bis zu seinem Lebensende.

Die drei Deutschmeister aus Franken (1543–1590)

Mit Wolfgang Schutzbar, genannt »Milchling«, wurde ein altgedienter Ritter 1543 auf dem Generalkapitel zu Speyer zum neuen Deutschmeister gewählt.

Er hatte bereits seit 1529 als Landkomtur von Hessen gedient. Daß er einer der großen Widersacher des Landgrafen Philipp von Hessen wurde, ist aus seiner Standfestigkeit im altgläubigen Sinne zu erklären, die dem evangelisch geprägten Landgrafen nicht gefiel.

Als der Landgraf 1539 die Gebeine der heiligen Elisabeth aus der Marburger Ordenskirche entfernen ließ, war es Wolfgang Schutzbar, der mit aller Kraft versuchte, diesen Frevel rückgängig zu machen, was ihm die dauernde Feindschaft des Landgrafen eintrug und ihn zwang, nach Franken zu fliehen, um dem Kerker zu entgehen.

Ein Jahr nach seiner Meisterwahl bezeugte Schutzbar den alten Rittergeist, als er mit 120 Berittenen Karl V. nach Frankreich zur Hilfe eilte.

Als es im Schmalkaldischen Krieg 1547 bei Mühlberg an der Elbe zu einer entscheidenden Schlacht kam, war es erneut Schutzbar, dessen Truppe in einer Stärke von 1500 Mann entscheidenden Anteil am Sieg hatte. Damit hatte Karl V. die »deutsche Frage« mit dem Schwert gelöst, und auf dem Reichstag zu Augsburg befand sich der Kaiser auf dem Gipfel seines Ruhmes.

Daß das Eintreten des Ordens für Kaiser und Reich für den Deutschmeister nicht nur positive Folgen hatte, zeigte sich anhand der Verluste, die der Orden durch die »Evangelischen« in den Balleien Franken, Hessen, Thüringen und Sachsen hinnehmen mußte. Im Jahre 1552 konnte sich Wolfgang Schutzbar nur durch eine letzte Kraftanstrengung mitsamt dem Ordensschatz und -archiv zur Ordensburg auf der Insel Mainau retten, als die evangelischen Kirchenfürsten, im Gebiet Franken vor allem Markgraf Albrecht Alcibiades von Brandenburg-Kulmbach, im Markgräflerkrieg gegen den Orden antraten. Es ging diesem darum, sein Territorium auf Kosten des Ordens und der Städte Bamberg, Würzburg und Nürnberg zu erweitern.

Während dieses Feldzuges eroberten seine Reiter die Burg Neuhaus und brannten sie nieder. Als sie Mergentheim erreichten, hielt diese stark befestigte und mit 1100 Mann Besatzung versehene Stadt dem Ansturm der Angreifer nur knapp eine Woche lang stand, ehe sie den Siegern die Tore öffnen mußte.

Auf eilends herbeigeschaffte 130 große Wagen wurde das gesamte Inventar des Mergentheimer Schlosses aufgeladen und als Kriegsbeute weggeschleppt. Ein Schaden von 600 000 Gulden war entstanden – ein hoher Preis für den Einsatz des Ordens für den Kaiser. Dieser aber ließ seine Truppen zum Gegenangriff antreten und eroberte Mergentheim zurück.

Unter Wolfgang Schutzbars Führung gelang es, Mergentheim rasch wieder aufzubauen und das Schloß mit den leider nur spärlich zurückerlangten Gegenständen auszustatten.

1554 konnte der Orden mit einer Zahlung von 3000 Gulden die noch im Besitz der Johanniter befindlichen Häuser in Mergentheim käuflich erwerben. Als der Deutschmeister nunmehr versuchte, die Fürstprobstei Ellwangen zu erwerben, kam er zwar zum Zuge, doch dieser Erwerb war nicht von Dauer.

Der bereits unter Cronberg verstärkte Mauerring um die Stadt wurde von Schutzbar weitergeführt. Der alten Wallmauer wurde eine Zwingermauer von neun Meter Höhe mit 21 Türmen und vier Stadttoren vorgesetzt, womit sich zwei Mauerringe um das Zentrum von Mergentheim herumzogen.

Seine größte bauliche Leistung vollbrachte der Deutschmeister mit dem Abbruch des alten Rathauses im Jahre 1561 und sofortigem Beginn zu einem neuen, das mitten auf dem Marktplatz errichtet und 1564 vollendet wurde.

Im Untergeschoß desselben waren einige Kaufläden eingerichtet worden. Daneben das »Narrenhäusle«, wie man das Ortsgefängnis nannte.

Das Prunkstück des Rathauses mit seinen vielen Giebeln war der im ersten Obergeschoß liegende große Ratssaal, die »Ratslaube«. Bürgerversammlungen und Zusammenkünfte der Ritter wurden hier ausgerichtet. Die Stadt, aber auch Vereine und andere Privatpersonen, konnten diesen Saal zu eigenen Feiern mieten. Selbst Tanzvergnügungen und Theateraufführungen fanden hier statt.

Das zweite Stockwerk war dem Beratungssaal vorbehalten. Außerdem lagen hier die Räume der diversen Kanzleien und das Archiv. Eine Rüstkammer war ebenso vorhanden. Der obligatorische Ratskeller, in dem die Mergentheimer Ratsherren einen vortrefflichen Wein ausschenkten und dazu einen schwungvollen Weinhandel betrieben, war in dem direkt an das Rathaus anschließenden Fachwerkbau untergebracht. Hier befindet sich

heute das bekannte Gasthaus »Der Ratskeller«. Der Orden überließ das Rathaus der Stadt für einen Jahreszins von 99 Gulden.
Neben dieser städtebaulichen Glanzleistung war der Deutschmeister vor allem in bezug auf die Verbesserung der Versorgung der Bevölkerung tätig. Er ließ die erste voll funktionierende Wasserleitung für die Stadt errichten. Das Wasser wurde vom Quellwasser des Eisenberges aus in Bleirohren in die Stadt geleitet. Die früher üblichen Pump- und Ziehbrunnen wurden durch einen Dreiröhrenbrunnen ersetzt. Der »Milchlingsbrunnen« erinnert heute auf dem Marktplatz an diese ingenieurtechnische Großleistung des Deutschmeisters, der damit als Schöpfer der fortschrittlichen Wasserversorgung gilt.
Als Wolfgang Schutzbar im Jahre 1566 starb, wurde er in der Gruft der Schloßkapelle bestattet. Sein Grabmal hält die Erinnerung an einen großen Deutschmeister fest, der erst mit 60 Jahren dieses Amt übernahm und es noch 23 Jahre lang, bis weit über sein achtzigstes Lebensjahr hinaus, führte.

Georg Hund von Wenkheim

Der um 1520 geborene Ritter war in der Ortschaft Wenkheim im unteren Taubertal zu Hause. Dort besaß seine Familie einige Güter. Er stieß bereits früh zum Orden und wurde nach langer Dienstzeit in verschiedenen Positionen schließlich Statthalter der Ballei Franken.
Ebenso wie seine Vorgänger setzte auch er sich mit großem Nachdruck für die Rückgewinnung des Ordenslandes Preußen ein, ohne zu verkennen, daß dies nur noch ein Wunschtraum war und die Zeit längst über einen noch so gut fundierten Anspruch des Ordens auf dieses Land hinweggeschritten war.
Um sich gegenüber den Territorialfürsten behaupten zu können, mußte sich der Hoch- und Deutschmeister noch enger an den Kaiser anschließen. Kaiser Maximilian schätzte diesen aufrechten

Ritter sehr. Immerhin stellte dieser ihm für die Türkenkriege immer wieder Kämpfer zur Verfügung, die vor allem als Offiziere in kaiserlichen Regimentern gute Dienste leisteten.

Aus seinem engen Vertrauensverhältnis zum Kaiser erwuchsen für den Deutschmeister eine Reihe von Ehrungen, die seinem Ansehen in der Reichsritterschaft und den Reichsständen förderlich waren. So fungierte er im Jahre 1568 als Abgesandter Maximilians II. und Überbringer der kaiserlichen Brautgeschenke an den bayerischen Hof. 1570 begleitete er die Tochter des Kaisers als Braut des spanischen Königs Philipp II. bis in die Niederlande, wo er sie im Hafen den königlichen Beamten Philipps übergab.

Er war es, der die zweimal niedergebrannte Burg Neuhaus wieder instand setzen ließ. Gewaltige Türme, die bereits unter Schutzbar begonnen wurden, ließ er ausbauen und die ganze Burg mit einem tiefen Graben umziehen. Damit war sie derart stark befestigt, daß der Deutschmeister sie zur Schatzkammer des Ordens erklärte und die Ordenskleinodien dort unterbringen ließ. Es handelte sich nach einer im Jahre 1573 erstellten Inventurliste um 180 000 schwere Goldgulden, die etwa einer Million rheinischer Goldgulden entsprachen, und um große Mengen »gediegener Goldstangen«.

In der Rüstkammer hatte der Deutschmeister unter anderem 14 vergoldete und massive silberne Harnische, 76 eiserne Harnische, 15 silberne und vergoldete Pulverflaschen und ebenso viele Pirschbüchsen von bester Ausstattung unterbringen lassen.

Hinzu kamen 64 schwere, mit Silber beschlagene Schwerter, 30 Kettenhemden und eine große Menge an Waffen. Dies läßt die »Armut des Ordens« etwa 50 Jahre zuvor mehr als zweifelhaft erscheinen.

Als sich der Hochmeister zu einem neuen repräsentativen Schloßbau durchrang, ließ er zunächst die Kanzlei im Vorhof der bestehenden Burg nördlich des Eingangsturmes errichten. In den feuerfest gestalteten Gewölben wurde das Hauptarchiv des Ordens untergebracht. Gleichzeitig ließ er die Gebäude der nördlichen Burghälfte entfernen und schuf damit die Voraussetzungen zum eigentlichen Schloßbau.

Mitten in den Bauarbeiten ist Georg Hund von Wenkheim 1572 verstorben. Er wurde ebenfalls in der Gruft der Schloßkirche bestattet. Die Weiterarbeit am Schloß wurde von seinem Nachfolger durchgeführt.
Heinrich von Bobenhausen wurde ein Jahr nach dem Tode seines Vorgängers auf dem Generalkapitel in Neckarsulm zum neuen Deutschmeister gewählt. Als Komtur zu Mergentheim und Frankfurt hatte er dem Orden bereits lange Zeit gute Dienste geleistet, ehe er als Landkomtur von Franken in die Führungsabteilung des Ordens aufgerückt war.
Dank ihm konnte das Schloß bis zum Jahre 1590 fast vollständig erneuert werden. Er war es, der den Baumeister Blasius Berwart verpflichtete, die beiden einmalig schönen Wendeltreppen zu errichten, von denen in einer Beschreibung der deutschen Renaissancekunst zu lesen ist:
»Ihre Spindel ist ein kraftvoller runder Pfeiler, um den sich in wunderbar reicher Verschlingung ein markig profiliertes Rippengewölbe emporwindet.«
Der Kapitelsaal, zu dem die südliche Wendeltreppe emporführt, wurde vom Ordensbaumeister Bagnato ausgestaltet. In ihm befanden sich die Bilder der Hoch- und Deutschmeister Karl Alexander von Lothringen und Maximilian Franz von Österreich. Auch dieser Saal, wie übrigens das gesamte Schloß, wurde beraubt und alle Gegenstände aus der Zeit des deutschen Ritterordens weggeführt.
Von 1580 bis 1582 war bereits die Renovierung der Schloßkirche durchgeführt worden. Im äußeren Schloßhof ließ der Deutschmeister das Trapponeigebäude, die Kleiderkammer und Speisekammer, den Marstall und die Zehntscheuer errichten.
Einige hundert Handwerker, Bauarbeiter und Architekten waren ununterbrochen an diesem Werk tätig. Sie machten das Mergentheimer Schloß zu einem wahren Prunkstück seiner Zeit.
Die Baustoffindustrie der Umgebung erlebte einen ungeahnten Aufschwung. Über den Mainhafen Ochsenfurt wurde das benötigte Bauholz herangeschafft.
Diese Bauarbeiten verschlangen zwar große Summen, dennoch

erwirtschaftete der Deutschmeister noch weitere Gelder, mit denen beispielsweise bereits 1579 das Spital umgebaut wurde.
Unter seiner Regie wurde das Langhaus der Stadt-Pfarrkirche 1584 neu gewölbt und ausgemalt. Die Mergentheimer Schützen erhielten ein neues Schützenhaus, das auf dem Bleichwasen unterhalb der Wolfgangsbrücke errichtet wurde. Damit erhielten die Schützen wieder ihre alte in Preußen gepflogene Aufgabe zurück. Hier übten sie zunächst mit der Armbrust, später auch mit den neuen »Feuerbüchsen«. Die Schützen standen unter der Aufsicht des Ordens, weil sich aus ihren Reihen ja die möglichen späteren Verteidiger von Mergentheim rekrutieren sollten. Deren Ausbildung übernahmen die erfahrenen Ritter.
Die Schützenfeste in den Deutschordens-Komtureien erfreuten sich sehr großer Beliebtheit und wurden im gesamten Ordensgebiet gefeiert.
Im Jahre 1589 kaufte der Orden den heute noch erhaltenen jüdischen Friedhof in Unterelnbach von einem alten Patriziergeschlecht.
Mergentheim selbst erlebte eine rege Bautätigkeit. Um diese Zeit entstanden einige der heute noch in bestem Zustand befindlichen Häuser, so die Engelsapotheke, der Gasthof zum Straußen, das Haus des Weinhändlers Büdel und einige andere mehr.
Daß der Orden gerade in dieser Periode in schwere Bedrängnis geriet, fiel den Bürgern der Stadt nicht einmal auf. Bereits in den Jahren 1526 und 1566 waren Vorschläge gemacht worden, ihn an der Südostgrenze des Reiches zu stationieren und die Ritterbrüder als Kämpfer gegen die immer noch eindringenden Türken einzusetzen. Damit hätte er wieder seine alte Bedeutung erhalten. Doch danach stand den Rittern am allerwenigsten der Sinn. Zu der einen oder anderen Heidenfahrt – mit baldiger Rückkehr zu den Fleischtöpfen im Reich – ließen sie sich schon überreden. Aber für immer in diesen unwirtlichen Gegenden zu hausen, ständig der Gefahr ausgesetzt, überfallen und umgebracht zu werden, das war für die Versorgungsgesellschaft des Ordens nicht erstrebenswert.
Gerade dieser Vorschlag wurde jetzt wieder durch jenen Kai-

serlichen Rat aus der Versenkung geholt, der ihn 1566 vorgebracht hatte. Nun, da die Zeit drängte und die Türkengefahr größer als jemals zuvor war, hatte Lazarus von Schwendi, der nicht nur als Politiker, sondern auch als Feldherr in den Türkenkriegen erfolgreich war, erneut in dieses Wespennest gestochen. Er, der im Schmalkaldischen Krieg ebenso wie 1564 als Oberbefehlshaber in Ungarn unter Kaiser Maximilian II. erfolgreich war, wußte wovon er sprach. Es ging ihm darum, die Schwertmission der Deutschritter wieder zu beleben, die Ritter zu ihren alten Tugenden des Gehorsams zurückzuführen und aus des »deutschen adels spitale« wieder des deutschen Adels Kämpfer zu machen.

Eine Verpflanzung mit Haut und Haar nach Ungarn, das Verlassen der Residenz und der Ordenshauptstadt Mergentheim kam für die Ritter nicht in Frage. Nicht so sehr, weil sie sich vor Kampf und Entbehrungen fürchteten, sondern auch, weil sie dann ihre Eigenständigkeit verloren hätten. Anders als die Ritter in Preußen, die völlig selbständig und niemandem untertan waren, wären sie in Ungarn nichts anderes gewesen als Teil einer aus allen Orden zusammengesetzten internationalen und multikonfessionellen lockeren Vereinigung, über die ausschließlich der Kaiser befahl.

Besonders Heinrich von Bobenhausen wandte sich mit aller Kraft dagegen. Er verlangte vom Kaiser zuerst die Wiederherstellung des Deutschen Ordens in allen Besitzungen, einschließlich jenen in Preußen und Livland, und forderte die Zurückgabe aller Balleien, die der Orden durch die Reformation verloren hatte. Gewissermaßen als Tüpfelchen auf dem »i« forderte er die Begleichung der Kriegsschäden, die der Orden aufgrund seiner Zugehörigkeit zu Kaiser und Reich in den turbulenten Jahren seit dem Bauernaufstand erlitten hatte. Diese wurden von Bobenhausen mit 1,2 Millionen Gulden beziffert.

Sobald sie wieder in diese alten Stände eingesetzt seien und ihnen durch die Begleichung dieser Summe die materielle Basis wiedergegeben sei, wollten die Ritter getreu für Kaiser und Reich auch in Ungarn kämpfen.

Die Reichsstände waren entsetzt. Diese Forderungen, so berechtigt sie auch sein mochten, waren nicht zu erfüllen. Und so blieb der Orden, wo er war.
Die Verlautbarung Bobenhausens, daß der Orden finanziell am Rande seiner Existenz stehe, war durch die bereits genannten Goldschätze in den Verliesen der Burg Neuhaus, deren Zählung erst wenige Jahre zurücklag, ad absurdum geführt. Aber von diesen Schätzen wußte – mit Ausnahme einiger Eingeweihte – niemand etwas.
Der Deutschmeister mußte sich im Jahr 1584 anläßlich des in Mergentheim tagenden Generalkapitels und trotz der Abneigung aller Gebietiger gegen einen fürstlichen Hoch- und Deutschmeister der Forderung Kaiser Rudolfs II. beugen und dessen Bruder Maximilian in den Orden aufnehmen.
Erzherzog Maximilian I. trat 1585 in den Orden ein und wurde dessen Koadjutor. Nach dem Tode Bobenhausens übernahm er 1590 das Amt eines Administrators des Ordens, um diesen weiter und tiefer in das habsburgische Fahrwasser zu lenken.

Die vertane Chance

Mit Erzherzog Maximilian I. begann die Zeit, da der Orden fast ausschließlich von Hoch- und Deutschmeistern aus fürstlichem Hause geleitet wurde.
Aus dem Leben des Koadjutors eine hochinteressante Episode, die der Erwähnung wert sein sollte, da sie unter Umständen zu einer verblüffenden Konstellation geführt hätte:
Nach seiner Aufnahme in den Orden und in der Position eines Koadjutors, also Nachfolger des noch amtierenden Hochmeisters von Bobenhausen, bewarb Erzherzog Maximilian sich 1586 um die Wahl zum polnischen König. Als Sohn eines verstorbenen und Bruder des amtierenden Kaisers rechnete er sich gute Chancen

aus, die Nachfolge des letzten Polenkönigs aus dem Hause der Jagellonen, Sigismund II. August, anzutreten.
Neben ihm bewarben sich drei weitere Kandidaten um dieses Wahlkönigreich. Es waren allein drei Brüder Kaiser Rudolfs II., Maximilian, Ernst und Matthias. Als vierter im Bunde hatte sich Sigismund von Schweden, aus dem Hause Wasa, zur Wahl gestellt, der ein Enkel König Sigismunds von Polen war.
Der Orden stattete seinen Koadjutor erstklassig aus. Er wies ihm eine große Gefolgschaft von Rittern an, was Erzherzog Maximilian jedoch ausschlug, um kein Aufsehen zu erregen. Nur einige Freunde, Diener und Berater begleiteten ihn, womit das Fiasko seinen Lauf nahm.
Auf dem Wege nach Krakau wurde Maximilian unterwegs von einer starken Gruppe gegen ihn angesetzter polnischer Reiter gefangengenommen. Wie von den polnischen Edlen geplant, erreichte er sein Ziel nicht. Sigismund von Schweden errang die polnische Krone. Eine große Gefahr war für Polen entschärft.
Es lag nämlich durchaus im Rahmen der Möglichkeiten, daß Maximilian, nachdem er König von Polen geworden war, das alte Ordensland Preußen an den Orden zurückgegeben hätte. Es ist fast sicher, daß auch die polnischen Fürsten, die ihn abfingen und gefangensetzten, dieses befürchteten. Erst 1588 wurde Maximilian nach Zahlung einer Freikaufsumme aus polnischer Haft entlassen. Hätte er es erreicht, zum polnischen König gekrönt zu werden, dann wäre 61 Jahre nach dem Ende des Ordens in Preußen ein Ordensritter neuer König von Polen geworden und damit auch Lehnsherr des aus dem Hochmeisteramt hervorgegangenen Herzogtums Preußen.
Erzherzog Maximilian kehrte noch 1588 nach Mergentheim zurück und übernahm nach dem Tode des Hoch- und Deutschmeisters sein neues Amt.

In der Zeit seines Regiments bis zum Jahre 1618 wurden Ordensritter, die oftmals keine Möglichkeit der Entfaltung mehr fanden, dazu ermutigt, sich als Offiziere zu bewerben und in den Türkenfeldzügen mitzuwirken.
Um dies auch in den Ordenssatzungen niederzulegen, ließ der Hoch- und Deutschmeister auf dem Generalkapitel in Mergentheim des Jahres 1606 ein »exercitium militare« für alle Ordensritter festschreiben. Darin wurden die Ritter verpflichtet, vor ihrer Tätigkeit in den Kommenden und einem eventuellen Aufstieg in der Ordenshierarchie einen dreijährigen Kriegsdienst an der Grenze Österreich-Ungarns gegen die Türken zu leisten.
Als Hoch- und Deutschmeister Maximilian versuchte, dem Orden eine breitere Basis zu geben, erschien dies den Fürsten ebenso wie dem übrigen Adel als zu gefährlich. Sie meldeten ihr Veto an und hatten damit Erfolg. Die neuen Ordensregeln wurden verwässert und erhielten keine schärferen, sondern allgemein mildere Bedingungen für Ritter, was nicht im Gesamtinteresse des Ordens sein konnte.
In den neuen Ordensregeln wurde genehmigt, daß sich die Ritter, wenn sie sich außerhalb ihrer Häuser befanden, als Kavaliere ohne Kreuz und Mantel bewegen konnten. Diese neuen Bestimmungen öffneten den Weg der Ritter in kaiserliche und reichsfürstliche Dienste. Dies galt für eine Offizierskarriere ebenso wie für eine solche als Diplomat.
Die Kommende war lediglich das sichere Refugium, in das sie sich zurückziehen konnten, wenn ihnen der Wind in der rauhen Welt zu sehr ins Gesicht blies.
Doch eines vergaß Hoch- und Deutschmeister Maximilian nicht in die Ordensstatuten aufzunehmen, nämlich daß vor einem geruhsamen und einträglichen Dienst in den Kommenden der dreijährige Kriegsdienst geleistet werden mußte.
Um dem selbstverschuldeten Priesternotstand zu begegnen, mußte noch im Jahre 1606 in Mergentheim ein eigenes Priesterseminar errichtet werden. Die bereits dargelegte tiefe Kluft zwi-

schen Ritter- und Priesterbrüdern, die sich in der Hungerlohn-Bezahlung der Priester von 5 Gulden im Jahr niederschlug, hatte zur Flucht des überwiegenden Teiles der Priesterbrüder geführt. Jetzt aber, da die Ritterbrüder nur noch aus einer mehr oder weniger vom Orden erhaltenen Gruppe bestand und sich die Ordensarbeit mehr als jemals zuvor der seelsorgerischen und pflegerischen Betreuung zuwandte, fehlten Menschen, die diese entscheidende Arbeit verrichten konnten. Hatte man in Franken noch im Jahre 1513 auf über 140 Priesterbrüder zurückgreifen können, fand man 1586 in der gesamten Ballei Franken nur noch einen. Im Zuge der dauernden Versuche, neue Priesterbrüder zu gewinnen, war bereits 1577 in Mergentheim die Lateinschule ins Leben gerufen worden.

Da Erzherzog Maximilian I. seinen Ritterbrüdern den Heideneinsatz vorleben wollte, reiste er mehrfach zu den Kämpfen nach Ungarn, um daran in führender Position teilzunehmen. Als seinen Stellvertreter im Meistertum ernannte er den Landkomtur von Österreich, Marquard Freiherr von Eck, der zugleich sein Obersthofmeister war.

Daß er neben seinen kriegerischen Einsätzen auch den noch ausstehenden Umbau des Schlosses vollenden und die neue Hofkapelle am östlichen Ende des Seitenflügels errichten ließ, war ein hervorstechendes Merkmal seiner Meisterzeit.

Sein Statthalter wiederum ließ 1607 die Ecksche Kapelle bauen, die sich über der Sakristei der Pfarrkirche erhebt. Darüber hinaus zeichnete er für den Bau der Kirche von Stuppach verantwortlich. Auch die Erhöhung des Turmes der Stadtkirche ging auf sein Konto. Eine höchst makabre Geldquelle erwuchs ihm dabei aus dem vom Orden beschlagnahmten Vermögen »verbrannter Hexen«.

Als die Amtszeit von Erzherzog Maximilian I. mit seinem Tode in Innsbruck am 2. November 1618 zu Ende ging, war dieser Hoch- und Deutschmeister bereits seit geraumer Zeit als Maximilian »der Deutschmeister« bekannt. Als solcher ging er auch in die Geschichte ein.

Zwischenlösungen im Dreißigjährigen Krieg

Kurze Zeit vor seinem Tode hatte Erzherzog Maximilian I. auf einem Kapiteltag in Mergentheim die Frage seiner Nachfolge geregelt. Die Befürchtung der im Lande lebenden Ritter, der Deutsche Orden könne zu einer rein habsburgischen Einrichtung werden, erwies sich als richtig, denn der Meister schlug Erzherzog Karl zum Koadjutor vor. Dieser war zu der Zeit bereits Bischof von Breslau und Brixen.
Die Ritter vertraten die Überzeugung, daß ein geweihter Bischof nicht in »Wehr und Waffen zum Ritter geschlagen« werden könne. Doch sie setzten sich nicht durch. Der vom Hause Habsburg erbetene päpstliche Dispens traf postwendend ein.
Damit war der ausscheidende und der neu gewählte Hoch- und Deutschmeister nicht nach den Statuten des Ordens gewählt worden.
Mit Ausbruch des Dreißigjährigen Krieges und der gleichzeitigen Übernahme der Geschäfte des Meisters in Deutschland durch Erzherzog Karl von Österreich hatte sich dieser mit einer Reihe von unvorhergesehenen Ereignissen auseinanderzusetzen, so mit der 1619 erfolgten Lösung der Niederlande aus dem Reichsverband und damit dem Verlust der Ballei Utrecht.
Sein Statthalter Eustach von Westernach mußte miterleben, wie 1621 18 000 Mann Mansfeldscher Truppen Mergentheim erreichten und in die Stadt einzudringen versuchten. Statthalter Westernach verteidigte Mergentheim zwar erfolgreich, doch die nähere und weitere Umgebung wurde niedergebrannt und blieb nach dem Durchzug der 18 000 Söldner verwüstet zurück. 13 Weiler und Höfe verschwanden buchstäblich spurlos vom Erdboden.
Und dies war erst der Anfang, denn polnische und böhmische Reiterscharen der Truppen Tillys hausten 1622 verheerend in diesem Raum, obwohl es doch Verbündete waren. Im Winter 1623 waren es sechs kaiserliche Regimenter, die in und um Mergentheim ihre Winterquartiere bezogen.

Aus diesen Belegungen und Kämpfen ergab sich, daß die Äcker während dieser Zeit nicht bestellt werden konnten, während bestellte Felder durch die über sie hinwegmarschierenden Truppen zerstört wurden.
Gewaltige Teuerungen und damit verbundene Hungersnöte breiteten sich aus. Handel und Verkehr kamen zum Erliegen. Neben den Kriegsscharen zogen marodierende Banden, mit Deserteuren vermischt, durch das Land. Wer in einem solchen Falle seine Haut retten konnte, zählte zu den Glücklichen.
Im Jahre 1624 wurde Erzherzog Karl von König Philipp IV. von Spanien zum Vizekönig von Portugal berufen. (Philipp II. von Spanien hatte bereits 1580 Portugal annektiert und regierte als Philipp I. auch diesen Staat, wenn auch Portugal weiterhin autonom blieb und mit Spanien nur eine gemeinsame Außenpolitik vertrat. Diese Politik setzte sich bis zu Philipp IV. von Spanien [Philipp III. von Portugal] fort.)
Erzherzog Karl übergab die Amtsgeschäfte an seinen Statthalter, und im folgenden Jahr wurde Johann Eustach von Westernach neuer Hoch- und Deutschmeister.
Er kam jedoch nicht kampflos zu diesem Titel. Trotz seiner Vorkenntnisse in der Führung der Amtsgeschäfte des Ordens bewarben sich einige weitere aussichtsreiche Männer. So auch zur allgemeinen Überraschung der Ritterschaft der siegreiche Feldherr der katholischen Truppen, Graf Tserklas von Tilly. Dieser wurde angesichts seiner Erfolge sowohl vom Kaiser als auch von mehreren Fürsten der Liga empfohlen.
Die Ritterversammlung stimmte jedoch für den bereits im 80. Lebensjahr stehenden Statthalter, der sich nach seinen Worten lediglich als Platzhalter für den zukünftigen Hoch- und Deutschmeister Leopold Wilhelm, den jüngsten Sohn Kaiser Ferdinands II., sah. Dieser konnte wegen Minderjährigkeit noch nicht in den Orden aufgenommen werden.
Auch dieser Hoch- und Deutschmeister, der lediglich für die Übergangszeit bestimmt war, ließ an der Vollendung des Schlosses zu Mergentheim arbeiten. Sein besonderes Werk ist der 1626 entstandene Torbau.

Als er 1627 starb, wurde er in der Ordensgruft bestattet. Sein größter Schmerz war die 1626 in der Stadt ausbrechende Pest gewesen, die beinahe alle Häuser der Stadt heimsuchte. Aus der Mühlwehrstraße wissen wir, daß von allen ihren Bewohnern nur ein kleiner Junge übrigblieb.

Johann Kaspar von Stadion, elsäßischer Landkomtur und treuer Kämpfer für den Orden, brach einmalig in die Phalanx der Habsburger Hoch- und Deutschmeister ein. Das 1627 nach Mergentheim einberufene Generalkapitel wählte mit ihm zwar einen Mann aus seiner Mitte und aus dem Niederadel, aber der neue Hoch- und Deutschmeister war ein im Kampf erfahrener Ritter. Er repräsentierte das, was dem Deutschen Orden eigentümlich war.

Am 21. Dezember 1567 geboren, hatte er von 1594 bis 1597 erfolgreich an den Türkenkriegen teilgenommen und es zum kaiserlichen Feldherrn gebracht.

Als Komtur von Freiburg stand er seit 1606 in der Verwaltungsarbeit des Ordens, 1619 wurde er als erfahrener Kämpfer wider die Türken Präsident des kaiserlichen Hofkriegsrates und Kommandant von Wien. Von der Landkomturei Elsaß zog er nach Mergentheim. Er stand hoch in der Gunst Kaiser Ferdinands II., demzufolge sah auch er sich als »Platzhalter« für Erzherzog Leopold Wilhelm.

Johann Kaspar von Stadion war es, der gegenüber den Territorialherren und Landesfürsten die Anrechte und Privilegien des Ordens kompromißlos vertrat und diese auch zur Geltung zu bringen verstand.

Nachdem er als Gegenpol zu den reformatorischen Bestrebungen im Jahre 1628 Kapuzinermönche aus Würzburg nach Mergentheim holte und für sie das Kloster Maria Hilf errichten ließ, neben dem er sich selbst eine Privatwohnung reservierte, die durch einen hölzernen Gang mit dem Schloß verbunden war, konnte er hoffen, seine gegenreformatorischen Maßnahmen erfolgreich durchzusetzen.

Als aber Schwedenkönig Gustav Adolf über den kaiserlichen Feldherrn Tilly in der Schlacht bei Breitenfeld am 17. September

1631 siegte, rückte das schwedische Heer auch nach Franken vor. Tilly hatte 12 000 Tote und 7000 Gefangene zu beklagen. Er verlor darüber hinaus seine Kriegskasse, die ebenso wie alle Geschütze von den Protestanten erobert wurden.
Diesem Wendepunkt im Dreißigjährigen Krieg folgte der Vormarsch des protestantischen Heeres in Richtung Mergentheim. Kaspar von Stadion mußte mit der Ordenskasse die Flucht zur Insel Mainau antreten, die ja schon einmal letzte Zuflucht eines Deutschmeisters gewesen war.
Mergentheim wurde belagert und mußte kurz vor Weihnachten kapitulieren. Die Truppen des Feldmarschalls Horn zogen in die Stadt ein und machten das neue Kapuzinerkloster dem Erboden gleich.
Feldmarschall Horn gewährte der Besatzung der Stadt freien Abzug und verlangte dafür eine Kriegsentschädigung von 6000 Talern, die ihm ausgehändigt wurden.
Der protestantische Obrist Sperreuter, der Ende November Burg Neuhaus erobert hatte, erhielt durch Gustav Adolf Schloß und Amt Neuhaus zu Lehen, während Marschall Horn sich Mergentheim und deren Güter bemächtigte und diese von Gustav Adolf als Fürstentum zu Lehen der Krone Schwedens erhielt.
Ein für den Orden bitterer und auch kampfentscheidender Faktor war die Tatsache, daß die Grafen von Hohenlohe auf protestantischer Seite standen.
Dieses schwedische Intermezzo hielt bis zum Jahre 1634 an, als die Kaiserlichen nach dem Sieg bei Nördlingen am 6. September die Truppen des Marschalls Horn zur Flucht zwangen und den Feldmarschall gefangennahmen. Im Anschluß an diese Schlacht eroberten die Kaiserlichen, nach der Ermordung Wallensteins, unter der Führung von Erzherzog Ferdinand III. und dem kaiserlichen General und Grafen von Campo, Matthias Gallas, ganz Süddeutschland zurück.
Als einige Jahre vor Ende dieses blutigen Religionskrieges, am 5. Mai 1645, die Schlacht bei Herbsthausen begann, standen sich hier die französischen Truppen unter Marschall Turenne und jene des kaiserlichen Marschalls Mercy gegenüber. Turenne hatte seine

Truppen in weit auseinandergezogener Kampfstaffel rings um Mergentheim aufmarschieren lassen. Er rückte mit der Truppe zu dem einen Kilometer vor Mergentheim gelegenen Dorf Bartenstein vor. Mercy gelang es, die Franzosen bei Herbsthausen in die Zange zu nehmen und sie binnen einer Stunde vernichtend zu schlagen. Er machte 2700 Gefangene; annähernd so viele Franzosen fanden den Tod.

Durch diese Kämpfe wurde auch Mergentheim stark erschüttert und viele Besitzungen des Ordens um die Stadt herum vernichtet. Marschall Turenne, der sein Hauptquartier im Schloß zu Mergentheim bezogen hatte, verteilte die Regimenter auf alle Nachbarorte, die unter der ihnen auferlegten Abgabenlast zusammenbrachen.

Unter den Siegern der Schlacht waren neben Marschall Mercy auch der bayerische Reitergeneral Jahn von Werth.

Im Schloß von Mergentheim mußte Marschall Turenne nach seinem fluchtartigen Rückzug den Kriegsschatz und große Beute zurücklassen. Den auf der Burg **Neuhaus** gelegenen Gold- und Silberschatz des Ordens mußten die Franzosen ebenfalls zurücklassen, weil er sie bei der schnellen Flucht behindert hätte. Damit war aber noch nicht das Ende der Durchmärsche und Einquartierungen in Mergentheim erreicht.

Hoch- und Deutschmeister von Stadion, seit 1634 wieder als General aktiv im kaiserlichen Dienst, kehrte nach Mergentheim zurück und nahm nach dieser Schlacht die sequestierte Grafschaft Weikersheim für den Orden in Besitz. (Sie mußte nach dem Westfälischen Frieden 1648 zurückgegeben werden.)

Hexenverfolgung in Mergentheim

Bei allem Glanz, den dieser Hoch- und Deutschmeister auf den Orden vereinigte, darf nicht vergessen werden, daß zu seiner Zeit auch im Orden Hexenverfolgungen stattfanden.

Mit der Durchführung der Verfolgung, Überführung und Bestrafung der Hexen in der Kommende Mergentheim war das Zehntgericht in Markelsheim beauftragt worden.
Die festgenommenen Hexen wurden auf die Burg Neuhaus geführt und dort in die tiefsten Verliese geworfen. Aus den Akten des städtischen Archivs von Mergentheim geht hervor, daß allein in den Jahren 1628 bis 1632 125 Menschen als Hexen hingerichtet wurden. Davon 35 in Mergentheim und 80 aus Markelsheim.
Das Zehntgericht verfolgte jede Anschuldigung rigoros und erpreßte von jedem Beschuldigten auch ein Tatgeständnis.
Eine der beiden »Hexen« aus Neunkirchen war die Witwe des Deutschordenskanzlers Kirchheimer, die andere ein neunjähriger Junge.
Dieses sinnlose Foltern und Hinschlachten gilt auch heute noch als das schwärzeste Kapitel in der Geschichte des Ordens. Es wurden Daumenschrauben angesetzt, Beinschrauben gedreht, Körper auf Räder und Leitern gestreckt, brennende Kerzen unter Achselhöhlen gehalten und – als makaberstes Geständnisinstrument – der mit spitzen Nägeln versehene »Beichtstuhl« benutzt.
Eine einzige als Hexe angeklagte Frau konnte diese unsäglichen Martern überstehen. Drei Monate wurde sie geschunden, ohne daß man sie zu einem Geständnis hätte bringen können. Danach sperrte man sie weitere drei Monate in eines der Verliese der Burg Neuhaus, ehe man sie von dort ohne ein einziges Wort des Bedauerns entließ.
Alle aus diesem Verfahren entstehenden Kosten – einschließlich der Zechkosten der Zehntschöffen – mußten die Verurteilten selbst tragen. Weiteres Geld konnten die Hexen testamentarisch für gute Zwecke stiften – was denn auch geschah, wie der Ertrag aus den Hexenstiftungen der beiden Jahre 1628 und 1629 in Höhe von 3495 Gulden beweist, der an die Hochmeisterkasse abgeführt wurde. Weitere 700 Gulden wurden für die Gerichtskosten verwandt.
Dies ist wahrlich kein Ruhmesblatt in der Geschichte des Deutschen Ordens und kann auch nicht damit entschuldigt werden, daß alle Welt solche Urteile gefällt habe.

Die Habsburger als Ordensmeister

Erzherzog Leopold Wilhelm wurde 1639 in den Deutschen Orden aufgenommen und zum Koadjutor des Hochmeisters gewählt. Als dieser am 21. November 1641 in Ammern, nahe Mühlhausen in Thüringen, starb, wohin es ihn als kaiserlichen Generalissimus verschlagen hatte, wurde auf seinen besonderen Wunsch sein Herz nach Mergentheim gebracht und in der Gruft der Kapuzinerkirche beigesetzt. An der Südwand der Mariahilf-Kapelle wurde sein Grabmal eingebaut. Auf einem der beiden Brunnen im Innenhof de Schlosses steht sein Denkmal.
Hier der Ablauf des Geschehens im Detail: Als Erzherzog Leopold Wilhelm von Habsburg Hoch- und Deutschmeister wurde, war er bereits seit seinem elften Lebensjahr für alle Zeiten versorgt. Er verfügte seit dieser Zeit über eine Reihe von Propsteien und Bistümern, die aufzuzählen nicht notwendig ist
Als er zum neuen Hoch- und Deutschmeister gewählt worden war, bestand er ausdrücklich auf das Vorrecht – das vor ihm keinem Meister erteilt worden war – den Ordensmantel abzulegen und zu heiraten, wenn es ihn danach gelüstete. Ein päpstlicher Dispens gewährte ihm diese Ansprüche, auch wenn sie mit den Ordensregeln nicht in Einklang standen.
Als Generalissimus der kaiserlichen Truppen war er im Dreißigjährigen Krieg voll in Anspruch genommen und konnte sich um seine Dienstgeschäfte als Hoch- und Deutschmeister nicht oder nur am Rande kümmern. Als er 1656 auch noch Statthalter in den Niederlanden wurde, hatte er noch weniger Zeit für den Orden. Dies bedeutete, daß er während seiner Dienstzeit von 1641 bis 1662 nicht einmal in seine Residenz Mergentheim kam.
Dies war – es sei an die Wirren des Dreißigjährigen Krieges erinnert – für den Orden eine einzige Katastrophe. Von 1627 bis zum Jahre 1662 fand demgemäß auch kein einziges Generalkapitel mehr statt. Die meisten Ordenshäuser gerieten durch die Ereignisse des dreißigjährigen Kampfes und Zerstörungskrieges in Not und Bedrängnis. Schweden und Franzosen überboten

sich einander in Schikanen, die sie ausschließlich für die Ordenskommenden ausdachten. Hinzu kamen auch die Forderungen, die das Reich und die Landesfürsten an den Orden stellten.

In diesen entscheidenden Jahren, in denen ein Hoch- und Deutschmeister an der Spitze dringend erforderlich gewesen wäre, um Widrigkeiten und Gewalt vom Orden abzuwenden, hatten der Statthalter des Ordensoberen und der Landkomtur zu Franken die ganze Bürde der Verantwortung zu tragen.

Daß beide Herren nicht in der Lage waren, sich voll für Mergentheim einzusetzen, lag auf der Hand. Ihnen fehlte das persönliche Durchsetzungsvermögen, das einem Hoch- und Deutschmeister kraft seines Amtes zu eigen war.

Hinzu kam der mehrfache Wechsel im Meisteramt. Der erste wurde durch die Annahme des Titels eines Vizekönigs von Portugal durch den Deutschmeister Erzherzog Karl von Österreich veranlaßt. Trotz der Verbesserung seines Status hätte er den Orden in einer so gefahrvollen Lage nicht im Stich lassen dürfen. Vor allem nicht, ohne einen jüngeren Statthalter zu finden, als es Johann Eustach von Westernach war, der zwar ein Jahr später, 1625, zum Deutschmeister gewählt wurde, aber bereits im folgenden Jahr starb.

Kaspar von Stadion wiederum sah es als neuer Deutschmeister als seine Pflicht an, sich beim Nahen des Feindes mitsamt der Ordenskasse in Sicherheit zu bringen. Er verließ Mergentheim, als er, dringender als jemals zuvor ein Deutschmeister, dort gebraucht wurde, um Orden und Bürger zu schützen.

Kein überzeugendes Vorbild für den Statthalter, sich mehr als notwendig »aus dem Fenster zu lehnen«. Der Landkomtur hatte sich um die gesamte Ballei Franken zu kümmern.

In dieser Situation hatten die Bürger von Mergentheim und die zurückgebliebenen Ordensbrüder durch die verschieden Einquartierungen zu leiden.

Daß die Stadt dennoch ohne große Zerstörungen davonkam, war allerdings dem Statthalter zu verdanken, der immer wieder die Wogen der Erregung und Wut der Bürger über Schatzungen und

Raub, ja sogar Mord, zu glätten wußte und so einen offenen Aufruhr verhinderte.
Im Jahre 1662 berief Hoch- und Deutschmeister Leopold Wilhelm endlich wieder ein Generalkapitel ein. Nicht Mergentheim, sondern Wien wurde als Versammlungsort gewählt. Hier wurde als erstes der 13jährige Erzherzog Karl Joseph, Bruder Kaiser Leopolds – Volljährigkeit hin, Volljährigkeit her –, in den Orden aufgenommen. Bis zu seiner Volljährigkeit sollten drei Landkomture des Ordens ein Direktorium bilden und abwechselnd in Mergentheim die Amtsgeschäfte führen.
Auf diesem Generalkapitel legte der Hoch- und Deutschmeister den Entwurf einer Ordensreform vor. Es galt, eingerissene Mißstände auszubügeln, diese für die Zukunft zu unterbinden und eine neue Ordnung einkehren zu lassen.
Immerhin waren dem Hoch- und Deutschmeister aus mehreren Balleien, so auch aus Franken und direkt aus der Kommende Mergentheim, Gerüchte zu Ohren gekommen, die von »verdächtigen Weibspersonen und sonstigem ähnlichen Gesindel« zu berichten wußten. Diesen Entwicklungen galt es mit eiserner Hand entgegenzuwirken. Der kämpferische Hoch- und Deutschmeister handelte. Er verbot allen Rittern kategorisch, weiterhin Schulden zu machen.
Eine der wichtigsten neuen Regeln war der obligatorische Nachweis ritterlichen Geblüts aller Anwärter auf das Ordenskleid. Nunmehr mußten sie ganze 16 »ritterblütige Ahnen« anstelle der bisherigen 8 vorweisen.
Als weitere Verschärfung sahen die Ritter den Passus an, daß keiner unter 24 Jahren in den Orden eintreten konnte und daß er sich vorher im Krieg bewährt haben mußte. Das Tragen kostbarer Kleidung war den Rittern ab sofort untersagt, und erst nach einem ohne Beanstandungen durchlaufenen Probejahr wurden die Aufnahmeregularien nochmals geprüft. Die militärische Ausbildung wurde in Mergentheim durchgeführt. Eine Reihe Ritter mit Erfahrungen im Waffenhandwerk standen als Lehrer den Eleven zur Verfügung. Ab sofort gab es keine Ordenskavaliere mehr.

Als der Großangriff der Türken 1664 bekannt wurde, erhielt der Hoch- und Deutschmeister aus dem kaiserlichen Lager Weisung, mit einer guten Schar Ritter in den Abwehrkampf einzugreifen. Mit zwei Ordenskompanien zog der Meister selbst in den Kampf. Seine Ritter und er schlugen sich bei St. Gotthard an der Raab mit Bravour. Die Türken flohen.

Der Kampf um Kreta

Als ihn Papst Clemens IX. im Jahre 1669 bat, in den Kampf um Kreta einzugreifen, willigte Hochmeister Johann Kaspar von Ampringen ein.
Es galt, das Hauptbollwerk der Christenheit auf dieser seit Jahrhunderten immer wieder umkämpften Insel zu verteidigen, die seit 1667 Angriffen ausgesetzt war. Venedig hatte in diesem Kampf auf Kreta insgesamt 975 000 Dukaten, 8700 Soldaten und weitere Hilfskräfte eingesetzt. Eine unendliche Menge an Versorgungsgütern kam hinzu. Papst Clemens IX., der diesen Bericht aus Venedig erhielt, setzte alle Hebel in Bewegung, um die Insel zu retten.
Es kamen Truppen unter dem Herzog von Noailles, die am 19. Juni 1669 bei der Insel Candia eintrafen. Oberbefehlshaber der Landtruppen war der Marquis de Sant' Andrea Montbrun.
In dem Kampf, der in der Nacht zum 25. Juni 1669 begann, schlugen sich die Ritter des Deutschen Ordens mit großer Tapferkeit. Etwa 1000 Kämpfer wagten einen Ausfall und durchstießen die Spitzengruppen des Feines. Doch dann stießen türkische Reserveverbände nach vorn. Mit 100 Rittern – wieder einige des Ordens – gelang es Francesco Morosini die Angriffsgruppe zu befreien, so daß sie in die Festung zurückkehren konnten.
Aber es ging zu Ende und mit Mühe konnten die Überlebenden mit den Truppen des Herzogs von Noailles am 21. August 1669

Kreta wieder verlassen. Candia kapitulierte am 6. September 1669. (Siehe: Kurowski, Franz, Venedig – das tausendjährige Weltreich im Mittelmeer.)
Zwei weitere Reformkapitel 1671 und 1679 wurden von Hochmeister Ampringen noch in Mergentheim durchgeführt. Sein besonderer Plan, die Tauber von Mergentheim bis Weikersheim schiffbar zu machen, scheiterte.

Der Kampf um Wien

Auch bei der abermaligen Belagerung Wiens durch die Türken im Jahre 1683 war Ampringen wieder zur Stelle. An seiner Seite befand sich der bekannte Ordensritter und Haudegen Ludwig Anton von Pfalz-Neuburg als kommandierender General des linken Flügels der kaiserlichen Verbände. Er stand mit seiner Truppe in einer Reihe von Gefechten im Einsatz.
Kaiser Leopold I. hatte zunächst gegen die 170 000 Mann starken türkischen Verbände unter Großwesir Kara Mustafa keine Chance. Dieser durchstürmte Ungarn und auch noch das östliche Niederösterreich. Wenig später stand er kurz vor Wien.
Die Belagerung der Stadt begann am 15. Juli 1683 und endete am 12. September, als es dem kaiserlichen Ersatzheer unter der Führung Karls von Lothringen gelang, den Türken bei Parkani eine entscheidende Niederlage beizubringen und sie zum Rückzug hinter die ungarische Grenze zu zwingen.
Johann Kaspar von Ampringen wurde 1682 vom Kaiser als Oberhauptmann von Ober- und Niederschlesien eingesetzt und erhielt aufgrund seiner überragenden Verdienste den Titel eines Fürsten von Freudenthal. Er starb im Jahre 1684 in Breslau und wurde in der Gruft seiner Kirche zu Freudenthal beigesetzt.
Für seine Nachfolge im Meisteramt hatte er bereits 1679 vorgesorgt und seine Überzeugung durchgesetzt, daß in einer so schwierigen Zeit, in der die Kriegsgefahr im Westen und Osten

schwelte, nur die Kandidatur eines Reichsfürsten in Frage kam. Da ein Habsburger nicht in Frage kam, fiel die Wahl auf den 18 Jahre alten Ludwig Anton, Herzog von Pfalz-Neuburg. Dieser erhielt die kaiserliche Zustimmung und mußte – um die Wiederholung einiger schlechter Erfahrungen von vornherein auszuschließen – ein Wahlversprechen abgeben, ehe er 1679 auf dem Generalkapitel seines Vorgängers als Koadjutor gewählt wurde. Er hatte sich verpflichtet, nicht ohne die dauernde Konsultation der fränkischen Ratsgebietiger Entscheidungen für den Orden zu fällen.

Nach dem Tode seines Vorgängers wurde er 1684 Hochmeister. Da er zu Lebzeiten Ampringens nicht Hochmeister werden konnte, hatte er sich – wie dargelegt – dem Kriegsdienst gewidmet. So zog er mit einem tüchtigen Ordenskontingent auch noch als Hochmeister 1688 nach Ungarn, um das in Feindeshand gefallene Budapest freizikämpfen.

Während er abwesend war, hatte Ludwig XIV. von Frankreich einen neuen Kriegszug in die Pfalz unternommen. Es gelang ihm, sich Mergentheims zu bemächtigen.

Der Hochmeister, der – aus Ungarn zurück – das Ordenskontingent in der Heimat führte, erlitt bei der Belagerung von Mainz eine derart schwere Verwundung, daß er den Kriegsdienst aufgeben mußte. Er übernahm einige kirchliche Würden und starb, gerade erst 34 Jahre alt, 1694 in Lüttich. In Düsseldorf wurde er begraben.

Dienstältestes Oberhaupt des Ordens – Franz Ludwig von Pfalz-Neuberg (1694–1732)

Ludwig Antons Nachfolge trat Franz Ludwig, Herzog von Pfalz-Neuburg, an. Als Bruder des verstorbenen Meisters wurde er 1694 in den Orden aufgenommen und entgegen den Ordensstatuten unverzüglich zum Hochmeister gewählt. Er errang im selben Jahr die Würden eines Fürstpropstes von Ellwangen und eines Bischofs von Worms.

Auf dem Wahlkonvent 1694 in Mergentheim wurde festgelegt, daß ein Deutschmeister nicht unbedingt vorher Ordensritter gewesen sein mußte. Er brauchte also kein Ritter zu sein. Entscheidend war, daß er über genügend Geldmittel verfügte, um die Kosten seines Amtes selbst bestreiten zu können. Außerdem mußte er von hoher Herkunft sein, um auf die politischen, den Orden betreffenden Entscheidungen im Reich Einfluß nehmen zu können.

Diesmal hatte der Orden einen Kandidaten erwählt, der nicht nur Bruder des Kurfürsten von der Pfalz, sondern auch Schwager des Kaisers war.

1683 war er Bischof von Breslau und nach dem Ausscheiden Ampringens Oberhauptmann von Ober- und Niederschlesien gewesen. Auch er wollte im Osten des Reiches, im Breslauer Dom, bestattet werden.

Doch so weit war es noch nicht, denn Meister Franz Ludwig sollte von 1694 bis 1732 als Hoch- und Deutschmeister amtieren und mit 38 Herrschaftsjahren dienstältestes Oberhaupt des Ordens werden. Er war zugleich auch Fürstpropst von Ellwangen und Bischof von Worms. Später erlangte er noch die Kurwürden in Trier. Als er dieses Amt zurückgab, wurde er Kurfürst von Mainz und Erzkanzler des Reiches.

Daß bei einer solchen Belastung für das Amt des Meisters des Deutschen Ordens nicht viel Zeit übrigblieb, verstand sich.

Allerdings erkannte Franz Ludwig 1696 die Zeichen der Zeit und versuchte den Orden auf seine Weise so kampfstark wie möglich zu machen, indem er ein eigenes Ritteregiment aufstellen ließ. Kaiser Leopold gab diesem Regiment des Ordens, das vom Tage seiner Aufstellung an zur »Haustruppe Österreichs« wurde, den Titel »Regiment Deutschmeister«. Er bestimmte, daß der jeweilige Hochmeister Kommandeur dieses Regimentes sein müsse. (Aus diesem Regiment wurde später das K. u. K. Infanterieregiment Nr. 4. Im Zweiten Weltkrieg entstand daraus die 44. Infanteriedivision, die u.a. auch im Raume Stalingrad kämpfte.)

Der Eid des Regiments Hoch- und Deutschmeister lautete:

> »Wir Offiziere und Soldaten schwören und geloben zu Gott dem Allmächtigen und seinen Heiligen mit diesem körperlichen Eid: daß, so lange uns Gott leben läßt, wir bei unserem löblichen Regiment und Fähnlein, in allem, was uns zu Ihrer Römischen, Kaiserlichen Majestät Diensten und Nutzen schaffen und abbefehlen werden, alles treu, aufrichtig und fleißig ohne einigen Widerwillen verrichten und gehorsamen wollen.«

Für seine acht deutschen Balleien stellte der Hoch- und Deutschmeister einen Mobilisierungsplan auf, der für jede Ballei jeweils 16 Ritter zu Pferde und 55 zu Fuß für die Reichsarmee vorsah. Dieses Kontingent konnte, falls erforderlich, jederzeit aufgestockt werden.

Im Kriegsfalle stellten die Reichsstände, die im Fränkischen Kreis zusammengeschlossen waren, eine Truppe in Stärke von drei Regimentern zu Fuß und zwei zu Pferde. Ab 1696 wurden diese fünf Regimenter wegen des drohenden französischen Überfalles ständig unter Waffen gehalten. Es waren dies insgesamt 5500 Soldaten zu Fuß und 1480 Berittene. Unter ihnen dienten zwei Ordenskompanien zu Fuß und eine Ordens-Dragonerkompanie. Dies ging weit über die Belegung der Ordenshauptstadt in Friedenszeiten mit 140 Mann Infanterie und 30 Dragonern hinaus.

Mit Beginn des Spanischen Erbfolgekrieges im Jahre 1700 trafen französische Truppen in Franken und Schwaben ein. Sie hausten schlimm im Lande und wurden erst in der Schlacht bei Höchstädt 1704 besiegt. Englische Truppen, welche die Franzosen mit tatkräftiger Unterstützung des Prinzen Eugen von Savoyen geschlagen hatten, brachten starke Kontingente französischer Kriegsgefangener nach Mergentheim, die hier versorgt wurden.

Im Gegenzug »revanchierte« sich ein schneller französischer Verband 1707, als er Mergentheim im Handstreich besetzte und das Schloß ebenso wie die reichen Bürgerhäuser plünderte.

Hoch- und Deutschmeister Franz Ludwig ordnete eine strenge

Untersuchung an, wie dieser Handstreich hatte gelingen können. Es stellte sich heraus, daß die eigenen Truppen des Fränkischen Kreises zu weit von der Ordenshauptstadt entfernt gestanden hatten und zu spät gekommen waren.
Der Hof- und Regierungsratspräsident Freiherr von Kageneck, der von den Franzosen in der Hauptstadt gefangengenommen wurde, mußte für 200 000 Gulden ausgelöst werden. Er erklärte, daß die Bürgerwache der Stadt betrunken gewesen und nach dem ersten Schußwechsel geflohen sei.
Um vorgefaßten Meinungen über Schlagkraft und Einsatzwillen der Ordensritter vorzubeugen, sei darauf verwiesen, daß sie selbst in Mergentheim oder auf den Burgen Horneck und Neuhaus nur über jeweils einige wenige Kämpfer verfügten, die zu schwach waren, um überhaupt eine wirksame Verteidigung durchstehen zu können.
Dies gilt für alle Phasen der Kampfhandlungen, die Mergentheim in seiner Geschichte als Ordenshauptstadt über sich ergehen lassen mußte.
Die Sicherheit des Ordens und seines Besitzes basierte allein auf dem Schutz des Kaisers und der Kurie in Rom.
Dies erklärt auch die Ergebenheit des Ordens gegenüber Kaiser, Reich und Kirche.
Der Spanische Erbfolgekrieg, der teilweise auch in Franken und Schwaben tobte, bescherte dem Orden Verluste von 12 Millionen Gulden.

Das Königreich Preußen und die Konsequenzen für den Orden (1701–1809)

In der Zeit des Meisters Franz Ludwig verlieh der Kaiser dem Kurfürsten von Brandenburg, Friedrich III., der gegen die Türken und Frankreich wertvolle Dienste geleistet hatte, den Titel eines Herzogs von Preußen. Im Kontrakt von Wien vom

16. November 1700 gab Kaiser Leopold I. seine Zustimmung zur Erhebung des Herzogtums Preußen zum selbständigen Königreich.
Als zweitgeborener Sohn des Großen Kurfürsten war zunächst Friedrich III. durch diesen von der Nachfolge auf die Herrschaft über Brandenburg ausgeschlossen worden. Friedrich focht dieses Testament erfolgreich an, fand seine beiden Brüder großzügig ab und erhielt die verbriefte Einheit des Kurfürstentums.
Anfang Januar 1701 reiste Friedrich III. mit seiner Familie von Berlin nach Königsberg. Ein riesiger Troß zog mit, so daß die Reisegesellschaft in vier Gruppen aufgeteilt werden mußte. Am Morgen des 18. Januar 1701 fand im großen Saal des Königsberger Schlosses die Krönung statt. Das neue Königreich erhielt den Namen Preußen.
»Damit war dieser Name eines Stammes und Ordenslandes im Osten des Reiches, über die Bezeichnung des Ordensstaates Preußen, zum Begriff des neuen Staates Preußen geworden.« (Siehe: Schulze-Dirschau, Hermann, a. a. O.)
Als erster König von Preußen erhielt der Monarch die Bezeichnung Friedrich I. Der letzte Hauch einer Chance auf die Durchsetzung des Besitzanspruchs des Deutschen Ordens war dahin. Mergentheim stand nun völlig unangefochten als Hauptstadt des Deutschen Ordens da.
Hoch- und Deutschmeister Franz Ludwig entfaltete eine rege Bautätigkeit. Zumeist leitete er diese Aufträge aus der Ferne ein. Er stimmte im Jahre 1700 auf Bitten der Stadt dem Bau eines vierklassigen Gymnasiums zu, dessen Standort direkt neben dem Dominikanerkloster lag. Im selben Jahr erfolgte der Neubau des Priesterseminars. Um die gesamte Schloßanlage neu zu gestalten, berief der Meister den Ordensbaumeister der Ballei Franken, Franz Keller, in die Hauptstadt. Dieser kam aus Ellingen, wo er am Ellinger Schloß gearbeitet hatte.
Nach dessen Tode wurde 1724 einer der bekanntesten Baumeister, der würzburgische Obrist-Wachtmeister Balthasar Neumann in die Stadt gerufen, dem bereits ein großer Ruf vorausging. Seine Pläne aber waren dem Hoch- und Deutschmeister zu teuer.

Der Bildhauer Franz Joseph Roth mußte her, der nach den Vorschlägen des genialen Neumann die Bauwerke errichtete und zum Lohn dafür zum Ordensbaudirektor ernannt wurde.

Mit Clemens August von Wittelsbach, Prinz von Bayern, gelangte 1732 ein neuer Meister des Ordens an die Spitze. Er war als Fünfjähriger im Jahre 1706 aufgrund eines Befehls des Kaisers Joseph I. mit vier anderen Kindern seines Vaters, des Kurfürsten Max Emanuel von Bayern, als Leibgeisel in Gewahrsam genommen worden, weil ihr Vater sich mit Ludwig XIV. gegen den Kaiser verbündet hatte.

Bis 1715 blieb Clemens August in kaiserlicher Obhut. Schon früh für den geistlichen Stand bestimmt, bestieg er 1716 im Alter von 16 Jahren den Bischofsstuhl von Regensburg. 1719 wurde er unter Aufgabe von Regensburg Bischof in Paderborn und gleichzeitig Bischof von Münster. 1723 übernahm er das Erzbistum Köln und wurde damit zum Kurfürsten ernannt. Weitere geistliche Würden und Stellungen kamen hinzu. Aber erst im Jahre 1725 ließ er sich zum Priester weihen. 1737 erfolgte seine Weihe zum Erzbischof.

Als Clemens August 1732 mit 32 Jahren zum Hoch- und Deutschmeister ernannt wurde, waren fünf bischöfliche Würden in seiner Hand vereinigt.

In seiner 29jährigen Meisterzeit konnte auch er wenig in Mergentheim sein. Interessant ist in diesem Zusammenhang die Tatsache, daß er allein als Kurfürst von Köln über eine Jahresapanage von einer Million Taler verfügte.

Der neue Meister ging nun an die Arbeit, das Mergentheimer Schloß abermals umzugestalten. Dafür wurden Hofbaumeister François de Cuvilliés d. Ältere, und Balthasar Neumann als Berater, verpflichtet.

Im Garten an der Südseite des Schlosses ließ er ein Konzert- und Theaterhaus, die »Sala terrena«, bauen. Hier wurden bei seinen wenigen Besuchen in der Residenz rauschende Feste gefeiert. Er ließ das Spital erweitern und 1740 die Spitalskapelle bauen. Im Walde bei Stuppach veranlaßte er 1753 die Aufstellung der berühmten Kreuzigungsgruppe – das Heilige Kreuz.

Im Jahre 1736 hielt Clemens August das erste Generalkapitel in Mergentheim ab. 1750 lebte er volle 75 Tage im Schloß. Sein engstes Gefolge hatte ihn hierher begleitet. Hinzu kam ein französisches Theater-Ensemble mit 50 Angehörigen und die Musiker seiner Hofkapelle. Insgesamt war sein Gefolge damit 250 Personen stark.

Viele Adelige der weltlichen Besitzungen der Umgebung wurden zu den Veranstaltungen ins Schloß eingeladen. Dazu gehörten auch die Ordensritter adeligen Geblüts. Es gab Hofbälle und Konzerte, Theatervorführungen und Jagdpartien. Der Aufwand dafür belief sich auf 65 000 Gulden.

Zu seiner Zeit machten die Herrscher, die zu ihren Krönungsfeiern nach Frankfurt reisten, in Mergentheim Station. Am 17. April 1743 wohnte Kaiser Karl VII. im Schloß seines Bruders Clemens August. Aus diesem Anlaß wurde ein großes Königsfest veranstaltet, bei dem das Schloß und die Türme in der Stadt illuminiert wurden.

Während der Amtszeit von Hoch- und Deutschmeister Clemens August hatte Mergentheim mehrere Einquartierungen erlebt und hohe Kosten zu zahlen. Dies war aber noch nicht alles, denn die verheerenden Folgen der 1743 auftretenden starken Nachtfröste kamen hinzu. Sie ließen trotz aller Fürbitten beim Heiligen der Weinberge, Urban, alle Weinreben erfrieren.

Erbost zogen die Winzer und ihr Gesinde, das Standbild des heiligen Urban vor sich hertragend, durch die Stadt zur Weth, einem der Feuerlöschteiche am Oberen Markt. Dort warfen sie ihren Heiligen ins Wasser. Der Begleittext zu dieser »Ersäufung« lautete:

»Hast du uns den Wein erfrieren lassen, dann saufe auch wie wir Wasser.« (Siehe: Heck, Karl und Herrmann, Axel, Der Deutsche Orden und Mergentheim.)

Dieser Aufruhr und die Verächtlichmachung eines Heiligen wurde vom Orden streng geahndet. Die Winzer mußten eine Strafe zahlen und außerdem einen Bildstock aufstellen lassen, der heute noch an der Kaiserstraße zu sehen ist.

Hoch- und Deutschmeister Clemens August starb 1761 auf einer

Reise, die ihn in die Ordensresidenz bringen sollte, in Ehrenbreitstein bei Koblenz. Im Kölner Dom fand er seine letzte Ruhestätte.

Karl Alexander von Lothringen (1761–1780)

Das Wahlkapitel sah 1761 alle abkömmlichen Ritter in der Residenz versammelt. Einige der Komture und Landkomture brachten auch ihr Gefolge mit, so daß schließlich 400 Personen in Mergentheim untergebracht werden mußten. Immer noch baten Dutzende um Aufnahme und mußten auf die umliegenden Ortschaften verteilt werden.

Das Generalkapitel nahm, in der richtigen Annahme, daß der von ihm gewählte Aspirant seine und seines Hofstaates Kosten selber begleichen werden könne, Karl Alexander von Lothringen, den Bruder Kaiser Franz I., in den Orden auf. Im gleichen Atemzug wurde er zum Hochmeister erhoben.

Karl Alexander war bereits geraume Zeit Reichsfeldmarschall und Statthalter in den österreichischen Niederlanden. In letzter Eigenschaft residierte er später in Brüssel.

Drei Jahre nach seiner Wahl berief er ein erstes Generalkapitel nach Mergentheim ein, um die Lage der Balleien unter die Lupe zu nehmen. Es wurde ihm gemeldet, daß die von ihm befohlenen Visitationen durchgeführt und befunden worden sei, daß sowohl die Gottesdienste als auch die Hospitalpflege und die Armenbetreuung vorbildlich durchgeführt werde.

Das Generalkapitel war dennoch der Überzeugung, daß ernster als bisher die Forderung erhoben werden müsse, daß jeder junge Ordensritter vor seiner Aufnahme in den Orden einen Kriegsdienst abgeleistet haben müsse.

Das nächste Generalkapitel wurde 1769 vom Hochmeister an seinem Regierungssitz in Brüssel einberufen. Dies widersprach der

Wahlkapitulation, ohne daß der Orden dagegen einschritt. Darüber hinaus wählten die Gebietiger den im 13. Lebensjahr stehenden Erzherzog Maximilian Franz, den jüngsten und achten Sohn der Kaiserin Maria Theresia, zum Koadjutor und stellten ihn bis zum seinem 20. Lebensjahr von allen Verpflichtungen dem Orden gegenüber frei. Im Juli 1770 wurde er in der Augustiner-Hofkirche zu Wien zum Ritter geschlagen.

Dieser Hochmeister kam, wie seine Vorgänger aus dem Hochadel mit großen anderen Pfründen und Stellungen, nur sehr selten nach Mergentheim.

In dieser Zeit riß die Nachlässigkeit der Ritter tief ein. Sie »pflogen«, nach einem Bericht auf dem letzten Generalkapitel, »mit dem weiblichen Geschlecht allzu vertrauten Verkehr«.

Von den Gesetzen des Gehorsams, der Armut und der Keuschheit war nicht mehr allzu viel übriggeblieben, und die kämpferischen Aufgaben waren ebenfalls immer seltener geworden.

Eine große Zahl Ordensritter, die über das entsprechende geistige Rüstzeug verfügten, war nicht mehr in den Ordensämtern zu finden, sondern hatte sich als weltliche Berater, geheime Räte und sogar als Minister den territorialen Fürsten angedient. Offiziere des Ordens waren in kaiserliche und fürstliche Dienste getreten. Die Ordensritter hatten erkannt, daß eine weltliche Tätigkeit mehr einbrachte, als eine noch so prestigeträchtige Arbeit innerhalb des Ordens. Zum einen wurden sie besser entlohnt, zum anderen brauchte man sich in hoffähigen Stellungen bei Kleiderfragen nicht mehr nach den Ordensregeln zu richten.

Der Statthalter des Meisters wurde in seinem Amt auch als Baumeister tätig. Er ließ im Namen seines Herrn das Krankenhaus Carolinum erbauen. Die alte Trapponie wurde auf Wunsch des Meisters 1778 umgebaut, die Schanzen des Schlosses abgetragen. Noch 1776 nahm Franz Anton Bagnato, der als Baudirektor der Ballei Elsaß-Burgund fungierte, den Auftrag an, den Westflügel des Schlosses umzubauen. Sein besonderes Schmuckstück wurde der Kapitelsaal, dessen künstlerisch hochstehende Stukkaturen von dem berühmten Augustin Bossi gefertigt wurden. 1782 waren diese Arbeiten beendet. Zum Abschluß wurden hier die 14 le-

bensgroßen Porträts aller Hoch- und Deutschmeister seit Walter von Cronberg aufgestellt.
Die Fertigstellung des Westflügels erlebte Karl Alexander nicht mehr, da er 1780 in Brüssel starb und in der dortigen Kathedrale beigesetzt wurde.

Maximilian Franz – Reformer des Rechts- und Schulwesens (1780–1801)

Sein Nachfolger wurde Erzherzog Maximilian Franz. Er sollte der letzte Hoch- und Deutschmeister in der Residenz Mergentheim werden.
Wegen seiner Jugend war er nur zum Koadjutor ernannt worden. Darin sah er zunächst nur eine ihm zustehende neue Pfründe. Seine Mutter, Kaiserin Maria Theresia, bestärkte ihn darin. Nach der Auffassung der Kaiserin von Österreich wählte nicht der Orden, sondern »ihr liebster Schwager«, Hochmeister Karl Alexander aus dem Hause Lothringen, ihren Sohn zum Koadjutor. Schließlich hatte er das Generalkapitel nach Brüssel einberufen und diesem befohlen, den nicht einmal anwesenden 13jährigen Knaben Maximilian Franz zum Koadjutor zu ernennen und ihn als neuen Hochmeister vorzusehen.
Maria Theresia schrieb ihrem achten Sohn folgende Instruktion für seine Reise nach Mergentheim: »Das Großmeistertum des Deutschen Ordens ist eine angemessene Stellung. Es ist immer gut, etwas als Eigentum zu besitzen. Betrachte also diesen hochachtbaren Platz als dein größtes Glück und verlasse ihn nicht leichtsinnig und überhaupt niemals, ohne daß der Chef deines Hauses dies billigt oder verlangt.«
Der neue Anwärter auf die erste Stellung im Deutschen Orden wurde ausdrücklich von der bestehenden Forderung befreit, 16 deutsche adelige Vorfahren vorweisen zu müssen. Daß ihm auch das einjährige Noviziat erlassen wurde, verstand sich von selbst.

Bis zu seinem 20. Lebensjahr sollte er durch kein Ordensgelübde gebunden werden.
So arm, wie der Leser nun meinen möchte, war der angehende Hochmeister nicht. Er verfügte über eine Reihe guter und einträglicher Pfründe.
Da Erzherzog Maximilian Franz von seiner Mutter für den Soldatenberuf vorgesehen war – denn als ihr achter Sohn kam er nicht für eine Regierungsnachfolge in Frage –, zog er beim Bayerischen Erbfolgekrieg mit ins Heerlager. Hier zeigte er sich den Strapazen im Felde nicht gewachsen und erlitt einen körperlichen Zusammenbruch.
Nunmehr war die Kaiserin darauf aus, daß er sich reichlich kirchliche Pfründe verschaffen müsse. So erhielt Maximilian Franz in den Kurfürstentümern Köln und Münster zunächst die Koadjutor-Position, was ihn zum Nachfolger der noch herrschenden Kurfürsten machte.
Vier Jahre später übernahm er die beiden frei gewordenen Ämter als Erzbischof von Köln und Fürstbischof von Münster und war damit saturiert. Allein Köln ließ es sich jährlich eine Million Gulden kosten, den Sohn der Kaiserin als letzten Kölner Kurfürsten zu haben.
Als der Erzherzog 1780 in Mergentheim eintraf, meint er lakonisch: »Dieser vormalige Sitz des Teutsch-Ordens-Großmeisters verdient kaum Erwähnung, denn abgesehen davon, daß er in der übelsten Lage in einem Kessel von Bergen liegt, ist dieser Ort an sich armselig.« (Siehe: Heck, Karl und Herrmann, Axel, a. a. O.)
Er berief ein Generalkapitel nach Mergentheim ein und wurde von diesem als Hochmeister anerkannt. Am 25. Oktober dieses Jahres wurde er in der Mergentheimer Schloßkirche inthronisiert. Während des Festgottesdienstes erhielt er die Ordensinsignien: Kreuz, Ring, Mantel, Schlüssel und Hochmeistersiegel. Für das Volk floß aus einem Brunnen vor dem Rathaus die ganze Nacht weißer und roter Wein.
Eine seiner ersten Amtshandlungen war, das triste weiß-schwarze Ordenskleid mit neuen Farben zu versehen, so mit einer roten Schärpe und goldener Stickerei im Ordenskreuz. Danach be-

schloß er eine Schulreform, indem er das Theologiestudium in der Residenz aufhob und dafür die Verbesserung des allgemeinen Schulwesens in Angriff nehmen ließ. Dabei ging er davon aus, daß die Kosten für Professoren unnötig seien und man dafür gute Schullehrer einstellen möge, die der Jugend Lesen, Schreiben, Rechnen, die Christenlehre und Moral lehren mögen. Die jungen Genies der Stadt sollten nach Würzburg oder anderswo auf die Hohe Schule gehen.

Auch den Griechischunterricht sah er als überflüssigen Luxus an, denn nach seinen Worten wurden in der Residenz »ja nur Schultheiße, Gerichtsschreiber, Kammer- und Justizbeamte benötigt, höchstenfalls Hof- und Regierungsräte sowie Seelsorger«. Für diese sei ein solches Studium unnütz.

Im Jahre 1784 ließ der Hoch- und Deutschmeister eine klare Schultrennung durchführen. Eine Schule für die Knaben und Mädchen aus dem Volk und eine lateinische Magisterschule entstanden.

Vier Jahre späte reformierte Maximilian Franz das Schulwesen in Mergentheim ein weiteres Mal. Von nun an galt die allgemeine Schulpflicht für Kinder vom 6. bis 12. Lebensjahr. 1791 ließ er die Gründung einer ersten Zeitungsredaktion zu, die ein »Intelligenzblatt für die Bewohner des gesamten Ordensgebietes der Kommende Mergentheim« herausgab. Es handelte sich – wie die Experten berichten – um den Vorläufer der heutigen »Tauberzeitung«.

Um neben dieser schulischen Verbesserung und der Ausbildung der Jugend auch flankierende seelsorgerische Reformen einzuführen, ließ er das »Teutsche Gesangbuch« in den Gottesdienst einbringen. Die Zahl der arbeitsfreien Tage und die vielen Wallfahrten, die nach der Meinung des Hochmeisters »nur den Müßiggang förderten«, schaffte er weitgehend ab. Das »heidnische Johannisfeuer« wurde verboten.

Die Priester erhielten von ihm eine zusätzliche neue Aufgabe. Sie mußten sich Kenntnisse in Landwirtschaft, Viehzucht und Imkerei aneignen, um auch auf diesen praktischen Gebieten den Gläubigen zur Hand gehen zu können.

Die Folter, die im Deutschordensgebiet ebenso wie anderswo noch immer angewandt wurde, war mit der Weisung des Meisters, daß sie von seiner Zustimmung abhängig sei, praktisch abgeschafft, denn er forderte Fakten, und die gab es nicht. Auch die Todesstrafe wurde nur vollzogen, nachdem er zugestimmt hatte. Bei mehreren Dutzend Anträgen auf Verhängung derselben wurde nur einer von ihm unterzeichnet und das Urteil vollstreckt. Die menschenwürdige Behandlung auch straffällig gewordener Bürger fand in ihm einen Fürsprecher, der oftmals persönlich die Einhaltung dieses Gebots überwachte.

Nur die Leibeigenschaft wollte Maximilian Franz nicht aufgeben, da im gesamten Ordensgebiet des Reiches nur noch 174 Leibeigene gezählt worden waren und diese nach den Worten von Hochmeister Maximilian Franz »ihre Leibeigenschaft nicht als drückend empfanden«.

Die im Jahre 1788 auf seine Veranlassung durchgeführte Zählung der Ordensangehörigen ergab, daß sich noch 96 Ritter und 91 Priester im Orden befanden. Ihnen stand ein Beamtenapparat von 250 Köpfen gegenüber.

Bereits sehr früh hatte der Hochmeister die Tatsache erkannt, daß Zusammmenhalten und Zusammengehen seines Meistertums mit der Ballei Franken für das Prestige förderlich wäre. Darüber hinaus trug er dafür Sorge, den Besitz zu konzentrieren und möglichst große zusammenhängende Räume zu schaffen. Dazu wurde auf der »Deutschen Ebene« zwischen Neckarsulm und Gundelsheim an Tauber und Neckar jeweils ein Oberamt des Ordens eingerichtet.

Auf einem Kapiteltag des Jahres 1789 wurde ein Vereinigungsvertrag mit der Ballei Franken abgeschlossen. Dieser sah vor, daß die Ballei Franken im Meistertum aufgehen werde.

Dieser Zusammenschluß wurde von dem 1791 nach Mergentheim einberufenen Generalkapitel gebilligt. Damit kam die gesamte Ballei Franken zum Meistertum und hob das Ansehen des Ordens und seines Meisters. Alle fränkischen Gebietiger wurden von der Verwaltung ihrer Kommenden entlastet, blieben aber was sie waren: Ratgeber und Kontrollorgane des Meisters.

Die Stadt Mergentheim wurde entwaffnet, wobei auch die Schanzen auf der Gartenseite des Schlosses abgetragen und damit die Erweiterung des Schloßparks ermöglicht wurde.
Als Musikliebhaber ließ der Hochmeister bekannte Ensembles nach Mergentheim kommen. So auch das Kurkölnische Orchester, in dem der junge Ludwig van Beethoven als Bratschist tätig war.
Die bekannte Nürnberger Schauspiel- und Konzertgruppe wurde für längere Gastspiele engagiert. Im Nürnberger Ensemble befand sich auch ein Mann namens von Weber, der als Komponist und Solist lange in Nürnberg tätig und vorher schon viel durch die Welt gereist war. Aus alemannischer Familie stammend, hatte er sich den Adelstitel selbst zugelegt. Carl Maria von Weber, sein damals fünfjähriger Sohn, sollte noch viel von sich reden machen.
Die Nürnberger Theatergruppe spielte Operetten und gab Konzerte und Bälle. Carlo Goldonis Lustspiel »Diener zweier Herren« stand mehrfach auf dem Programm, ebenso die Mozartoper »Entführung aus dem Serail«.
Beethoven zelebrierte im Hause des Ordenskanzlers Breuning abends oftmals seine persönlichen kleinen Konzerte auf dem Klavier.
Als der Hochmeister in den neunziger Jahren an der Wassersucht erkrankte, unförmig anschwoll und neben der seelischen Not seines Verfalls die körperliche Unbeweglichkeit zunehmend spürte, rief er 1801 – er war bereits lange zuvor nach Wien gereist, um sich in die Behandlung der kaiserlichen Ärzte zu begeben – ein Generalkapitel nach Wien ein.
Hier wurde aufgrund des Vorschlages seines Bruders, Kaiser Franz Josef II., Erzherzog Karl Ludwig zum Koadjutor gewählt. Maximilian Franz schlug den Gewählten zum Ritter. Einige Wochen darauf starb der Hochmeister und wurde in der Kapuzinergruft zu Wien bestattet.

Hochmeister Karl Ludwig als Truppenführer (1801–1804)

Erzherzog Karl Ludwig hatte 1801 das Hochmeisteramt übernommen, doch kein Ordensgelübde abgelegt. Ebenso hatte er keine Belehnung der reichsfürstlichen Vollmachten vom Kaiser erhalten.

Am 5. September 1771 in Florenz geboren, war dieser Sohn Kaiser Leopolds II. und jüngerer Bruder Kaiser Franz II. ein Militär von hoher Befähigung und Generalstatthalter der österreichischen Niederlande geworden.

An den Revolutionskriegen hatte er als Truppenführer mit Fortune teilgenommen. Als Reichsfeldmarschall waren ihm 1796 das Oberkommando der österreichischen Rheinarmee übertragen worden. In dieser Position gelang es ihm, die Franzosen über den Rhein zurückzudrängen, was ihm den Ehrentitel »Retter Germaniens« eintrug.

1799 stand er im zweiten Koalitionskrieg an der Spitze der Rheinarmee und schlug die Truppen des Generals Jourdan bei Ostrach und Stockach sowie bei Massena nahe Zürich zurück.

Seine Wahl zum Hofkriegsratspräsidenten fiel mit jener zum Hoch- und Deutschmeister zusammen. Diese Beanspruchung erlaubten es ihm nicht, nach Mergentheim zu kommen – in einer Situation, da der Orden ihn dort gebraucht hätte. Er berief 1803 ein Generalkapitel nach Wien ein. Auf dem Reichsdeputationshauptschluß zu Regensburg, durch den alle geistlichen Herrschaften säkularisiert wurden, konnte der Hochmeister verhindern, daß auch das Ordensgebiet durch diese Bestimmungen aufgelöst wurde.

Der Orden bekam für jene ihm genommenen Ordensgebiete, die auf der linken Rheinseite lagen, sogar eine Reihe von Klöstern rechts des Rheins zugewiesen. Als er allerdings versuchte, sich diese ihm zugesprochenen Besitztümer einzuverleiben, wurde er durch deren weltliche Territorialherren daran gehindert.

Diese Situation in der napoleonischen Zeit, die alle früher ge-

führten Kriege verblassen ließ, veranlaßte Karl Ludwig dazu, im Jahre 1804 Hochmeistermantel und Hochmeisterhalskreuz abzulegen, von der Bildfläche des Ordens zu verschwinden und sich als österreichischer Kriegs- und Marineminister in Wien zu etablieren.
Gleichzeitig trat er aus dem Orden aus und machte den Weg für seinen Bruder Erzherzog Anton Victor frei. Dieser war vorsorglich auf dem Generalkapitel 1803 zu Wien als Koadjutor gewählt worden, obgleich er erst 21 Jahre alt und in Ordensdingen »völlig ahnungslos« war. Er hatte ein Jahr vor Antritt seines Amtes durch den Reichsdeputationshauptschluß seinen weltlichen Herrschaftsbesitz verloren.

Hochmeister Anton Victor von Österreich (1804–1835)

Während Erzherzog Karl Ludwig noch weiterhin Karriere als Feldmarschall machte und 1809 gar Napoleon die einzige Niederlage in offener Feldschlacht beibrachte, ohne am endgültigen Sieg des Korsen etwas ändern zu können, wurde Erzherzog Anton Victor 1804 in Mergentheim ein begeisterter Empfang bereitet. Vier lange Jahre hatte die Ordensresidenz keinen Hochmeister mehr in ihren Mauern gesehen. Die Bürger eilten zum Haupttor der Stadt. Als die Kutsche des Hochmeisters dort eintraf, spannten sie die Pferde aus und zogen den Meister eigenhändig zum Schloß.
Mit dem Hochmeister waren eine Reihe bekannter Edelherren und eine große Anzahl Diener, Küchenpersonal und Räte in die Tauberstadt gekommen.
Am 5. August 1805 fand die Inthronisierung des letzten Meisters des Ordens in Mergentheim statt. Das Generalkapitel, das gleichzeitig in Mergentheim zusammengetreten war, schien ratlos, denn die Lage war völlig ungeklärt. Ein vom Hochmeister angestreb-

ter Gebietstausch mit Süddeutschland war nicht zustande gekommen.
Als Napoleon zum letzten tödlichen Schlag ausholte, die österreichische Armee bei Ulm angriff und deren Kapitulation erzwang, um am 13. November 1805 Wien zu besetzen, zog ihm Erzherzog Karl mit 90 000 Mann entgegen und stieß bei Austerlitz auf die Truppe Napoleons.
Als die »legendäre Sonne von Austerlitz« am Morgen des 2. Dezember 1805 durch die Wolken brach, begann der Kampf beider Heere gegeneinander. Es wurde ein überwältigender Sieg des Korsen, ausgerechnet am zweiten Jahrestag seiner Kaiserkrönung.
Da Kaiser Franz II. und der mit ihm verbündete Zar Alexander I. ebenfalls auf dem Schlachtfeld anwesend waren, ging die Schlacht bei Austerlitz als Dreikaiserschlacht in die Geschichte ein.
Hochmeister Anton Victor zog sich mit seinem gesamten Hofstaat nach Wien zurück.
Auf dem Preßburger Frieden vom 25. Dezember 1805 hörte der Deutsche Orden auf zu bestehen. Im Artikel XII. dieses Vertrages heißt es zum Deutschen Orden: »Die Rechte, Domänen und Revenuen, welche vor dem gegenwärtigen Kriege von Mergentheim, den Hauptsitz des Ordens dependirten, werde in den Händen des Prinzen des Hauses Habsburg erblich, der vom Kaiser als Hochmeister bestimmt wird.«
Damit war das Amt des Hochmeisters, das bis dahin nur mehr oder weniger locker mit Habsburg verknüpft war, untrennbar mit dem habsburgischen Kaiserhaus verbunden. Der Deutsche Orden war vom Objekt der Habsburger Politik zu deren Eigentum geworden.
Am 24. April 1809 schließlich diktierte Napoleon in seinem berühmten Tagesbefehl die Auflösung des Deutschen Ordens in den Staaten des Rheinbundes. Damit wurde das gesamte Ordensgebiet, das sich vor allem Württemberg und Bayern schon angeeignet hatten und in das Preußen als dritter Staat ebenfalls eingriff, an jene »Besitzer« übergeben, die es an diesem Tage innehatten.

Der vorangegangene Friedensvertrag von Schönbrunn vom 15. Dezember 1805 verlieh diesen Akten der Räuberei die völkerrechtliche Anerkennung. 140 Jahre später sollte es ganz Deutschland ebenso ergehen.
An dieser Stelle ist es notwendig, diese Zeit von 1794 bis zum Jahre 1809 in knapper Skizzierung Revue passieren zu lassen, um das ganze Ausmaß dieser ersten Vertreibung in der deutschen Geschichte deutlich zu machen.

Die Beute der »Sieger«

Von der Französischen Revolution zu Napoleon

Die im Jahre 1789 ausbrechende französische Revolution vernichtete das gesamte staatliche System in Frankreich. Sie ließ ganz Europa durch die französischen Revolutionskriege und die ihnen folgenden Napoleonischen Kriege in ein Chaos versinken.
Dieser Kampf richtete sich nicht nur gegen den französischen Staat, sondern vor allem gegen die Kirchen und Klöster, die nach Frankreich auch im angrenzenden Europa unterdrückt werden sollten.
Bereits ab 1797 wurde auch das linksrheinische Gebiet des Heiligen Römischen Reiches von französischen Streitkräften erobert und in das Territorium Frankreichs eingegliedert.
Dies hatte schlimme Folgen für den Deutschen Orden, denn damit gingen auch die Ballei Elsaß-Burgund zur Gänze verloren, während Biesen und Koblenz zu einem großen Teil von Frankreich annektiert wurden.
Bei diesen sogenannten Koalitionskriegen, die den neuen Feldherrn Napoleon auf den Schild hoben, ging es im Grunde genommen darum, die völlig zerrütteten französischen Finanzen auf Kosten anderer zu sanieren.
General Bonaparte, der Italien erobern wollte, sollte sich dazu mit den Truppen unter den Generalen Moreau und Jourdan vereinigen. Diese zogen mit 150 000 Mann durch Bayern und Franken und verheerten auch Ordensbesitzungen.
Erzherzog Karl Ludwig konnte bei Wetzlar einen Sieg erringen. Auch bei Malsch war das Kriegsglück auf seiner Seite. Württem-

berg aber schloß mit den Franzosen am 7. August 1796 einen Separatfrieden, dem sich Baden am 22. August anschloß.
Dadurch erhielten die Truppen Frankreichs eine deutliche Übermacht. Als auch noch Bayern am 7. September den Frieden von Pfaffenhofen schließen mußte, war für die französische Armee der Weg nach Italien frei.
Um die Kriegskasse Napoleons aufzufüllen, mußten die Besiegten binnen vier Monaten 10 Millionen Livres in Silber an die Moselarmee zahlen und ihr 1500 Pferde stellen. Erst durch die Niederlage der Franzosen in der Schlacht bei Würzburg am 3. September 1796, wodurch die Position des Generals Moreau stark geschwächt wurde, wurde dieser Vertrag Makulatur.
Die Franzosen mußten sich über Kissingen nach Wetzlar und bis Altenkirchen zurückziehen, wo sie noch einmal geschlagen wurden. Sie mußten das rechte Rheinufer räumen und gefährdeten damit die Position Moureaus.
Währenddessen hatte Napoleon in Italien seinen Siegeszug angetreten, Mailand erobert, die Romagna und Toskana besetzt und vier österreichische Versuche der Festung Mantua zur Hilfe zu kommen vereitelt, die am 3. Februar 1797 vor dem Korsen kapitulierte.
In Compoformio mußte Österreich am 17. Oktober 1797 Frieden schließen.
Von 1798 bis 1801 gelang es Napoleon, seine Gegner Österreich, Rußland, Neapel und England niederzuringen und in einer Reihe von Schlachten bis zum 9. Februar 1801 den Sieg über diese im Friedensschluß von Lunéville zu bekräftigen. Nachdem Österreich und das Reich überwunden waren, mußte auch England am 27. März 1802 in Amiens die Segel streichen. Soviel zur allgemeinen Lage.
Im Frieden von Lunéville war die Abtretung alle linksrheinischen Gebiete sanktioniert worden. Der Prozeß der Säkularisierung des gesamten Kirchenbesitzes als Entschädigungssumme für die Verluste der deutschen Erbfürsten war somit ebenfalls eingeleitet. Dies brachte auch den Deutschen Orden in größte Gefahr. Kaiser Franz II. setzte sich dafür ein – nicht zuletzt auch im eigenen

Interesse –, daß die beiden vorhandenen geistlichen Ritterorden und die gesamte Reichsritterschaft erhalten blieben. Dafür gewann er die Zustimmung der Reichsstände.
Der Reichsdeputationshauptschluß übertrug dem deutschen Orden und dem Malteserorden als Ersatz für ihre großen Verluste westlich des Rheins eine Reihe von Stiften, Klöstern und Abteien ostwärts des Flusses. Es waren dies 18 Klöster der Diözese Augsburg und 27der Diözese Konstanz. Die Einsprüche der dort herrschenden Kurfürsten bewirkten, daß nicht alle dem Orden zugesprochenen Besitztümer übernommen werden konnten.
Der Hoch- und Deutschmeister sah für den Orden eine Chance des Überlebens darin, aus der vielfältigen Zersplitterung des Ordensbesitzes ein einheitliches Territorium zu schaffen. Daher versuchte er, weiter entfernt liegende Ordensbesitzungen gegen solche, die nahe an Mergentheim gelegen waren, einzutauschen und solcherart dieses Ziel zu erreichen.
Dieses Vorgehen, dem Bayern zunächst zugestimmt hatte, wurde dort zu Fall gebracht. Zunächst aber zeigten sich auch Hoffnungsschimmer am Horizont.

Zeit der Hoffnung und des Wartens

Im Rahmen der Reichsverfassung schien ein Weiterbestehen des Ordens nicht mehr ausgeschlossen. Als aber im Oktober 1805 der dritte Koalitionskrieg ausbrach, bedeutete er das Ende des Ordens.
Als der französische Geschäftsträger am 30. September 1805 auf dem Reichstag zu Regensburg jedem Reichsstand, der seine Neutralität beibehielt, den zu dieser Zeit gehaltenen Besitzstand garantierte, atmeten die Gebietiger des Deutschen Ordens auf.
Napoleons Siege, nicht zuletzt durch den Beitritt von Bayern, Baden und Württemberg in das französische Bündnissystem ermöglicht, waren im Einsatzraum nördlich der Donau errungen

worden. Die österreichische Armee wurde bei Ulm eingeschlossen. Deren Kommandierender General Mack kapitulierte am 19. Oktober. Der Weg für Napoleon nach Wien war frei, das am 12. November 1805 kampflos besetzt wurde. Der Friede von Preßburg beendete am 26. Dezember 1805 diesen dritten Koalitionskrieg.
In Paris wurde im folgenden Jahr der Rheinbund geschlossen. Napoleons Armeen standen an Elbe und Inn. Der Preßburger Vertrag, in welchem dem Deutschen Orden – wie erwähnt – der Artikel 12 gewidmet war, sah vor, daß Kaiser Franz einen seiner Söhne mit der Führung des Ordens betrauen sollte, dem bereits die Söhne Karl Ludwig und Anton Viktor vorgestanden hatten.
Die Rheinbundakte, die am 12. Juli 1806 in Paris unterzeichnet wurde, dokumentierte die »Lossagung« von 16 Reichsständen, darunter Bayern, Württemberg, Hohenzollern-Hechingen und Hohenzollern-Sigmaringen, vom Reich. Die 16 Reichsstände schlossen sich zu einer Konföderation zusammen, deren Protektor Napoleon war.
Alle 16 Mitglieder des Rheinbundes ließen sich durch Napoleon auf Kosten der anderen deutschen Reichsstände ihre Territorien noch durch Mediation vergrößern, einer zweiten Art des Landraubes nach der Säkularisation.
Der Mediatisierung fielen auch die beiden freien Reichsstädte Frankfurt und Nürnberg zum Opfer.
Diese Rheinbundstaaten zeigten am 1. August 1806 dem Reichstag zu Regensburg ihren Austritt aus dem Verband des Reiches an. Napoleon verneinte die Existenz der Reichsverfassung und forderte Kaiser Franz II. zur Abdankung auf, was dieser am 6. August 1806 auch tat.
Für Bayern, Württemberg und Baden war nun die Bahn frei für ihre Raubzüge gegen den Deutschen Orden. Nachdem Napoleon mit der Säkularisation und Mediatisierung die Zugehörigkeit von über zwei Millionen Menschen zu ihren angestammten Herrscherhäusern vernichtet und einen Teil Deutschlands annektiert hatte, begannen die genannten Länder, sich den Deutschen Orden einzuverleiben. Alle Einwendungen des Ordens an Napoleon

wurden von diesem zurückgewiesen. Bayern begann damit, die in seinem Herrschaftsbereich liegenden Ordensbesitzungen zu enteignen. Es war Maximilian I. (IV). Joseph, Kurfürst von Bayern (seit dem 1. Januar 1806 König), der die »territoriale Arrondierung« wie dieser Raub genannt wurde, durch seinen politischen Berater und Außenminister, den Grafen Montgelas, durchführen ließ.

In einer Blitzaktion wurden die Kommende Ulm, die Ämter Würzburg, Münnerstadt, Nürnberg und Ellingen in Besitz genommen.

Der Gesandte des Ordens, Freiherr von Nordeck zu Rabenau, protestierte vor dem Reichstag am 5. Dezember 1805 gegen die Okkupation und brandmarkte sie als Landfriedensbruch.

Die Mergentheimer Ordensregierung richtete einen Tag darauf eine scharfe Protestnote an den württembergischen Kurfürsten, denn dieser hatte beinahe gleichzeitig mit Bayern die Okkupationswelle der in seinem Territorium liegenden Ordensbesitzungen ausgelöst und sich im Handstreich Ruffenhofens, Itsingens, Fürnheims und Segelohes bemächtigt und den gesamten Oettinger Streubesitz besetzt. Oettingen und Weiltingen wurden bereits zur Eidesleistung gegenüber dem neuen Landesherrn aufgefordert.

Der Reichsdeputationshauptschluß, der verbindliches Reichsgesetz war, galt immer noch, demzufolge diese Aneignungen als reine Willkürakte anzusehen waren.

Als Preußen aus seinem Markgrafentum Ansbach ausschied und dieses durch Vertrag am 24. Februar 1806 an Bayern übergeben wurde, besetzte Bayern auch die dort liegenden Ordensbesitzungen. Im selben Atemzug versuchten auch württembergische Militärs mehrere dort liegende Besitzungen des Ordens zu besetzen. Am 22. August wurde die Kommende Horneck durch französisches Militär im Namen des Teutschen Meisters besetzt. Bayern fürchtete nun um die an sich gerissenen Kommenden Oettingen, Ellingen, Virnsberg, Eschenbach, Absberg und Dinkelsbühl. Die Besetzung Hornecks wurde rückgängig gemacht.

Das Ende des Deutschen Ordens

Hoch- und Deutschmeister Anton Viktor versuchte in dieser Zeit, seine Residenz und das gesamte Fürstentum Mergentheim dem Orden zu erhalten; das jedoch durch den Preßburger Frieden zu einem Besitzrecht Österreichs gemacht worden war, über das der Kaiser das Verfügungsrecht hatte. Eine Loslösung von Österreich, beispielsweise durch einen Anschluß an die Rheinbundstaaten, erschien allen Ordensgebietigern unmöglich, denn das hätte den Anschluß an jene Feinde bedeutet, welche die Reichseinheit beendet hatten.

Österreich bewahrte im 4. Koalitionskrieg strenge Neutralität. Die Kommenden und Balleien des Deutschen Ordens wurden mehr und mehr dezimiert, um sich schließlich allein auf das Fürstentum Mergentheim zu konzentrieren.

Mehrfach wurde die Rückgabe der Ballei Etsch und all jener deutschmeisterlichen Besitzungen gefordert, die der Preßburger Friede unerwähnt ließ. Die Delegation Kaiser Franz II. (der allerdings am 6. August1806 abgedankt hatte) beharrte auf die Erfüllung des Preßburger Friedensvertrags, demzufolge »der größte Teil der von Bayern okkupierten Deutschordensbesitzungen« zurückgegeben werden mußte. Nun schaltete sich der Hochmeister erneut ein, der im September 1807 erklärte, daß er die Souveränitätsansprüche des neuen Königreiches Bayern nicht hinnehmen werde.

Die bayerischen Beamten erwiderten, daß der Deutsche Orden ja bereits aufgehoben und damit aufgegeben worden sei.

Der erneute Krieg Österreichs gegen Napoleon setzte diesen jahrelang schwelenden Auseinandersetzungen ein jähes Ende. Am 20. April 1809 besetzten württembergische Truppen Mergentheim. Vier Tage darauf diktierte Napoleon seinen Tagesbefehl über die Aufhebung des Deutschen Ordens in den Staaten des Rheinbundes und legalisierte mit einem Federstrich den Übergang des Ordensbesitzes an seine Räuber.

Der Friede und Schönbrunn besiegelte am 14. Oktober1809 die-

sen Gewaltakt und verlieh ihm den Schein der völkerrechtlichen Anerkennung.
Der Deutsche Orden war praktisch ausgelöscht. Allerdings lebten seine Reste in Österreich weiter, wohin sich der Hoch- und Deutschmeister zurückgezogen hatte. Zwar hatte eine offizielle Auflösung des Heiligen Römischen Reiches nicht stattgefunden – Kaiser Franz II. hatte die römisch-deutsche Kaiserkrone abgelegt, war aber noch Kaiser von Österreich. Der Orden verfügte ab jetzt nur noch über die zerstreuten Besitztümer im habsburgischen Herrschaftsbereich.
Als die Württemberger Besatzung am 13. Juni 1809 von den Mergentheimer Bürgern den Huldigungseid verlangten, waren diese schockiert, denn dieser Tag war der bisher immer festlich begangene Namenstag des Meisters Anton Viktor.
Die Einberufung von Rekruten und Besatzungslasten vieler Art führten zu einem Aufruhr der Bauern und Handwerker Mergentheims. Es gelang ihnen, Mergentheim für einige Tage in ihre Gewalt zu bringen, ehe am 29. Juni 1809 3000 württembergische Soldaten in die Stadt eindrangen und den Widerstand mit einem blutigen Gemetzel ein Ende bereiteten.
Sechs »Rädelsführer«, die willkürlich aus der Masse herausgegriffen wurden, erlebten ein kurzes Kriegsgericht und endeten am Galgen. Fünf weitere wurden mit jahrzehntelanger Kerkerhaft bestraft. Die Güter der Verurteilten wurden konfisziert, ihre Angehörigen vertrieben. Der Versuch, eine geheime Mittäter- oder Anstifterrolle des Hochmeisters zu konstruieren, mißlang.
Dieser Aufstand gab der württembergischen Truppe willkommene Gelegenheit, die Stadt zu plündern und dabei vor dem Schloß nicht haltzumachen. Ein Chronist seiner Zeit sagte dazu:

> »Die württembergische Regierung ließ auf dem Schloß die hochmeisterlichen Wappen verbrennen. Die fürstliche Residenz wurde völlig leergeplündert. Alles was beweglich war und brauchbar erschien, Öfen, Lampen, Gemälde, Geschirr und Rüstungen, wurde nach Stuttgart weggeführt.

Die Frevler schonten selbst die Ruhestätten der Toten nicht. Die Gebeine der verstorbenen Hochmeister wurden aus den kupfernen und bleiernen Särgen entfernt, um aus dem Metall Gewinn ziehen zu können.
Das aus Erz gegossene Denkmal des Deutschmeisters Walter von Cronberg wurde ebenfalls abgerissen und das Monument des Meisters Kaspar von Stadion verstümmelt, indem man das darauf befindliche verhaßte Ordenskreuz herausmeißelte.« (Siehe: Heck, Karl und Herrmann, Axel, a. a. O.)
Das Grabmal Walter von Cronbergs, das nach Ludwigsburg geschafft und im Park des Lustschlosses Monrepos aufgestellt worden war, kehrte 1853 nach Mergentheim zurück.
Dank der Vorsorge von Hochmeister Anton Viktor war es gelungen, die Bestände des Mergentheimer Hauptarchivs nach Wien zu schaffen, wo sie den Grundstock zum großen Ordensarchiv bildeten. Die 40 000 Bände des Seminars wurden ebenso wie die Bücherei des Mergentheimer Gymnasiums nach Württemberg geschafft und in Stuttgart und Ludwigsburg eingeordnet.
Unter dem zurückbleibenden Gerümpel und den zerbrochenen Gegenständen befand sich auch ein so bedeutendes Kunstwerk wie die Stuppacher Madonna von Grünewald. Diese wurde vom Pfarrer Blumenhofer für einige Gulden erworben und in der Pfarrkirche zu Stuppach in den dortigen Hochaltar eingefügt.
Alle Beamte des Deutschen Ordens in Mergentheim wurden entlassen. Mergentheim sank vom strahlenden Glanz einer Residenz in das Dunkel einer kleinen Provinzstadt zurück.
Nach der Niederwerfung Napoleons in den Befreiungskriegen 1813 bis 1815 hoffte der Deutsche Orden auf eine Wiedereinsetzung in die alten Stände. Doch die Königreiche, die sich Teile des Ordens einverleibt hatten, gaben sie nicht mehr her – die Säkularisierung und Mediatisierung wurde nicht aufgehoben.
Der Orden erhielt nur in Österreich den Großteil der Herrschaftsrechte zurück, der ihm hier entrissen worden war: lediglich die in Jugoslawien und Tirol liegenden Besitzungen waren endgültig verloren.

Die Ordensbruderschaft war bestehen geblieben. Sie hatte sich in Wien um Erzherzog Anton Viktor geschart. Als dieser im Jahre 1835 starb, war der Deutsche Orden endgültig untergegangen, um jedoch als Deutscher Ritterorden eine weitere Auferstehung zu feiern.

Durch das Aufhebungsdekret Napoleons aus dem Jahre 1809 war der Deutsche Orden im Deutschen Reich abgetan. Dies wurde auf dem Wiener Kongress bestätigt.

Nach Ende der Habsburger Monarchie blieb allein der priesterliche Zweig mit Sitz in Wien bestehen. Er hatte im Jahre 1960 60 Mitglieder und wurde laut Brockhaus 1966, und dort aus der Feder von M. Tumler: „Der Deutsche Orden im Werden, Wachsen und Vergehen (1955)", zu den „klerikalen Bettelorden" gezählt. In Deutschland wurde im Jahre 1985 von Laien der „Souveräne Deutschritterorden e.V." ins Leben gerufen. Er ist eine selbständige Gründung und hat nichts mit dem vorgenannten Orden zu tun. Alle Arbeit im Dienste der Gemeinschaft wird in dieser Vereinigung ehrenamtlich und in der Freizeit ausgeübt.

Der Deutsche Ritterorden

Ein Neubeginn in Österreich

In Österreich begann in den dem Orden verbliebenen Kommenden und Niederlassungen Wien, Graz und Friesach der Neubeginn. Der Untergang Napoleons änderte nichts an der Lage des Ordens. Dennoch gelang es, wenigstens die Kommenden Bozen und Lengmoos zurückzukaufen, während die Ballei Etsch, zu der diese Kommenden gehörten, für immer verloren war.
Dieser gesamte Besitz gehörte dem Hause Habsburg. Kaiser Franz machte jedoch von der Möglichkeit, die Güter des Ordens an sich zu ziehen, keinen Gebrauch, sondern überließ dem Orden die Nutzung derselben.
Der Wiener Kongreß hatte allen Erwartungen Hohn gesprochen. Die Hoffnung, die Residenz Mergentheim zurückzubekommen, erfüllte sich nicht. Keiner der deutschen Fürsten und Könige von Napoleons Gnaden war gewillt auch nur einen Zipfel der erhaltenen Ordensgebiete zurückzugeben.
Im Jahre 1834 verzichtete der Kaiser auf den Ordensbesitz, und der Orden wurde zum kaiserlichen Lehen erklärt. Der Begriff Lehen war nicht – wie im Mittelalter üblich – als nur verliehener Besitz gemeint, sondern bedeutete lediglich eine ehrenvolle Stellung im Kaiserstaat. Dies zu erreichen war dem letzten Hoch- und Deutschmeister Anton Viktor gelungen. Er starb am 2. April 1835 in Wien. In den 31 Jahren seiner Amtszeit hatte er den Orden oft durch stürmische See gesteuert. Ihm war die Rettung des Ordens und schließlich der Beginn eines Neuanfanges zu verdanken. Zu seinem Nachfolger wurde der Erzherzog von Österreich-Este Maximilian Joseph gewählt.

Die neuen Aufgaben des Ordens

Unter dem neuen Hoch- und Deutschmeister fand eine durchgehende Umorientierung des Ordens statt. Seine Neuorganisation wurde durchgeführt, die neuen Aufgaben definiert.
Die Ordensbrüder wurden auf die neuen Statuten verpflichtet, jeweils einen Prinzen des Hauses Österreich zum Hoch- und Deutschmeister zu wählen. Maximilian Joseph knüpfte an die Anfangszeit des Ordens in Jerusalem und Akkon an: Die Ordensbrüder hatten sich den caritativen Aufgaben der Krankenpflege und der Armenfürsorge, der Erziehung im christlichen Geist und der Schulung der Jugend zu widmen. Dementsprechend wurden überwiegend Schulen und Spitäler betrieben. Als Novum kam die Gründung des Institutes der Deutschordensschwestern hinzu.
Der neue Hochmeister setzte darüber hinaus konsequent die Politik seines Vorgängers fort. Er trat entschieden dafür ein, den Orden als erblichen Besitz der Habsburger zu betrachten. Seine Reformpläne wurden dem Heiligen Stuhl vorgelegt und durch Papst Gregor XVI. bestätigt, der ausdrücklich darauf hinwies, daß die Institution der Ordensschwestern konsequent wiederbelebt werden müsse.
Im Jahre 1850 bestätigte Kaiser Franz Joseph I., der Kaiser Ferdinand 1848 abgelöst hatte, die neue Ordensregel. Seit dieser Zeit nannte sich der Orden offiziell »Deutscher Ritterorden«. Dieser Name wurde damit erstmals offiziell für den Deutschen Orden bestimmt. Daß ausgerechnet in dieser Zeit die Bezeichnung »Ritterorden« gewählt wurde, ist angesichts der neuen Statuten, die keinerlei Ritterdienst oder Kriegsdienst mehr vorsahen, erstaunlich. Der Orden war keine militärische Organisation mehr, und die Förderung der Ordensschwestern, wie der Papst dies gefordert hatte, zeigte dieses eindeutig auf.
Neue Ordenshäuser in Lana bei Meran und in Troppau, Österreichisch-Schlesien, wurden gegründet. Hier residierten überwiegend Ordensschwestern, die sich in Krankenhäusern, Alters-

heimen und Kindererholungsstätten der Pflege am Mitmenschen widmeten. Die Ausbildung von Priestern in den neuen Konventen zu Lana und Eulenburg in Mähren, letzterer später nach Troppau verlegt, ging ebenfalls zügig voran. Das Rittertum des Ordens fand im militärischen Sanitärwesen seine endgültige und ausschließliche Bestimmung.

Auf Betreiben des Fürsten Metternich erhielt der Deutsche Ritterorden im Jahre 1840 die Niederlassungen in Österreich als rechtmäßiges Eigentum unter der Hoheit des Kaiserstaates zurück.

Während der Kriege der sechziger und siebziger Jahre des 19. Jahrhunderts stellte der Deutsche Ritterorden leicht bewegliche Feldspitäler auf und verwandelte seine Häuser zeitweise, wenn dies notwendig wurde, in Lazarette. Daß er dies in so großem Umfang verwirklichen konnte, verdankte er den neuen Spendern, die aus den 1866 und 1871 gegründeten Institutionen der Ehrenritter und der Marianer kamen.

Nach dem Tode von Hochmeister Maximilian Joseph im Jahre 1863 wurde Wilhelm von Österreich zum neuen Hochmeister gewählt. Unter seiner Regie wurden die Mitglieder der genannten Ehrenritter und Marianer überwiegend aus Adelskreisen ernannt. Das Mutterhaus zu Lanegg wurde 1859 in ein Lazarett umgewandelt. Beim Feldzug gegen Dänemark wurde ein Feldspital in Schleswig errichtet. 1885 kam es zur Errichtung eines weiteren Feldspitals auf dem serbisch-bulgarischen Kriegsschausplatz. Alle diese Aufgaben hätten ohne die finanzielle Hilfe der Ehrenritter und Marianer nicht geleistet werden können.

Wilhelm von Österreich stand dem Orden 31 Jahre lang vor und konnte diese neue Entwicklung maßgeblich begleiten und fördern. Seine Verdienste sind unumstritten. Es war den beiden Nachfolgern von Maximilian, Erzherzog Wilhelm und Erzherzog Eugen, zu verdanken, daß die beiden stiefmütterlich versorgten Mutterhäuser mehr Geld erhielten und damit die elementaren Bedürfnisse der Schwestern befriedigt werden konnten.

Als der Erste Weltkrieg ausbrach, konnte Erzherzog Eugen, seit 1894 Hochmeister, in dem neuen Ordenskatalog nicht weniger als

46 Förderer des Sanitätswesens aus königlichen Häusern, 29 Ehrenritter, 76 Marianer mit dem Halskreuz des Ordens und 1353 adelige Herren, überwiegend Offiziere, nennen.
Im Ersten Weltkrieg stellte der Orden vier große Feldspitäler mit 15 Kraftwagenkolonnen auf und konnte im Hinterland der Front ständig 2000 bis 3000 verwundete Soldaten aufnehmen und versorgen.

Im preußischen Staat kursierte seit geraumer Zeit der Plan, die Marienburg, die zu verfallen drohte, zu restaurieren. Einer der Abgeordneten im Preußischen Landtag sagte dazu: »Diese Ordensburg war im Mittelalter der Hort des Deutschtums im Osten. Ihre Wiederherstellung und Erhaltung wird auch in Zukunft das Deutschtum, deutsches Nationalbewußtsein und deutsche Gesittung gegenüber einem etwaigen Ansturm anderer Nationalitäten in der Ostmark stärken.« (Siehe: Bookmann, Hartmut: Der Deutsche Orden, Zwölf Kapitel aus seiner Geschichte.)
Anläßlich eines Festaktes auf der Marienburg im Jahre 1902 erhob Kaiser Wilhelm II. seine Stimme: »Jetzt ist es wieder soweit! Polnischer Übermut will dem Deutschtum zu nahetreten, und ich bin gezwungen, mein Volk zur Wahrung seiner nationalen Güter aufzurufen.«
Bereits seit 1916 war unter deutscher Mithilfe ein polnischer Staat entstanden, dem nach 1918 aus dem deutschen Reichsgebiet Teile Westpreußens, des ehemaligen Ordensstaates Preußen, zugeschlagen wurden.

Kein Ende des Deutschen Ritterordens

Mit dem Zusammenbruch des Kaiserreiches Österreich-Ungarn nach Ende des Ersten Weltkriegs schien die letzte Stunde des Deutschen Ritterordens gekommen zu sein. Alle an diesem Krieg beteiligten Staaten hielten die Ordensbesitzungen für Besitztü-

mer des Hauses Habsburg, die unter die »Konkursmasse« zu fallen habe.
Hochmeister Erzherzog Eugen, der nach Kriegsende ins Baseler Exil gegangen war, bat im Jahre 1923 den Heiligen Vater um die Bewilligung, auf sein Amt verzichten zu können. Papst Pius XI. gestattete seine Abdankung erst, als dieser ihm erklärte, daß ein von einem Habsburger geleiteter Orden in den Nachfolgestaaten Österreich-Ungarns nicht geduldet werde. Der Hochmeister berief ein Großkapitel nach Wien ein, um einen Koadjutor zu wählen, der an seiner statt den Orden führen sollte. Er selber konnte nicht daran teilnehmen.
Mit der schriftlich abgegebenen Stimme des scheidenden Hochmeisters wurde Norbert Klein, der Bischof von Brünn, zum Koadjutor gewählt. Nach erfolgter Wahl wurde ein bereitliegender Brief des ehemaligen Hoch- und Deutschmeisters geöffnet. Dieser enthielt seine Rücktrittserklärung, so daß nunmehr Klein neuer Hochmeister war.
Neben seiner Verzichtserklärung bekundete der ausgeschiedene Hochmeister, daß er »meinem Gelübde getreu als Ordensbruder in Ihrer Mitte verbleibe, von dem gleichen Wunsche beseelt, dem Orden auch weiterhin nach Kräften zu dienen«.
In mühevoller Arbeit gelang es österreichischen Diplomaten in den Nachfolgestaaten Jugoslawien, Serbien und Tschechoslowakei zu beweisen, daß der Orden nicht Eigentum des Hauses Habsburg gewesen war. Wegen seines caritativen Einsatzes war der Orden ab Ende 1927 keinen Angriffen mehr ausgesetzt.
Heimtückische Angriffe gegen den Orden, die den Heiligen Stuhl erreichten, bewogen diesen dazu, Pater Hilarin Felder als apostolischen Visitator nach Österreich zu entsenden. In seinem Gepäck lag bereits der Auflösungsbeschluß, der vollstreckt werden sollte, falls sich die Anschuldigungen als wahr herausstellen sollten. Nachdem Pater Felder den Heiligen Vater davon überzeugen konnte, daß alle Anschuldigungen aus der Luft gegriffen waren, erhielt er Weisung, die Ordensregel nicht nur den neuen Verhältnissen anzupassen, sondern sie auch ins Kirchenrechtsbuch einzufügen.

Binnen einiger Monate wurde dieses Unterfangen mit Hilfe einiger Ordenspriester bewältigt. Der wichtigste Punkt dieser neuen Regeln war die Verlagerung der Führungsgruppe von den Rittern des Ordens zu den Ordenspriestern. Damit war der Deutsche Ritterorden zu einem klerikalen Orden geworden und nannte sich dementsprechend wieder *Deutscher Orden*.
Die neuen Regeln wurden vom Heiligen Stuhl am 27. November 1929 in feierlicher Form bestätigt. Von nun an sollten die Brüder »mit den Waffen des Geistes nur noch für die christliche Sache kämpfen«.
Hochmeister Klein sah sich in seiner Arbeit mehr und mehr durch die Berater des Ordens eingeengt. Dies bewirkte, daß er seinen Aufgaben nicht in dem gewohnten Maße nachkam. Bereits im Mai 1930 meldete Pater Marian Tumler dem Visitator, daß der Hochmeister »nichts mehr erledige und nichts mehr schreibe«. Offenbar war die Gesundheit des Hochmeisters schwer angeschlagen. Die Krankheit lag jedoch darin begründet, daß er das Schwinden der Machtbefugnisse der alten Hochmeister und das Vergehen ihrer »feudalen Alleinherrschaft« nicht verwinden konnte.
Im Frühjahr 1931 weilte er zur Kur in Hofgastein, wo sich sein Zustand rasch verschlechterte.
Im Jahre 1932 verbot ihm der Arzt aus Gesundheitsgründen jegliche amtliche Betätigung. So kam der Entschluß des Hochmeisters, das Generalkapitel zu Troppau am 30. September 1932 um Urlaub auf unbestimmte Zeit zu bitten und die Bestellung eines Generalvikars anzuregen, nicht überraschend. Sein Stellvertreter sollte so lange die Leitung übernehmen, bis seine Gesundheit wiederhergestellt war und der Hochmeister die Leitung des Ordens wieder übernehmen könne.
Gerade in dieser Zeit wurde erneut die Frage nach der Aufnahme und Eingliederung von Familiaren in den Orden erörtert. Der Hochmeister lehnte diese Neuordnung ab.
Bereits am 8. August 1931 hatten der Deutsche Laienritterorden und der Kreuzritterorden um Angliederung an den Deutschen Orden nachgesucht. Eine Angliederung wurde von einem Teil der

führenden Ordenspriester für möglich gehalten, wie eine Sitzung des Generalrates am 4. Dezember 1931 in Troppau erkennen ließ. Dort erklärten Pater Arbogast Reiterer und einige andere, daß eine solche Maßnahme nicht nur möglich, sondern sogar notwendig sein könnte.

Generalrat Pater Mauritius Faistenhammer jedoch hielt eine solche Angliederung von Laienrittern für »unfein gegenüber den wirklichen, zum Aussterben verurteilten Ordensrittern«. Er befürchtete überdies, daß der Orden gegenüber den Laienritterorden mit jeweils mehreren hundert Mitgliedern ins Hintertreffen geraten könnte.

Die Generalratssitzung des 3. Februar 1932 brachte dieses brennende Thema erneut auf die Tagesordnung. Generalrat Prälat Heider erklärte, daß er die Angliederung einer geschlossenen Vereinigung von Laienrittern befürworte. Pater Tumler wiederum hielt zunächst das Studium der Akten für angezeigt, ehe ein definitiver Beschluß gefaßt werde.

Hochmeister Klein, der das letzte Wort hatte, erklärte, daß er im Prinzip ebenfalls dafür sei, aber noch einmal betonen müsse, daß diese Frage und ihre Beantwortung zum jetzigen Zeitpunkt nicht opportun sei und angesichts der politischen Krise in der Tschechoslowakei sogar gefährlich werden könne. Es kam zu einer langen Diskussion, ehe am 17. November der Plan der Angliederung eines weltlichen Ritterordens abgelehnt wurde.

Am 31. Mai 1932 trat der alte Hochmeister zurück. Kurze Zeit darauf verstarb Dr. h.c. Norbert Klein. An seine Stelle trat Paul Heider als neuer Hochmeister. Er stand lediglich bis 1936 an der Spitze des Deutschen Ordens, ehe Robert Schälzky den Orden in den bewegten Jahren des Zweiten Weltkrieges von 1936 an bis zum Jahre 1948 führte.

Als sich der Orden – ab 1933 wurde dem Ordensoberen durch den Heiligen Vater das Vorrecht gewährt, als geweihter Abt den Pileolus violaceus (das violette Käppchen) zu tragen – gerade wieder in einer neuen Aufschwungsphase befand, wurde er am 6. September 1938 auch in Österreich verboten. Die Ballei Österreich des Deutschen Ritterordens wurde aufgehoben und ihr Besitz eingezogen. Im Februar 1939 wurde auch die Ordensprovinz in der Tschechoslowakei aufgelöst.

In Südtirol bestand der Orden, wenn auch immer wieder Angriffen ausgesetzt, weiter. In Jugoslawien wurde er ebenfalls schwer verfolgt.

Zwischen Hochmeister Paul Heider und dem apostolischen Visitator Felder entwickelte sich eine rege Korrespondenz. Die finanzielle Lage zwang den Orden dazu, zur Fortsetzung seiner Arbeit im Jahre 1934 die Ordensniederlassung zu Busau in Mähren zu verkaufen. Im Verlaufe dieser Korrespondenz bat der Hochmeister Felder darum, beim Heiligen Stuhl darauf einzuwirken, den einzigen Ausweg aus der finanziellen Misere zu wählen und eine »lose Angliederung« der Laienorden an den Deutschen Orden zu gestatten.

Er verwies dabei auf die Nummer 188 der Ordensregeln. Diese verbot zwar, das Institut der Ehrenritter erneut aufleben zu lassen, gestattete jedoch »hervorragende Wohltäter dem Orden anzuschließen, diesen Anschluß durch eine Urkunde zu dokumentieren und möglicherweise auch das 1871 gestiftete Marianerkreuz wieder einzuführen«.

Sechs Jahre zuvor hatte sich Pater Felder bereits mit dieser Frage beschäftigen müssen, als am 9. Oktober 1928 der Lehrer Wilhelm Rump aus Koblenz sich mit dem Hinweis an ihn wandte, daß zur Aktivierung der katholischen Lehrerschaft eine Art Laienorden notwendig sei, um den Erzieherberuf eine christliche Weihe zu geben. Er, Rump, habe den Entwurf des Deutschordenspriesters Pater Arbogast Reiterer aus Lana mit dem Titel »Neubelebung des Deutschritter-Ordens unter dem Motto Christi des Königs und Sankt Mariens« gelesen. Dort sei von einem neuen Ritterorden die Rede, der in allen deutschsprechenden Landen erblühen müsse.

Der Schreiber legte auch ein Ordensstatut bei, in dem Konvente, Balleien und Landmeister auftauchten. Für einen solchen Laienorden, so Lehrer Rump, möge sich der Pater einsetzen.

Pater Felder aber hatte anderes im Sinne; er lehnte diesen Plan kategorisch ab. Daß es in den folgenden fünf Jahren keine einzige

Aufnahme in das Familiareninstitut gab, zeigt die eingeschlagene Richtung auf.

Nun aber war der Orden in eine kritische Phase eingetreten, die neue Wege notwendig machten. Erst nach einer langen Kette von Gesprächen und Sitzungen kam am 24. August 1934 Pater Felder zu der Überzeugung, daß »nichts versäumt werden sollte, was dem Deutschen Orden zum Gedeihen und zur erneuten Entfaltung gereichen könnte«. Er erklärte sich bereit, während seines Rom-Aufenthaltes im November 1934 dem Heiligen Vater diese Aufnahme zu empfehlen, wenn er die Garantie habe, »daß Organisation und Geist des Deutschen Ordens in keiner Weise ins Schlepptau der Ehrenritter genommen werden kann, was bei der großen Zahl der Ehrenritter sicher eintreten könnte«.

Der Generalrat bat den Visitator, sich in Rom dafür einzusetzen, daß der Orden einer Reihe auserwählter Personen den Titel eines Ehrenritters verleihen dürfe.

Der erste Generalrat, Pater Marian Tumler, hatte die Regeln zur Aufstellung des Familiareninstituts erstellt. Diese wurden Pater Felder überreicht. Darin hieß es, daß man sich geeinigt habe, die Angliederung von Familiaren mit einem Ordensabzeichen und dem Titel »Ehrenritter« vorzunehmen, weil man darin die Kontinuität der Ordensgeschichte und ein Spezifikum des Deutschen Ordens erblicke.

Visitator Felder erreichte in Rom das Privileg zur Ernennung von Ehrenrittern und berichtete am 8. November 1934 dem Hochmeister von seiner Audienz, die er am Vortage bei Kardinal Lépicier gehabt hatte, daß dieser als Praefekt der Religionskongretation einverstanden sei – allerdings unter der Voraussetzung, daß den Ehrenrittern keinerlei Einmischung in die Angelegenheiten des Ordens zu gestatten sei. Nachdem Hochmeister Heider die Nachricht erhalten hatte, daß er mit seinem Generalrat freie Hand habe, schlug der Deutsche Orden den Ordensprotektor, Kardinal Theodor Innitzer, Erzbischof von Wien, und Wilhelm Míklas, Präsident der Bundesrepublik Österreich, zu Ehrenrittern vor.

Am 12. Januar 1935 wurde Kardinal Innitzer, in der Ordensnie-

derlassung Gumpoldskirchen, dem Sitz des Priorates der Ballei Österreich, zum Ehrenritter erhoben. Die feierliche Aufnahme von Bundespräsident Wilhelm Míklas erfolgte am 15. Januar in der Deutschordenskirche St. Elisabeth zu Wien. (Da Bundespräsident Míklas eine Unterzeichnung des Anschlußgesetzes an Deutschland ablehnte, mußt er am 13. März 1938 zurücktreten.)
In seiner Erklärung von Januar 1935 kam Hochmeister Heider noch einmal auf den lange umstrittenen, schließlich doch durchgeführten Anschluß der Familiare zurück und erklärte: »Wir sind entschlossen, diese Wege zu gehen, um dem Deutschen Orden der von alters her stets eine Gemeinschaft von geistlichen und weltlichen Brüdern war, diese Eigenschaft zu erhalten und ihm durch die Ausgestaltung der Institution der Familiaren neue Kräfte und Mittel zuzuführen, die ihn befähigen sollen, in größerem Umfange als bisher in der Kirche Gottes mit den Waffen des Geistes zu kämpfen.«
Als Hochmeister Paul Heider am 25. Januar 1936 starb, sprang zunächst der erste Generalrat des Ordens, Pater Dr. Marian Tumler, in die Bresche und führte als Generalvikar die Ordensgeschäfte weiter. Am 24. März 1936 wurde der verdiente Ordensmann, Mitglied des Diözesanschulwesens und Generalrat Robert Schälzky zum neuen Hochmeister gewählt. Er war bereits im Jahre 1902 nach bestandenem Abitur in den Orden eingetreten und hatte alle Hierarchien des Ordens durchlaufen. Ab 1907 war er Kooperator in Freudenthal. Von 1909 bis 1912 amtierte er als Präses des katholischen Volksvereins, war von 1914 bis 1922 Diözesanpräses-Stellvertreter des Diözesanverbandes der katholischen Jugend. In diesen Positionen hatte er die Hand am Puls der Zeit und wußte, was in schwierigen Fälle zu tun war.
Im April 1937 konnte der Hochmeister die Einführung des Familiareninstituts bekanntgeben. Allerdings konnten zunächst Familiarengesuche aus Deutschland wegen der politischen Verhältnisse dort nicht bearbeitet werden.
Der Generalrat bewilligte in seiner Sitzung vom 26. und 27. Januar 1938 die Aufnahme von 17 Persönlichkeiten als Familiare in den Orden.

Nach der Aufhebung der Ballei Österreich am 1. September 1938 wurde die Kirche St. Elisabeth des Ordens zunächst als Magazin benutzt. Der damalige Vikar, Pfarrer und Archivar war Marian Tumler. Er wurde aus dem Pfarrhaus gewiesen.
Am 2. Juni 1938 wurde dem Apostolischen Visitator Bischof Dr. Hilarin Felder die Würde eines Ehrenritters verliehen. Der Heilige Vater Pius XI. ernannte diesen tatkräftigen Ordensmann zum Titularbischof von Gera.
Die letzte Aufnahme von Familiaren vor dem Beginn des Zweiten Weltkrieges fand am 2. September 1938 statt. Diesmal wurden zehn Persönlichkeiten aus der Tschechoslowakei ernannt. Vier Tage später erhielt der Deutsche Orden per Einschreiben aus Berlin das Aufhebungsdekret zugestellt. Im Februar 1939 erlebte die Ordensprovinz in der Tschechoslowakei das gleiche Schicksal.

Der Deutsche Orden nach 1945

Bis zum Jahre 1947 bestand Hoffnung, daß der Orden in seiner alten Struktur wiedererstehen könne. Doch Jugoslawien und die Tschechoslowakei dachten nicht daran, die Aufhebungsgesetze rückgängig zu machen, eine große Anzahl von Priestern wurde in die Kerker geworfen. Einige kamen darin ums Leben, andere konnten fliehen und von ihrem Schicksal berichten.
Aus der Tschechoslowakei wurden alle Schwestern und Brüder des Deutschen Ordens ausgewiesen, ihre Besitztümer beschlagnahmt. Hochmeister Schälzky und die Provinzoberin Mamata Grüner, die ebenfalls eingekerkert worden waren, kamen 1946 wieder frei, wurden aber aus Österreichisch-Schlesien vertrieben. Als 1947 das Auflösungsdekret in der Republik Österreich aufgehoben wurde, konnte wenigstens hier die Ordensarbeit wieder beginnen.
Hochmeister Schälzky konnte mit dem ersten Stab des Ordens, zu dem sich sehr bald eine Reihe von Flüchtlingen gesellte, im

Hause der ehemaligen Landkommende in Wien einziehen. Hier richtete er mit aller Tatkraft die neue Residenz des Hochmeistes ein und ließ auch das Zentralarchiv des Ordens hier unterbringen. Die Rückstellung des Ordensvermögens und seiner Besitzungen wurde von der Regierung noch 1947 veranlaßt. Es galt, alle Häuser, Kirchen und Güter, die teilweise vernichtet, teilweise schwer beschädigt waren, wieder instand zu setzen. An der Spitze standen die Kirchen von Friesach und Wien. Diese konnten bereits renoviert werden, als das Ordensgut noch unter staatlicher Verwaltung stand. Im Jahre 1946 hatten die Ordensbrüder die Wiener Pfarrei Schottenfeld wieder übernommen.
Die Ordensschwestern widmeten sich in Österreich erneut der Krankenpflege. Das Spital Friesach nahm sehr früh schon die ersten Patienten auf. Gleichzeitig wurde es modernisiert. 1948 konnte das Spital zu Hainbuch an der Donau in Betrieb genommen werden. Drei Jahre später wurde das Bezirksaltersheim St. Ulrich bei Steyr und etwas später das Heilbad Einöd an der steierischen Grenze eröffnet.
Auch in Südtirol konnte der Aufbau – wenn auch bedeutend später – beginnen. Spitäler, Schulen und Altenheime wurden neu eröffnet und von den Schwestern und Brüdern des Ordens geführt.

Neuanfang nach 140 Jahren

Nach der Aufhebung des Ordens durch Napoleon im Jahre 1809 sollten fast 140 Jahre vergehen. Dieser Neuanfang vollzog sich im teilweise stark zerstörten Deutschland mit seinen vier Besatzungszonen besonders schwierig. Zur Anfangszeit standen dennoch bereits 16 Brüder und 156 Schwestern zur Verfügung, von denen einem Teil in den letzten Kriegswochen die Flucht vor Tschechen und Russen geglückt war. Weitere Schwestern und Brüder kamen als Flüchtlinge und Vertriebene hinzu, die überwiegende Anzahl von ihnen in Bayern. Die deutschen Bischöfe

nahmen sich ihrer an. Sie setzten die Brüder als Flüchtlingsseelsorger, die Schwestern als Helferinnen in Schulen, Heimen und Krankenhäusern ein.
Diese Angehörigen des Deutschen Ordens hatten oft großes Leid erdulden müssen. Eines aber brachten sie alle mit ins besiegte Deutschland: immense Opfer- und Hilfsbereitschaft, die ihnen sehr bald Vertrauen und Hochachtung einbrachten. Es war ihr Beispiel, das Schule machte. Die Zahl der Schwestern stieg von 156 auf 210 an. Diese taten in 30 Filialen in Deutschland Dienst.
Die Schwestern erhielten im Jahre 1953 im Nikolauskloster zu Passau ein neues Mutterhaus. Sie eröffneten in Thann bei Pfarrkirchen eine Haushaltsschule, in Tittling im Bayerischen Wald und in Alexandersbad in Oberfranken jeweils ein Altersheim.
Als Hochmeister Robert Schälzky am 26. Januar 1948 in Lana in Südtirol starb, wurde Dr. Marian Tumler zum neuen Hochmeister ernannt. In seiner Sterbestunde sagte Robert Schälzky: »Der liebe Herrgott verläßt die Seinen nicht. Es sieht zur Zeit nicht gut aus, aber es wird schon Hilfe kommen. Der Orden hat Zukunft. Der Eifer und die mühevolle Arbeit werden gedeihen. In ein paar Jahren wird es sich zeigen, wie gut diese Heimsuchung war. Es ist so Gottes Schickung. Nur mutig und freudig in die Zukunft!«
Schon im folgenden Jahr konnte Hochmeister Tumler sein Werk über den Deutschen Orden Papst Pius XII. in einer Sonderaudienz überreichen. Dabei fragte ihn der Heilige Vater: »Ist das Buch nach wissenschaftlichen Grundsätzen geschrieben?«
Als er erfuhr, daß dieses Werk bereits von der Wiener Akademie der Wissenschaften zum Druck vorgesehen war, meinte er: »Dann muß es mit der Gründlichkeit der deutschen Gelehrten verfaßt worden sein.«

Dank Tumlers Initiative wurden weitere Ordenseinrichtungen neu in Betrieb genommen. So 1957 ein großes Krankenhaus in Burghausen am Inn, ein Kindergarten in Frankfurt-Sachsenhausen und vor allem die 1960 in Passau errichtete Fachschule für Sozialpädagogik und mehrere Kinder- und Altenheime.

Neben seiner Tätigkeit nach außen und dem Dienst am kranken und alten Menschen war es notwendig geworden, die Öffentlichkeitsarbeit zu forcieren, denn allgemein wurde in der Bevölkerung angenommen, daß der Orden nicht mehr existierte. Da außerdem die Brüder in der Flüchtlingsseelsorge weit verstreut amtierten, war die Gefahr des Auseinanderlebens groß. Dem wurde mit dem Bau eines neuen Konvents in Darmstadt entgegengewirkt, den man bereits 1949 begonnen hatte.
Im Jahre 1963 konnte die Pfarrei des Deutschen Ordens in Frankfurt-Sachsenhausen übernommen werden, damit besaßen die Ordensbrüder eine zweite Zentrale. 1964 konnten sie darangehen, in Lidköping in Schweden eine Pfarrei in der Diaspora einzurichten, um dort eine kleine Aufgabe im Rahmen der Ordenskräfte im Auftrag des Zweiten Vatikanischen Konzils zu übernehmen.

Familiare und Deutschherren

Erst um 1955 konnte die Frage der Ordenserweiterung durch die Aufnahme von Familiaren wieder angegangen werden. In dieser Angelegenheit ging es nur langsam vorwärts, und erst 1965 gelang es für die Institute der Ehrenritter und Familiare wieder eine Bestätigung des Heiligen Stuhles zu erlangen.
Unter der Leitung des Kardinalprotektors Josef Wendel gründete der Hauptkreis der Familiaren im Jahre 1957 den Deutschherrenbund. Er wurde als »Verein der Freunde und Förderer des Deutschen Ordens St. Mariens zu Jerusalem« bezeichnet. Oberstes Ziel dieser Vereinigung innerhalb des Deutschen Ordens war der Dienst am Mitmenschen – nach den Regeln des Deutschen Ordens und den Weisungen des Hochmeisters. Dieser Vereinigung konnten Familiare und auch Nichtfamiliare angehören. Allerdings: Sie mußten empfindliche Opfer auf sich nehmen, die alle dem Deutschen Orden zugute kamen.

Eines der prominentesten Mitglieder dieses Bundes war der bayerische Staatsminister Anton Jaumann. Er wurde rasch einer der führenden Köpfe dieses Bundes und gestaltete die Sinngebung desselben an vorderster Stelle.
Zehn Jahre lang war Anton Jaumann Deutschherrenmeister, Jahre die seiner Suche nach der geistig-historischen Heimat gegolten hatten.
In dieser Zeit der Modernisierung und der Aufschließung des Ordens gegenüber allen seine Ideale mittragenden Menschen, wurde am 1. Dezember 1957 auch Fürst Franz Josef von Liechtenstein zum Ehrenritter ernannt; am 10. März 1958 wurde Konrad Adenauer diese Würde verliehen. Viele weitere große Persönlichkeiten kamen hinzu. Ihnen allen lag am Herzen, darüber aufzuklären, daß es ihnen und dem Orden nicht um eine Form neuer Osteuropapolitik ginge.
Man betrachtete es als vordringliche Aufgabe, über die angeblichen Untaten des Deutschen Ordens im Osten aufzuklären und als Geschichtsklitterung zu entlarven. Diese Klärung gilt es fortzuführen, wenn der Deutsche Orden aus dem Zwielicht hinausgelangen soll, in das er durch politische Täuschung, Mißverständnisse, Mangel an Geschichtskenntnissen, aber auch beabsichtigte Irreführung hineingeraten war.
Von diesem Zeitpunkt an waren es immer wieder die Familiare, die sich tatkräftig um den Erhalt und das Aufblühen des Ordens bemühten. Durch ihre Hilfe konnte die barocke Kommende Frankfurt-Sachsenhausen wieder im alten Glanz erstehen.
Unter Hochmeister Marian Tumler gelang es eine wissenschaftliche Buchreihe »Quellen und Studien der Geschichte des Deutschen Ordens« herauszubringen, die inzwischen auf annähernd 50 Bände angewachsen ist. Seit dem Jahre 1985 wurde die Ordensforschung in die Internationale Historische Kommission zur Erforschung des Deutschen Ordens integriert. Diese Kommission hat in den Jahren 1990, 1991 und 1992 ihre großen Ausstellungen zur Deutschordensgeschichte in Nürnberg, Mainau und Altenbiesen ausgerichtet.
Als die Tagung des Zweiten Vatikanischen Konzils den Auftrag

zur Neubesinnung auch für den Deutschen Orden erteilte, mußten die Ordensregeln ein weiteres Mal durchdacht und erneuert werden. Auf einem außerordentlichen Generalkapitel des Jahres 1969 wurden die neuen Ordensregeln beraten und beschlossen. Sie traten am 1. Januar 1970 für eine zunächst siebenjährige Probezeit in Kraft. Seit dem Jahre 1970 trägt der Deutsche Orden den offiziellen Titel »Fratres Domus Hospitalis Sanctae Mariae Teutonicorum in Jerusalem vel Ordo Teutonicus«. Die offizielle deutsche Übersetzung dazu lautet: »Brüder vom Deutschen Haus Sankt Mariens in Jerusalem oder Deutscher Orden«.

Im Oktober 1970 wurde im Zuge des Ausbaues des Familiareninstituts die Komturei Rom errichtet, im April 1983 kam die Komturei Altenbiesen in Belgien hinzu. Durch die politische Entwicklung der gegenseitigen Annäherung erhielten die Schwestern des Ordens von der ČSSR ihr Mutterhaus in Troppau zurück, im Jahre 1991 konnte in Topolcany ein neues Schwesternzentrum eingerichtet werden.

Als Hochmeister Marian Tumler im Oktober 1970 zurücktrat, stand er im 83. Lebensjahr. Ildefons Pauler übernahm nun die Ordensführung. Am 21. Oktober 1977, dem 90. Geburtstag des Althochmeisters, erschien eine große Festschrift unter dem Titel »Von Akkon bis Wien«. In ihr fanden die einmaligen Verdienste Tumlers eine besondere Würdigung. Als der Althochmeister im Herbst 1987 starb, stand er kurz vor der Vollendung seines 100. Lebensjahres. Für ihn hat Professor Dr. Udo Arnold die 1992 erschienene 5. Auflage »Der Deutsche Orden – Von seinem Ursprung bis zur Gegenwart« überarbeitet und erweitert und dem Verstorbenen einen weiteren Ehrendienst erwiesen.

Unter Ildefons Pauler arbeitete der Deutsche Orden weiter auf caritativem Gebiet und in der Seelsorge, Krankenpflege und schulischer Unterweisung. Am 31. Januar 1976 konnte in Köln-Brück das Deutschordens-Wohnstift »Konrad Adenauer«, ein Seniorenzentrum mit Alten- und Pflegeheim, eingeweiht werden. Es wird von Schwestern der deutschen und italienischen Ordensprovinz geführt. Eine Reihe ähnlicher Einrichtungen sind in Regensburg, Nürnberg, Raisdorf bei Kiel und Siegsdorf errichtet worden.

Der Deutsche Orden sieht heute seine erste Aufgabe darin, weltweit das Reich Christi zu verbreiten, sich der Pflege der Kranken und Armen zu widmen und neue Formen sozialer Fürsorge, wie die religiöse Erziehung der Kinder- und Jugendlichen, sowie der Erwachsenenbildung, zu sehen. Dies gilt für die Brüder ebenso wie für die Ordensschwestern. Die Familiare wiederum fördern die religiösen und caritativen Werke des Ordens und pflegen die großen Traditionen desselben. Bekenntnis und Verbreitung des Glaubens sind ihre Leitbilder.
Nach dem Tode von Ildefons Pauler im Jahre 1988 wurde Dr. Arnold Wieland im selben Jahr als 64. Ordensoberer seit der Gründung des Ordens in Akkon durch das Generalkapitel zum Hochmeister gewählt. Zur gleichen Zeit wurden von diesem Generalkapitel die neuen Regeln und Statuten für die Brüder, Schwestern und die Familiare verabschiedet. Für seine vornehmste Aufgabe sah Dr. Wieland die Weiterführung der Tradition des Ordens an, im wesentlichen »Hospitäler und Verteidigung des Reiches Gottes«.
Ein Jahr nach Übernahme seines Amtes reiste der Hochmeister nach Prag, wo er am 5. August 1989 mit dem Primas von Böhmen, Kardinal Tomašek, zu einem langen Gespräch zusammentraf.
Beide waren bemüht, Vorbehalte abzubauen, Brücken zu schlagen und nach West und Ost, getreu der Zielsetzung des Ordens, Bindeglied in Europa zu sein. In diesem Gespräch und nach der Eintragung ins Gästebuch sagte der tschechische Primas: »Wer für die Kirche arbeitet, tut viel! Wer für die Kirche leidet, tut alles!«
Als der Deutsche Orden im Jahre 1990 sein 800jähriges Bestehen feierte, war es dem neuen Hochmeister gelungen, den Deutschen Orden auch in Deutschland wieder bekanntzumachen. Es besteht kein Zweifel, daß dieser uralte Zusammenschluß Gleichgesinnter auch unter seiner Führung weiter wachsen und sich ausbreiten wird.

18 Dienstjahre lang war Hochmeister Ildefons Pauler für den Orden unersetzlich gewesen, als er im Jahre 1988 sein Amt aus Al-

tersgründen niedergelegt und den Weg für seinen Nachfolger Dr. Arnold Wieland freigemacht hatte. Danach lebte er zunächst noch einige Zeit in Wien, ehe er sich in Bad Alexanderbad niederließ, wo er am 9. Januar 1996 nach einem langen und erfüllten Leben starb und zu Grabe getragen wurde. Er war mittlerweile für den Orden bereits zu einer Legende geworden. Die Wertschätzung und besondere Hochachtung und Liebe, der sich der Verstorbene erfreute, brachte P. Dr. Bernhard Demel, Leiter des Zentralarchivs des Deutschen Ordens zu Wien, in seiner Gedenkrede zum Ausdruck:

> »Geboren in Hirschdorf (Schlesien), erhielt er in der Taufe den Namen Alois. Als Maturant trat er 1927 in Troppau in den Deutschen Orden ein; nach dem Studium der Theologie wurde er am 26. Juli 1931 in Innsbruck zum Priester geweiht.
>
> Nach einigen Kaplansjahren wurde er als Wehrmachtspfarrer eingezogen und erlebte schmerzhaft die Wirren des Krieges, schließlich mit anderen Ordensmitgliedern das harte Schicksal der Vertreibung.
>
> In Deutschland angekommen, bemühte er sich, die vertriebenen Mitbrüder zu sammeln. In Darmstadt, wo er den neuen Deutschordenskonvent errichtete, wurde er 1948 zum ersten Prior der neuerstandenen Deutschen Provinz des Ordens bestellt. Gleichzeitig betreute er als Pfarrer mehrere Diasporagemeinden und baute die Kirche in Industriehof-Burgwald und Ernsthausen. 1963 zog er nach Frankfurt, um die Pfarre Deutschorden/Sachsenhausen zu betreuen.
>
> Am 6. Oktober 1970 wählte ihn das Generalkapitel in Lana zum 63. Hochmeister des Deutschen Ordens, und 1971 empfing er in Rom die Abtweihe. 18 Jahre lang stand er dem Orden vor. In seine Amtszeit fiel die Erneuerung der Ordensregeln nach den Richtlinien des II. Vatikanums und deren Anpassung an das neue Kirchenrecht.
>
> Abt Ildefons war auf eine gute Zusammenarbeit von Brüdern, Schwestern und Familiaren bedacht. Die 800jährige Geschichte des Deutschen Ordens und die darin gewachsenen Strukturen

waren ihm ein Anliegen. Fast alle seine Predigten schloß er mit einem Gedanken an Maria, die er als Ordenspatronin und als Mutter der Kirche besonders verehrte.
In seiner verantwortungsbewußten, zielstrebigen und auch harten Arbeitsweise vertraute er stets darauf, daß Heil, Leben und Hoffnung in Kreuz und Auferstehung Christi wurzelt.
Im Jahre 1988 gab P. Ildefons das verantwortungsvolle Amt in jüngere Hände ab und lebte daraufhin zuerst in Wien und seit 1989 in Bad Alexanderbad, wo die Schwestern des Ordens ihn pflegten.
Gott der Herr hat ihn am 9. Jänner 1996 nach einem erfüllten Leben aus schwerem Leid in die ewige Heimat gerufen. Hochmeister Ildefons Pauler liegt in Bad Alexanderbad begraben.

R.I.P.«

»Ordo Equester Theutonicorum« – Der Souveräne Deutschritter-orden e.V.

Die Leistungen des Deutschen Ordens wären nicht möglich gewesen ohne die unermüdliche Hilfeleistung vieler Menschen und Institutionen, die ihm zu allen Zeiten zur Seite standen. Sei es als Familiare (auch Marianer genannt) oder Ehrenritter, als Deutschherren oder Gruppierungen anderer Ritterschaften. Sie alle wollten in enger oder lockerer Bindung zum Deutschen Orden an den Hilfeleistungen für ihre kranken, alten, auch verwundeten Mitbrüder und Mitschwestern teilhaben.

Der an Zahl der Ritter und Helfer kleine Deutsche Orden, benötigte sie dringend. Wenn sich auch zunächst die Generalräte des Deutschen Ordens dagegen stellten – auf Dauer gesehen war eine Aufnahme von Familiaren und Ehrenrittern unumgänglich geworden.

Erschwert wurde die Aufnahme weltlicher Familiaren durch die Umwandlung des Deutschen Ritterordens in einen rein klerikalen Orden und dessen Einbindung in das Recht der katholischen Kirche. Diese Umwandlung wurde am 27. November 1929 von Papst Pius XI. bestätigt. Damit wurde nicht nur jegliches militärische Element aus dem Deutschen Orden eliminiert sondern auch viele weltliche Helfer abgewiesen.

Um der Gefahr entgegenzuwirken, daß mit der Neuaufnahme von Familiaren ein dritter Orden etabliert werden könne, wurde von Pater Tumler ein besonderer Passus in den Aufnahmeregeln der Familiaren durchgesetzt. Er lautete: »Wie einstens Personen, die unseren kämpfenden Brüdern oder unseren Spitälern zur Hilfe kamen, diesen als Ehrenritter angegliedert wurden, so können auch weiterhin hervorragende Wohltäter dem Orden als Familiare angeschlossen werden. Dieser Anschluß kann aber nur vom Hochmeister mit Zustimmung des Rates beschlossen werden.«

Daß durch diese Maßnahme eine große Zahl zur Hilfe bereiter Menschen ausgegrenzt wurden, wird nicht zuletzt auch durch die Neugründungen verschiedener Orden aufgezeigt. Diese fühlen sich – genau so wie der Deutsche Orden und seine Nachfolger durch die Jahrhunderte – den überkommenen Idealen ritterlicher Gesinnung verpflichtet.

Unter diesen Neugründungen, von denen einige bereits vorher genannt wurden, befindet sich auch der Deutschritter Orden e.V.

Eine neue ritterliche Gemeinschaft

Der souveräne Deutschritter Orden e.V. wurde im Jahre 1985 in Deggendorf ins Leben gerufen. Die Ordenssatzung wurde dem Registergericht dort vorgelegt und am 15. Juli 1985 genehmigt.

Erster Hochmeister wurde Joseph Brückl, einer der sieben Ordensgründer.

Ihm zur Seite stehen zunächst das Generalkapitel als gesetzgebendes und überwachendes Gremium mit den Großgebietigern: dem Vizehochmeister, Ordenskanzler, Schatzmeister und Sekretär.

Hauptsitz des Ordens ist Deggendorf. Eine Außenstelle befindet sich in Regensburg.

Zum Ordensemblem wurde ein schwarz-rotes Kreuz auf weißem Rittermantel gewählt.

Der Orden versucht, in ganz Deutschland Menschen zu finden und aufzunehmen, die sich aufgrund ihrer ritterlichen Tugenden zum Ordensritter eignen. Wohltäter und Förderer sind auch bei ihm Träger des notwendigen finanziellen Unterbaues, der zur Durchführung der Arbeit des Ordens notwendig ist.

Ziel des SDRO ist die Errichtung einer Reihe von Orts- und Kreiskonventen, die aus jeweils 13 Ritterbrüdern bestehen sollen, wie dies auch im Deutschen Orden zunächst angestrebt

wurde. Wie in diesem Falle ist ihm der Deutsche Orden auch in allen anderen Dingen des menschlichen Lebens ein großes Vorbild.
Daß in der heutigen Zeit und in der Zusammensetzung des SDRO, der aus Laien besteht, kein gemeinsames Leben in Konventen und Klöstern geführt werden kann, ist verständlich. Alle Mitbrüder dieser Vereinigung stehen mit beiden Beinen fest im Leben und betrachten den Dienst im SDRO als Ehrendienst, den sie neben ihrer Arbeit verrichten.
Daß dennoch die Verbundenheit untereinander gepflegt und eine homogene Gruppe geschaffen wurde, zeigt auf, daß diese Vereinigung auf dem richtigen Wege ist.
Namenspatron des Deutschritter Ordens e.V. ist Sankt Georg, der ja als Patron des Deutschen Ordens gilt.
In der Hermann-von-Salza-Akademie verfügt der Orden über eine eigene Lehreinrichtung, die angehenden Rittern das Rüstzeug vermittelt. Ihr sind zwei Kammern angeschlossen.
Daß der Orden ausschließlich gemeinnützige und mildtätige Zwecke verfolgt, ist im § 1 der Ordenssatzung für alle Mitglieder verbindlich festgelegt.
»Ritterlichkeit« – so die Überzeugung der Gruppe – ist heute mehr denn je wichtigste Voraussetzung für das Funktionieren eines fest gefügten Gemeinwesens, weil mit der allgemeinen Ichsucht, den Auflösungserscheinungen in der Gesellschaft und der schwindenden Solidarität unter den Menschen der Verlust der Menschenwürde einhergeht.
In der Gemeinschaft der SDRO gilt nicht das Gesetz des Dschungels. Dem SDRO geht es darum, den Glauben an das Reich Gottes und an das Gute im Menschen wiederzubeleben und damit auch Selbstverwirklichung als Mensch und Mitmensch zu finden, die nicht auf Kosten anderer geht.
Diese große ethische Kraft des Festhaltens an bewährten Werten, das Dienen an Kranken und Armen ebenso wie in Gemeinschaft und Staat – alles das, was auch als »preußische Tugenden« in der Welt einen Namen hat – wird vom SDRO gepflegt und gefördert. Dazu gehört der Schutz der sozial Schwachen, Sicherheit für alle

Minderheiten, Glaubens- und Gewissensfreiheit und nicht zuletzt die Verteidigung des Rechtsstaates.
Dies alles fordert humane und mutige Menschen, die mit Herz und Verstand wirken und deren Waffen ausschließlich jene des Geistes sind.
Der Souveräne Deutschritter Orden e.V. ist hier auf gutem Wege.

Anhang

Die Hochmeister des Deutschen Ordens bis 1400

(Nach Catalogus Ordinis Teutonici vom Jahre 1912)

Sigebrand, Meister Sigebrand, erster Leiter de Hospitals zu Akkon
Konrad, Kaplan des Herzogs Friedrich von Schwaben
Heinrich Walpot

1.	Heinrich Walpot	1198–?
2.	Otto v. Kerpen ?	?–1209
3.	Heinrich Barth	1209–1210?
4.	Hermann v. Salza	1210–1239
5.	Konrad Landgraf v. Thüringen	1239–1240
6.	Gerhard v. Malberg	1241–1244
7.	Heinrich v. Hohenlohe	1244–1249
8.	Günter v. Wüllersleben	1249–1253
9.	Poppo v. Osternau	1253–1257
10.	Anno v. Sangershausen	1257–1274
11.	Hartmann v. Heldrungen	1274–1283
12.	Burchard v. Schwanden	1283–1290
13.	Konrad v. Feuchtwangen	1290–1297
14.	Gottfried v. Hohenlohe	1297–1303
15.	Siegfried v. Feuchtwangen	1303–1311
16.	Karl v. Trier	1311–1324
17.	Werner v. Orseln	1324–1330
18.	Luther Herzog v. Braunschweig	1330–1335
19.	Dietrich Burggraf v. Altenburg	1335–1341
20.	Ludolf König	1341–1345
21.	Heinrich Dusmer	1345–1351
22.	Winrich v. Kniprode	1351–1382
23.	Konrad Zöllner v. Rotenstein	1382–1390
24.	Konrad v. Wallenrod (Wallenrode)	1391–1393
25.	Konrad v. Jungingen	1394–1407

Die Großgebietiger bis um 1400

(Nach Milthaler, Die Großgebietiger des DO)

1. Die Grosskomture

Girardus	1207/08
Drabodo de Utinge	1215
Lutolfus	1228 ff.
Conrad de Nuso	1244
Eberhard de Seine	1249–1257
Hartmann v. Heldrungen	1261–1263
Johannes	1271
Conrad v. Anvelt	1271
Conrad v. Nevel	1273
Johann de Westfalia	1277–1280
Wiricus de Homberch	
Heinrich v. Plotzke	1309–1312
Heinrich v. Gera	1312–1314
Werner v. Orseln	1315–1324
Friedrich v. Wildenberg	1324–1330
Otto v. Bonsdorf	1330–1331
Konrad v. Kesselhut	1331–1334
Günter v. Schwarzburg	1334–1336
Heinrich v. Reuß	1336–1338
Ludolf König	1338–1342
Winrich v. Kniprode	1342–1351
Heinrich v. Boventin	1351–1359
Wolfram v. Baldersheim	1360–1374
Rüdiger v. Elner	1374–1383
Kuno v. Liebenstein	1383–1387
Konrad v. Wallenrode	1387–1391
Wilhelm v. Helfenstein	1391–1404

2. Die Marschälle

Heinrich	1208
Ludwig v. Horflegowe	1215
Günther	1228/1230
Girard v. Mauberge	1239
Gerhard v. Malberg	1240

Guarnerius v. Mereberc?	
Almerich v. Wirceburg	1244
Heinrich v. Plotzke	1312–1320
Dietrich v. Altenburg	1331–1335
Heinrich Dusmer	1335–1339
Hako	1339–1342
Winrich v. Kniprode	1342–1346
Siegfried v. Dahenfelt	1347–1359
Henning Schindekopf	1359–1370
Rüdiger v. Elner	1370–1374
Gottfried v. Linden	1374–1379
Kuno v. Hattenstein	1379–1382
Konrad v. Wallenrode	1382–1387
Engelhard Rabe	1387–1392
Werner v. Tettingen	1392–1404
Ulrich v. Jungingen	1404–1407

3. Die Spitler

Heinrich	1208
Heinrich	1228
Konrad	1244
Konrad de Minerla	1253
Rapol	1261
Johann de Saxonia	1280
Eykart	1289
Eberhard v. Virneburg	1309–1310
Sieghard Graf von Schwarzburg	1311/12
Friedrich v. Wildenberg	1312–1317
Heinrich v. Isenburg	1317–1320
Hermann v. Öttingen	1320/21
Heinrich v. Lutirberg	1321–1330
Otto v. Dreileben	1331–1332
Siegfried v. Sitten	1332–1342
Alexander v. Körner	1342–1347
Hermann v. Kudorf	1347–1353
Ortolf v. Trier	1354–1371
Ulrich v. Fricke	1372–1384
Siegfr. Walpot v. Bassenheim	1384–1396
Konrad Graf von Kyburg	1396–1402
Konrad v. Lichtenstein	1402–1404
Johann v. Rumpenheim	1404

4. Die Trapiere

Konrad	1228
Petrus	1240
Ludwig	1244
Almerich v. Würtzburg	1253
Gautier	1261
Nikolaus	1271
Heinrich de Bolandia	1280
Heinrich v. Isenburg	1312–1314
Luther v. Braunschweig	1314–1320
Eberhard v. Buna	1320–1326
Luther v. Braunschweig	1327–1331
Günter v. Schwarzburg	1331–1335
Hartung v.Sonnenborn	1335–1339
Alexander v. Körner	1339–1343
Kuno v. Bruningisheim	1344–1347
Ludwig v. Wolkeberg	1347–1353
Konrad v. Bruningisheim	1354–1355
Werner v. Rundorf	1355–1372
Konrad Zollner v. Rotenstain	1372–1382
Heinrich Gans	1382–1387
Joh. Marschall v. Froburg	1387–1390
Walrab v. Scharfenberg	1390
Werner v. Tettingen	1390–1392
Johann v. Beffart	1392–1399
Johann v. Rumpenheim	1399–1404

5. Die Tressler

Evrard	1240
Gualterius	1253
Arnold	1257
Johann de Saxo	1271/1274
Johann Schrape	1309–1318
Luther v. Sparrenberg	1318/19
Hildebrand v. Rechberg	1323–1327
Konrad v. Kesselheut	1327–1331
Ludolf König	1331–1338
Dierich v. Blumenstein	1338–1342
Friedrich v. Spira	1342–1346

Johann v. Langerack	1346–1356
Sweder v. Pelland	1356–1375
Baldewin v. Frankenhofen	1375–1381
Ulrich v. Hachenberg	1381–1389
Lduwig v. Waffeln	1389–1391
Konrad v. Jungingen	1391–1393
Friedrich v. Wenden	1393–1397
Leonhard v. Wobeke	1397–1404

Die Landmeister des DO bis um 1400

1. Die Deutschmeister

1. Hermann Balk	1219?–1230
2. Dietrich	1231–?
3. Heinrich v. Hohenlohe	1231–1242
4. Berthold v. Tannenrode	1243?–1245
5. Albert v. Bastheim	1247?–1247/48?
6. Albrecht v. Hallinberg	1248–1251?
7. Eberhard. v. Sayn	1251–1254
8. Dietrich v. Grüningen	1254–1256
9. Konrad v. Nürnberg	1257–1264
10. Werner v. Battenberg	1271?–1273
11. Gebhard Graf von Hirschberg	1273–1277?
12. Mathias	1281?–1283
13. Konrad v. Feuchtwangen	1284–1290
14. Gottfried v. Hohenlohe	1294–1297
15. Johann v. Nesselrode	1297–1298
16. Siegfried v. Feuchtwangen	1298–1303?
17. Winrich v. Bosweil	1303–1304?
18. Eberhard v. Sulzberg	1305–1323
19. Konrad v. Gundelfingen	1323–1329
20. Zürich v. Stetten	1329–1330
21. Wolfram Graf von Nellenburg	1330/31–1361
22. Philipp v. Bickenbach	1361–1375
23. Gottfried Graf von Hanau	1375–?
24. Johann v. Heyn	1376–1379
25. Konrad v. Rüdt	1379–1382
26. Siegfried v. Venningen	1382–1393

27. Johann v. Ketze	1393–1396
28. Konrad v. Egloffstein	1396–1416
29. Dietrich von Wintershausen	1417–1420
30. Eberhard von Seinsheim	1420–1443
31. Eberhard von Stetten	1443–1447
32. Jost von Venningen	1447–1454
33. Ulrich von Leutersheim	1454–1479
34. Reinhard von Neipperg	1480–1489
35. Andreas von Grumbach	1489–1499
36. Hartmann von Stockheim	1499–1510
37. Johann Adelmann von Adelmannsfelden	1510–1515
38. Dietrich von Cleen	1515–1526

Mit Walter von Cronberg beginnt ab 1527 die Reihe der Hoch- und Deutschmeister. Diese ist der Hochmeisterliste zu entnehmen.

2. Die Landmeister von Preussen[1]

Hermann Balk	1229–1239
Hermann v. Altenburg	1237–1238
Friedrich v. Fuchsberg	1238(?)–1239
Berlewin	1239
Heinrich v. Weida	1239–1244
Popo v. Osternohe	1244–1246
Dietrich v. Grüningen 56 (zugleich DM.)	1246–1259
Heinrich v. Weida	1247–1249
Heinrich v. Honstein	1248
Ludwig v. Queden	1249–1252
Heinrich Botel	1252/53
Burchard v. Hornhausen	1255–1257
Gerhard v. Hirzberg	1257–1259
Hartmud v. Grünbach	1259–1261
Dietrich (Komtur zu Königsberg)	1261
Helmerich v. Rechberg	1262–1263
Johann v. Wegeleben	1263
Ludwig v. Baldersheim	1263–1269
Konrad v. Thierberg d. Ält.	1269–1271
Dietrich v. Gattersleben	1271–1273
Konrad v. Thierberg d. Ä.	1273–1279

[1] Vizemeister eingerückt

Konrad v. Thierberg d. J.	1274–1283
Konrad v. Feuchtwangen	1279–1280
Mangold v. Sternberg	1280–1283
Konrad v. Thierberg d.J.	1283–1288
Meinhard v. Querfurt	1288–1299
Konrad v. Babenberg	1299
Ludwig v. Schippen	1299–1300
Berthold v. Brühaven	1299–1300
Helwig v. Goldbach	1300–1302
Konrad Sack	1302–1306
Sieghard v. Schwarzburg	1306
Heinrich Plotzke	1307–1309
Friedrich v. Wildenberg	1317–1324

3. Die Landmeister von Livland[1]

(Nach Napiersky: Reihenfolge der livländischen Landmeister, Kall meyer: Zur Chronologie der Meister des DO in Livland, Voigt 1. c Altpreuß. Biographie)

Winno (Schwertbruder)	1202–1208
Volquin (Schwertbruder)	
(Schenk von Winterstetten)	1208–1236
Hermann Balk	1237–1238
Dietrich v. Grüningen	1238–1242
Andreas v. Velven	1241
Heinrich v. Heimburg	1243–1244
Dietrich v. Grüningen	1244–1246
Andreas v. Stierland (1251 u. Estland)	1247–1253
Eberhard v. Sayn	1251–1253
Anno v. Sangershausen	1254–1257
Ludwig	1256
Burchard v. Hornhausen	1257–1260
Andreas	
Jürgen v. Eichstädt	1260–1261
Werner v. Breithausen	1261–1263
Andreas	1263
Konrad v. Manderen	1263–1266
Otto v. Lutterberg	1266–1270

[1] Vizemeister eingerückt

Andreas v. Westfalen	1270
Walther v. Nordeck	1270- 1272
Ernst v. Ratzeburg	1272–1279
Gerhard v. Katzenellenbogen	1279–1281
Konrad v. Feuchtwangen	1279–1281
Mangold v. Sternberg	1281–1283
Willekin v. Schurborg	1283–1287
Cuno v. Herzogenstein	1288–1290
Holt v. Hohembach	1290–1293
Heinrich v. Dumpershagen	1294–1295
Bruno	1296–1298
Gottfried v. Rogga	1298–1306
Wennemar Reymar	1305–1306
Gerd v. Jocke	1307–1326
Reymar	1324/27/28
Eberhard v. Monheim	1328–1340
Burchard v. Dreyleben	1340–1345
Goswin v. Hercke	1345–1360
Arnold v. Vietinghof	1360–1365
Wilhelm v. Freimersberg	1365, 1378, 1384?
Robin v. Eltz	1386–1388
Wennemar v. Briggenoye	1389–1401

(Eberhard v. Monheim dankte ab; Burchard. v. Dreyleben danke ab lebte noch im Jahre 1366)

Die Hochmeister des Deutschen Ordens

Heinrich Walpot	1198–1200
Otto von Kerpen	1200–1208
Heinrich Bart	1208 -1209
Hermann von Salza	1209–1239
Konrad von Thüringen	1239–1240
Gerhard von Mahlberg	1240–1244
Heinrich von Hohenlohe	1244–1249
Günther von Wüllersleben	1249–1252
Poppo von Osternau	1252–1256
Anno von Sangershausen	1256–1273
Hartmann von Heldrungen	1273–1282

Burchard von Schwanden	1282–1290
Konrad von Feuchtwangen	1291–1296
Gottfried von Hohenlohe	1297–1303
Siegfried von Feuchtwangen	1303–1311
Karl von Trier	1311–1324
Werner von Orseln	1324–1330
Luther von Braunschweig	1331–1335
Dietrich von Altenburg	1335–1341
Ludolf König	1342–1345
Heinrich Dusemer	1345–1351
Winrich von Kniprode	1352–1382
Konrad Zöllner von Rotenstein	1382–1390
Konrad von Wallenrode	1391–1393
Konrad von Jungingen	1393–1407
Ulrich von Jungingen	1407–1410
Heinrich von Plauen	1410–1413
Michael Küchmeister	1414–1422
Paul von Rusdorf	1422–1441
Konrad von Erlichshausen	1441–1449
Ludwig von Ehrlichshausen	1450–1464
Heinrich Reuß von Plauen	1469–1470
Heinrich Reffle von Richtenberg	1470–1477
Martin Truchseß von Wetzhausen	1477–1489
Johann von Tiefen	1489–1497
Friedrich von Sachsen	1498–1510
Albrecht von Brandenburg-Ansbach	1511–1525
Walter von Cronberg	1527–1543
Wolfgang Schutzbar, gen. Milchling	1543–1566
Georg Hund von Wenkheim	1566–1572
Heinrich von Bobenhausen	1572–1590/95
Maximilian von Österreich	1590/95–1618
Karl von Österreich	1619–1624
Johann Eustach von Westernach	1625–1627
Johann Kaspar von Stadion	1627–1641
Leopold Wilhelm von Österreich	1641–1662
Karl Joseph von Österreich	1662–1664
Johann Kaspar von Ampringen	1664–1684
Ludwig Anton von Pfalz-Neuburg	1684–1694
Franz Ludwig von Pfalz-Neuburg	1694–1732
Clemens August von Bayern	1732–1761
Karl Alexander von Lothringen	1761–1780
Maximilian Franz von Österreich	1780–1801

Karl Ludwig von Österreich	1801–1804
Anton Victor von Österreich	1804–1835
Maximilian Joseph von Österreich-Este	1835–1863
Wilhelm von Österreich	1863–1894
Eugen von Österreich	1894–1923
Norbert Klein	1923–1933
Paul Heider	1933–1936
Robert Schälzky	1936–1948
Dr. Marian Tumler	1948–1970
Ildefons Pauler	1970–1988
Dr. Arnold Wieland	1988 – – –

Hoch- und Deutschmeister des Souveränen Deutschritter Ordens e.V.

Joseph Brückl	1985 – – –

Die Balleien des Deutschen Ordens

Die Balei Böhmen-Mähren (offiziell 1233 ins Leben gerufen)
Die Ballei Österreich (offiziell ins Leben gerufen 1236)
Die Ballei Thüringen-Sachsen (offiziell ins Leben gerufen 1287)
Die Ballei Elsaß-Burgund (offiziell ins Leben gerufen 1235 (1388))
Die Ballei Lothringen (offiziell ins Leben gerufen 1245)
Die Ballei Koblenz (offiziell ins Leben gerufen 1256) (1324))
Die Ballei Marburg (offiziell ins Leben gerufen um 1258)
Die Ballei Bozen (offiziell ins Leben gerufen 1202 (1263))
Die Ballei Westfalen (offiziell ins Leben gerufen 1285)
Die Ballei Franken (offiziell ins Leben gerufen 1268)

Die Entstehung der Kammerballeien

Einrichtung der Kammerballei Koblenz um 1256 (1324)
Einrichtung der Kammerballei Böhmen 1233
Einrichtung der Kammerballei Österreich 1324
Einrichtung der Kammerballei Bozen 1324
Einrichtung der Kammerballei Elsaß-Burgund 1388

Über die Einrichtung der Kammerhäuser des Deutschmeisters ist bekannt, daß sie im Jahre 1510 zur deutschmeisterlichen Kammer gehörten. (Dazu siehe: »Das Teutschmeistertum«)

Die Kommenden der einzelnen Balleien

Ballei Franken: Münnerstadt, Schweinfurt, Nürnberg, Würzburg, Hüttenheim, Mergentheim, Rothenburg, Wolframs-Eschenbach, Heilbronn, Ellingen, Öttingen, Donauwörth, Ulm, Lauterbach, Blumenthal, Regensburg.

Ballei Thüringen-Sachsen: Lucklum, Reitling, Elmsburg, Langeln, Goslar, Magdeburg, Bergen, Dahnsdorf, Halle, Dommitzsch, Altengöttern, Mühlhausen, Nägelstedt, Griefstedt, Zwätzen, Altenburg, Zschillen, Reichenbach, Plauen, Eger.

Ballei Böhmen-Mähren: Pitschkowitz, Ronaditz, Repin, Prag, Pilsen, Troppau, Austerlitz, Hosterlitz.

Ballei Österreich: Wien, Friesach, Graz, Groß-Sonntag.

Ballei Bozen: Schlanders, Sterzing, Lengmoos, Bozen.

Ballei Elsaß-Burgund: Straßburg, Rufach, Gebweiler, Mühlhausen, Fräschels, Bern, Könitz, Sumiswald, Hitzkirch, Reinach.

Ballei Lothringen: Trier, Beckingen, Metz, Saarburg, Dahn, Saarbrücken.

Ballei Koblenz: Köln, Heimerzheim, Ramersdorf, Waldbreitbach, Koblenz.

Ballei Westfalen: Münster, Welheim, Mülheim.

Ballei Marburg: Marburg, Reichenbach, Niedermöllrich.

Ballei des Deutschmeistertums: Flörsheim, Sachsenhausen, Prozelten, Weinheim, Horneck, Speyer, Weißenburg.

(Eine Sonderstellung nimmt die Kommende Bremen ein, die zeitweise zu Westfalen, dann wieder zur Ballei Thüringen-Sachsen gehörte.)
Zur Ballei Koblenz gehörte auch die Kommende in Dieren.

Im Verlaufe der Jahrhunderte kamen mehr und mehr Kommenden hinzu, so daß beispielsweise die Ballei Franken nicht weniger als 28 Kommenden in ihrem Einfluß- und Verwaltungsbereich besaß.

Quellen- und Literaturverzeichnis

Ambrassat, August: Die Provinz Ostpreußen, Königsberg 1912

Arnold, Udo: Entstehung und Frühzeit des Deutschen Ordens, in: Die Geistlichen Ritterorden Europas, Sigmaringen 1980

ders.: (Hrsg.: Von Akkon bis Wien – Studien zur Deutschordensgeschichte vom 13. bis zum 20. Jahrhundert, Marburg 1978

ders.: (Hrsg.): Beiträge zur Geschichte de Deutschen Ordens, Marburg 1986 und 1993, Bde. 1 und 2

Arbusow, Leonid (sen.): Grundriß der Geschichte Liv-, Est- und Kurlands, Hannover 1967

Arbusow, Leonid (jun.): Wolter von Plettenberg und der Untergang des Deutschen Ordens in Preußen, Leipzig 1919

Bär, M.: Westpreußen unter Friedrich dem Großen, Leipzig 1909

Bauer, M. und Millack, W.: Danzigs Handel in Vergangenheit und Gegenwart, Danzig 1925

Bauschert, Otto Hrsg.: Hohenlohe, Stuttgart, Berlin, Köln 1993

Beheim-Schwarzenbach, M.: Hohenzollernsche Kolonisation, Leipzig 1874

Bertram, H.: Die Eindeichung, Trockenlegung und Besiedlung des Weichseldeltas seit dem Jahre 1300 in ihrer geopolitischen Bedeutung, in: Zeitschrift der Westpreußischen Geschichte, V, 1972

Boehm, Hans-Georg: Hochmeisterwappen des Deutschen Ordens 1198–1618, Tauberbischofsheim 1990

Boldt, F.: Der Deutsche Orden und Litauen, 1370–1386, in: Altpreußische Monatsschrift 10/1853

Bookmann, Hartmut: Der Deutsche Orden. Zwölf Kapitel aus seiner Geschichte, München 1981

Brandi, Karl: Kaiser Karl V. Werden und Schicksal einer Persönlichkeit und eines Weltreiches, München 1964

Brommer, Hermann: Der Deutsche Orden und die Ballei Elsaß-Burgund. – Die Freiburger Vorträge zur 800-Jahrfeier des Deutschen Ordens, Bühl 1996

Bunge, F.G. von und Hildebrand, H.: Ost- und Westpreußen, Leipzig 1938

Caspar, Erich: Hermann von Salza und die Gründung des Deutschordensstaates in Preußen, Tübingen 1974

Clasen, K.H.: Die mittelalterliche Kunst im Gebiet des Deutschen Ordensstaates Preußen, Bd. 1: Die Burgbauten, Königsberg 1827

Caro, J.: Geschichte Polens, Bde. 2–5 (1319–1505) o.O. u. J.

Carstenn, E.: Geschichte der Hansestadt Elbing, Elbing 1937

Cohn, Willy: Hermann, von Salza, Breslau 1926
Daenell, E.: Die Blütezeit der Deutschen Hanse, 2. Bd. Berlin 1905 bis 1906
Dehio/Gall: Deuschordensland Preußen, München – Berlin 1952
Demel, Bernhard: Das Priesterseminar des Deuschen Ordens zu Mergentheim, Bonn–Bad Godesberg 1972
ders.: Der Deutsche Orden und die Stadt Gundelsheim, Neckarsulm 1981
ders.: Der Deutsche Orden zwischen Bauernkrieg und Napoleon, Marburg 1978
ders.: Zum Gedenken an Althochmeister Ildefons Pauler, Wien, Januar 1996
Diefenbacher, Michael: Territorienbildung des Deutschen Ordens am Unteren Neckar, Marburg 1985
ders.: Fränkische Reichsstädte und Deutscher Orden, in: Reichsstädte in Franken, München 1987
Diehm, Franz: Geschichte der Stadt Mergentheim, Bad Mergentheim1963
Dogiel, M., Hrsg.: Codex diplomaticus Regni Poloniae et Magni Ducatus Lituaniae, Wilna 1757–1764
Ekdahl, Sven: Die Schlacht bei Tannenberg1410, Berlin 1982
Elben, Gottfried-Christian: Sammlungen für die Geschichte des Hoch- und Teutsch-Meistertums, Stuttgart 1785
Engel, Jens-Ulrich: Ritter, Priester, Europäer – 800 Jahre Deutscher Orden, Dachau 1990
Engelbrecht, F.: Das Herzogtum Pommern und seine Erwerbung durch den Deutschen Orden, Königsberg 1911 (Diss.)
Ewald, A.L.: Die Eroberung Preußens durch die Deutschen, Halle 1872–1886
Favreau, M.-L.: Studien zur Frühgeschichte des Deutschen Ordens, Stuttgart 1975
Feine, Hans-Erich: Die kaiserlichen Landgerichte in Schwaben im Spätmittelalter in: ZRG, GA 66, 1948
Ficker-Winkelmann, Hrsg.: Regesta Imperii V. – Die Goldbulle von Rimini, Nr. 1598
Fiebig, Paul: Die Deutsch-Ordens-Kommende zu Brackel, in: Beiträge zur Geschichte Dortmunds und der Grafschaft Mark, 1953
Forstreuter, Karl: Vom Ordensstaat zum Fürstentum, Geistige und politische Wandlungen im Deutschordensstaat Preußen unter den Hochmeistern Friedrich und Albrecht, Kitzingen 1951
ders.: Die Bekehrung Gedimins und der Deutsche Orden, in: Altpreußische Forschung, Nr. 5, 1928

ders.: Memelland, Elbing 1939
Franz, Günther: Der deutsche Bauernkrieg, Darmstadt 1969
Franz, Walther: Geschichte der Stadt Königsberg, Frankfurt/Main 1979
Freytag, H.: Die Geschäftsträger des Deutschen Ordens an der römischen Kurie von 1309–1525, in: Zeitschrift der Westpreußischen Geschichte, V. 1907
Gasser, Ulrich: Peter Rigler, Bonn 1973
Gatz, K. und T.: Der Deutsche Orden, Wiesbaden 1936
Gause, Fritz: Die Geschichte der Stadt, Königsberg, Königsberg 1931
Gerlach, Leopold v.: Denkwürdigkeiten, Bd. I. Berlin 1893
Gerullis, G.: Die altpreußischen Ortsnamen, Berlin-Leipzig 1922
Greipl, Egon, Johannes: Macht und Pracht – Die Geschichte der Residenzen in Franken, Schwaben und Altbayern, Regensburg 1991
Grill, Richard: Die Deutschordens-Landkommende Ellingen, i.Ms. (Diss.) Erlangen 1957
Gutj, Klaus: Konfessionsgeschichte in Franken 1555–1955, Bamberg 1990
Haaf, R. ten: Deutschordensstaat und Deutschordensballeien, Göttingen 1954
Hahn, Ludwig: Geschichte des Preußischen Vaterlandes, Berlin 1857
Hanstein, Rolf: Der Deutsche Orden nach dem Zweiten Weltkrieg, Bad Godesberg 1967
Hartmann, Helmut: Die Komture des Deutschen Ordens zu Mergentheim in den ersten drei Jahrhunderten der Kommende 1221–1534, Deutschordensmuseum, Jahrbuch 1, Bad Mergentheim
Hartung, Fritz: Geschichte des Fränkischen Kreises, I. von 1521–1559, Leipzig 1910
Hecht, K.: Die Schlacht bei Rudau 1370, Diss. Königsberg 1911
Hecker, H.: Deutschland, Litauen und das Memelland, Königsberg 1929
Heck, Karl und Herrmann, Axel: Der Deutsche Orden und Mergentheim, Mergentheim 1986
Heidenreich, Karl: Der Deutsche Orden in der Neumark 1402–1455, Berlin 1932
Herrmann, Axel: Der Deutsche Orden unter Walter von Cronberg, 1525–1543, Bonn – Bad Godesberg 1974
Heuer, R.: 700 Jahre Thorn, 1231–1931, Danzig 1931
Hirsch, Th., Toeppen, M. und Strehlke E.: Hrsg: Scriptores rerum Prussicarum – Die Geschichtsquellen der preußischen Vorzeit bis zum Untergang der Ordensherrschaft, Bd. I – III, Leipzig 1861 bis 1874
Hirsch, Th.: Danzigs Handels- und Gewerbegeschichte unter der Herrschaft des Deutschen Ordens, Leipzig 1858

Hofmann, Hanns-Hubert: Der Staat des Deutschmeisters, München 1964
ders.: Territorienbildung in Franken im 14. Jahrhundert, II., Sigmaringen 1971
ders.: Neustadt-Windsheim, München 1953
ders.: Die Krise des Deutschen Ordens, in: Die Welt zur Zeit des Konstanzer Konzils, Stuttgart 1965
Horst, Eberhard: Friedrich II., München 1982
Hubatsch, Walther: Albrecht von Brandenburg-Ansbach. Deutschordens-Hochmeister und Herzog von Preußen, 1490–1568, Heidelberg 1960
ders.: Winrich von Kniprode, in: Wir Ostpreußen, Salzburg 1950
Israel, Ottokar: Das Verhältnis des Hochmeisters des Deutschen Ordens zum Reich im 15. Jahrhundert, Marburg 1952
Jänichen, J.: Die Wikinger im Weichsel- und Odergebiet, Leipzig 1936
Kasiske, K.: Das Deutsche Siedelwerk des Mittelalters in Pommerellen, Königsberg 1938
ders.: Die Siedlungstätigkeit des Deutschen Ordens im östlichen Preußen bis zum Jahre 1410, Königsberg 1934
Kersten, E.G.: Die Geschichte des Landkreises Elbing, Elbing 1926
Ketrzynski, W. von: Die polnische Bevölkerung im ehemaligen Ordensland Preußen, Lemberg 1882
Keyser, E.: Geschichte des deutschen Weichsellandes, Leipzig 1940
ders.: Die Entstehung von Danzig, Danzig 1924
Kisch Guido: Die Kulmer Handfeste, Stuttgart 1931
Knaake, Emil: Geschichte von Ost- und Westpreußen, Berlin – Leipzig 1923
König, J. Hrsg.: Die Statuten des Deutschen Ordens nach der Revision des großen Ordenskapitels zu Mergentheim 1606, in: Freiburger Diözesan-Archiv 1883
Kötzschke, R.: Die Anfänge des Deutschen Rechts in der Siedlungsgeschichte des Orstens, Leizig 1941
Kolbeck, Alfred: 600 Jahre Stadt Gundelsheim, Gundelsheim 1979
Kotzde, Wilhelm: Der Deutsche Orden im Werden und Vergehen, Jena 1928
Krannhals, D.: Danzig und der Weichselhandel in seiner Blütezeit vom 16. zum 17. Jahrhundert, Leipzig 1942
Krollmann, Christian: Politische Geschichte des Deutschen Ordens in Preußen, Berlin 1932
Kurowski, Franz: Venedig – Das tausendjährige Weltreich im Mittelmeer, München 1981

ders.: Spanien – Aufstieg und Niedergang eines Weltreiches, Berg Starnberger See 1991
ders.: Herrscher der Morgenröte – Rätselhafte Königreiche Anatoliens in vier Jahrtausenden, I.Ms.
Lehmann, Johannes: Die Kreuzfahrer – Abenteurer Gottes, München 1976
Limburg, Hans: Die Hochmeister des Deutschen Ordens und die Ballei Koblenz, Marburg 1969
Lohmeyer, Karl: Geschicht von Ost- und Westpreußen, Band 1, Gotha 1908
ders.: Albrecht, Herzog von Preußen, in: ADB Bd. 1, 1875
Lückerath, Karl-August: Paul von Rusdorf, Hochmeister des Deutschen Ordens, Marburg 1969
Maschke, Erich: Der Deutsche Orden und die Preußen, in: Deutsche Studien, Heft 176, Berlin 1928
ders.: Der Deutsche Orden. Gestalten seiner großen Meister, Hamburg 1935
ders.: Der Deutsche Ordensstaat, Hamburg 1935
ders.: Der Deutsche Ritterorden, seine politische und kulturelle Leistung im Deutschen Osten, Hamburg 1942
ders.: Die Herkunft Hermanns von Salza, Bonn 1970
Merten, Klaus: Schloß Weikersheim, München 1985
Militzer, Klaus: Die Entstehung der Deutschordensballeien im Deutschen Reich, Nürnberg 1981
Müller-Hillebrand, M.: Cronberg: Geschichte eines Rittergeschlechtes und seiner Burg, Frankfurt/Main 1967
Milthaler, F.: Die Großgebietiger des Deutschen Ritterordens bis 1400, Königsberg 1940
Müller, A.: Die preußische Kolonisation in Nordpolen und Litauen, Berlin 1928
Nowak, Zenon: Milites Christi de Prussia – Der Orden zu Dobrin und seine Stellung in der preußischen Mission, Sigmaringen 1980
Oehler, N.: Geschichte des Deutschen Ordens, 2 Bde., Berlin 1908/12
Oelsnitz, Alexander B.E. von der: Herkunft und Wappen der Hochmeister des Deutschen Ordens 1198–1525, Königsberg 1926
Oldenhage, Klaus: Kurfürst Erzherzog Maximilian Franz als Hoch- und Deutschmeister, Bonn – Bad Godesberg 1969
Pfeiffer, Gerhard: Studien zur Geschichte der fränkischen Reichsritterschaft, in: Jahrbuch für fränkische Landesforschung, Bd. 22, 1962
Pflugk-Hartung, Julius von: Die Johanniter und der Deutsche Orden im Kampf Ludwigs des Bayern mit der Kurie, Leipzig 1900

Pfitzner, J. von: Großfürst Witold (Witowd) von Litauen als Staatsmann, Prag – Leipzig 1930
Philippi, K. Hrsg.: Die Kulmische Handfeste
Prutz, Hans: Die Geistlichen Ritterorden, Berlin 1977
Ranke, Leopold von: Zwölf Bücher Preußischer Geschichte, München 1930
ders.: Deutsche Geschichte im Zeitalter der Reformation, 2 Bde., Wiesbaden 1957
Roeppel, R.: Geschichte Polens, Bd. 1, Hamburg 1840
Rauch, Georg von: Aus der Baltischen Geschichte, Hannover 1980
ders.: Der Deutsche Orden und die Einheit des baltischen Landes, Hamburg 1961
Rhode, Gotthold: Kleine Geschichte Polens, Darmstadt 1965
Roht, F.W.E.: Geschichte der Herren und Grafen von Eltz, 2 Bde., Mainz 1888–1890
Sahm, W.: Geschichte der Pest in Ostpreußen, Leipzig 1905
Schirrmacher, F.W.: Johann Albrecht I., Herzog von Mecklenburg, Wismar 1885
Schmauch, H.: Die Besetzung der Bistümer im Deutschordensstaat bis zum Jahre 1400, in: ZS für die Geschichte Ermlands, Nr. 20, 1939
Schmid, Bernhard: Die Burgen des Deutschen Ritterordens in Preußen, Berlin 1938
Schumacher, Bruno: Geschichte Ost- und Westpreußens, Würzburg 1957
Schumacher, G.: Niederländische Ansiedlungen im Herzogtum Preußen zur Zeit Herzog Albrechts, Leipzig 1903
Seraphim, E.: Geschichte Liv-, Est- und Kurlands, 3 Bde., Reval 1894–1904
Sommerlad, Bernhard: Der Deutsche Orden in Thüringen, in: Forschungen zur Thüringischen Geschichte, 10, Halle 1931
ders.: Der Deutsche Ritterorden in Mitteldeutschland, Vorträge 1966/II
Sonthofen, Wolfgang: Der Deutsche Orden, Augsburg 1995
Schulze-Dirschau, Hermann: Der Deutsche Osten – Vom Ordensstaat Preußen zum Kernland des Deutschen Reiches, Berg am See 1979
Stahl, F.: Nassauische Bauern und andere deutsche Siedler in Ostpreußen, Königsberg 1935
Steinbrecht, C.: Preußen zur Zeit der Landmeister, Berlin 1888
Sylge, Werner: Die Deutschordenskomturei Rothenburg ob der Tauber in den Zeitaltern der Reformation, der Gegenreformation und des Dreißigjährigen Krieges, Augsburg 1944
Täubl, Friedrich: Der Deutsche Orden im Zeitalter Napoleons, Bonn 1966

Toeppen, M.: Geschichte Masurens, Danzig 1870
Treitschke, Heinrich von: Das Deutsche Ordensland Preußen, in: Preußische Jahrbücher 1862 (Neudruck Göttingen 1955)
Tschackert, P.: Urkundenbuch zur Reformationsgeschiche des Herzogtums Preußen, Leipzig 1890
Tumler, Marian: Der Deutsche Orden im Werden, Wachsen und Wirken bis 1400. Mit einem Abriß der Geschichte des Deutschen Ordens von 1400 bis zur neuesten Zeit, Wien 1955
ders. und Arnold, Udo: Der Deutsche Orden, von seinem Ursprung bis zur Gegenwart, Bonn – Bad Godesberg 1974 (5. Auflage 1992)
Vassilière, Josef: Gundelsheim – Ein Führer durch die Deutschordensstadt, 2. Aufl. Bad Wimpfen 1978
Voigt, Johannes: Geschichte des Deutschen Ritterordens in seinen zwölf Balleien, 2 Bde., Berlin 1857–1859
ders.: Geschichte Preußens, von der ältesten Zeit bis zum Untergang der Herrschaft des Deutschen Ordens, Königsberg 1827–1839
Wagner, Oskar: Der slawische Vorstoß nach dem Deutschen Osten, Ulm 1956
Weber-Krohsem, Otto: Ritterorden Preußen und Reich – Eine Darstellung der Preußischen Geschichte, Berlin 1935
ders.: Der Ostseekreis – Die Revolution der Geschichte des nordischen Meeres, Lübeck 1934
Wehn, Josef: Chronik der Stadt Ellingen, Ellingen 1906
Weise, E.: Das alte Preußen, in: Preußenführer, Heft 3, Elbing 1936
Weiss, Dieter J.: Die Geschichte der Deutschordens-Ballei Franken im Mittelalter, Münsterschwarzach 1991
Wermke, Ernst: Bibliographie der Geschichte von Ost- und Westpreußen, Königsberg 1933
Winnig, A.: Der Deutsche Ritterorden und seine Burgen, Königstein/Taunus 1956
Woelky, C.P. und Mendthal, H.: Urkundenbuch des Bistums Samland 1343–1387, Leipzig 1891–1905
Wörner, Erwin: Chronik von Gundelsheim und Horneck nebst Umgebung, Gundelsheim 1925
Würdinger, Joseph: Kriegsgeschichte von Bayern, Franken, Pfalz und Schwaben von 1347 bis 1506, 2 Bde., München 1868
Ziesemer, W. und Heim, K.: Die Literatur des Deutschen Ritterordens, Gießen 1951

Danksagung

Der Autor ist sehr vielen Helfern und Freunden deutscher Ostgeschichte und der Geschichte des Deutschen Ordens zu Dank verpflichtet. Insbesondere Herrn General der Panzertruppe a.D. Walther K. Nehring, dem Nestor westpreußischer Geschichte.
Herr Max-Richard von Bredow, Chef der deutschen Familie derer von Bredow, war mit einer Reihe von Hinweisen hilfreich. Er stellte seine Familiengeschichte zur Verfügung.
Senator Bruno Kurowski stellte sein MS »Als Senator im Dienste von Danzig« zur Verfügung und wies auf alte Werke über West- und Ostpreußen hin.
Die Freie Stadt Danzig ließ dem Autor ab 1936 aus Urkundenbüchern Abschriften persönlicher Daten der Familie Kurowski aus Danzig, Biesterfelde (Kreis Marienburg) und Dirschau zugehen und war bei vielen Fragen behilflich, Aufklärung zu erlangen.
Herr Dr. Günther Holtz, Kenner der Geschichte des Deutschen Ostens, hat dem Autor Wissen über Schreibweisen polnischer Namen und Ortschaften übermittelt.
Herrn Beigel, Bad Mergentheim sei gedankt für die Hilfeleistung bei der Besorgung wichtiger Quellen zur Ordensgeschichte. Herrn Haag/Frau Elke Götzesberger von der Deutschordensstadt Gundelsheim gilt ebenfalls der Dank des Autors. Sie haben mit Fotos und Unterlagen über Gundelsheim und den Deutschen Orden eine Lücke geschlossen.
Insbesondere aber sei an dieser Stelle der wertvollen Hilfe durch das Westpreußische Landesmuseum auf Schloß Wolbeck bei Münster gedacht und seinem Direktor, Herrn Schuch, für diverse Unterlagen, Fotos und die erteilte Fotoerlaubnis gedankt.
Der Erik-von-Witzleben-Stiftung zur Pflege altpreußischer Kultur zu Münster und vieler anderer öffentlicher und privater Stel-

len ist es ebenfalls mit zu verdanken gewesen, daß dieses Werk in der vorliegenden Form gestaltet werden konnte. Nicht zuletzt auch dem Deutschordens-Zentralarchiv zu Wien und dort insbesondere Herrn P. Dr. Bernhard Demel OT.

Joseph Brückl, Reichsfürst, Hoch- und Deutschmeister des Souveränen Deutschritterordens e.V., sei für die Unterlagen über den Orden und einige seiner Mitglieder besonders gedankt.

Sie alle trugen mit dazu bei, dieses Werk in seiner jetzigen Form entstehen zu lassen.

Ohne die – wie immer – durchgeführte Reinschrift und die vielen wesentlichen Hinweise und Ergänzungen meiner Frau Johanna wäre dieses Werk nicht zur Reife gelangt.

Nicht vergessen seien die vielen alten ostpreußischen Herren, die in Gesprächen und Schriftwechseln immer neue Fingerzeige gaben oder gar selber aus ihrer Geschichte berichteten. An ihrer Spitze General der Panzertruppe a.D. Dietrich von Saucken aus Fischhausen in Ostpreußen, Karl-Lothar Schulz aus Königsberg und Günther-Eberhard Wisliceny aus Angerburg.

Dank auch allen Freunden, Kollegen und Helfern, die ungenannt bleiben wollten. Auch sie haben dem Autor hilfreich zur Seite gestanden.

Dortmund-Oespel, den 15. Februar 1997 Franz Kurowski

Notizen

Notizen

Notizen

Notizen

Notizen

Notizen